# 독일문학 깊이읽기

김홍섭 지음

신아사

**김홍섭**

전남대학교와 성균관대학교에서 독어독문학을 전공하였고, 현재 전남대학교 인문대학 독일언어문학과 교수로 재직하고 있다.
독일문학은 물론 유럽의 문화와 예술, 미술사 등에 각별한 관심을 갖고 연구와 강의를 하고 있다. '교육 우수상', '탁월한 강의상' 등을 여러 차례 수상하였다.
저서로는 『새롭게 읽는 유럽 미술사』(2003), 『독일 미술사』(2004), 『미술로 읽는 독일문화』(2012), 『독일문학 깊이 읽기』(2018), 『미술로 읽는 유럽문화』(2020) 등이 있다.

# 독일문학 깊이 읽기

초판 1쇄 발행 _ 2018년 7월 30일
1 판 2쇄 발행 _ 2021년 2월 28일

저　　자 • 김 홍 섭
발 행 인 • 정 현 걸
발　　행 • 신 아 사
인　　쇄 • 대명프린팅
출판등록 • 1956년 1월 5일 (제9-52호)
주　　소 • 서울시 은평구 통일로 59길 4 (2F)
전　　화 • 02)382-6411 · 팩스 02)382-6401
홈페이지 • www.shinasa.co.kr
E-MAIL • shinasa@daum.net

ISBN 978-89-8396-284-3(93850)

**정가 15,000원**

이 책은 2017년도 한국연구재단 대학 인문역량 강화사업(CORE) 사업비 지원에 의해 출판되었음.
This study was financially supported by Initiative for College of Humanities' Research and Education of National Research Foundation of Korea, 2017.

〈캄파니아에서의 괴테〉(1787) : 프랑크푸르트 슈테델 미술관 소장.

독일 고전주의 화가 요한 하인리히 티쉬바인 J. H. Tischbein(1751-1829)의 작품이다. 티쉬바인은 이탈리아를 여행 중인 괴테의 모습을 통해 새로운 전환점에 선 괴테의 예술적 특성을 기념비적으로 담아내고 있다. 괴테는 이탈리아 여행을 통해 고전주의에 경도되어 「타우리스의 이피게니에」(1787), 「토르크바토 타소」(1789) 등 독일 고전주의 희곡의 걸작들을 집필하였다. 티쉬바인의 그림 속 괴테 옆에는 「타우리스의 이피게니에」의 소재가 된 이피게니에와 오레스트 이야기가 새겨진 부조가 놓여있다. 괴테는 이 여행을 통해 『이탈리아 기행』(1829)을 발표하기도 하였다.

# 머리말

독일을 가리켜 흔히 '시인과 사상가의 나라'라고 한다. 그러나 독일문학의 역사는 프랑스나 영국에 비해 짧은 편이다. 물론 그 역사는 중세 서사시로까지 거슬러 올라갈 수 있지만, 18세기 초까지도 독일문학이라고 내세울 만한 작품은 많지 않았다. 16세기 독일에서 인쇄술이 발명되고 출판업이 발달했지만, 종교개혁의 영향으로 종교적인 팸플릿만 난무했을 뿐 문학작품은 찾기 어려웠다. 18세기 중반에 와서야 레싱 G. E. Lessing, 괴테 J. W. von Goethe, 실러 F. Schiller 등 시민계급 출신의 작가들이 배출되면서 독일문학은 새로운 시대를 맞는다. '시인과 사상가의 나라'라는 말이 처음 등장한 것도 이 시기이다.

그러나 이 말은 당시의 시대적 배경과 관련해서 이해되어야 한다. 당시 독일 시민계급들은 이웃나라와 달리 정치적 진출이 제한되어 있었다. 봉건귀족들의 영향력이 절대적인 상황에서 시민계급들의 정치적 진출에는 한계가 있었기 때문이다. 정치적 진출이 좌절된 시민계급들은 비정치적인 분야, 즉 문학이나 예술, 철학, 신학 등의 분야에서 자신들의 정체성을 확인하고, 자신들이 문화적으로나 도덕적으로 귀족들보다 우월하다는 것을 드러내고 강조하고자 하였다. 그러면서 문학과 예술이 발전했고, 철학과 신학이 발전했다. 이런 상황을 보고 19세기 초 프랑스 평론가이자 소설가인 스탈 부인 Madame de Staël이 독일을 '시인과 사상가의 나라 Das Land der Dichter und Denker'라고 부른 것이다. 따라서 이 말은 원래 독일이 문화적으로 앞선 나라라는 의미와 함께 정치적으로는 후진국이라는 이중적 의미를 갖는 말이었다. 그러나 오늘날에는 '문화대국'으로서의 독일의 자부심을 나타내는 말이 되었다.

이렇게 18세기부터 꽃을 피우기 시작한 독일문학은 19세기 말과 20세기 초 릴케 R. M. Rilke, 토마스 만 Th. Mann, 카프카 F. Kafka, 헤세 H. Hesse, 브레히트 B. Brecht 등 걸출한 작가들을 배출하면서 드디어 세계문학의 정상에 도달한다. 전후에도 그라스 G. Grass나 뵐 H. Böll 등 세계적인 작가들이 속속 배출되었고, 근래에는 쥐스킨트 P. Süskind나 슐링크 B. Schlink 등 세계적인 베스트셀러 작가들이 등장해 독일문학의 위상을 높이고 있다.

그러나 생각해보면 우리가 알고 있는 독일문학 작품은 그리 많지 않다. <타임 TIME>이 뽑은 20세기 최고의 책 100선 중 문학 분야 30선에는 토마스 만의 『마의 산』, 카프카의 『소송』, 레마르크 E. M. Remarque의 『서부전선 이상 없다』, 브레히트의 『억척어멈과 그 자식들』, 그라스의 『양철북』 등이 포함되었다. 각 대학들에서 권장하는 추천도서에는 앞서 언급한 작품 이외에도 괴테의 『젊은 베르테르의 슬픔』과 『파우스트』, 헤세의 『데미안』, 카프카의 『변신』, 슐링크의 『책 읽어주는 남자』 등이 들어 있다. 그 중에서 내가 과연 몇 권이나 읽었는지, 아니면 제목이라도 들어 봤는지 생각해 보면 우리가 그동안 독일문학과 얼마나 소원했는지 알 수 있다.

우리가 이런 작품들을 잘 읽지 않는 이유는 무엇보다도 독일문학 작품은 어렵다고 생각하기 때문이다. 일반적으로 '독일 사람'이라고 하면 딱딱하고 융통성 없는 사람을 떠올리듯이, 독일문학 역시 뭔가 지루하고 재미없을 것 같은 느낌이 먼저 드는 것도 사실이다. 물론 독일문학의 많은 작품들 중에는 얼핏 보아 별 재미도 없고 어려워 보이는 작품도 없지 않다. 처음 몇 쪽을 넘기기 힘든 작품도 있다. 그러나 그런 작품도 찬찬히 읽다 보면 얼마 안 가 작품 속에 푹 빠져있는 자신을 발견하게 된다. 그리고 마지막 쪽을 넘기는 순간 다시 한 번 읽고 싶은 강렬한 유혹을 느낀다.

그런 의미에서 알베르 까뮈 A. Camus가 "카프카 예술의 요체는 독자로 하여금 다시 한 번 더 읽지 않을 수 없게 만든다는 데 있다."고 했을 때, 이 말은 독일문학의 다른 작가, 다른 작품들에도 해당된다. 독일문학은 대충 한 번 읽을 때에는 별 재미도 없고 이해하기도 다소 어려울 수 있지만, 다시 한 번 더 읽었을 때 그 진가가 드러나고, 읽으면 읽을수록 깊은 통찰력을 제공한다. 까뮈의 지적대로 어찌 다시 한 번 더 읽지 않을 수 있겠는가? 그동안 일반 독자는 물론 특히 세계의 많은 지식인과 작가들이 독일문학에 매료되었던 것은 바로 이러한 독일문학만의 독특한 매력 때문이다.

독일문학만의 독특한 힘, 독일문학만의 특별한 매력을 한마디로 정리하면 '성찰적'이라는 것이다. 독일문학의 많은 작품들에서는 이야기를 이끌어가는 사건은 부차적이고, 오히려 주인공의 내면이 부각된다. 그리고 그 주인공은 다름 아닌 작가 자신을 반영한 경우가 많다. 심지어 "어떤 소재, 어떤 구성으로 글을 쓰든 독일 작가들이 도달하는 곳은 결국 자기 자신의 문제이다."라는 말을 들을 정도로 독일 작가들은 자신의 문제에 천착하는 경우가 많다. 그러다 보니 다루는 주제도 그것이 직접적이든 간접적이든 결국 예술이란 무엇이고 예술가는 어떤 존재인가 하는 문제이다. 자신의 정체성 문제, 자신과 사회와의 관계 등, 예술가로서 작가로서 자기 자신의 문제를 다루고 있는 것이다. 그러나 여기서 그치지 않는다. 독일문학의 많은 작품들은 작가 자신의 문제를 다루고 있지만, 이를 보편화함으로써 결국 나는 누구인가, 우리 인간은 어떤 존재인가를 이야기한다. 자기 자신과 인간에 대한 끊임없는 질문, 인간의 삶과 세계에 대한 본질적인 성찰, 이것이 우리들

독자를 매료시키는 독일문학의 가장 큰 힘이라 할 수 있다.

이 책은 독일문학 작품 10편을 골라 깊이 읽기를 시도한다. 독자들의 이해를 돕기 위해 각 작품마다 작가와 작품의 생성배경에 대해 소개하였고, 작품의 줄거리는 물론 주요 부분을 발췌해 실었다. '작품 해설'에서는 그간 독문학계의 연구 성과를 바탕으로 작품의 주제를 상세하면서도 쉽게 설명하고자 했고, '더 깊이 읽기'에서는 해당 작품을 이해하기 위한 정보를 제공하고 나아가 작가의 다른 주요 작품들도 소개함으로써 그의 작품 세계에 한 발 더 다가설 수 있는 동기를 부여하고자 하였다. 여기에는 해당 작품을 영상으로 옮긴 영화에 대한 정보도 포함시켰는데, 영화는 매체의 특성상 원작과는 다를 수밖에 없지만 영화도 작품에 대한 한 해석이라는 측면에서 영화를 찾아 서로 비교해 보는 것도 좋을 것이다. 마지막으로 '생각해 볼 문제들'을 통해서는 독자 스스로가 해당 작품에 대한 이해를 점검하고 우리들의 삶과도 연관시켜 생각해 볼 기회를 갖도록 하였다. 독서가 결국 나를 찾아 떠나는 여정이라면, 독일문학은 독자들의 좋은 동반자가 되어줄 것이다. 그 길에 이 책이 작은 이정표가 되기를 기대한다.

김홍섭

# 목 차

카프카 『변신』

헤세 『데미안』

## 슈니츨러 『꿈의 노벨레』

## 브레히트 『서푼짜리 오페라』

그라스 『양철북』

뵐 『카타리나 블룸의 잃어버린 명예』

## 쥐스킨트 『향수』

## 슐링크 『책 읽어주는 남자』

# 파우스트

– 요한 볼프강 폰 괴테 –

## 1. 작가 소개

요한 볼프강 폰 괴테

요한 볼프강 폰 괴테 Johann Wolfgang von Goethe(1749-1832)는 1749년 프랑크푸르트에서 법률가이자 왕실고문관인 요한 카스파르 괴테의 아들로 태어났다. 그는 성실하고 엄격한 아버지와 활달하고 상상력이 풍부한 어머니 사이에서 건실한 시민성과 낙천적인 예술성이 어우러진 활동적인 인간으로 성장했다. 그는 시민계급 출신이지만 부유한 가정 환경으로 인해 도시귀족과 다름없는 생활을 하면서 다양한 체험을 하였고, 여러 예술가들과도 교분을 쌓았다. 특히 교육열이 강한 아버지의 영향으로 고전어와 외국어, 음악, 미술 등 여러 분야의 개인 교습을 통해 일찍부터 탁월한 재능을 발휘하였다.

괴테는 16세 때인 1765년 라이프치히 대학에 진학해 법학을 전공하게 되지만 법학보다는 문학과 예술에 더 많은 관심을 기울였다. 여러 편의 시를 쓰는 한편, 1767년에는 첫 희곡『연인의 변덕 Die Laune des Verliebten』을 완성하기도 하였다. 그러나 다음 해 폐결핵에 걸려 학업을 중단하고 고향으로 돌아와 요양했다. 1770년에는 슈트라스부르크 대학에서 다시 법학 공부를 계속하는 동안 요한 고트프리트 헤르더 J. G. Herder를 만나 '질풍노도 Sturm und Drang' 시대를 여는 전기를 맞는다. 괴테는 헤르더로부터 시란 자신의 체험을 토대로 마음 속 깊이 우러나오는 감정을 표현해야 한다는 것, 그것은 기교나 꾸밈이 없이 소박한 표현으로 이루어져야 한다는 것을 배웠고, 무엇보다도 문학 속에는 민족 고유의 정신이 들어있어야 한다는 것을 배웠다.

괴테는 1772년 베츨라르의 제국고등법원에서 시보로 근무했고, 그때의 경험을 토대로 25세 때인 1774년에는 『젊은 베르테르의 슬픔 Die Leiden des jungen Werthers』을 발표해 일약 세계적인 주목을 받았다. 1775년에는 바이마르 공국의 젊은 대공 칼 아우구스트의 초청을 받고 제2의 고향이 된 바이마르로 간다. 그곳에서 추밀원 문관을 거쳐 재상에 오르기까지 10년 남짓 국정에 참여하였고, 귀족 칭호까지 받았다. 이곳에서 괴테는 일곱 살 연상의 샤를로테 폰 슈타인 부인과의 오랜 교제를 통해 인간적으로나 예술적으로 더욱 성숙해진다. 그녀는 괴테의 넘치는 열정을 교묘히 진정시키며 그의 천재성을 유감없이 발휘하도록 이끌어 주었다.

그러나 1786년 오랜 정치생활에 대한 염증과 그동안 억눌러 왔던 예술에 대한 갈증을 해소하기 위해 모든 공직에서 물러나 이탈리아 여행에 오른다. 그는 2년에 걸친 이탈리아에서의 체험을 통해 질풍노도 시기를 마감하고, 고전주의 예술관을 확립하게 된다. 이 시기에 희곡 『타우리스의 이피게니에 Iphigenie auf Tauris』(1787), 『에그몬트 Egmont』(1787), 『토르크바토 타소 Torquato Tasso』(1789), 연작시 『로마의 비가 Römische Elegien』(1788/90) 등 고전주의 작품을 발표하였다. 1788년 바이마르에 돌아온 그는 조화공장에서 일하던 크리스티아네 불피우스를 만나 동거하면서 비로소 가정적인 행복을 찾게 된다(1806

년에야 정식으로 결혼했다). 1791년에는 바이마르 궁정극장의 감독이 되어 고전주의 연극 활동을 전개하였고, 1794년부터는 실러 F. Schiller와의 본격적인 우정과 협업을 통해 바이마르 고전주의를 꽃피웠다.

1805년 실러가 46세의 나이로 죽자 괴테는 큰 충격을 받기도 했지만, 이후 1832년 죽을 때까지 비교적 평온한 삶 속에서 그의 창작력은 절정에 달했다. 희곡 『파우스트 Faust』(제1부 1808, 제2부 1832), 자서전 『시와 진실 Dichtung und Wahrheit』(1809/14, 1830/31), 기행문 『이탈리아 기행 Italienische Reise』(1816), 시집 『서동시집 West  stlicher Divan』(1816), 소설 『빌헬름 마이스터의 편력시대 Wilhelm Meisters Wanderjahre』(1829) 등이 모두 이 시기의 작품들이다.

괴테는 작가이자 철학자였고, 과학자이자 바이마르 공국의 재상을 지낸 정치가였다. 그는 인문, 사회, 자연과학, 예술 등 다양한 분야에 대한 호기심과 열정을 보인 르네상스적 천재이자 종합적 지성으로서 특히 문학 분야에서는 단테, 셰익스피어 등과 더불어 인류가 낳은 위대한 시인으로 간주된다. 그는 장르를 가리지 않은 수많은 작품을 통해 독일문학을 세계문학의 수준으로 끌어올린 장본인이자, 특히 60여 년에 걸친 필생의 역작이라 할 수 있는 『파우스트』를 통해 인간 최고의 의지와 이상을 구현한 작가로 추앙되고 있다.

주요 작품으로 소설 『젊은 베르테르의 슬픔 Die Leiden des jungen Werthers』(1774), 『빌헬름 마이스터의 수업시대 Wilhelm Meisters Lehrjahre』(1796), 『빌헬름 마이스터의 편력시대 Wilhelm Meisters Wanderjahre』(1829) 등이 있고, 시집 『서동시집 West  stlicher Divan』(1816)과 희곡 『파우스트 Faust』(제1부 1808, 제2부 1832) 등이 있다. 그 외에도 자서전 『시와 진실 Dichtung und Wahrheit』(1809/14, 1830/31), 기행문 『이탈리아 기행 Italienische Reise』(1816) 등 수많은 작품이 있다.

## 2. 작품 소개

### 1) 생성 배경

괴테가 『파우스트』에서 다루고 있는 소재는 그의 순수한 창작이 아니라 15세기 말, 16세기 초에 실재했던 전설적인 인물 게오르크 파우스트 Georg Faust(1480-1540)에 관한 이야기이다. 게오르크 파우스트(때로는 요한 파우스트 박사로 불리기도 한다)는 하이델베르크에서 신학을 공부했으나 마술사, 점성술사 등으로 명성이 자자해지면서 사람들로부터 경외와 두려움의 대상이 되기도 했던 인물이었다. 그는 여러 곳을 전전하던 중 연금술 실험을 하다 폭발사고로 죽었는데, 그의 삶과 죽음이 워낙 극적이었기 때문에 그가 악마와 관계를 맺었다든가, 악마가 그를 데려갔다든가 하는 밑도 끝도 없는 소문이 독일 전역에 퍼져 나갔다.

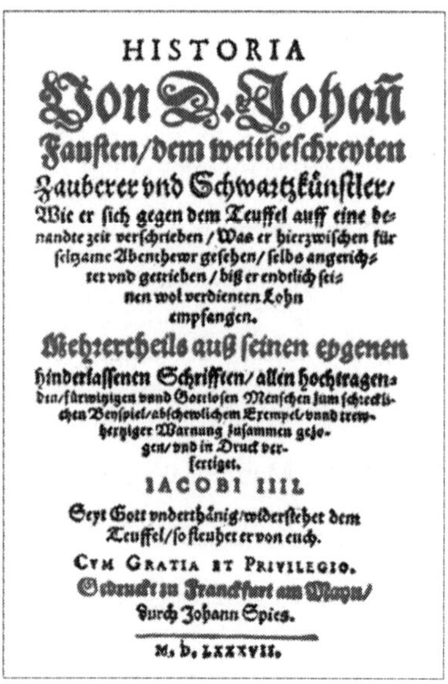
HISTORIA
Von D. Johann
Fausten/dem weitbeschreyten
Zauberer vnd Schwartzkünstler/
Wie er sich gegen dem Teuffel auff eine benandte zeit verschrieben / Was er hierzwischen für seltzame Abentheuwr gesehen/ selbs angerichtet vnd getrieben / biß er endtlich seinen wol verdienten Lohn empfangen.
Mehrertheils auß seinen eygenen hinderlassenen Schrifften/ allen hochtragenden/fürwitzigen vnnd Gottlosen Menschen zum schrecklichen Beyspiel/abschewlichem Exempel/vnnd trewhertziger Warnung zusammen gezogen/ vnd in Druck verfertiget.
IACOBI IIII.
Seyt Gott vnderthänig/widerstehet dem Teuffel/so fleuhet er von euch.
CVM GRATIA ET PRIVILEGIO.
Gedruckt zu Franckfurt am Mayn/ durch Johann Spies.
M. D. LXXXVII.

민중본 『파우스트』 속표지

소문으로 전해지던 파우스트 이야기는 1587년 프랑크푸르트 출판업자 요한 슈피스 Johann Spies에 의해 『요한 파우스트 박사 이야기 Historia von D. Johann Fausten』라는 이른바 '민중본 Volksbuch'으로 출간되면서 새롭게 주목을 받는다. 일종의 보급판 도서인 이 책은 10년 동안에 22판을 찍을 정도로 인기가 높았다. 이 책에서 파우스트는 모든 학문과 지식을 습득했음에도 불구하고 이에 만족하지 않고, 최고의 향락과 부귀영화를 맛보고 싶고 우주의 신비를 알고 싶어 한다. 이를 위해 파우스트는 악마와 계약을 맺고 그의 하수인인 메피스토펠레스의 안내를 받아 천국과 지옥, 지상의 온갖 나라들을 구경하고 갖은 향락을 누리지만 결국 24년이라는 계약기간이 끝나 파멸한다. 기독교가 지배하던 당시로서는 참된 신앙을 저버리고 이러한 욕망을 갖는다는 것 자체가 죄악이었기 때문에 파우스트가 지옥에 떨어지는 것은 어쩌면 당연한 것이었다. 파우스트 이야기는 루터 M. Luther를 비롯한 당시 많은 독자들에게 비기독교적인 지적 호기심과 신으로부터의 해방을 꿈꾸는 인간적 오만함에 대한 '종교적 경고서적'으로 받아들여졌다.

슈피스의 민중본은 영국에까지 전해졌고, 극작가 크리스토퍼 말로 Ch. Marlowe는 파우스트 전설을 이용해 『파우스트 박사의 비극적 이야기 Tragical History of Doctor Faustus』(1604)라는 희곡을 쓰게 된다. 말로의 희곡에서 파우스트는 지옥이나 악마도 두려워하지 않는 용기 있고 단호한 인물로 등장한다. 여기서 주목할 점은 파우스트가 마술사나 점성술사가 아닌 지식인이라는 것이다. 그는 아무런 양심의 가책 없이 악마와 결탁해 지상의 온갖 영화를 얻으려 할 뿐만 아니라, 과학의 힘으로 우주의 이치를 깨닫고 자신의 세계를 확대해 가는 인물로 묘사된다. 또한 파우스트의 최후가 육체의 파멸이 아니라 영혼의 파멸로 바뀜으로써 기존의 파우스트와는 구분된다. 이런 말로의 『파우스트』가 영국 유랑극단에 의해 독일로 역수입되었고, 나중에는 인형극의 형태로 독일 전역에 보급됨으로써 파우스트는 대중적 인물이 되었다.

괴테는 소년시절 파우스트 인형극을 본 후 파우스트라는 인물에 관심을 갖게 된다. 그러나 그가 파우스트에 관한 작품을 구상하기 시작한 것은 슈트라스부르크 대학 시절 헤르더를 만나면서부터였다. 괴테는 헤르더로부터 문학 속에는 무엇보다도 민족 고유의 정신이 들어있어야 한다는 것을 배웠고, 그 영향으로 독일의 전설적 인물인 파우스트를 작품화하기로 한다. 파우스트라는 인물이 독일 민중들의 정서를 대변하고, 그 속에 헤르더가 말한 독일의 민족정신이 깃들어 있다고 보았기 때문이다. 그리고 마침내 24세 때인 1774년 파우스트 초안을 작성해 바이마르 궁정에서 낭독한다. 당시 괴테의 낭독을 듣고 감동한 궁정관리가 원고를 필사해 놓았는데, 100여년 후인 1887년 에리히 슈미트 E. Schmidt가 이를 발견해『초고 파우스트 Urfaust』란 제목으로 출간한다.

1775년 이후 괴테는 바이마르에서의 공직 생활에 쫓겨 대부분의 문학 활동을 접게 되는데,『파우스트』작업 역시 중단된다. 그러다 1797년 실러의 격려로 다시『파우스트』의 집필에 들어갔고, 57세 때인 1806년에 제1부를 완성해 1808년 출간한다. 그 후 틈나는 대로 제2부의 여러 장면들을 집필하여 죽기 반년 전 82세 때인 1831년 8월에『파우스트』제2부를 완성한다. 제2부는 1832년 그가 세상을 떠난 후 유작으로 출간된다. 괴테의『파우스트』는 근 60년에 걸쳐 심혈을 기울인 대작으로 괴테 필생의 역작이라 할 수 있다.

## 2) 줄거리

『파우스트』는 '서곡'과 제1부와 제2부로 이루어져 있다. '서곡'은 작가 자신에게 바쳐지는 <헌사>, 시인과 어릿광대, 단장이 등장해 문학의 본질에 대해 이야기하는 <무대에서의 서연>, 천상에서 신과 악마가 인간을 두고 내기를 하는 <천상의 서곡>으로 구성되어 있다. <천상의 서곡>에서 악마인 메피스토펠레스는 신에게 파우스트를 유혹해 파멸시킬 수 있다고 장담한다. 신은 인간이 노력하는 한 방황하기 마련이지만 올바른 길을 잃지 않는 선한 본능이 있다는 것을 확신하기 때문에 메피스토의 유혹을 허락한다.

<제1부>는 학자로서의 파우스트의 절망과 그레트헨과의 비극적인 사랑이야기가 그려진다. 파우스트는 우주 일체의 궁극적인 진리를 규명하고자 온갖 학문에 통달하지만 인간의 한계를 절감한다. 그가 무기력과 절망 속에서 독배를 마시려는 순간 부활절 종소리와 합창 소리를 듣고 삶의 환희가 되살아난다. 산책길에 따라온 강아지가 악마의 정체를 드러내고 파우스트를 유혹한다. 메피스토는 파우스트의 하인이 되어 넓은 세계를 두루 보여 주고 온갖 환락을 다 맛보게 해 주기로 하고 그 대신 그의 영혼을 요구한다. 이에 파우스트는 자신이 어느 순간을 향해 "멈추어라! 너는 정말 아름답구나!"라고 말한다면 자신이 파멸해도 좋다고 하면서 내기를 제안한다. 이로써 파우스트와 메피스토의 계약이 성립된다.

메피스토는 관능적인 쾌락과 욕망을 통해 파우스트를 유혹하고자 한다. 그는 파우스트를 먼저 학생 술집으로 데려가지만, 뜻대로 되지 않자 관능의 힘으로 파우스트를 유혹하기 위해 그를 마녀의 주방으로 데려간다. 그곳에서 마약의 힘으로 젊음을 되찾은 파우스트는 청순한

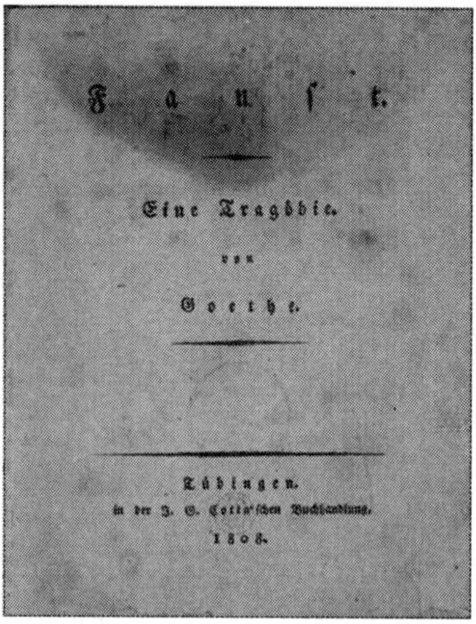
Faust.

Eine Tragödie.

von

Goethe.

Tübingen.
in der J. G. Cotta'schen Buchhandlung.
1808.

괴테 『파우스트』 1부 초판 속표지

그레트헨을 보자 한 눈에 반하고, 두 사람은 사랑에 빠진다. 그 과정에서 그레트헨은 실수로 어머니와 오빠를 죽게 만들고, 실성한 상태에서 자신이 낳은 아이를 죽이고 만다.

한편 파우스트는 메피스토의 계략에 따라 환락의 세계에 빠진다. 그러던 중 그레트헨의 소식을 접하자 그녀를 구출하기 위해 감옥으로 달려간다. 파우스트가 같이 도망가자고 애원하지만 그녀는 비록 실성한 상태에서도 신심을 저버리지 않고, 모든 것을 체념한 채 신의 심판을 받고자 한다. 이것을 보고 있던 메피스토가 그녀의 처벌을 선언하는 순간, 하늘에서 그녀의 구원을 알리는 소리가 들려온다.

<제2부>에서는 파우스트의 시공을 초월한 모험과 사회적 체험 등이 그려진다. 죄의 무게에 눌려 알프스의 초원에 쓰러졌던 파우스트가 잠에서 깨어난다. 메피스토는 그를 우선 중세 말 황제의 궁정으로 안내한다. 파우스트는 메피스토의 도움으로 궁정의 재정난을 해결하고 뛰어난 재주를 통해 황제의 신임을 얻는다. 파우스트는 헬레나와 파리스를 불러오라는 황제의 명을 받고 '어머니들'의 나라로 간다. 그는 메피스토가 준 마법의 열쇠를 이용해 삼발이 향로를 훔쳐와 헬레나와 파리스의 모습을 재현시킨다. 향로에서 피어오르는 연기 속에서 헬레나의 모습을 보고 매혹된 파우스트가 그녀를 껴안으려는 순간 엄청난

폭발이 일어나 헬레나의 환영은 사라지고 만다.

메피스토는 의식을 잃은 파우스트를 데리고 파우스트의 옛 서재로 간다. 파우스트의 제자 바그너는 이제 대학자가 되어 인조인간 호문쿨루스를 완성해 놓은 상태이다. 호문쿨루스는 순전히 지식의 힘으로 만들어진 인간으로서 육체는 없으나 기절한 파우스트의 꿈 내용까지 투시하는 무서운 정신력을 가지고 있다. 메피스토는 파우스트를 깨우기 위해 호문쿨루스의 안내를 받아 고대 그리스 땅에서 벌어지는 요괴들의 축제에 참가한다. 그 후 파우스트는 트로이 전쟁이 끝나고 스파르타로 돌아온 헬레나를 메피스토의 계략으로 탈취해 아르카디아의 초원에서 결혼식을 올린다. 그러나 행복도 잠시일 뿐, 둘 사이에서 태어난 아들 오이포리온이 일찍 죽는 바람에 헬레나도 사라져버리고 파우스트는 다시 절망에 빠진다.

그 후 고대 세계는 환영처럼 사라지고 파우스트는 다시 현실로 돌아온다. 파우스트는 황제를 도와 반란군을 무찌른 공으로 광대한 해안의 영토를 얻는다. 그는 간척사업을 벌여 토지를 개간해 많은 사람들이 자유롭게 생활할 수 있는 이상사회를 건설하고자 한다. 그는 메피스토가 불러낸 요녀에 의해 눈까지 멀게 되지만, 자신의 계획이 성취되는 순간을 상상하며 행복한 예감에 젖는다. 그가 감격한 나머지 "멈추어라! 너 정말 아름답구나!"라고 외치는 순간 메피스토는 약속대로 파우스트의 영혼을 뺏으려 한다. 이에 천사들이 나타나 "언제나 갈망하며 애쓰는 자, 그를 우리는 구원할 수 있다."라고 하면서 파우스트의 영혼을 메피스토의 손에서 구해낸다. 그리고 옛 애인이었던 그레트헨이 파우스트의 영혼을 위해 성모께 간절히 기도함으로써 그는 구원을 받게 된다.

## 3. 작품 해설

### 1) 천상의 서곡

민중본의『파우스트』가 16세기 르네상스를 배경으로 탄생한 반면, 괴테의『파우스트』는 19세기라는 새로운 시대를 배경으로 재탄생한 작품이다. 르네상스가 인간성에 대한 믿음을 바탕으로 인간 해방을 추구하였지만 여전히 중세에 발목이 잡혀있었다면, 19세기는 인간의 자율성에 대한 낙관적인 신념이 충만해 있던 시대였다. 그동안 18세기 계몽주의 시대를 거치면서 진정한 의미에서 인간중심주의로의 대전환을 이루었고, 산업혁명과 프랑스혁명 등을 통해 인간의 발전 가능성에 대한 믿음이 확산되었기 때문이다. 괴테의『파우스트』는 이러한 시대사적 배경에서 탄생했고,『파우스트』의 '서곡'은 이러한 시대적 분위기를 분명하게 형상화하고 있다.

'서곡'은 <헌사>, <무대에서의 서연>, <천상의 서곡> 세 부분으로 구성되어 있다. <헌사>는 본 줄거리와는 상관없이 괴테가 오랜 중단 끝에 다시『파우스트』를 집필하게 되었을 때의 심경을 피력하고 있다. <무대에서의 서연> 역시 본 줄거리와는 상관없이 괴테 자신의 문학관을 표현하고 있다. <천상의 서곡>은 천상에서 신과 악마가 인간을 두고 내기를 하는 내용으로 여기에서 작품 전체 줄거리의 틀과 형이상학적인 의미구조가 결정된다. 작품의 소재는 인간사에서부터 우주적인 것으로 확대되고, 파우스트는 전 인류를 상징하는 인물로 상정된다.

<천상의 서곡>에서 천사들이 신의 역사가 천지창조의 그날처럼 장엄하다고 찬미하는 가운데, 메피스토는 인간을 들어 신의 역사에 이의

를 제기한다. 그는 "인간들의 비참한 꼬라지가 하도 딱해서" 자신 같은 악마도 그 가련한 놈들을 괴롭히고 싶지 않을 정도라고 비아냥댄다. 그가 인간을 비참한 존재라고 보는 이유는 인간의 본성에 내재한 이중성 때문이다. 그가 보기에 인간은 신성과 본능 사이에서 방황하는 분열되고 모순된 존재이다. 이러한 모순은 인간이 '이성'을 가지고 있다는데 기인한다. 인간에게 "하늘의 빛"이 비춰지면서 인간은 이 빛을 "이성"이라 부르고 "작은 신을 자처"하며 신성을 갈구하게 되었다. 그러나 메피스토가 보기에 인간에게 있어 이성은 차라리 없느니만 못하다. 이성으로 인해 인간은 동물적 상태에서 아무런 고민이나 갈등 없이 본능이 시키는 대로 살아가는, 어느 의미에서는 행복한 낙원의 상태에 머무는 것이 불가능하게 되었기 때문이다. 인간은 너무나 불완전한 존재이기에 때로는 '작은 신'을 자처하며 이성의 요구에 따라 신성을 추구하다가도, 때로는 본능적 욕구를 극복하지 못하고 이성을 "어떤 동물보다 더 동물적으로 사는데 써먹고" 있다. 메피스토가 보기에 이러한 신성과 본능 사이의 끝없는 방황이야말로 인간이 지닌 고통의 근원이다. 그는 신의 피조물인 인간에게 이러한 근원적 결함이 있는 한 신의 창조 작업은 성공한 것이 아니라고 비판한다.

이에 대해 신은 반증이라도 하듯 파우스트를 거명한다. 그러나 메피스토는 파우스트 역시 "하늘로부터는 가장 아름다운 별을 원하고, 지상에서는 최상의 쾌락을 모조리 맛보겠다는 기세"로 "바보짓"을 하는 어리석은 녀석에 불과하다고 대꾸한다. 이에 대해 신은 파우스트가 지금은 비록 방황하고 있지만, 결코 올바른 길을 잊지 않을 것이라고 말하고, "인간은 노력하는 한 방황하는 법"이라고 파우스트를 변호한다. 여기서 파우스트는 개인이 아니라 바로 인간을 대표하는 존재임이 드러난다. 신은 파우스트로 대변되는 인간의 '방황'을 당연한 것으로 받아들임으로써 인간이 완전한 존재가 아니라는데 사실상 동의한다.

신에게 있어 창조는 메피스토가 생각하는 것처럼 완전한 것이나 완결된 것이 아니다. 신에게 있어 창조는 지금도 진행 중인 무한한 생성의 과정, 즉 "영원히 작용하고 생동하는, 되어가는 것"이다. 창조가 영원한 생성이라면 파우스트로 대표되는 인간 역시 완전한 존재가 아니다. 따라서 이러한 인간이 자신의 한계를 절감하고 이를 극복하고자 노력하는 것 자체가 아직 불완전한 창조를 미래의 완전한 창조로 발전시켜 가는, 그야말로 창조적 행위의 원천이라고 할 수 있다. 현 상태에서 인간은 이성의 한계로 인해 방황할 수밖에 없다. 그러나 중요한 것은 현재 성취한 것에 만족하지 않고 보다 나은 세계를 위해 끊임없이 노력하는 것이다. 이것이 바로 인간에게 주어진 소명이고, 신의 창조를 완성해 가는 길이다.

모든 완성된 것은 필연적으로 정체될 수밖에 없고, 보다 나은 세계를 향한 인간의 끊임없는 노력만이 역사를 움직이는 동인이라고 할 수 있다. 이런 입장에서 불완전한 창조를 보완하기 위해서는 현실에 만족하지 않는 인간의 '행동'이 필요하다. 현실에 만족하지 않고 더 나은 세계를 지향하는 행동이 없다면 영원한 생성으로서의 창조는 불가능하다. 메피스토가 악마인 까닭은 인간이 현실에 만족하고 안주하게 함으로써 더 이상 아무런 행동도 하지 않도록 유혹하기 때문이다. 창조를 완성해가는 행동이 선이라면, 아무런 행동도 하지 않는 것, 현실에 만족하고 안주하는 것이 선의 부정이요, 이를 통해 창조를 방해하는 것이 악의 궁극적 목표인 것이다. 이점에서 『파우스트』에 나타난 선악의 개념은 기독교적 선악관과는 다르다.

메피스토는 신에게 파우스트를 유혹해 악의 구렁텅이로 떨어지게 하겠노라고 장담하면서 내기를 제안한다. 그가 노리고 있는 것은 파우스트가 현재의 만족감에 사로잡히도록 하자는 것이다. 그러나 신은 인간이 때론 방황할지라도 결국 올바른 길을 가게 될 것이라는 확신을 가지고 있기에 메피스토와의 내기를 허락한다. 신과 메피스토의 내기에서 중요한 것은 이제 행위의 주체가 더 이상 신이 아니라 파우스트, 즉 인간이라는 것이다. 신은 메피스토에게 "네가 무슨 유혹을 하든 말리지 않겠다"고 함으로써 악마와 인간의 내기에서 더 이상 인간의 편에 서지 않을 것임을 분명히 한다. 이로써 인간은 더 이상 신의 의지에 따라 행동하는 예속된 존재가 아니라, 자신의 삶과 자신의 세계를 스스로 만들어 나가는 자율적 존재가 된다. 이제 인간은 더 이상 수동적인 피조물이 아니라 세상의 창조를 책임져야 하는 능동적인 창조자가 된 것이다. 이런 점에서 <천상의 서곡>은 중세적 신중심주의의 종말을 고하고 근대적 인간중심주의를 선언한 것이라 할 수 있다.

### 2) '학자 비극'

『파우스트』 제1부는 내용상 이른바 <학자 비극>과 <그레트헨 비극>으로 구성되어 있다. <학자 비극>에서 파우스트는 우주의 근원을 통찰하기 위해 온갖 학문을 섭렵했지만 결국 인식의 한계를 절감한다. 게다가 그는 가슴 속에 깃든 '두 개의 영혼'을 가진 인간으로서 "한편으로는 음탕한 애욕에 빠져 현세에 매달려 관능적 쾌락을 추구하고, 다른 한편으로는 과감히 세속의 티끌을 떠나 숭고한 선인들의 영역에 오르려고"하는 가련한 존재이다. 그는 인간이 신과 닮은 존재로서 신적인 능력을 가지고 영원한 진리에 접근할 수 있다고 생각했고, "신의 삶을 향유하리라는 예감"에 차 있었다. 그러나 인간으로서의 한계를 절감한 순간 그의 "가슴은 타버릴 것만 같은" 절망에 빠진다. 그는 마술을 통해 인간의 한계를 극복해 보려 하지만 이러한 노력도 결국 수포로 돌아가고 만다.

파우스트가 절망 속에서 괴로워하고 있을 때 메피스토가 나타난다. 그는 파우스트에게 모든 속박에서 벗어나 인생이 어떤 것인지 체험해 보자고 유혹한다. 그리고 이승에서 자신이 하인 노릇을 하는 대신 저승에서는 파우스트가 자신에게 같은 일을 해 주는 조건으로 계약을 맺자고 제안한다. 이러한 메피스토의 제안은 생각만 앞서있던 파우스트로 하여금 그동안 숨어있던 '행동'에 대한 충동을 자극한다. 파우스트는 자신이 자기도취에 빠지거나 관능적 쾌락에 빠져 어느 순간을 향해 "멈추어라! 너 정말 아름답구나!"라고 말한다면 그 즉시 누구의 종이든 상관하지 않겠다고 하면서 내기를 제안한다. 그리고 "어떤 고통도 감수하면서 인류 전체에게 주어진 것을 내 내면의 자아로 음미해" 보겠다는 각오로 메피스토와 계약을 맺는다.

여기서 자신의 한계를 벗어나 "가장 높고 가장 깊은 것을 파악하고자" 하는 파우스트의 욕망은 파우스트의 개인적인 것이 아니다. 그의 욕망은 자신의 모든 가능성을 실험해보고자 하는 인간의 무제한적 자아실현 욕구로 확대된다.

파우스트가 악마와 맺는 계약은 파우스트 이야기의 전통적인 소재이다. 그러나 괴테는 계약에 '내기'의 요소를 첨가함으로써 전통적인 계약의 의미를 변형시킨다. 괴테 이전의 파우스트 문학에서는 악마가 파우스트에게 온갖 향락과 부귀영화를 맛보게 하고 그 대가로 그가 죽은 후 영혼을 넘겨받는다는 내용으로 계약을 맺지만, 괴테의 파우스트는 메피스토의 제안을 받고 내기를 하자고 역제안을 한다. 그는 자신이 "끊임없이 활동하는 자"로서 어느 한 순간에도 안주할 수 없는 존재라는 것을 확신하고 있기 때문에 메피스토에게 내기를 제안한 것이다. 슈피스나 말로의 경우 파우스트와 메피스토간의 계약은 조건을 바꾸는 것이 불가능하며, 무엇보다 24년이라는 시간적 제한에 철저하게 예속되어 있다. 따라서 이 계약을 통해 파우스트의 파멸이 그 기간만큼 유예되었을 뿐 그는 결국 파멸할 수밖에 없다. 그러나 괴테의 파우스트가 메피스토와 맺은 계약은 엄밀한 의미에서 계약이 아니라 '내기'이다. 내기에는 승패가 미리 정해져 있지 않기 때문에 누가 이길지는 결과가 나와 봐야 알 수 있다. 내기가 갖는 이런 불확정성이 허무와 절망에 차있던 파우스트의 가슴을 다시 뜨겁게 만들고 그의 삶에 생기를 불어넣는 동력으로 작용한다.

메피스토는 파우스트와의 내기를 받아들임으로써 파우스트를 파멸에 이르게 하고 이를 통해 신의 창조 작업을 방해할 수 있다고 믿는다. 그러나 파우스트가 자신의 한계를 절감한 후 절망 속에서 허무하게 죽고자 할 때 이런 그를 유혹해 실제로 행동하도록 만든 장본인이 메피스토이다. 메피스토와의 내기 이후 파우스트는 비로소 자신이 지니고 있는 엄청난 행동능력을 현실로 만들어나간다. 여기서 메피스토가 파우스트로 하여금 실제 행동으로 옮기도록 자극하는 것, 그 자체가 바로 신의 창조 작업을 돕는 행위이다. 메피스토는 파우스트의 본능을 자극해 그를 파멸시키고자 하지만 결국 자신도 모르는 사이에 파우스트의 창조 활동에 가담하게 되는 것이다. 이로써 메피스토는 "언제나 부정만 하는 정령"이지만 "항상 악을 원하면서도 항상 선을 창조하는 힘의 일부"로서 자신의 역할을 충실히 수행하게 된다.

### 3) 그레트헨 비극

파우스트와 그레트헨의 사랑이야기는 슈피스나 말로의 작품에는 없는 내용이다. <그레트헨 비극>은 당시 새롭게 등장한 '시민비극'의 형태를 띠고 있다. 고트홀트 에프라임 레싱 G. E. Lessing의 『에밀리아 갈로티 Emilia Galotti』(1772) 이후 시민비극은 비극의 주인공이 군주나 귀족이었던 종래의 작품들과 달리 시민계급을 그 주인공으로 설정하고 있다. 그레트헨은 "귀한 집 딸도 아니고 아름답지도 않다"는 점에서 전형적인 시민비극의 주인공이라 할 수 있다.

<그레트헨 비극>에서 메피스토는 파우스트를 우선 향락과 쾌락의 세계로 유혹해 파멸시키고자 한다. 그러나 이런 의도와 달리 파우스트는 그레트헨이라는 순수한 여성을 통해 진정한 사랑을 알게 되고, 그녀의 헌신적인 사랑을 통해 더 높은 세계로 고양된다. 파우스트는 그레트헨을 처음 만났을 때 그녀를 우선 성적 쾌락의 대상으로 생각한다. 이런 파우스트의 태도는 그레트헨의 방에 숨어 들어가 그녀의 삶의 모습을 목격한 후 완전히 달라진다. 그는 그녀의 삶이 가지는 소박함과 정갈함, 목가적인 삶이 주는 평화로움과 아늑함에 마음 속 깊이 감동한다. 파우스트를 매혹시킨 것은 그레트헨의 여성성이 아니라 그녀의 소박하고 단순하고 순진무구함이다. 그레트헨은 신심이 강하고 '어린아이' 같은 본성을 지닌 사람이다. 파우스트가 만족을 모르고 끊임없이 더 나은 삶을 추구한다는 점에서 그의 삶은 근대적 진보의 역동성을 대표하는 반면, 그레트헨은 근대 이전의 정적인 세계, 자연과 삶이 일치되어 있던 목가적인 세계, 과거의 세계를 대표한다. 그레트헨에 대한 파우스트의 사랑은 잃어버린 과거에 대한 향수에 불과할 뿐이다. 따라서 어떤 것에도 만족하지 않는 파우스트의 본질상 두 사람

의 사랑은 비극으로 끝날 수밖에 없다.

파우스트가 본질적으로 한 가슴 속에 두 영혼을 가진 이중적 존재이듯이 그의 사랑 역시 육체적인 것과 정신적인 것이 병존하는 이중적이고 불완전한 사랑이다. 반면 그레트헨은 내적으로나 외적으로 전혀 분열되지 않은 존재로서 그녀의 사랑 또한 정신과 육체, 영혼과 본능이 하나가 된 '전체'로서의 사랑이라고 할 수 있다. 따라서 파우스트를 향한 그레트헨의 사랑은 헌신적이다. 그레트헨은 파우스트의 어떠한 요구도 거절하지 못하고, 어떠한 요구도 고집하지 않는다. 심지어 파우스트가 더 이상 자신을 사랑하지 않는다는 사실을 알았을 때에도 그를 원망하지 않는다. 그리고 사랑의 과정에서 발생한 끔찍한 사건들을 모두 자신의 책임으로 순순히 받아들인다. 괴테는 이러한 그레트헨의 철저하게 자신을 의식하지 않는 헌신적인 사랑을 "영원히 여성적인 것"의 한 표상으로 끌어올린다.

그럼에도 불구하고 그레트헨이 구원을 받는다는 것은 논리적으로 쉽게 설명되지 않는다. 그녀는 파우스트에 대한 사랑에 눈이 멀어 어머니에게 수면제를 먹여 깨어나지 못하게 했고, 오빠를 죽게 만들었다. 또한 감당할 수 없는 죄책감과 두려움 속에서 실성한 채 파우스트와의 사이에서 낳은 아기마저 죽이고 말았다. 이런 그레트헨을 보고 메피스토는 그녀가 당연히 처형되리라고 생각해 "그녀는 심판받았소!"라고 말하지만, 그 말이 떨어지기가 무섭게 '위로부터' "구원받았노라!"하는 소리가 들려온다. 파우스트를 향한 사랑이 아무리 완전하고 헌신적이라 할지라도 죄 많은 그레트헨이 구원받았다는 것은 그야말로 뜬금없는 소리처럼 들린다.

그러나 그레트헨의 구원에 관한 단초는 애초에 그녀가 악마인 메피스토마저 손대기 꺼려할 정도로 신심이 두터운 처녀였다는 데에서 찾을 수 있다. <천상의 서곡>에서 신이 '선한 인간'은 비록 어두운 충동 속에서도 무엇이 올바른 길인지 잘 알고 있다고 확언했듯이, 그녀는 메피스토의 계략에 넘어가 죄를 저지르게 되었지만 곧바로 자신의 죄를 깨닫고 진심으로 참회한다. 마지막에 파우스트가 감옥으로 찾아와 같이 도망가자고 애원했을 때에도 자신의 행위에 대한 합당한 죄 값을 치르기 위해 단호히 거절한다. 그리고 파우스트와 동행한 메피스토를 보고 그를 경계하면서, 신을 향해 "저는 당신의 것입니다. 아버지시여! 절 구원하소서!"라고 간절히 기도한다. 이러한 확고한 신심과 자신의 모든 것을 신에게 의탁하는 철저한 자기고백이 그레트헨을 구원으로 이끈 것이다. 그레트헨의 구원은 다분히 종교적이라 할 수 있다.

### 4) 헬레나 비극과 통치자 비극

괴테가 『파우스트』 제2부를 본격적으로 쓰기 시작한 것은 1825년으로 괴테 나이 76세였다. 그동안 괴테는 바이마르에서의 긴 공직생활과 여러 여인들과의 교제를 통해 세상의 풍파를 직접 체험했고, 자연과학 연구에 몰두하는가 하면, 이탈리아 여행을 통해 그리스 로마의 고대 문화에도 깊은 조예를 갖게 되었다. 이러한 괴테의 인간적 성숙과정이 그대로 반영되어 있는 제2부는 여러 면에서 젊은 시절에 썼던 제1부와는 큰 차이를 보인다. 『파우스트』가 인류의 보편적 체험이 담긴 세계문학의 귀중한 유산으로 평가받는 이유는 무엇보다도 제2부가 추가되었기 때문이라고 할 수 있다. 이 작품이 인간의 삶과 역사의 의미에 대한 진지한 성찰을 담은 작품이라면 그 진면목이 제2부에서 더욱 구체적으로 드러나기 때문이다.

제1부가 남녀 간의 사랑이라는 개인적인 사건을 다루고 있다면, 제2부는 전쟁이나 간척사업과 같은 공적이고 사회적인 사건들을 다루고 있다. 제1부가 개인적인 체험에 기초한 '소세계'를 다루고 있다면, 제2부는 이것이 전 인류의 문제로 승화되는 '대세계'를 다루고 있다. 제1부에서 보여준 파우스트와 그레트헨의 사랑 이야기가 사실적인 '시민비극'의 성격을 띠고 있다면, 제2부는 시간적으로는 약 삼천년을 망라하고 공간적으로는 현실세계뿐만 아니라 지하세계와 천상세계를 아우르며 전개되는 일종의 '환상극'이라고 할 수 있다.

제2부는 내용상 이른바 <헬레나 비극>과 <통치자 비극>으로 구성된다. 여기서 괴테는 서양문명을 상징하는 주요 인물들을 시간과 공간의 구애를 받지 않고 총동원해 한 편의 거대한 파노라마를 만들어 낸다. <헬레나 비극>에서 파우스트는 메피스토의 도움으로 온갖 모험을 하고, 마침내 헬레나와 결혼해 아르카디아에서 행복한 삶을 꿈꾼다. 그러나 그레트헨과 마찬가지로 헬레나가 대표하는 세계는 근대 이전의 세계, 과거의 세계를 의미한다. 헬레나는 당시 서구인들이 고대에서 보았던, 문명화 이전의 '우주적인 조화' 속에서 살아가는 자연스러운 삶을 대표한다. 그 세계는 신과 인간들이 함께 사는 이상향 '아르카디아'가 상징하듯이 시간을 초월한 '영원한 현재'가 지배하는 곳으로 과거의 황금시대를 의미한다. 헬레나가 대표하는 고대의 목가적 세계는 정적인 세계로서 근대적 역동성을 추구하는 파우스트와 그녀의 지속적인 합일은 불가능하다. 이러한 사실은 헬레나와 파우스트 사이에서 낳은 아들 오이포리온의 덧없는 삶에서 상징적으로 드러난다. 무한한 상승에의 욕구 속에 끊임없이 더 높은 곳으로 오르려는 오이포리온의 삶은 근대의 역동성을 체현한다. 고대를 향한 파우스트의 동경은 파우스트의 분신인 오이포리온이 추락사함으로써 막을 내린다.

<통치자 비극>에서 파우스트는 다시 현실로 돌아온다. "굳어진 상태에서 내 행복을 찾지는 않겠다"고 다짐한 그는 이 지상을 자신의 "위대한 행위를 위한 공간"으로 재확인한다. 그는 반란군을 진압한 공으로 황제로부터 해안의 영지를 하사받아 간척 사업을 벌인다. 파우스트는 바다를 메워 이상적인 미래사회를 건설하고자 하는데, 이 과정에서 철거요구에 응하지 않는 노부부를 죽게 만든다. 이 노부부는 근대 이전의 세계, 과거의 목가적인 세계의 상징으로 이상적인 미래사회를 꿈꾸는 파우스트의 입장에서는 방해물일 뿐이다. 그는 '근심'에 시력을 잃지만 마지막까지 욕망을 불태우며 인부들을 독촉하라고 다그친다. 그는 "자유로운 땅에서 자유로운 사람들과 더불어" 사는 행복을 예감하면서 "내가 세상에 남겨놓은 흔적은 영원히 사라지지 않을 것이다"라고 감격해 한다. 그러나 자연과 인간을 도구화하고 파괴하는 이상사회 건설은 메피스토의 지적대로 결국 파우스트 자신의 무덤을 파는 행위가 되고 만다. 파우스트가 확신하는 이상사회는 결국 눈먼 상태에서 꿈꾸는 환상일 뿐이다. 파우스트는 이런 환상 속에서 감격한 나머지 스스로 파멸을 자초한다.

이와 같이 파우스트는 육체적으로나 정신적으로 한치 앞을 보지 못하는 마지막 순간까지 자아실현의 욕망을 멈추지 않는다. 이점에서 파우스트는 근대 이후 맹목적인 진보에 매달려 왔던 근대정신의 화신이라 할 수 있다. 서구근대사는 이성에 대한 확신을 바탕으로 인간 자율성을 앞세워 자연에 대한 인간주체의 능력과 권한을 점차 확대해 가는 과정이었다. 그러나 욕망의 과잉은 결국 자연을 파괴하였고, 인간을 도구화하는 모순을 낳았다. 이러한 입장에서 파우스트 이야기는 맹목적인 지배욕과 인간의 자율성 확대에 대한 환상으로 점철된 근대정신에 대한 비판적 성찰이라 해석되기도 한다.

## 5) 파우스트의 구원

제1부와 마찬가지로 제2부에서도 파우스트의 '방황'은 그치지 않는다. 여전히 아름다운 여인을 탐하고, 많은 사람들을 불행과 죽음으로 몰아넣으며 온갖 방황을 계속한다. <천상의 서곡>에서 신이 파우스트를 가리켜 "나의 종"이라고 불렀지만 그는 결코 신을 섬기지도 않는다. 그레트헨처럼 자신의 죄를 뉘우치지도 않는다. 그런 파우스트가 마지막에 구원을 받는다. 민중본이나 말로의 파우스트처럼 메피스토가 내기에서 이기고 파우스트가 지옥으로 끌려간다면 나름 설득력이 있지만, 파우스트가 갑자기 구원을 받는다는 것은 상식적으로 납득하기 어렵다.

그러나 작품의 마지막 장면에서 천사들이 파우스트의 영혼을 하늘로 인도하며 부르는 노래 속에 그의 구원에 대한 해답이 들어있다. "영들의 세계에서 고귀한 한 사람이 악으로부터 구원되었도다. **언제나 갈망하며 애쓰는 자, / 그를 우리는 구원할 수 있다.** / 또한 그에겐 천상으로부터 / 사랑의 은총이 내려졌으니, / 축복받은 무리가 그를 / 진심으로 환영하게 되리라."

우선 작품 속에서 괴테가 고딕체로 강조하고 있듯이 파우스트가 구원받는 가장 중요한 요인은 그가 현실에 안주하지 않고 '언제나 갈망하며 애쓰는 자'였다는 것이다. 이 과정에서 그는 '방황'을 하기도 했지만, 이러한 방황은 필연적인 것이다. <천상의 서곡>에서 신이 직접 "인간은 노력하는 한 방황하는 법"이라고 확인했듯이 방황은 신이 인간에게 부여한 특성이고, 인간의 방황 그 자체는 오히려 신의 창조 작업을 돕는 행위이다. 파우스트의 끊임없는 갈망과 이로 인한 방황은 그가 끊임없이 노력하고 있다는 증거이자 신의 창조 작업에 적극적으로 기여했다는 징표로서 구원의 중요한 조건을 충족시켰다고 할 수 있다.

게다가 메피스토와의 계약에서 조건으로 내건 "멈추어라! 너 정말 아름답구나!"하는 감격어린 외침도 비록 눈먼 상태에서 꿈꾸는 환상이라 할지라도 메피스토가 의도한 대로 향락이나 물질적 욕망에 만족한 데서 비롯된 것이 아니다. 오히려 온갖 시련과 유혹을 이겨내고 끊임없이 노력한 결과에서 비롯된 성취에 대한 예감이었다. <천상의 서곡>에서 신이 장담했듯이 파우스트는 '선한 인간'으로서 비록 어두운 충동 속에서도 올바른 길을 잊지 않고 결국에는 인생의 참 의미를 깨닫게 된 것이다. 이로써 그는 '영들의 세계에서 고귀한 사람'으로 인정받게 된다.

그러나 이것으로 파우스트의 구원이 완료되지는 않는다. 인간의 구원은 결국 신의 은총에 달려있기 때문이다. 그간의 파우스트의 삶은 구원의 중요한 조건을 충족시켰지만, 결국 파우스트의 구원에 대한 최종 결정은 신의 은총을 통해 이루어진다. 그 마지막 순간에 '속죄하는 여인들'이 나타나 파우스트를 위해 기도한다. 그 중에서도 특히 그레트헨은 성모에게 매달려 옛 애인의 영혼을 위해 간절히 기도한다. 성모는 이러한 기도를 받아들여 사랑의 은총을 베풀고 파우스트를 하늘로 인도하도록 허락한다. 파우스트는 자신의 끊임없는 노력과 그레트헨의 중재를 통해 비로소 하늘의 은총을 얻게 되고 마침내 구원을 받는다.

괴테는 『파우스트』를 '비극'으로 명명한다. 이는 인간의 자율성 요구에서 비롯된 파우스트의 자기실현 의지가 결국 실패했다는 점에서 비극으로 끝났기 때문일 것이다. 그럼에도 불구하고 괴테는 파우스트가 구원받는 것으로 처리한다. 이를 통해 괴테는 인간의 본질적인 한계에도 불구하고 인간성의 고양과 인류의 미래를 위해 끊임없이 노력하는 것이 인간에게 주어진 절대적 소명이라는 메시지를 전하고 있다.

〈주요 참고문헌〉

김수용(2004): 괴테 파우스트 휴머니즘. 신이 떠난 자리에 인간이 서다, 책세상.

김임구(2000): 문화학적 관점에서 본 파우스트 소재. 서양 근세문화의 주도적 의미 방향성, 괴테연구 제12집, 41-80.

홍길표(2004): 근대인간의 자기주제화. 괴테의 『파우스트』와 인간중심주의, 괴테연구 제16집, 27-51.

## 4. 작품 발췌

괴테, 요한 볼프강 폰(2009): 파우스트 1 / 2, 정서웅 옮김, 민음사.

### * 작품의 시작: 헌사

너희들 다시금 다가오는구나, 아물대는 자태들아
일찍이 내 흐릿한 눈앞에 나타났던 너희들
이번엔 어디 단단히 붙잡도록 해볼까?
내 마음 아직도 그 환상에 집착하고 있는 것일까?
너희들 마구 내달려오는구나! 그럼 좋다, 마음대로 하렴
운무를 헤치고 나와 내 주위를 에워쌀 때,
너희 무리가 피워내는 마법의 입김으로 해서
나의 가슴, 젊음의 감동으로 떨린다. (1-8)

### * 천상의 서곡

주님, 천사의 무리, 후에 메피스토펠레스. 세 대천사, 앞으로 나선다.

**라파엘** 태양은 옛날과 다름없는 음조로
형제별들과 노랫소리 겨루며
그에게 정해진 길을
우리 같은 걸음으로 내닫는다.
그를 보면 천사들은 힘을 얻나니
비록 오묘한 이치 터득할 자 없어도

그 불가해한 역사(役事)
천지창조의 그날처럼 장엄하여라.

[...]

셋이서 그 광경을 보면 천사들은 힘을 얻나니
당신의 깊은 뜻을 헤아릴 자 없어도
당신의 지고한 역사(役事)들은 모두 천지창조의 그날처럼 장엄합니다.

**메피스토펠레스** 아, 주인양반, 당신이 또 한 번 가까이 오시어
우리들의 모든 일이 잘 되어 가는지 물어주시고,
게다가 나 같은 놈도 만나주시는 덕분에
보시다시피 나 또한 하인배들 틈에 끼였소이다.
죄송하지만, 나는 고상한 말을 쓸 줄 모릅니다.
좌중의 여러분이 날 비웃어도 별 수 없어요.
내가 점잖은 척해 봐야 웃음거리밖에 더 되겠습니까?
당신이 웃음을 잊지 않았다면 말예요.
태양이니, 세계니 하는 것에 대해선 말할 게 없소이다.
내 눈에 보이는 건 그저 인간들이 괴로워하는 모습뿐이에요.
지상에서 작은 신을 자처하는 놈들은 언제나 판에 박은 듯
천지개벽하던 그날 모양 이상하기만 합니다.
차라리 하늘의 빛을 비춰주지 않았던들
그들은 좀 더 잘 살 수 있지 않았을까요?
그들은 그것을 이성(理性)이라고 부르면서
어떤 동물보다 더 동물적으로 사는 데 써먹고 있지요.
아뢰옵기 황송하지만,
인간들이란 다리 긴 메뚜기 모양
나는 듯하다가는 팔딱팔딱 뛰면서
늘 풀숲에 처박혀 케케묵은 옛 노래나 불러대는 족속이죠.

아니, 풀 속에나 박혀 있으면 오죽 좋으련만

거름더미를 보기만 하면 그들의 코를 쑤셔 박으니 원!

주님 내게 할 말이 그것뿐이란 말이냐?

너는 항상 불평만 늘어놓으러 오느냐?

지상의 일이 네겐 영원히 못마땅하다는 게냐?

메피스토펠레스 물론이지요. 늘 그렇지만, 내 보기엔 아주 지독한 곳입니다.

인간들의 비참한 꼬라지가 하도 딱해서

나 같은 악마도 그 가련한 놈들을 괴롭히고 싶지 않다니까요.

주님 자네 파우스트란 자를 아는가?

메피스토펠레스 그 박사 말인가요?

주님 나의 종이니라!

메피스토펠레스 옳거니! 그 자는 독특한 방식으로 당신을 섬기고 있지요.

그 바보가 마시고 먹는 것은 지상의 것이 아닌가 봅디다.

속에서 부글대는 것이 그를 먼 곳으로 몰아가고 있는데,

그 자도 자신의 바보짓을 반쯤은 의식하는 모양이에요.

하늘로부터는 가장 아름다운 별을 원하고,

지상에서는 최상의 쾌락을 모조리 맛보겠다는 기세지만,

가까운 것이나 먼 것이나 모두

그의 들끓는 마음을 충족시키진 못하지요.

주님 그가 지금은 비록 혼미한 가운데 날 섬기고 있지만,

내 멀지 않아 그를 밝은 곳으로 인도할 것이니라.

정원사도 나무가 푸르러지면,

꽃이 피고 열매가 열릴 것임을 알게 되는 법.

메피스토펠레스 내기를 할까요? 당신은 결국 그 자를 잃고 말 겁니다.

허락만 해 주신다면

녀석을 슬쩍 나의 길로 끌어내리리다.

주님 그가 지상에 살고 있는 동안에는
네가 무슨 유혹을 하든 말리지 않겠다.
인간은 노력하는 한 방황하는 법이니까.

메피스토펠레스 고맙습니다. 사실 난
죽은 놈들과 상대하는 걸 좋아하지 않습니다.
통통하고 싱싱한 뺨을 가진 놈을 가장 좋아하지요.
송장이 찾아올라치면 난 대문을 걸어버리지요.
고양이가 죽은 쥐를 싫어하는 것처럼 말입니다.

주님 그러면 좋다. 네 재량에 맡기겠다.
그의 영혼을 그 근원으로부터 끌어내어,
만일 그것을 붙잡을 수 있다면,
어디 너의 길로 유혹하여 이끌어보려무나.
하지만 언젠가는 부끄러운 얼굴로 나타나 이렇게 고백하게 되리라.
착한 인간은 비록 어두운 충동 속에서도
무엇이 올바른 길인지 잘 알고 있더군요라고.

메피스토펠레스 아무튼 좋습니다! 오래 걸리지 않을 것입니다.
내기에 대해선 전혀 걱정하지 않아요.
내 목적을 이루게 되거든
가슴이 터지도록 승리의 노래를 부르게 해 주세요.
녀석은 먼지를 처먹게 될 것입니다, 그것도 게걸스럽게.
우리 아주머니 뻘 되는 저 유명한 뱀처럼 말입니다.

주님 네가 이긴 다음에라도 얼마든지 찾아오너라.
나는 너희 같은 무리들을 미워한 적이 없느니
부정을 일삼는 정령들 중에서도
너희 같은 익살꾼들은 조금도 짐스럽지 않구나.

인간의 활동력은 너무 쉽사리 느슨해져,
무조건 쉬기를 좋아하니,
내 그들에게 적당한 친구를 붙여주고자 함이라.
그들을 자극하고 일깨우도록 악마의 역할을 다하거라---
그러나, 너희들 진정한 신의 아들들아,
생생하고 풍요로운 아름다움을 향유하도록 하여라!
영원히 살아서 작용하는 생성의 힘이
사랑의 울타리로 너희를 둘러싸리라.
그리하여 아물대는 자태로 흐느적거리던 것이
영원히 지속되는 생각들로 정착되리라.

하늘이 닫히고, 대천사들 흩어진다.

**메피스토펠레스** (혼자서) 때때로 나는 저 노인네를 만나는 게 즐거워.
그래서 사이가 나빠지지 않도록 조심을 하지.
위대한 주님치곤 너무 인정이 많아.
나 같은 악마까지도 인간적으로 대해 주니 말이야. (243-353)

## * 제1부 '학자 비극': 파우스트와 메피스토의 내기

**파우스트** 아! 나는 철학도 법학도, 의학도,
심지어는 신학까지도
온갖 노력을 다 기울여 철저히 공부하였다.
그러나, 지금 여기 서 있는 나는 가련한 바보.
[...]
우리가 아는 게 아무것도 없다는 걸 깨닫고 보니

내 가슴은 거의 타버릴 것만 같다. (354-365)
내 가슴 속엔 아아! 두 개의 영혼이 깃들어서
하나가 다른 하나와 떨어지려고 하네.
하나는 음탕한 애욕에 빠져
현세에 매달려 관능적 쾌락을 추구하고,
다른 하나는 과감히 세속의 티끌을 떠나
숭고한 선인들의 영역에 오르려고 하네.
오오, 하늘과 땅 사이를 지배하며
대기 속에 부유하는 정령이 있다면,
부디 황금빛 운무에서 나와
나를 새롭고 찬란한 삶으로 이끌어다오! (1112-1121)

파우스트 [...] 그건 그렇고, 자넨 대체 누군가?
메피스토펠레스 항상 악을 원하면서도
항상 선을 창조해 내는 힘의 일부분입지요.
파우스트 그 수수께끼 같은 말은 무슨 뜻인가?
메피스토펠레스 소생은 항상 부정(否定)을 일삼는 정령입니다!
항상 선을 창조해 내는 힘의 일부분입지요.
[...]
당신들이 죄라느니, 파괴라느니,
요컨대 악이라고 부르는 모든 것이 제 원래의 본성이랍니다.
(1334-1343)

메피스토펠레스 [...]
당신이 나와 함께 어울려
이 세상에 발을 들여놓을 생각이라면,

나는 기꺼이 순종하면서
당장이라도 당신의 것이 되겠습니다.
당신의 동반자가 되었다가
마음에 드신다면
하인이건 종이건 무엇이든 되어드리리다!

파우스트 그 대가로 나는 네게 무엇을 해줘야 되지?
[...]

메피스토펠레스 이 세상에선 내가 하인 노릇을 하며
당신의 지시에 따라 쉬지 않고 일하겠습니다.
그 대신 저 세상에서 다시 만날 땐,
당신이 내게 같은 일을 해주셔야 합니다.
[...]

파우스트 나, 한가로이 침상에나 누워 뒹군다면
당장 파멸해도 좋으리라!
자네의 감언이설에 속아 자기도취에 빠지거나
관능의 쾌락에 농락당한다면,
그것은 내게 최후의 날이 될 것이다!
자 내기를 하자!

메피스토펠레스 좋습니다.

파우스트 이건 엄숙한 약속이다!
내가 순간을 향해
멈추어라! 너 정말 아름답구나! 라고 말한다면,
그땐 자네가 날 결박해도 좋아.
나는 기꺼이 파멸의 길을 걷겠다! (1643-1700)

파우스트 다시 말하지만, 쾌락이 문제가 아닐세.
이러한 도취경에 내 몸을 맡기는 것일세.

고통스러운 향락, 사랑에 눈먼 증오, 속이 후련해지는 분노에.
지식에의 갈망에서 벗어나 나의 마음은
앞으로 어떤 고통도 감수하면서
인류 전체에게 주어진 것을
내 내면의 자아로 음미해 보려네.
내 정신으로 가장 높고 가장 깊은 것을 파악하고,
그 기쁨과 슬픔을 내 가슴에 쌓아올리면서
나 자신의 자아를 온 인류의 자아로까지 확대시키려네.
마침내 인류와 더불어 나 역시 파멸에 이르기까지. (1764-1775)

### * 제1부 마지막 장면: 그레트헨의 구원

**파우스트** 오, 나 차라리 태어나질 말았더라면!
**메피스토펠레스** (문밖에 나타난다)
서둘러요! 그렇지 않으면 당신들은 끝장이오.
왜 쓸데없이 망설이는 거요! 우물쭈물 지껄이기만 하는 거요!
내 말들이 떨고 있어요.
아침이 밝아온단 말이오.
**마르가레테** 땅바닥에서 솟아나온 게 무언가요?
저 자예요! 저 자! 저 사람을 쫓아버리세요!
이 성스런 곳에서 무얼 하겠다는 걸까요?
절 잡아가려나 봐요!
**파우스트** 당신은 살아야 해!
**마르가레테** 하느님, 심판해 주소서! 당신의 손에 맡기나이다!
**메피스토펠레스** (파우스트에게) 갑시다! 가요! 아니면 그 계집과 함께 내 버려두겠소.

**마르가레테** 저는 당신의 것입니다, 아버지시여! 절 구원하소서!
천사들이여! 그대들 성스런 무리여.
절 에워싸고 지켜주소서!
하인리히! 전 당신이 무서워요.
**메피스토펠레스** 그녀는 심판받았소!
**목소리** (위로부터) 구원받았노라!
**메피스토펠레스** (파우스트에게) 내게로 오시오!
(파우스트와 함께 사라진다)
**목소리** (안으로부터, 점점 스러지면서) 하인리히! 하인리히! (4596-4615)

### * 제2부 지혜의 마지막 결론

**파우스트** (...) 이로써 수백만에게 땅을 마련해 주는 것이니,
안전치는 않더라도 자유롭게 일하며 살 수 있으리.
들이 푸르고 비옥하니, 인간과 가축들은
새로운 땅에 곧 정이 들 것이요,
용감하고 근면한 백성들이 쌓아올린
견고한 언덕으로 이주해 오리라.
밖에선 성난 파도가 제방을 때린다 해도,
여기 안쪽은 천국 같은 땅이 될 거야.
파도가 세차게 밀려와 제방을 갉아먹는다 해도
협동하는 마음, 급히 구멍을 막아버릴 게다.
그렇다! 이 뜻을 위해 나는 모든 걸 바치겠다.
지혜의 마지막 결론은 이렇다.
자유도 생명도 날마다 싸워서 얻는 자만이
그것을 누릴 자격이 있는 것이다.

그래서, 위험에 둘러싸이더라도 여기에선
남녀노소가 모두 값진 나날을 보내는 것이다.
나는 이러한 군중을 지켜보며,
자유로운 땅에서 자유로운 백성과 살고 싶다.
그러면 순간을 향해 이렇게 말해도 좋으리라.
<멈추어라, 너 정말 아름답구나!>
내가 세상에 남겨놓은 흔적은
영원히 사라지지 않을 것이다 --
이같이 드높은 행복을 예감하면서
지금 최고의 순간을 맛보고 있노라. (11563-11586)

## * 제2부 마지막 장면: 파우스트의 구원

천사들 (파우스트의 불멸의 영혼을 인도하며, 보다 높은 대기 속을 떠돈다)
영들의 세계에서 고귀한 한 사람이
악으로부터 구원되었도다.
언제나 갈망하며 애쓰는 자,
그를 우리는 구원할 수 있다.
그에겐 천상으로부터
사랑의 은총이 내려졌으니,
축복받은 무리가 그를 진심으로 환영하게 되리라. (11934-11941)

속죄하는 한 여인 (한 때 그레트헨이라 불렸던 여인, 성모에게 매달리며)
굽어보소서, 굽어보소서,
비할 데 없는 당신,
광명으로 가득 찬 성모님이시여.
자비로운 얼굴로 제 행복을 살펴주소서!

옛날에 사랑했던 그 분,
혼미함이 사라진 그 분이
돌아왔나이다.

[...]

**속죄하는 한 여인** (한때 그레트헨이라 불렸던)
새로 온 이 분은 자신을 깨닫지 못하고,
새로운 생명도 느끼지 못하지만,
고귀한 영들에게 둘러싸여
벌써 신성한 무리를 닮아갑니다.
보세요, 이 분은 온갖 지상의 인연에서 벗어나
그 낡은 껍질을 벗어던졌나이다.
성스런 기운이 서린 옷자락에선
첫 젊음의 힘이 솟아납니다.
새로운 빛에 눈이 부신 모양이니,
저 분에게 가르치도록 허락해 주옵소서.

**영광의 성모** 오너라! 더 높은 하늘로 오르라!
그 사람도 널 알아보면, 뒤따라오리라.

**마리아 숭배의 박사** (얼굴을 들어 기도한다.)
참회하는 모든 연약한 자들아,
거룩한 신의 섭리대로
감사하며 자신을 변용하기 위해
구원자의 눈길을 우러러보라.
선한 사람들 모두
당신을 받들어 모시도록,
동정녀여, 어머니여, 여왕이여, 여신이시여,

오래도록 은총을 베푸소서.

신비의 합창

일체의 무상한 것은
한낱 비유일 뿐,
미칠 수 없는 것,
여기에서 실현되고,
형언할 수 없는 것,
여기에서 이루어진다.
영원히 여성적인 것이
우리를 이끌어 올리도다. (12069-12111)

## 5. 더 깊이 읽기

### 1) 괴테 『파우스트』의 수용

『파우스트』는 일반적인 희곡과는 달리 대화체가 아니라 시의 형태를 취하고 있다. 1808년 『파우스트』 제1부가 발표되었을 때부터 기존 희곡과는 너무나 다른 양식으로 인해 공연 가능성을 두고 논란이 일었다. 막의 구분이 없고 장면 전환이 많아 당시 궁정극장에서 공연하기에는 기술적으로 한계가 있었기 때문이다. 그 결과 이 작품은 공연을 위한 희곡이 아니라 '읽기 위한 희곡 Lesedrama'이라는 견해가 주를 이루었고, 이러한 견해는 19세기 말까지도 유지되었다.

『파우스트』 제1부는 발표 후 20년 만인 1829년에야 브라운 슈바이크 궁정극장에서 초연되었다. 괴테 사후에 발간된 제2부 역시 근 20년 후인 1849년에 괴테 탄생 100주년 기념으로 드레드덴 궁정극장에서 처음 공연되었다. 그 후 1876년에야 이틀에 걸쳐 제1, 2부 전작이 최초로 공연되었고, 1895년에 비로소 제1, 2부가 원본 그대로 공연되기에 이르렀다. 전 작품이 완전 공연되기까지 제2부가 발표된 후 무려 60여 년이 걸렸으니 당시 독일 연극계가 이 작품의 공연을 얼마나 힘들어 했는지 짐작할 수 있다.

『파우스트』는 독일 사회에 수용되는 과정에서도 여러 어려움을 겪어야 했다. 19세기 초 나폴레옹 점령 하에서 민족주의자들은 파우스트를 독일의 민족적 자아상을 대변하는 것으로 해석함으로써 파우스트에게 국가적 민족적 정체성을 확립하기 위한 이데올로기의 기능을 부여하였다. 1871년 독일제국이 성립한 후에는 파우스트 이데올로기가 더욱 정치적으로 이용되었다. 파우스트는 새로운 제국과 제국주의 정책을 정당화하는 표상이 되었고, 독일민족의 비약은 파우스트적인 것으로 해석되었다. 이 시기 독일 각지에서 괴테 숭배가 일어났고, 그는 '시성'으로 추앙되었다. 이런 괴테 숭배의 핵심에는 단연『파우스트』가 있었다. 인간의 한계를 뛰어 넘으려는 파우스트의 부단한 노력은 독일적 인간형의 상징이 되었고 독일정신을 설명하고 규정하는 이데올로기가 되었다. 그 후에도 파우스트는 시대적 상황에 따라 민족적 동질성과 정치적 정당화를 위한 이데올로기로 이용되었다. 이러한 경향은 제1차 세계대전을 거쳐 나치시대에 이르러 더욱 강화되었다.

제2차 세계대전 후에는 독일인의 자기반성 분위기 속에 한 동안 파우스트가 거부되었고, 부정적 입장에서 '비양심적인 모험가'로 비판되기도 하였다. 그러나 다른 한편에서는『파우스트』가 서구의 역사발전 과정을 구체적으로 형상화했다고 보고, 파우스트를 '서구 근대 인간사의 상징'으로 해석하기도 하였다. 최근에는『파우스트』에 대한 지나친 이데올로기적 해석에서 벗어나 좀 더 포괄적으로 접근하려는 경향을 보이고 있지만, 파우스트와 파우스트적인 것에 대한 논쟁은 계속되고 있다.

### 2) 질풍노도(슈투름 운트 드랑)

괴테는 문학사적으로 고전주의 작가로 분류되지만, 젊은 시절에는『젊은 베르테르의 슬픔』의 성공으로 인해 '질풍노도'의 대표 주자로 간주되었다. '질풍노도(슈투름 운트 드랑) Sturm und Drang'는 18세기 후반 독일에서 일어난 문학 운동으로서 기존질서와 관습, 도덕질서에 저항해 개인의 해방과 독자성을 추구하였다. '질풍노도' 작가들은 문명발

전에 회의적이었고 자연적 상태를 중시했는데, 이는 신분적 차별, 소유, 문명 등이 개입되지 않은 자연적 상태를 옹호했던 루소 J. J. Rousseau의 영향이라 할 수 있다. 또한 이 시대는 '천재의 시대'로서 시인이 자연으로부터 천재성을 부여받았다는 점에서 시인에게 특별한 의미를 부여하기도 하였다.

'질풍노도'는 계몽주의와 대립되거나 혹은 계몽주의의 비판과 계승이라고 해석되기도 한다. 개인적인 감정과 자연을 중시한다는 점에서 질풍노도는 합리적 이성만을 강조했던 계몽주의를 보완하는 운동이라고 할 수 있고, 바로 이점에서 낭만주의적 성향을 선취했다고 볼 수 있다.

'질풍노도'를 대표하는 작품으로는 『젊은 베르테르의 슬픔』 외에도 괴테의 희곡 『괴츠 폰 베를리힝겐 Götz von Berlichingen』(1773), 렌츠 R. Lenz(1751-1792)의 희곡 『가정교사 Der Hofmeister』(1774), 실러의 희곡 『군도 Die Räuber』(1781) 등이 있다.

### 3) 괴테와 실러

독일문학의 '고전주의 Klassik'라고 하면 우선 괴테와 실러를 떠올릴 정도로 두 사람은 이 시대를 대표하는 작가들이다. 독일 고전주의가 얼마나 오래 지속되었는지에 관해서는 의견이 분분하지만, 괴테와 실러가 이 시대를 대표하는 인물들이라는 점에 대해서는 이견이 없다. 괴테가 바이마르 대공의 초대를 받아 바이마르에 정착하고, 실러 역시 바이마르로 이주한 후 이곳에서 고전주의가 만개했다는 점에서 독일 고전주의를 '바이마르 고전주의'라 부르기도 한다. 바이마르의 독일

국립극장 앞에 세워진 괴테와 실러의 동상은 두 사람의 우정과 바이마르 고전주의를 상징적으로 보여준다.

바이마르의 괴테와 실러상

프리드리히 실러 Friedrich Schiller(1759-1805)는 괴테와 더불어 독일 고전주의 문학을 대표하는 작가이지만, 괴테와는 대조적인 면에서 독일인들의 사랑을 받는 국민시인이다. 실러는 1781년 『군도』를 통해 격렬한 사회비판과 자유에 대한 동경을 그렸고, 1784년에는 시민비극 『간계와 사랑 Kabale und Liebe』을 통해 독일 귀족사회의 부조리한 현실을 비판하였다. 그는 1787년 바이마르로 이주하면서 괴테를 만나게 되고, 두 사람은 <연간시집 Musenalmanach>에 공동으로 「크세니엔 Xenien」 414편을 발표하는 등 실러가 사망할 때까지 돈독한 우정을 유지하였다.

바이마르 시기 실러는 칸트 철학에 심취해 『인간의 미적 교육에 관한 서한 Briefe über die ästhetische Erziehung des Menschen』(1795), 『소박 문학과 감상문학에 관하여 Über naive und sentimentale Dichtung』(1796) 등 한동안 여러 편의 미학 저서를 발표하기도 하였다. 그러나 괴테의 권유로 다시 극작에 전념한 결과 내적인 자유를 주제로 한 3부작 『발렌슈타인 Wallenstein』(1799)을 완성하였고, 이후 지병인 폐결핵으로 인한 투병 속에서도 민족 해방을 그린 『빌헬름 텔 Wilhelm Tell』(1804)을 발표하였다.

### 4)『젊은 베르테르의 슬픔』

『젊은 베르테르의 슬픔 Die Leiden des jungen Werthers』(1774)은 젊은 괴테의 체험이 반영된 작품이다. 괴테는 1772년 베츨라르에서 제국법원 시보를 하던 시절에 만난 샤를로테 부프에 대한 짝사랑과 그의 친구 카를 빌헬름 예루잘렘의 죽음을 바탕으로 이 작품을 완성했다. 괴테는 이 작품을 통해 자신의 감정에 충실하고자 하는 젊은이가 당시 사회의 숨 막히는 관습과 도덕의 한계 속에 고통 받는 이야기를 동정어린 시선으로 그리고 있다.

주인공 베르테르는 젊은 변호사로서 상속사건을 처리하러 시골 마을에 왔다가 로테를 알게 되고 그녀를 열렬히 사랑하게 된다. 그는 로테에게 알베르트라는 약혼자가 있다는 것을 알고 실의에 빠져 공사의 비서가 되어 멀리 떠난다. 그러나 그는 공사의 관료 기질과 자주 충돌하게 되고, 한 파티에서 귀족들로부터 씻을 수 없는 수모를 당하자 다시 로테 곁으로 돌아온다. 새로운 가정을 꾸미고 있는 로테의 따뜻한 보살핌은 그의 고독감을 더욱 깊게 하고, 마침내 그는 알베르트의 권총을 빌려 자살하고 만다. 이러한 베르테르의 자살은 이성의 힘으로는 감당하기 어려운 실연의 결과이자 인습과 편견이 지배하고 있던 당시 사회에 대한 강력한 저항이라고 할 수 있다

이 작품이 발표되자 모방 자살이 일어나고 베르테르의 조끼가 유행하는 등 유럽 전역에서 폭발적인 반응을 불러일으켰다. 이 작품은 서간체 소설로서 주인공이 자신의 감정을 직접 토로하는 방식을 취했다는 점에서 엄청난 호소력을 발휘하였고, 여전히 기독교가 지배적이고 계몽주의의 낙관적 사고가 팽배해 있던 18세기에 자살이라는 테마 역시 당시 독자들에게는 획기적인 것으로 받아들여졌다. 나아가 이 작품

은 비극적인 것은 드라마에 의해 가장 잘 형상화된다는 기존의 통념을 깨고 소설에서 과감하게 비극적인 사랑을 다루었다는 점에서도 주목을 받았다. 이 작품은 독일에서 소설의 새로운 시대를 연 작품이자 근대 산문의 시작을 알리는 중요한 작품으로 평가된다.

### 5)『빌헬름 마이스터』

『빌헬름 마이스터』는 괴테가 50년에 걸쳐 완성한 대작이다. 이 작품은『빌헬름 마이스터의 수업시대 Wilhelm Meisters Lehrjahre』(1796)와『빌헬름 마이스터의 편력시대 Wilhelm Meisters Wanderjahre』(1829), 두 편으로 되어 있다. 괴테는 이 작품들에서 주인공 빌헬름이 마이스터가 되기까지 여러 가지 어려움을 헤치고 사회와 조화를 이루게 되는 과정을 그리고 있다. 이점에서 이 작품은 독일 고유의 '교양소설Bildungsroman'의 모범으로 간주된다. 교양소설은 주인공이 사회와의 관계 속에서 자기를 발견하고 내적 성숙을 통해 조화로운 인격을 가진 존재로 성장해가는 과정을 묘사한 소설로 무엇보다도 독일 고전주의가 추구하는 인문주의적 이상을 구현하고 있다.

『빌헬름 마이스터의 수업시대』에서 주인공 빌헬름은 공적인 영역에서 자신의 꿈을 실현하고자 한다. 그러나 시민계급인 상인 출신이라는 한계 때문에 포기하고 연극에서 참다운 생활을 실현할 수 있다고 생각해 순회연극단의 일원이 된다. 그러나 온갖 인간관계에 말려들어 환멸을 느끼고 극단을 떠난다. 그는 서커스단에서 구출해 준 소녀 미뇽과 늙은 하프 연주자 등을 보면서 고통을 이기며 살아가는 진실한 인간의 모습을 발견한다. 특히 어느 수녀가 쓴『아름다운 영혼의 고백』

을 읽고 마음속에 잠재해 있던 그리스도의 사랑을 순수한 감정으로 받아들임으로써 이웃을 사랑하는 마음의 귀중함을 깨닫게 된다. 그는 '탑의 모임'이라는 비밀결사체를 만나 자신이 그동안 이 모임의 교육적 인도를 받았다는 사실을 알게 되고, 자신도 사회에 봉사할 결심으로 이 모임의 일원이 된다. 그리고 개혁귀족인 로타리오의 누이이자 새 시대의 '아름다운 영혼'인 나탈리에와 약혼함으로써 행복을 얻는다.

『빌헬름 마이스터의 편력시대』는 일관된 줄거리의 전개 없이 여러 개의 이야기로 구성되어 있다. 빌헬름은 '탑의 모임'의 지시에 따라 여러 가지 체험을 하면서 무언가 유용한 기술을 익히는 것이 좋겠다는 것을 깨닫고 응급의가 된다. 그러나 이 작품에서는 주인공 빌헬름이 배경으로 후퇴하는 대신 당시 사람들을 겨냥한 교육 목적이 전면에 드러나 있다. 빌헬름은 당시의 풍습에 따라 편력의 길을 떠나 온갖 인생을 경험하는 과정에서 여러 나라의 사회구조와 그가 생각하는 이상적 사회구조가 제시된다. 그는 새로운 시대를 예견하고, 전통만을 소중히 여기는 유럽에 머무르기보다는 외과의사가 되어 신대륙 미국으로 건너갈 것을 결심한다.

### 6) 영화 <파우스트>

우리나라에 소개된 파우스트 영화만도 서너 종류가 있다. 그러나 프리드리히 무르나우 Friedrich W. Murnau 감독의 무성영화 <파우스트>(1926)가 괴테의 『파우스트』를 이해하는데 도움이 될 뿐만 아니라 가장 인상적이기도 하다. 독일 표현주의 영화의 거장으로 평가되는 무르나우는 1919년 영화계에 들어와 1924년 작품 <마지막 사람>으로 주목을 받았고, 1927년 이후 미국 할리우드에서 활동하였다.

무르나우의 영화 〈파우스트〉

무르나우의 영화 <파우스트>는 '독일 민중전설 eine deutsche Volkssage'이라는 부제가 시사하듯이 독일의 민중전설을 영화화한 것이라 할 수 있다. 그러나 이 영화는 '민중본'에 등장하지 않는 파우스트와 그레트헨의 사랑이 많은 부분을 차지하고 있고, 괴테의『파우스트』와도 다르게 상당 부분 변형이 가해졌다는 점에서 당시 많은 비판을 받았다.

이러한 비판에도 불구하고 이 영화는 당대 최고 수준의 기술로 제작되었고, 영화사상 가장 아름다운 이미지를 보여주는 환상적인 걸작으로 평가된다. 자연풍경과 마을장면을 포함한 영화 전체가 스튜디오 안에서 촬영되었으며, 빛과 그림자의 상호작용, 공간 활용, 카메라 움직임, 형식적 구성에서 모든 종류의 실험을 감행했고, 뒤러와 브뤼겔, 렘브란트, 홀바인, 만테냐 등 화가들의 작품에서 차용해온 회화적 이미지 등에서 독일 표현주의 영화의 특성을 잘 보여주고 있다.

독일 표현주의 영화는 현실을 기계적으로 복제하는 사실주의를 넘어, 영화적인 현실세계에 주목하고 새로운 창조를 위해 소리, 색, 시공간적 연속성 등 매체의 한계이자 장점을 철저하게 이용하였다. 이들은 카메라에 심리적이고 주관적인 시각을 부여했고, 극단적인 명암을 대비시키는가 하면 초현실적인 느낌마저 들도록 정교하게 꾸며진 회화적 무대장치를 사용하였다. 심지어 배우들조차 과장되면서도 치밀하게 계획된 연기를 구사하도록 하였다. 무르나우의 <파우스트>에서도 이러한 특징들이 잘 나타나고 있다.

소쿠로프의 영화 〈파우스트〉

무르나우의 영화 <파우스트> 외에 리처드 버튼 R. Burton이 감독 주연한 영화 <파우스트>(1967)와 러시아 감독 알렉산더 소쿠로프 A. Sokurov의 영화 <파우스트>(2011)가 있다. 그 중에서 소쿠로프의 <파우스트>는 주목할 만하다. 이 영화는 괴테의 작품을 원작으로 하고 있지만 과감한 각색을 통해 현실감 있게 재해석한 것이다. 이 영화는 소쿠로프 감독의 전작 <몰로취>, <타우르스>, <더 선>에 이은 '권력에 대한 4부작' 시리즈 중 마지막 편으로 인간의 욕망과 권력의 문제를 다루고 있다. 원작의 독창적인 해석과 눈부신 영상미로 비평가들로부터 아낌없는 찬사를 받았고, 2011년 베니스 영화제에서 황금사자상을 수상하기도 하였다.

## 6. 생각해 볼 문제들

### 1) 작품 이해

(1) <천상의 서곡>은 작품 전체에서 어떤 의미를 갖는가?

(2) 메피스토가 악마인 이유는 무엇인가?

(3) <천상의 서곡>이 근대적 인간중심주의를 선언한 것이라고 하는 이유는 무엇인가?

(4) 파우스트와 메피스토의 계약은 어떤 의미를 갖는가?

(5) 파우스트와 그레트헨의 사랑이 비극으로 끝날 수밖에 없는 이유는 무엇인가?

### 2) 더 생각해 볼 문제

(1) '파우스트적 인간'은 어떤 인간을 말하는가?

(2) '파우스트적'인 것은 바람직한 것인가?

(3) 악마인 메피스토에게 매력이 있다면 어떤 것인가?

(4) 그레트헨이 '여성적인 것의 영원한 표상'이라는 것에 대해 어떻게 생각하는가?

(5) 괴테는 『파우스트』를 통해 무엇을 말하고자 하는가?

# 베니스에서의 죽음

– 토마스 만 –

## 1. 작가 소개

토마스 만

토마스 만 Thomas Mann(1875-1955)은 북부 독일의 한자도시 뤼벡에서 부유한 상인인 토마스 요한 하인리히 만의 둘째 아들로 태어났다. 그는 곡물상을 운영하는 대상인이자 시의 권력기관인 참사회의 위원이었던 아버지로부터 냉철한 사고와 도덕적 기질을 물려받았고, 독일인과 브라질인 사이의 혼혈인 어머니로부터 감각적이고 자유분방한 예술가 기질을 물려받았다. 가업을 계승하길 바랐던 아버지가 사망하자 1893년 뮌헨으로 이주했고, 형 하인리히 만 Heinrich Mann(1871-1950)과 함께 작가로서의 길을 걸었다. 토마스 만은 1894년 첫 작품으로 한 순진한 젊은이와 여배우의 사랑을 다룬 「타락 Gefallen」을 발표해 호평을 받았고, 1901년에는 4대에 걸친 한 가문의 몰락사를 그린 첫 장편소설 『부덴브로크가의 사람들 Buddenbrooks』을 발표해 일약 유명작가가 되었다.

형 하인리히가 프랑스 문학에 경도되어 진보적이고 민주주의를 위한 투쟁에 앞장선 반면, 토마스 만은 러시아 문학과 북유럽 문학에 경도되었고, 정치 사회적으로는 보수적이고 국수주의적인 입장을 취했다. 이 때문에 형으로부터 비난을 받게 되자, 프랑스의 '문명' 개념에 대립되는 독일의 '문화' 개념을 옹호하기 위해 『어느 비정치적 인간의 고찰 Betrachtungen eines Unpolitischen』(1918)을 출간하면서 이른바 '형제 논쟁'이 격화되었다. 이 논쟁이 전개되는 과정에서 토마스 만은 차츰 보수적 입장에서 벗어나 민주주의에 눈을 뜨게 된다. 그 결과 1922년 「독일공화국에 대하여」라는 강연에서는 보수적 정치관을 지양하고 민주주의를 열렬히 옹호하는 한편, 형과도 화해하였다. 「독일공화국에 대하여」에서 표명된 토마스 만의 새로운 전환은 1924년에 발표한 『마의 산 Der Zauberberg』을 통해 문학적으로도 나타난다. 이 작품에서 그는 병과 죽음에 대한 공감을 극복하고 건강과 삶에 대한 봉사로 나아가는 정신적 변화과정을 묘사함으로써 초기 낭만주의적 문학관을 극복하고 새로운 인도주의를 지향하게 된다. 『마의 산』의 성공으로 토마스 만은 '독일문학의 최고대표자'가 되었고, 1929년에 노벨문학상을 수상하였다.

1933년 히틀러가 정권을 장악하자 토마스 만은 스위스로 망명하였고, 1938년에는 미국으로 이주하였다. 1940년부터 영국 BBC방송을 통해 「독일 청취자 여러분!」이라는 제목으로 5년 동안 55회의 라디오 방송을 하며 독일 국민들에게 히틀러 타도를 호소하였고, 히틀러의 '악한 독일'에 대비되는 '선한 독일'의 문화를 대변하는 일련의 활동을 전개했다. 그러나 독일의 진보적 지식인들로부터는 보수주의자로, 국수주의자들로부터는 민족의 배반자로 비난을 받았다.

토마스 만은 제2차 세계대전 후 독일로 돌아가지 못한 채 미국에 머물렀고, 1947년에 파우스트를 천재음악가로 설정해 독일의 비극적 역사와 예술가의 운명을 교차시킨 『파우스트 박사 Doktor Faustus』를 출간하였다. 1949년에는 괴테 탄생 200주년 기념강연을 위해 망명 후 처음으로 독일을 방문했고, 1952년에야 미국에서 돌아와 스위스에 정착했다. 80세가 되던 1955년 고향인 뤼벡으로부터 명예시민증을 받았고, 몇 달 후 취리히에서 사망하였다.

토마스 만의 작품 활동은 크게 세 시기로 구분된다. 『부덴브로크가의 사람들』, 「토니오 크뢰거 Tonio Kröger」(1903), 「베니스에서의 죽음 Der Tod in Venedig」(1912) 등 초기 작품에서는 주로 예술과 예술가의 문제를 통해 자신의 정체성 문제를 다루고 있고, 『마의 산 Der Zauberberg』(1924), 『바이마르의 롯데 Lotte in Weimar』 등 중기 작품에서는 사회적인 것에 대한 관심이 확대되면서 독일 고전주의 예술이념과 교양이념의 문제를 다루고 있다. 초기의 개인적이고 존재론적 관심은 후기에 이를수록 전형적이고 일반적인 것에 대한 관심으로 변화되어 『요셉과 그의 형제들 Joseph und seine Brüder』(1933-1949), 『파우스트 박사 Doktor Faustus』(1947) 등 후기 작품에서는 신화를 중심으로 인간 본질의 문제, 삶의 보편적인 문제를 다루고 있다.

토마스 만은 19세기 말 반자연주의 문학의 풍토에서 작품 활동을 시작해 낭만주의를 극복하고 독일 문화의 전통을 재생시키는 한편 괴테로 대변되는 독일 휴머니즘의 부활을 추구하였다. 그는 시와 희곡 중심의 독일 문학 풍토에서 독일 소설을 세계 문학적 수준으로 끌어올린 '20세기 가장 위대한 독일 소설가'로 평가된다.

주요 작품으로 『부덴브로크가의 사람들 Buddenbrooks』(1901), 「토니오 크뢰거 Tonio Kröger」(1903), 「베니스에서의 죽음 Der Tod in Venedig」(1912), 『마의 산 Der Zauberberg』(1924), 『요셉과 그의 형제들 Joseph und seine Brüder』(1933-1949), 『파우스트 박사 Doktor Faustus』(1947), 『선택된 인간 Der Erwälte』(1951) 등이 있다.

## 2. 작품 소개

### 1) 생성 배경

「베니스에서의 죽음」은 1912년 <새로운 전망 Die neue Rundschau> 이라는 잡지에 2회에 걸쳐 연재된 후 휘페리온 출판사에서 한정 출판되었고, 1913년 피셔 출판사에서 정식 출간되었다. 토마스 만은 '체험의 해석'을 창작의 원리로 삼고 자신의 체험을 바탕으로 작품을 구상했는데, 이 작품도 베니스 휴가 때 그가 실제로 체험했던 것들을 작품의 토대로 삼고 있다.

토마스 만은 36세 때인 1911년 5월 중순 아내 카티아와 형 하인리히와 함께 베니스로 휴가를 떠났다. 그의 일행은 전에도 몇 번 묵은 적이 있던 베니스 앞쪽의 섬 리도에서 일주일 정도 체류했는데, 콜레라가 발생했다는 소식을 듣고 황급히 섬을 빠져 나왔다. 토마스 만은 집에 돌아온 즉시 이 휴가 중에 겪은 사건들과 체험들을 원고지에 옮기기 시작했다. 당시 베니스에서 겪었던 체험 중 가장 인상적인 것은 열한 살짜리 폴란드 소년 블라디슬라브 뫼스를 만난 것이었다. 그 소년은 토마스 만 내면의 동성애적 욕구를 자극했고, 작품 속 타치오를 탄생시킨다. 타치오 외에도 작품에 묘사된 선상의

「베니스에서의 죽음」 1912년판 표지

동성애자 늙은이나 곤돌라 뱃사공, 거리의 악사 등 많은 인물들과 에피소드들도 대부분 여행 동안 그가 실제로 체험한 것들이었다. 그는 1930년 「인생스케치 Lebensabriss」에서 "「베니스에서의 죽음」에서 아무것도 지어낸 것이라곤 없다."라고 고백하고 있다.

이 작품이 발표된 후 동성애 소재가 문제시되자 토마스 만은 1913년의 한 인터뷰에서 동성애 소재는 아센바흐의 몰락을 최대한 숙명적이고 비참한 것으로 보이게 하기 위해 사용한 수단일 뿐이며, 자신은 원래 1823년 늙은 괴테가 마리엔바트에서 만난 십대 소녀 울리케 폰 레베초에게 반해 결혼까지 하려고 했던 사건에서 작품의 아이디어를 얻었다고 주장하였다. 그리고 이 사건을 소재로 작품을 쓰려던 중 구스타프 말러 Gustav Mahler(1860-1911)의 서거 소식을 듣고 작품 구상을 변경했다고 설명했다. 소설의 주인공 '구스타프 아센바하'의 이름은 말러의 이름에서 따온 것이고, 주인공의 모습 또한 말러를 닮았다고 할 수 있다.

이러한 외적인 동기 외에도 작품 구상에 대한 보다 근본적인 동기는 토마스 만 자신의 정체성 문제에서 찾을 수 있다. 그는 1901년 『부덴브로크가의 사람들』의 성공 이후 예술가의 사회적 책임을 절감하면서 예술가로서의 정체성 문제를 고민하게 된다. 그는 뮌헨으로 이주한 후 데카당스 예술가를 자처하며 시민사회를 떠났지만, 결국 작가로서의 성공을 위해 결혼을 매개로 다시 시민사회로 복귀한다. 이 과정에서 그는 예술과 삶의 문제, 시민사회에서 예술가로 살아가는 문제 등에 대해 성찰하게 된다. 또한 그는 시민사회로의 복귀를 위해 결혼을 선택했지만, 끊임없는 동성애적 열망 속에 심각한 내적 갈등을 겪는다. 당시 동성애는 사회적 지탄의 대상이었고, 중대한 범죄로 간주되었다. 이 때문에 그는 엄격한 자기 규율을 통해 동성애에 대한 제삼자적 입장을 고수하였지만, 자신의 동성애적 성향을 명백하게 인식하고 있었고 이 때문에 고통 받고 있었다.

토마스 만은 또한『부덴브로크가의 사람들』의 성공 이후 독자들의 새로운 열망을 충족시켜야 한다는 강박관념 속에서 작가로서의 위기의식에 시달린다. 그는 새로운 문학적 대안을 모색하던 중 예술가문제를 진지하게 검토하는 한편, 자신의 최대 관심사 중 하나인 동성애 문제를 직접 형상화하는 데에서 해결의 돌파구를 찾게 된다.「베니스에서의 죽음」은 토마스 만이 예술가문제와 성정체성의 문제를 함께 예술적으로 형상화함으로써 자신이 당면한 문제를 동시에 해결하고자 시도한 작품이다.

토마스 만의 경우 예술가문제는 유전학적으로 규정된다. 그에게 있어 예술가는 항상 출생에서부터 시민성과 예술성이라는 이질적인 두 성향을 동시에 갖게 되고, 이러한 두 성향의 갈등으로 인해 예술가문제가 발생한다. 성 정체성의 문제도 이와 비슷한 양상을 보인다. 그에게 있어 성적 성향은 운명적으로 타고난 것이고, 성적 갈등의 문제는 동성애와 이성애라는 이질적인 두 성향을 동시에 가지고 있다는 데에서 발생한다. 따라서 토마스 만의 예술가문제와 성 정체성의 문제는 이른바 '한 가슴 속에 두 영혼'을 가진 존재의 비밀스런 이중성에서 비롯된 것이라 할 수 있다. 그는 예술가문제와 동성애적 갈등, 그리고 그 해결 방안을 같은 맥락에서 보았기 때문에 예술가와 동성애자를 '아센바하'라는 한 개체 안에 수용함으로써 예술가문제와 동성애 문제를 '예술가의 동성애'라는 하나의 테마로 묶고 있다.

### 2) 줄거리

주인공 구스타프 아셴바하는 철저한 자기 관리를 통해 '대가이자 품위를 인정받은 예술가'로서 귀족 칭호까지 받은 중년의 독신 예술가이다. 그는 지금까지 '끝까지 견뎌라!'라는 모토 아래 오로지 예술을 위해 자신의 삶을 철저히 희생시켜왔다. 그는 모든 위대한 것은 '그럼에도 불구하고'로서 존재하는 것이라는 믿음 하에 온갖 어려움을 극복하고 오로지 품위상승을 위해 노력해 온 것이다. 그의 작품들은 바로 이러한 이성적인 노력과 의지의 산물이라 할 수 있다. 그는 늘 긴장해야 하는 창작 활동 탓에 심신의 피로를 느끼던 어느 날 산책길에 나선다. 공원에서 만난 낯선 남자를 계기로 그는 가슴 속에 억눌려 있던 열정에 이끌려 베니스로 휴가를 떠난다.

아셴바하는 물의 도시 베니스에서 미소년 타치오를 만나 사랑에 빠지지만, 때마침 전염병이 발생하자 황급히 섬을 떠나기로 한다. 그러나 짐이 잘못 운반되는 바람에 어쩔 수 없이 호텔로 돌아오게 되고, 그는 내심 안도의 미소를 짓는다. 그 후 아셴바하는 하루에도 몇 번씩 타치오와 마주치며 그를 자세히 관찰한다. 그리고 그리스 조각과도 같은 타치오에게서 '완전한 아름다움의 한 비유적 모상'을 발견한다. 그는 타치오의 신적인 아름다움에 탐욕적으로 도취되고, 그의 아름다움을 정신적인 것으로 옮겨놓기 위해 짤막한 글을 쓰기도 한다. 그러나 말이란 감각적인 아름다움을 찬미할 수만 있을 뿐 재현할 수는 없다는 것을 통감한다.

그 후 베니스에 콜레라가 창궐하지만 시 당국은 이를 은폐하기에 급급한다. 그러나 아셴바하는 시 당국의 처사에 은밀한 만족감을 느끼며 오로지 타치오에 대한 열망으로 그의 뒤를 추적한다. 그날 밤 아센바하는 '낯선 신'이 도래하는 꿈을 꾸게 된다.  디오니소스적 광란이 난무하는 꿈을 통해 그의 영혼은 '파멸의 음탕과 광분'을 맛본다. 마침내 그는 지금까지 자신이 지켜왔던 질서와 품위를 버리고 낯선 신과 하나가 된다. 꿈에서 깨어난 그는 이제 다른 사람의 시선을 두려워하지 않게되고, 오로지 타치오의 호감을 얻는데 열중한다. 그는 늙어가는 육체에 역겨움을 느끼고 하루에도 몇 번씩 자신을 치장한다. 그는 염색과 화장을 하고 젊어진 모습으로 타치오를 뒤쫓지만 결국 놓치게 되고, 광장 계단에 앉아 비통한 심정으로 자신의 삶과 예술에 대해 다시 한 번 되돌아본다. 그리고 지난날 자신이 추구하고 달성했던 모든 것들을 철저히 부정한다.

며칠 뒤 아센바하는 불편한 몸을 이끌고 바다로 나간다. 그는 이제 쓸쓸한 가을 기운이 도는 해변에 앉아 타치오가 노는 모습을 지켜본다. 아센바하는 사랑스런 '영혼의 인도자' 타치오가 바다를 향해 유혹하듯 손짓을 하자 그를 따라가려고 일어서려는 순간 숨을 거둔다.

## 3. 작품 해설

### 1) 예술가문제 대한 성찰

토마스 만은 거의 모든 작품에서 직접적이든 간접적이든 예술과 예술가의 문제를 다루고 있고, 예술가 및 예술가적 특성을 지닌 인물을 주인공으로 설정하고 있다. 특히 초기 작품의 경우 정신과 삶의 대립에 기초한 예술가문제가 중심 테마로 다루어진다. 「베니스에서의 죽음」은 토마스 만의 초기 시절을 마무리하는 작품으로서 직접적으로 예술의 문제가 다루어지고 있고 예술가가 주인공으로 등장하고 있다.

토마스 만이 예술가문제를 즐겨 다루는 것은 우선 예술을 통해 삶을 파악하고자하는 사실주의 이래의 문학적 전통에 기인한다고 할 수 있다. 19세기 이래 많은 예술가들은 삶을 총체적으로 파악할 수 있는 가능성을 예술에서 보고자하는 경향이 있었는데, 토마스 만 역시 예술가문제를 테마화함으로써 예술을 통해 삶의 총체성을 추구하고 있다. 그가 그토록 예술가문제에 집착했던 이유도 예술과 삶, 예술가와 사회와의 긴장관계 속에서 출구를 찾지 못해 방황하고 있는 예술과 예술가들이야말로 삶의 총체성을 가장 잘 구현하고 있다고 보았기 때문이다. 그러나 토마스 만이 예술가문제를 즐겨 다루는 이유는 무엇보다도 자신이 그 문제로 고민하고 있었고, 그가 주로 자신의 이야기를 형상화하는 자전적 작가라는 데에서 찾을 수 있다. 그는 자신이 직면한 개인적인 문제를 문학적으로 형상화하고 이를 확대함으로써 예술가 일반의 문제로 보편화시키고 있고, 나아가서는 인간 전체의 문제로까지 상승시킨다. 토마스 만이 주인공 아센바하를 예술가로 설정한 가장 직접적인 이유도 바로 여기에 있다고 할 수 있다.

『부덴브로크가의 사람들』의 성공 이후 새로운 길을 모색하고 있던 토마스 만은 신고전주의에 관심을 갖게 되었고, 거기서 많은 자극을 받는다. 이후 토마스 만은 신고전주의의 영향으로 바그너 R. Wagner를 신경질적인 데카당이라고 비판하는 니체 F. Nietzsche의 발언에 주목하게 된다. 그리고 1911년「리하르트 바그너의 예술에 관하여 Über die Kunst Richard Wagner」라는 글에서 바그너의 데카당스를 비판하는 한편, 바그너를 "19세기에 국한된 인물"이라고 못 박고, 20세기에는 "바그너의 작품과는 본질적으로 다른 것", 즉 "아주 논리적이며 형식적이고, 명쾌한 어떤 것, 동시에 엄격하고 쾌활한 것, [...] 보다 냉철하고, 고귀하고, 심지어 더 건강한 정신성", 요컨데 "새로운 고전성"이 도래할 것이라는 확신을 피력한다.

「베니스에서의 죽음」은 당시 토마스 만이 신고전주의에 대해 얼마나 진지하게 검토했었는지를 잘 보여주는 작품이다. 신고전주의는 형식의 정연한 통일과 조화, 표현의 명확성, 형식과 내용의 균형을 중시할 뿐만 아니라, 강한 도덕적 합의를 바탕으로 삶에 번뇌하는 허약한 인물이나 병약한 인물을 배제하고, 굳센 의지를 가진 인물의 운명과의 투쟁 등을 다루고 있다. 아센바하가 추구하는 품위에로의 상승, 형식의 엄격성, 규율, 금욕적인 생활태도 등은 바로 신고전주의적 이상과 일치하는 것들이다.

그러나 토마스 만은 신고전주의를 수용하는 과정에서 신고전주의가 가지고 있는 예술적 경직성도 동시에 인식하게 된다. 이 때문에 그는 신고전주의를 통해 자신의 데카당스적 성향을 극복하고자 시도하였지만, 결국 의지적으로는 데카당스를 부정하면서도 실제로 극복하는 데에는 많은 장애를 겪고 있었다. 이런 상황에서 그는 아센바하를 통해 신고전주의적 이상을 실험하는 동시에 그 한계와 문제점 또한 짚어보고 있다. 여기에는 토마스 만 자신이 <부덴부로크가의 사람들>의 성공 이후 몇 년간의 체험에서 '대가정신'이 얼마나 허울 좋은 것이고, 대작이나 명성이라는 것이 사실은 별것이 아니고 과대평가 되었다는 것을 새삼 깨닫게 된 것도 한 몫을 차지했다.

사실 토마스 만은 니체의 바그너 비판을 통해 대중 지향적인 바그너의 작업방식에서 바그너의 부정직을 보는 한편, 다른 한편으로는 바그너가 어떠한 기술적 수단을 통해 대중에 대한 확실한 효과를 거두고 있는지를 배웠다. 그는 니체가 일종의 사기행위라고 폭로했던 바로 그것을 지침으로 삼아 자신의 작업방식에서 모방해 왔던 것이다. 그러나 이러한 작업방식은 토마스 만을 끊임없이 괴롭히는 양심의 문제로 남아 있었다. 자신의 예술성에 대한 양심의 가책과 대가정신에 대한 회의는 지금까지 자신이 절실하게 느껴왔던 예술가의 생존양식 일체에 대한 자기비판으로 이어지고, 이는 「베니스에서의 죽음」에 그대로 반영된다.

### 2) 예술가 아센바하

주인공 구스타프 아센바하는 토마스 만의 다른 주인공들처럼 부모의 이질적인 특성을 동시에 가지고 태어난다. 부계적 유산으로서의 정신성과 모계적 유산으로서의 감각성이라고 하는 두 상이한 기질은 니체의 입장에서 아폴론적인 것과 디오니소스적인 것을 대변한다. 아센바하는 부모로부터 두 가지 상이한 기질을 동시에 이어 받음으로써 아폴론적 기질과 디오니소스적 기질을 모두 포함하고 있다. 토마스 만에게 있어서 예술가정신이란 이른바 '하나의 가슴속에 들어 있는 두 영혼'의 산물이다. 즉 서로 다른 두 기질의 동시 병존으로 인해 야기되는 내적 갈등의 표현이 곧 예술가정신이요 작가정신의 본질이라는 것이다. 이러한 입장에서 볼 때 아센바하는 이미 그 출생에서부터 두 가지 상반된 기질을 동시에 가지고 태어난 토마스 만 고유의 예술가라고 할 수 있다.

아센바하는 오로지 "끝까지 견뎌라!"라는 모토 하에 정신을 통해 감성을 억제하고 생산적으로 제어함으로써 시민적 작가로서의 명성과 품위를 획득하게 된다. 그러나 감성을 전적으로 배제하고 "정신의 노예"가 되어버린 아센바하의 작품은 "직접적인 대담성과 미묘하고도 혁신적인 음영들"을 잃어버린 채 모범적이고 형식적이며 심지어는 상투적인 문체로 채워져 있다. 그는 '국민작가'라는 외적인 성공에도 불구하고 "형식에 대한 공허하고 엄격한 봉사"로 인해 그의 삶 자체가 양식화되고 추상화되었으며, 그의 예술 역시 생명력이 없는 경직되고 공허한 형태로 변모되고 만 것이다. 이러한 아센바하의 형상은 니체적 개념으로 볼 때 '소크라테스적 예술가'의 전형이라고 할 수 있다.

니체에 의하면 아폴론적인 것과 디오니소스적인 것은 서로 대립적이지만 한편으로는 상보적 통일 관계에 있음에 반해, 진정한 대립 관계는 디오니소스적인 것과 소크라테스적인 것과의 사이에서 발생한다. 그에 의하면 소크라테스적인 것은 아폴론적인 것을 절대법칙으로 인식할 때 나타나는데, 이 경우 오직 정신의 한 측면만이, 즉 형식적이고 이론적인, 논리적이고 합리적인 계기만이 인간을 지배하게 된다. 아센바하는 극도의 자제심으로 자신의 디오니소스적 기질을 전적으로 배제하고 아폴론적 기질을 극대화함으로써 시민적 예술가로서의 영예를 획득하는데 성공했다. 그러나 아센바하의 세계는 토마스 만이 흔히 '시민적인 것'이라고 보았던 자연스럽고 살아있는 삶의 형상과는 전혀 다른 허구적이고 피상적인 모습에 불과하다. 그에게 있어 시민적인 것은 대중들에게 외적으로 받아들여진 겉모습에 불과할 뿐이고, 그는 예술이라는 가상세계의 희생자일 뿐이다. 아폴론적인 것은 디오니소스적인 것의 발현이라는 니체적 입장에서 볼 때, 아센바하는 디오니소스적인 기질을 전적으로 배제해 버림으로써 이미 아폴론적인 예술가의 범주를 넘어서 있고, 그런 의미에서 그는 소크라테스적 예술가라고 할 수 있다.

아센바하는 50이 넘은 나이에도 대가로서의 품위를 지키기 위해 항상 긴장을 늦추지 못하고 "어렵고 위험스러운" 작업을 계속하고 있다. 더구나 그의 나이가 노년으로 접어들면서 자신의 사명을 완수하지 못할지도 모른다는 예술가로서의 두려움 때문에 더욱더 고독한 작업에 매진한다. 그러나 이제 자신의 한계를 절감하게 되면서 항상 긴장을 늦추지 못했던 데서 오는 스트레스와 작가로서의 자신의 태도에 대해 깊은 회의를 느끼기 시작한다.

아센바하가 느끼는 불만과 회의는 자신의 예술이 공허하고 경직되어 있다는 것과 더불어 자신의 삶과 예술이 기만적이라는 자기 비판에서 비롯된 것이기도 하다. 그는 "내면의 공허와 신체의 탈진 상태"를 숨기기 위해 "타고난 사기꾼의 그릇되고도 위험천만한 삶"을 살아야 했고, 자신의 양심마저도 팽개친 채 오직 "품위를 향해 의식적으로, 그리고 반항적으로 기어오르는 상승의 도정"을 추구해 왔다. 이를 통해 그는 폭넓은 대중의 관심과 신뢰를 획득했지만 사정을 모르는 사람들이 이것을 오히려 도덕성의 승리라고 여기는데 대해 양심의 가책을 느낀다. 그는 자신의 예술이 전적으로 치열한 예술가 정신에서 비롯된 것이라기 보다 "초인적인 의지와 현명한 자기관리"에 기인한 것이라는 점에서 "사기꾼의 예술"은 아닌지 자책한다.

예술가로서의 자신에 대한 회의와 한계를 느끼기 시작하면서 아센바하는 신경이 날카로워지고, 자신의 일로부터 도피하고 싶은 유혹에 빠진다. 그러던 중 산책길에서 만난 낯선 여행자를 통해 여행에 대한 욕구가 일어나는데, 이 여행에 대한 욕구는 바로 "도피의 충동", "해방되고자 하는 욕망, 무거운 짐을 벗고 모든 것을 잊어버리고자 하는 갈망"에 다름 아니다. 아센바하는 낯선 여행자를 계기로 자신이 의식적으로 배제해 왔고 정신의 힘으로 극복했다고 생각했던 감성적인 세계가 되살아남으로써 새로운 세계로 이끌려 들어간다.

### 3) 에로스의 현현으로서의 타치오

아센바하는 베니스 여행을 통해 자신의 본질을 확인하고 소크라테스적 자아의 해체과정을 겪는다. 이 과정에서 그는 자신의 운명에 결정적 영향을 끼치게 될 미소년 타치오를 만나게 된다. 아센바하는 그리스 조각품을 연상시키는 타치오에게서 "가장 완벽하게 형식을 완성시킨 모습"을 발견한다. 그는 타치오의 완벽한 아름다움이 신적인 아름다움으로서 "완전한 아름다움의 한 비유적 모상"임과 동시에 "신의 사고로서의 형식"이라고 생각한다. 현상적인 것들의 법칙적 일반화가 형식이라고 할 때, 이 형식은 플라톤적 의미에서 "선재적 이데아의 구현의 산물"이다. 아센바하는 타치오의 현상적인 아름다움이 정신의 아름다움을 반영하는 것이고, 그의 아름다움이 곧 '신의 사고로서의 형식'이라고 규정함으로써 플라톤적 의미에서 타치오의 아름다움에 신화적 일반성과 보편성을 부여하고 있다.

또한 아센바하는 소크라테스와 파이드로스와의 대화를 빌어 아름다움만이 "우리가 감각적으로 받아들일 수 있고, 감각적으로 견뎌낼 수 있는, 정신적인 것의 유일한 형식"이라고 말한다. 즉 "아름다움만이 사랑스러운 동시에 눈에 보일 수 있는 것이기 때문"에 아름다움을 통해서만 정신적인 것에 도달할 수 있다는 것이다. 따라서 아름다움은 정신적인 것에로 다가갈 수 있는 유일한 수단으로서 "예술가가 정신에 도달하는 길"이다. 이런 의미에서 아센바하는 타치오를 신적인 아름다움에로 안내하는 "영혼의 인도자"로 받아들인다.

아센바하는 타치오에 대해 처음에는 소크라테스적 시각에서 냉정하고 순수한 관찰자적 태도를 취하지만, 결국 타치오의 아름다움에 더욱 몰두하게 되고, 거기로부터 만족감과 더불어 관능적인 기쁨을 맛보게 된다. 아셴바하는 타치오의 아름다움으로 인해 생산성이 되살아나 그의 아름다움을 "자기의 언어로 조명함으로써 찬연히 빛나도록 해보고 싶은 욕심"이 생긴다. 아셴바하는 그의 아름다움을 정신적인 것으로 옮겨놓고 싶은 욕구 속에 짧막한 논문을 쓰는데, 이 작업을 가능하게 한 근본적인 힘은 '에로스'이다. 아셴바하에게 있어 "정신적으로 자신을 희생시켜 아름다움을 생산해 낸 자가 아름다움을 소유한 자에게 가지는 그런 감동적인 애정"이 에로스라는 점에서 그가 느끼는 에로스는 바로 타치오를 향한 열정이라고 할 수 있다. 여기서 아셴바하의 논문작업은 정신과 육체의 성적인 "방종한 짓"으로 암시되는데, 이로써 타치오를 향한 그의 열정은 동성애적 감정으로까지 상승한다.

그 후 아셴바하는 날마다 타치오가 나타나기를 기다리고, 타치오 역시 이를 알고 있는듯 필요 이상으로 그의 곁을 바짝 붙어서 지나가는데, 그럴 때면 두사람 간에 긴장감이 형성되기도 한다. 그러나 아셴바하의 동성애적 감정은 감각적인 향락을 추구하는 방향으로 나아가지 않는다. 여기서 동성애는 "눈으로만 서로를 알고 있는 사람들끼리의 관계"로서 서로가 상대방을 알아보고 동경하는 관계로 발전한다. 이로써 타치오를 향한 아셴바하의 동성애적 감정은 동성애가 감각적 향락에 기초한다는 사실을 부정하고 '근원적 총체성에 대한 동경'이라고 정의하는 플라톤적 의미를 갖게 된다.

플라톤의 『심포지움(향연) Symposium』에 의하면 인간의 성은 원래 남성, 여성, 남녀성 이렇게 세 가지였으나 신들의 형벌로 각각 둘로 나뉘었다고 한다. 그 이후 인간은 나뉘어진 반쪽을 그리워하고 도로 한 몸이 되기를 갈망하게 되었는데, 이와 같이 인간이 분리되기 이전의 본래의 모습으로 되돌아가고자 하는, 완전한 존재를 지향하는 인간의 자연스러운 욕망을 플라톤은 '에로스'라고 부른다. 따라서 에로스는 분리되기 이전의 상태, 즉 총체성에 대한 동경을 의미한다. 아센바하가 타치오의 아름다움을 통해 인간이라는 살아있는 현상에 깃든 정신적인 아름다움에 매혹되고, 자신의 글쓰기를 통해 이를 구현하고자 하는 것도 보편적인 총체성에 대한 동경에서 비롯된 것이라고 할 수 있다. 나아가 타치오에 대한 아센바하의 사랑 역시 플라톤적 의미에서 자신의 잃어버린 반쪽에 대한 갈망이자 총체성에 대한 동경에 다름 아니다. 타치오가 정신적인 것과 감각적인 것이 어우러진 완전한 아름다움을 상징한다면, 그에 대한 아센바하의 동성애는 자신이 배제해버린 감각적인 것에 대한 갈망이자 완전한 아름다움에 대한 동경을 의미한다.

타치오는 그의 완전한 아름다움으로 인해 아센바하의 잃어버린 예술성을 되살아나게 하고, 그를 신적인 아름다움에로 이끌어주는 '영혼의 인도자' 역할을 수행한다. 플라톤적 의미에서 에로스는 신과 인간의 중간자요 중개자로서, 신과 인간은 직접 관계할 수 없고 에로스를 통해서만 가능하다. 아름다움을 통해서만 정신적인 것에 도달할 수 있듯이 에로스를 통해서만 신적인 것에 도달할 수 있다. 이점에서 아센바하는 "우리 시인들은 에로스가 옆에 와서 안내자로 나서주지 않고는 아름다움의 길을 갈 수 없다는 사실"을 인정한다. 타치오는 그의 아름다움으로 인해 아센바하를 신적인 아름다움에로 안내하는 '영혼의 인도자'이고, 그런 의미에서 에로스의 현현이라고 할 수 있다.

### 4) 소크라테스적 자아의 해체

아센바하에게 있어서 타치오는 동성애적 매혹의 대상으로까지 상승하지만, 아센바하는 자신의 삶의 전부라고 할 수 있는 예술가적 본질의 도를 넘어서지는 않는다. 아센바하는 타치오와의 접근을 두 번이나 시도하지만 결국 포기한 채 의도적인 거리를 취함으로써 그를 자신의 감정상승을 위한 도구로 삼는다. 따라서 아센바하가 타치오를 몰래 미행하면서 유지하는 거리는 바로 그들 사이의 관계를 구성하는 요소라고 할 수 있다. 만약 타치오와의 직접적인 대화가 이루어 졌다면 아센바하의 소크라테스적 인식 속에서 그에 대한 신화적 환상은 깨어지고 타치오는 단순한 미소년으로 개인화 되었을 것이며, 그와의 만남은 일상적인 사건으로 간주되었을 것이다. 불안정한 긴장과 타치오의 심미적 마력은 이 거리 유지를 통한 '동경'에 의해서 생명력을 얻는다. 아센바하가 타치오에 대한 간절한 열망 속에서도 직접적인 대화를 포기하는 것은 그가 근본적으로 자신의 사랑이 갖는 본질에 대해 알고 있다는 것을 의미한다.

이런 의미에서 아센바하의 동성애는 근본적으로 나르치스적 사랑이다. 아센바하를 이끄는 힘의 근원은 바로 아센바하 자신의 억눌린 감성이기 때문이다. 그는 타치오의 형상을 통해 그 동안 억눌렸던 감성이 마치 '복수'라도 하듯 되살아나고 있음을 인식함으로써 타치오의 나르치스적 미소를 "숙명적인 선물"로 받아들인다.

그 후 아센바하는 소크라테스적 자아의 마지막 저항 속에서 '낯선 신'의 도래를 체험하는 무서운 꿈을 꾸게 된다. 낯선 신으로 표현된, "극단적인 희생의 축제와 무절제 속으로 유혹하는" 그 힘은 기실 낯선 것이 아니다. 수많은 성적인 비유와 상징이 암시하듯이 그 힘은 다만 아센바하의 지금까지의 금욕적인 삶과는 완전히 대립되는 것이고, 그가 소크라테스적 삶 속에서 의식적으로 배척해온 것이기에 낯설 뿐이지, 이미 그 자신 속에 억제된 무의식의 형태로 내재해 있던 것이다. 낯선 형상들은 바로 아센바하의 영혼 자체로부터 나온 힘들이고, 그의 본능 깊은 곳으로부터 표출되어 나오는 디오니소스적 힘들이다. 이렇게 볼 때 '낯선 신'은 다름 아닌 디오니소스이고 광란적인 축제는 바로 디오니소스 축제이다. 다양한 형태로 전개되는 광란적인 성적 유희가 그 정도를 더해 가면서 아센바하의 영혼은 "파멸의 음탕과 광분"을 맛보게 되고, 마침내는 춤추고 있는 그들이 바로 그 자신이라는 것을 깨닫게 된다. 이로써 그는 마침내 소크라테스적 자아를 버리고 디오니소스와 하나가 된다.

니체에 의하면 디오니소스 축제는 종교적 광란을 수반하는 의식으로 격정과 환락 속에서 총체적인 육체적, 성적 해방을 통해 완전한 자아망각을 기도한다. 이 자아망각의 순간에 마야의 베일이 사라지고 자연의 원래적 통일이 이루어진다. 이러한 디오니소스 축제를 통해 아센바하의 영혼은 디오니소스의 포로가 됨으로써 '도덕의 법칙'이 부질없는 것으로 생각되기에 이른다. 이제 그는 오로지 품위를 획득하기 위한 "업적주의 도덕가"로 살아온 지난날의 공허함을 깨닫고, 자기성찰을 통해 소크라테스적 가면을 벗어버리게 된다. 그는 이제 더이상 주위 시선을 두려워하지 않은 채 타치오의 호감을 얻기 위해 하루에도 몇 번씩 치장을 하는 등 온갖 노력을 기울인다.

그러던 어느 날 타치오를 뒤쫓던 아센바하는 그를 놓치게 되고 기진맥진한 상태에서 자조하듯 자신의 삶과 예술을 되돌아본다. 아센바하는 시인들에게 품위란 있을 수 없으며, 지난날 자신이 추구해 왔던 명성은 "일종의 익살극"이고, 예술을 통해 사람들을 교육한다는 것은 무모한 짓이라고 고백한다. 그리고 시인들은 "천성적으로 타락의 심연으로 빠져드는 경향이 있고 그 경향을 어떻게 달리 개선시켜 볼 수도 없는 사람"이라는 것을 인정한다.

이제 아센바하는 "예술가 기질의 본질을 이루고 있는 규율과 무절제의 오묘한 본능적 결합"을 회복하기 위해 마지막 발걸음을 내딛는다. 마지막 날 아센바하는 "탈출구도 전망도 없는듯한" 불안감 속에서 바닷가로 나가 타치오를 지켜본다. 그때 타치오가 바다 속을 거닐며 먼 바다를 향해 유혹하듯 손짓을 하고, 아센바하는 그를 따라가기 위해 몸을 일으키려다 쓰러져 죽는다. 니체적 의미에서 바다가 '근원적 유일자'로서 전체적인 삶을 상징한다고 할 때, '영혼의 인도자' 타치오가 아센바하를 "약속의 바다"로 인도하는 순간 거기서 정신성과 감각성, 질서와 무질서, 품위와 품위 상실 등 모든 아폴론적인 것과 디오니소스적인 것이 신비로운 방식으로 결합된다.

작품은 토마스 만 특유의 반어를 통해 "그 날이 채 저물기도 전에 세상 사람들은 충격을 금치 못하면서 존경하는 그 시인의 죽음에 관한 소식을 듣게 되었다."고 끝을 맺는다. 이러한 반어적 기술은 그 동안 기만당해 온 세상 사람들에 대한 조소의 의미를 담고 있다고 할 수 있다.

### 5) 아센바하의 죽음과 그 의미

작품 속에서 아센바하의 죽음에 대한 원인이 무엇인지에 관해서는 직접적으로 언급되지 않는다. 그러나 사건의 정황은 베니스에 만연된 콜레라가 그 원인이라는 것을 말해 준다. 베니스는 콜레라가 확산되자 죽음에 대한 불안 속에서 도덕적인 무질서에 빠지는데, 이러한 상황은 소크라테스적 자제심이 붕괴되어 가는 아센바하 자신과 밀접한 상관관계를 갖는다. 그가 내심으로 자신의 모험에 만족감을 느끼는 것은 그 스스로가 병의 진행과 자신의 내적 와해과정이 갖는 상관관계를 의식하고 있고, 도시 내에 야기된 혼란과 무질서가 자신의 내부에서 일어나고 있는 마음의 열정과 일치하고 있음을 용인하는 것이다. 또한 그는 타치오가 병색이 짙어 오래 살지 못할 것이라고 직감하면서 만족감과 안도감을 느끼고, 자신이 죽음의 도시 베니스를 떠나지 못하는 이유가 타치오 때문이라는 것을 깨닫고 모든 것을 받아들이기로 결정한다. 이는 아센바하가 의식적으로나 무의식적으로 타치오를 창작력의 화신일 뿐만 아니라 자신을 죽음의 영역으로 인도하는 또 다른 영혼의 안내자 '헤르메스'라는 사실을 인지하고 있음을 의미한다. 따라서 아센바하가 타치오와의 말없는 교감 속에서 그를 뒤쫓는 것은 타나토스적 열망, 곧 죽음의 세계에 대한 갈망이라고도 할 수 있다.

한편 아센바하의 죽음은 쇼펜하우어 A. Schopenhauer적 의미에서 '지친 인격의 질곡으로부터의 구제'이며, 만족스럽지 못한 삶으로부터의 해방이라고 할 수 있다. 그는 죽음을 통해 그동안 내적인 갈등과 양심의 가책 속에서 존경받는 작가요 덕망 있는 대가로서 가식적인 삶을 살아야 했던 위선적인 예술가로부터 벗어나게 된다. 토마스 만은 "삶에 관심을 갖는 자는 특히 죽음에 관심을 갖는다"는 말과 함께 "죽음에 관심을 갖는 자는 그 죽음에서 삶을 발견한다"고 말한다. 이 말은 일견 모순되어 보이지만 결국은 삶의 전체성을 이야기한 것으로서, 삶과 죽음은 서로 상보적인 관계라는 의미를 내포하고 있다. 이런 의미에서 아센바하의 죽음은 가식적인 위선적인 삶으로부터 벗어나 새로운 삶을 추구하고자하는 갈망을 실현한 것이라 할 수 있다.

다른 한편 아센바하가 토마스 만의 제2의 자아라고 할 때, 아센바하의 죽음은 정체성 문제로 고민해야 했던 토마스 만의 새로운 출발을 암시한다고 할 수 있다. 토마스 만은 아센바하를 통해 자신의 정체성을 확인함과 동시에 그의 죽음을 통해 새로운 삶을 시작할 수 있는 원점에 서게 된다. 실제로 토마스만은「베니스에서의 죽음」을 통해 개인적이고 존재론적인 것에 대한 관심에 집중되었던 초기의 삶과 예술을 마무리하고 이후 보다 보편적이고 전형적인 주제와 시대적 관심사를 향해 나아가는 계기를 마련한다.

〈주요 참고문헌〉

김창준(2006): 토마스 만의『베니스에서의 죽음』에 나타난 로고스, 에로스, 타나토스, 세계문학비교연구 제17권, 227-253.

김홍섭(2001): 예술가, 동성애 그리고 죽음: 토마스 만의『베니스에서의 죽음』에 대한 재 고찰, 독일언어문학 제16집, 107-132.

장성현(2000): 고통과 영광 사이에서. 토마스 만과 동성애, 문학과 지성사.

## 4. 작품 발췌

토마스 만(2005): 토니오 크뢰거. 트리스탄. 베니스에서의 죽음, 안삼환 외 옮김, 민음사.

### * 작품의 시작: 아센바하의 산책

구스타프 아센바하, 아니 쉰 번째 생일 때부터 불린 공식적인 칭호에 따르면 구스타프 폰 아센바하는 우리 대륙에서 여러 달 동안이나 심상치 않은 조짐을 보여온 19XX년 어느 봄날 오후, 뮌헨의 프린츠레겐텐 가(街)에 있는 자택을 나와 혼자서 꽤 먼 곳까지 산책을 했다. 작가인 그는 오전 몇 시간 동안 상당한 의지의 신중함과 주도면밀함, 집요함과 세밀함까지 요구되는 힘겹고 까다로운 작업을 했기에 지나치게 신경이 곤두서게 되었다. 그래서 인지 점심을 먹고 나서도 자기 안에 내재하는 창작의 추동력에다, 즉 키케로가 말한 대로라면 달변의 실체가 들어 있는 <정신의 끊임없는 움직임 motus animi continuus>에다 제동을 걸 수 없었다. 더구나 글을 쓰다가 차츰 기력이 달릴 때면 긴장을 풀기 위해 낮 시간에 한 번씩은 필요했던 낮잠도 잘 수가 없었다. 그래서 차를 마시고 난 뒤에 곧장 야외로 나왔다. 바람을 씌고 운동을 좀 하면 다시 힘을 얻어 저녁 시간을 괜찮게 보내게 되지 않을까 하는 희망을 갖고 산책을 나온 것이었다. (417-418)

### * 여행에 대한 욕구

한데 그 기이한 사람의 모습에서 엿보인 방랑기가 아센바하의 공상력을 자극한 건지 아니면 신체적으로든 정신적으로든 어떤 영향을 미친 때문인지 정말 놀랍게도 그는 자기 내면이 확장되는 듯한 기이한 기분을 느꼈다.

그것은 일종의 정체 없는 마음의 동요나 젊은 시절 미지의 세계에 대한 목마른 갈망 같은 느낌이었다. 너무나 생명력 넘치고 신선한 것이지만 이미 오래 전에 떨쳐버려서 잊혀진 것이었다.

[...]

그는 자기 자신과 유럽 정신이 부과한 작업으로 인해 너무 바쁜 나머지 다채로운 외부 세계를 애호하는 사람에게 필요한 잠깐의 휴식마저 다 내팽개쳐버리고 창작의 의무에만 매달렸다. [...] 게다가 자기 삶이 서서히 저물어가고, 예술적 완성을 이루지 못하리라는 두려움이 - 이것은 그가 자신의 고유한 것을 완성해 내기 이전에 시간이 전부 흘러가 버릴지도 모른다는 우려에서 비롯되었다 - 엄연한 걱정거리로서 분명해지게 된 이후로는 오로지 마음의 고향이 된 이 아름다운 도시나 산악지대에 마련한 소박한 별장에서만 지낼 수밖에 없었다.

[...]

그런데도 어떤 이유에서 돌연 그런 유혹이 마음속에 일게 된 건지는 그 자신이 너무나 잘 알고 있었다. 그가 스스로 인정하는 바에 따르면 그것은 탈출하고자 하는 충동이었다. 미지의 새로움을 동경하고 모든 속박에서 벗어나기를 갈망하면서 모든 짐을 덜고 모든 걸 망각하고자 하는 충동 - 그건 곧 작품에서, 경직되고 냉정하며 고통스럽기까지 한 일상의 작업 장소에서 도피하고자 하는 충동이었다. (421-423)

### * 출생의 이원성

구스타프 아센바하는 슐레지엔 지방의 군청 소재지 L시에서 고위법관의 아들로 태어났다. 그의 선조들은 장교, 판사, 행정관리 등을 지냈으며 왕과 나라를 위해 봉사하면서 엄격하고 단정하며 검약한 삶을 살았다. 가문의 성실한 정신력은 한때 조상들 중 목사였던 분이 나옴으로써 실제로 구현되었다. 반면 성마르고 육욕적인 핏줄은 바로 전 세대에 이 작가의 어머니, 그러니까 보헤미안적 기질을 지닌 악사의 딸로부터 이 집안에 전해졌다 그의 작품에 나타나는 이방인의 특징들은 그녀에게서 유래했다. 소임을 다하는 명철한 성실성과 어둡고 열정적인 충동이 결합하여 한 명의 예술가, 이 특별한 예술가를 탄생시켰던 것이다." (425-26)

### * 예술가 아센바하

현존하는 거의 모든 위대한 것은 <그럼에도 불구하고>로서 존재하는 것이며, 근심과 고통, 가난과 고독, 신체의 허약함과 악덕, 열정과 수많은 장애가 있음에도 불구하고 이루어졌다는 것이다. 그런데 이 말은 [...] 그의 삶과 명성을 대변하는 공식이자 그의 작품을 이해하기 위한 열쇠였다.그러니 이 말이 곧 그 작가 특유의 인물들의 도덕적 특성이 되고 그 인물들의 외형적 행동이 된다 해도 조금도 이상할 게 없는 것이다.

이 작가가 선호하고, 다양한 개성으로 매 작품마다 거듭 새롭게 등장하는 전형적 주인공에 관해서는 이미 어느 현명한 비평가가 <몸에 칼과 창이 꽂혀 들어오는 치욕적 순간에도 이를 악물고 의연히, 그리고 조용히 서 있는 젊은이다운 지성적 청년>이 그의 전형적 주인공이라고 분석한 바 있었다 [...] 이러한 성 세바스치안의 모습은 예술 전체는 아니라 하더라도 현재 우리의 화제가 되고 있는 예술 작품에서는 확실히 가장 아름다운 상징이 될 수 있다. 이 작품에서 서술된 세계를 들여다보면, 우리는 내면의 공허와 신체의 탈진 상태를 마지막 순간까지 세상 사람들의 눈앞에서 숨기고 있는 우아한 자기 통제와 극기를 볼 수 있는 것이다. 그것은 [...] 공허한 줄 알면서도 엄격하게 형식을 섬기는 우아한 자세이다. 또한 그것은 타고난 사기꾼의 그릇되고도 위험천만한 삶이며 급속히 신경을 소모시키는 동경이며 사기꾼의 예술이다. (429-430)

시간이 지남에 따라 구스타프 아센바하의 글에서는 다소 공적이며 교육적인 요소가 나타났다. 그의 문체는 후기에 이르러서는 직접적인 대담성과 미묘하고도 혁신적인 음영들을 잃어버렸다. 그 대신 모범이 될 만한 확고한 문체, 갈고 닦은 전통적 문체, 보존적 문체, 형식을 갖춘 문체, 심지어는 상투적인 문체로까지 변하게 되었다. 그리고 루이 14세가 전에 그러했다고 전해져 내려오지만, 노년에 접어든 아센바하는 자기 어법에서 모든 천박한 단어를 추방해 버렸다. 그 무렵 교육 당국은 그의 작품 중에서 몇 페이지를 선정하여 교과서에 게재하기도 했다. 그것은 그의 내심에 부합되는 것이었다. 또한 그는, 방금 즉위하게 된 어느 독일 영주가 <프리드리히 소설>의 작가인 그에게 50세 생일을 맞아 귀족의 칭호를 수여하자 그것을 거절하지 않았다. (433-434)

### * 타치오와의 만남

그런데 그 아이의 옆모습을 정확하게 바라보게 되었을 때 아센바하는 다시금 경탄했다. 그 아이가 지닌 신적인 아름다움에 다시금 경탄하지 않을 수 없었던 것이다. [...] 그것은 흡사 파로스 섬의 노란색 광택을 지닌 대리석으로 깎아놓은 듯한 에로스 신의 두상과도 같았다. 진지한 빛을 띤 섬세한 눈썹을 하고 있고, 고리 모양으로 구부러진 곱슬머리가 어둡고도 부드럽게 관자놀이와 귀를 뒤덮고 있는 그 두상 말이다.

<그렇군, 정말 그래!> 하고 아센바하는 전문가답게 냉담한 인정을 하면서 생각했다. 이런 인정을 하는 속에서 예술가들은 가끔 명작에다가 자신들의 열광과 심취를 표현하는 법이다. 그는 계속해서 이렇게 생각했다 - <그래 정말이지 나를 기다린 것은 바다와 해변이 아니었구나. 네가 머물러 있는 동안 나도 여기에 머물러 있겠다!> (457)

### * 에로스로서의 타치오

전형과 귀감이라! 그의 두 눈은 저기 푸른 바다의 가장자리에 있는 그 고귀한 형상을 얼싸안았다. 그리고 그는 열렬한 황홀감에 빠져 이 형상을 보는 것이야말로 아름다움 그 자체를 이해하는 것이라 믿었다. 그 아름다움은 신의 사고로서의 형식이고, 정신 속에서만 사는 유일하고도 순정한 완전성이었다. 그런데 그 완전한 아름다움의 한 비유적 모상이 한 인간으로 화하여 여기 경쾌하고도 아리땁게 우뚝 서서 경배를 기다리고 있는 것이었다. 그것은 도취였다. 그리하여 그 늙어가는 예술가는 여러 생각할 것 없이, 아니, 탐욕적으로 그 도취를 기꺼이 받아들였다. 그의 정신은 산고의 고통을 겪게 되었고, 그의 교양은 격랑에 휩쓸렸으며, 그의 기억은 아주 오래된 사고, 즉 젊은 시절에 섭렵은 해놓았지만 지금까지 한 번도 자기 자신의 점화로 불꽃이 댕기지는 않았던 사고들을 새로이 떠올리게 되었다. 태양은 우리의 주의력을 지적인 것에서 감각적인 것으로 돌려놓는다고 어딘가에 씌어 있지 않던가? 또 거기에는, 태양이 오성과 기억력을 마비시키고 현혹시키는 나머지 영혼은 향락에 빠져 자신의 원래 상태를 완전히 잊어버리고 태양이 비추는 대상들 중에서 가장 아름다운 것을 찬탄하고 찬미하는 데에 여념이 없게 된다고도 씌어 있지. 그렇다, 영혼은 육체의 도움을 받아서만이 더 높은 관찰을 할 수 있는 주체로 고양될 수 있다. 정말이지 아모르는 무능한 아이들에게 순수한 형식을 이해하기 쉬운 그림으로 보여주는 수학자와 꼭같은 일을 한다. 신도 역시 우리들에게 정신적인 것을 보여주기 위해 젊은 인간의 형상과 색채를 사용하였으니, 신은 그것을 미의 온갖 광채로 장식하여 기억할 만한 도구로 만들어놓은 것이다. 그리하여 그것을 보면 우리는 고통과 희망에 불타오르게 되는 것이다.

그 열광한 자는 이런 생각들을 했다. 또한 그는 이렇게 느낄 수 있었다. 황홀한 바다와 밝은 햇빛 때문에 그에게는 매력적인 영상 하나가 떠올랐다. [...] 한 늙수그레한 남자와 한 소년, 그러니까 한 추한 인간과 한 아름다운 사람, 다시 말해 사랑스런 아이를 대동한 현자(賢者)의 모습이었다. 그리고 점잖으면서도 기지가 넘치는 농담을 억지로 섞어가며 소크라테스는 파이드로스에게 동경과 미덕에 관해 가르치고 있었다. 그는 눈이 영원한 아름다움의 비유를 바라보게 될 때 그걸 느끼는 사람이 겪게 되는 뜨거운 놀라움에 관해 파이드로스에게 이야기하고 있었다. [...] <그 이유는 파이드로스여, 아름다움만이 사랑스러운 동시에 눈에 보일 수 있는 것이기 때문이다. 그러니 잘 명심해라! 아름다움만이 우리가 감각적으로 받아들이고 감각적으로 견딜 수 있는 유일한 정신적 형태이니라. 만약 그렇지 않고 그 밖에도 신이나 이성, 미덕과 진리가 우리 앞에 감각적으로 나타난다면, 우리에게 어떤 일이 일어나게 될까? 옛날에 제멜레 Semele가 제우스 앞에서 그랬듯이 우리도 사랑 때문에 눈이 멀어 불타버리지 않겠는가? 그러니 아름다움은 느낄 수 있는 자가 정신적인 것 이르는 길인 것이다 - 다만 길일 뿐이고, 수단일 뿐이니라, 어린 파이드로스여..... > (480-482)

### * 아센바하의 마지막 고백

그렇지만, 귀여운 애야, 이제 너는, 정신적인 것으로 가기 위해 감각적인 것을 통과하는 길을 걸어온 사람이 언젠가는 지혜와 품위를 얻을 수 있을 거라고 생각하느냐? 아니면 [...] 위험스럽고 쾌적한 길, 즉 필연적으로 잘못에 이르게 하고 마는 잘못된 길, 죄악의 길이라고 생각하느냐? 이렇게 묻는 이유는 네가 꼭 알아둬야 할 게 있어서인데, 그것은 우리 시인들은 에로스가 옆에 와서 안내자로 나서주지 않고는 아름다움의 길을 갈 수 없다는 사실이야. [...] 이렇게 말하는 이유는 열정이 곧 우리의 정신을 고양시켜 주는 것이며 우리의 동경은 반드시 사랑에 머물러 있지 않으면 안 되기 때문이야. 그것은 우리의 즐거움인 동시에 치욕이야. 이제서야 아마도 너는 우리 시인들이 지혜로울 수도, 품위가 있을 수도 없다는 사실을 알겠지? 우리가 필연적으로 잘못된 길로 빠져들어서는 필연적으로 방종해지고 감정의 모험에 빠진다는 걸 알았지? 우리가 쓰는 문체에서 엿보이는 대가다운 태도는 허위이고 어릿광대의 짓이야. 우리의 명성과 영예로운 지위는 일종의 익살극이고, 우리에 대한 대중들의 신뢰는 지극히 우스꽝스러운 것이며, 예술을 통해 국민과 젊은이들을 교육시키겠다는 것은 무모한 짓이며 금지해야 할 계획이야. 왜냐하면 천성적으로 타락의 심연으로 빠져드는 경향이 있고 그 경향을 어떻게 달리 개선시켜 볼 수도 없는 사람이 어떻게 교육자로서 자질이 있다 하겠느냐? (525)

### * 작품의 마지막: 아센바하의 죽음

그리고 거기서 잠시 가만히 서 있더니 광활한 바다를 향해 얼굴을 돌렸다. 그러고는 바로 그 지점에서 좁고 길다랗게 뻗은 모래톱 바닥의 왼쪽 방향으로 천천히 걷기 시작했다. 그 아이는, 널따랗고 평평한 바닷물로 인해 육지로부터 분리되고, 오만한 기분 때문에 친구들과 떨어져서, 혼자 거닐고 있었다. 그것은 몹시 고독하고 세상과는 아무런 연관성이 없는 듯한 모습이었다. 그는 머리카락을 휘날리며 저 바깥쪽 바다 속을, 바람 속을 걷고 있었다. 그의 앞에는 끝이 보이지 않는 안개 낀 바다가 펼쳐져 있었다. 다시 한 번 그는 전망을 살펴보려고 멈춰 섰다. 그러다가 갑자기 무슨 생각이라도 떠오른 양, 혹은 무슨 자극이라도 받은 것처럼 그는 손을 허리에 짚고는 원래 자세로부터 상체를 우아하게 회전시키면서 몸을 돌렸다. 그러고는 어깨 너머로 해변 쪽을 바라보았다. 거기에는 소년을 지켜보던 그 남자가 전과 마찬가지로 앉아 있었다. 그 남자의 그 흐릿한 시선이 경계를 넘어와 그의 시선과 처음 마주쳤을 때와 마찬가지로 그 남자가 앉아 있었다. 그의 고개는 의자 등받이에 기댄 채 저 멀리에서 걸어 다니고 있던 소년의 움직임을 천천히 좇고 있었다. [...] 그에게는 마치 그 창백하고 사랑스러운 <영혼의 인도자

>가 저기 멀리 바다 바깥에서 그에게 미소를 짓고 그에게 눈짓을 보내는 것 같은 생각이 들었다. 마치 그 소년이 허리에서 손을 떼어 바깥 바다를 향해 손짓을 해보이고 광막한 약속의 바다 안으로 자기가 앞서 둥실둥실 떠가는 것 같았다. 그래서 그는 지금까지 자주 그래 왔듯이 그를 따라 가려고 일어섰다.

몇 분이 지나갔다. 그때서야 사람들이 의자에 앉은 채 옆으로 쓰러져 있는 그 남자를 구하려고 급히 달려왔다. 그는 자기 방으로 옮겨졌다. 그리고 바로 그날이 채 저물기도 전에 세상 사람들은 충격을 금치 못하면서 존경하는 그 시인의 죽음에 관한 소식을 듣게 되었다. (529-530)

## 5. 더 깊이 읽기

### 1) 예술가소설

일반적으로 소설의 주인공이 직접 예술가로 등장하든가, 비록 명시적인 예술가는 아니라 할지라도 예술가 기질을 대변하는 경우 그 소설을 '예술가소설 Künstlerroman'이라 부른다. 그러나 좁은 의미에서 보면, 단순히 예술가가 주인공으로 등장하는 소설이라 해서 모두 예술가소설이라고 하지는 않으며 나름대로 고유한 존재양식과 문제의식을 내포하고 있어야 한다.

르네상스 이후 휴머니즘의 영향으로 예술 분야에서도 자유로운 창조활동이 전면에 등장하면서 예술가들은 규범과 관습으로부터 해방되어 전적으로 자신의 개성에 기초하는 예술의 자율성을 추구하게 된다. 여기에서 예술가와 예술작품, 예술가와 사회와의 갈등이 싹트게 되고 예술과 예술가의 문제가 서서히 부각된다. 이러한 예술가문제는 근대에 이르러 예술가소설이라는 장르 속에서 구체적인 모습을 드러낸다.

예술가소설은 무엇보다도 '천재시대'라 불리는 질풍노도 시기에 발전한다. 18세기 독일 시민계급들은 비정치적인 영역, 즉 문학이나 예술 분야 등에서 자신들의 자의식과 자부심을 추구하였다. 이 과정에서 시민계급 출신의 예술가들은 새로운 예술가상을 정립하게 된다. 그들은 기존의 소재와 규칙에 순종하는 '장인'이 아니라 스스로가 독창적이고 자신의 규칙을 새롭게 창안해 내는 창조적인 천재로서의 '예술가'를 지향하게 된 것이다. 그러나 이러한 천재적 예술가 이념은 예술가 스스로를 신격화하는 부정적 의미도 내포하게 되고 결국 일반 시민들과의 괴리를 형성하기에 이른다.

이후 천재적 예술성과 시민성 사이의 불일치는 낭만주의 문학에서 주요 테마로 등장한다. 문학의 현실 관련을 배제하는 작가의 자율성 이념이 심화될수록 예술성과 시민성, 예술가와 사회와의 관계가 문제시되었고, 여기서 문학적 이상성을 역사적, 구체적 현실성과 중재하는 문제가 과제로 등장하게 된 것이다. 따라서 이 시기 예술가소설에는 이상성과 현실성, 예술과 삶, 예술과 사회 사이에서 갈등을 겪어야 하는 작가, 예술가의 고뇌가 더욱 두드러지게 나타나는 가운데 예술가 스스로를 그의 현존 안에서 사회적으로 결합하고 그를 인간 일반으로 다시 회복시키는 문제가 중요한 테마로 다루어진다.

낭만주의 이후에도 현실 및 사회와의 연관성을 중시하는 문학사조의 영향으로 예술가소설은 예술가 자신의 예술을 통한 내적 성장이라는 측면보다는 예술가 개인의 성향과 사회구조와의 상관관계가 주요 테마로 등장한다. 특히 1900년경 세기전환기에 이르러서는 예술가와 사회와의 갈등이 첨예화되면서 예술가소설의 사회화 경향이 더욱 강화되고, 그 과정에서 예술가소설에 대한 패러디적 요소도 나타난다. 토마스 만의 「토니오 크뢰거」(1903)에서는 예술가가 반어적으로 비판되는 가운데 시민의 세계를 동경하는 예술가를 통해 예술가와 사회와의 중재가 주요 과제로 등장한다. 그러나 「트리스탄 Tristan」(1903)에서는 예술가의 데카당스적이고 유미주의적인 태도가 노골적으로 희화화되는 가운데 기존 예술가소설과는 다른 새로운 경향이 나타나기 시작한다.

### 2) 토마스 만의 아이러니

'아이러니 Ironie'는 여러 가지 의미를 갖는다. 그 중 토마스 만 고유의 아이러니는 비판적 거리와 에로스라는 이질적 힘이 동시에 작용한다. 그의 아이러니는 우선 삶과 정신, 시민성과 예술성, 남성성과 여성성, 건강과 병 등 서로 상반된 요소를 전제로 한다. 또한 그의 아이러니는 대상에 대한 비판적인 자세를 취하면서도 다른 한편으로는 그 대상이 가진 긍정적인 요소를 인정하고 동경한다. 토마스 만의 아이러니는 서로 상반된 요소들의 대립을 중재함으로써 이들이 서로 대립적인 성질의 것임에도 불구하고 그 양극성이 첨예화되지 않도록 대립을 완화시키고, 자연스럽게 공존할 수 있도록 유도한다.

토마스 만에게 있어 아이러니는 예술 자체이기도 하다. 그에게 있어 시민적 삶과 예술가적 정신은 대립관계이다. 그에게 있어 예술이란 정신을 통해 속물적이고 가식적인 삶을 비판한다는 점에서 삶의 부정이라고 할 수 있다. 그러나 예술은 삶에 바탕을 두고 있다는 점에서 삶을 긍정하지 않을 수 없다. 토마스 만의 아이러니는 이러한 괴리를 메우고 중재해주는 방법이다. 따라서 그의 아이러니는 삶을 긍정하기 위한 정신의 자기부정으로부터 출발한다. 그리고 삶을 동경한다. 이로써 삶과 정신을 중재하고, 삶과 정신의 가치 모두를 인정하도록 하는 것이 그의 아이러니이다.

토마스 만의 아이러니는 그의 정체성 문제와 밀접히 연관되어 있다. 그는 시민사회에 뿌리를 두고 있고 시민사회와 더불어 살아가야 하는 예술가로서, 그리고 자신의 성공적인 삶을 유지하고 시민사회의 일원으로 살아가야 하는 동성애자로서 이중적 갈등을 겪고 있었다. 이러한 갈등으로 인해 삶에 대한 그의 태도는 아이러니적 입장을 취하게 된다. 토마스 만의 아이러니는 자신의 예술가로서의 정체성 및 성 정체성과 불가분의 관계를 맺고 있다는 점에서 그의 삶과 문학을 이해하는 키워드라고 할 수 있다.

### 3) 토마스 만과 동성애

토마스 만이 『베니스에서의 죽음』에서 자신의 동성애적 감정을 직접적으로 묘사하고 있다. 그러나 이 작품에서 그는 동성애가 감각적인 향락에 근거한다는 사실을 부정하고 플라톤의 견해를 바탕으로 아센바하의 동성애를 정신적인 것으로 끌어올린다. 이 작품이 발표된 이후 토마스 만의 동성애를 둘러싼 문제가 꾸준히 제기되었다. 그러다 사후 20년 후에 공개되기 시작한 일기를 통해 그의 동성애 관련 전모가 밝혀지며 주목을 받았다. 일기에 의하면 그는 행복해 보이던 결혼생활에도 불구하고 자신의 선천적인 동성애 성향을 명백히 인식했고, 이로 인해 내적 갈등을 겪고 있었다.

그러나 그는 평생에 걸쳐 성적 정체성으로 인해 갈등을 겪으면서도 동성애의 현실적 충족 가능성을 스스로 배제했고, 동성애적 열망을 문학적으로 승화시켰다. 그는 『베니스에서의 죽음』 이후에도 대부분의 작품에서 끊임없이 동성애 문제를 다루고 있다. 그러나 사회적인 이유에서뿐 아니라 미학적 이유에서도 동성애를 노골적으로 묘사하는 것을 지양하고, 은밀하고 상징적인 방식으로 암시하거나 이성애의 형태로 바꾸어 묘사하였다. 그의 동성애적 갈등은 그의 삶과 문학에 있어 기본 원칙이라 할 수 있는 양가적 태도, 모호성, 분명한 입장의 유보 등은 바로 그의 성적 딜레마와 불가분의 관계를 맺고 있다. 그에게 있어 동성애적 갈등은 그의 창작력의 중요한 원천이자 창작 미학적 원칙이 되었다고 할 수 있다.

### 4) 「토니오 크뢰거」

「토니오 크뢰거 Tonio Kröger」는 토마스 만을 대표하는 가장 중요한 단편 중 하나로서, 1903년에 발간된 단편집 『트리스탄 Tristan』에 실려 있다. 토마스 만은 이 작품에서 주인공 토니오 크뢰거를 통해 시민사회에서 국외자로 살아갈 수밖에 없는 한 예술가의 숙명을 그리고 있다.

문학소년 토니오는 '금발'에 '파란 눈'을 지닌 동급생 한스의 건강한 삶을 선망하고, 잉에를 사랑하지만 그들이 자신과는 근본적으로 다르다는 것을 인식한다. 토니오는 그들의 시민적인 삶을 저속하다고 멸시하면서 작가의 길을 가게 되지만 건강한 삶에 대한 동경을 떨쳐버리지 못한다. 그는 햄릿과 같이 성찰적이고 인식적인 인간이 자신의 예술가적 사명을 성공적으로 수행하기 위해서는 일상인들과 같이 생활해서는 안 되고 항상 국외자로서 관찰해야 하는 어려움을 토로한다. 이런 토니오에게 러시아 출신 여자 친구 리자베타는 "당신은 그릇된 길에 접어든 시민입니다, 토니오 크뢰거 씨. 길 잃은 시민이지요."라는 말로 예술가로서의 토니오를 극명하게 규정한다.

그 후 토니오는 리자베타에게 보내는 편지에서 시민적 예술가로서의 자신의 예술가적 입장을 다음과 같이 표명한다. "정말이지 나로 하여금 모든 예술성 속에서, 모든 비상한 것과 모든 천재성 속에서 무엇인가 매우 모호한 것, 매우 불명예스러운 것, 매우 의심스러운 것을 알아차리도록 해주는 것은 바로 [...] 이 시민적 양심인 것입니다. 나는 두 세계 사이에 서 있습니다. 그래서 그 어느 세계에도 안주할 수 없습니다. 그 결과 약간 견디기가 어렵지요. 당신들 예술가들은 나를 시민이라 부르고, 또 시민들은 나를 체포하고 싶은 충동을 느끼게 됩니다."

이 작품은 예술성과 시민성을 중심으로 한 토마스 만의 초기 예술관이 잘 드러난 작품이자 '토마스 만의 가장 성공적인, 잘 은폐된 자서전이며, 그의 가장 내밀하고도 순수한 자기고백의 작품'으로 평가된다. 그는 이 작품을 통해 예술가문제를 심도 있게 다루면서 "미의 오솔길 위에서 모험을 일삼으면서 '인간'을 경멸하는 오만하고 냉철한" 예술가가 아니라, "인간적인 것, 생동하는 것, 일상적인 것에 대한 [...] 시민적인 사랑"을 간직한 예술가를 추구하고 있다.

### 5) 『마의 산 Der Zauberberg』

『마의 산』은 1924년에 발표된 장편소설이다. 이 작품은 낭만주의적이고 보수주의적인 휴머니즘에서 사회적인 휴머니즘으로 발전해 가는 토마스 만의 세계관을 잘 보여주는 작품이자 유럽문명을 예리하게 비평한 소설이다.

함부르크의 상인 집안에서 태어난 24살의 청년 한스 카스토르프는 엔지니어 시험에 합격한 후 스위스 산중에 위치한 다보스의 결핵요양소로 사촌의 문병을 간다. 그러나 그곳에서 병이 발견되는 바람에 7년 동안 머물게 된다. 그는 평지의 시민생활의 법칙이나 인생관이 통용되지 않는 특수한 세계, 즉 병과 죽음과 인식의 세계인 '마의 산'에서 요양생활을 하는 동안 병과 건강, 죽음과 삶에 대한 다양한 지적 체험을 하게 된다.

토마스 만은 이 작품에서 초기의 낭만주의적 개인주의를 극복하고 시대가 요구하는 새로운 형태의 휴머니즘을 추구한다. 이를 위해 그는 주인공 카스토르프를 통해 한 시대를 반영하고 있는 역사적 징후들을 성찰하면서 이를 인간 교양의 발전과 연계시킨다. 그러나 이 작품은 주인공이 사회적 관계 속에서 전인적 인간으로 발전해 가는 전통적인 교양소설과는 달리, 연금술적 상승과정을 통해 "개인적 고통의 세계로부터 새로운 사회적이고 인간적인 도덕성의 세계로", 죽음과의 공감으로부터 "삶에 대한 봉사"로 나아가는 초월적 내용을 담고 있다. 이 작품은 전통적인 교양소설의 형태를 빌어 이를 패러디화 함으로써 자신과 자신의 시대, 나아가서는 인간 본연의 문제의식을 형상화하고 있다는 점에서 교양소설의 새 지평을 연 것으로 평가된다.

### 6) 영화 <베니스에서의 죽음>

영화 <베니스에서의 죽음>은 1971년에 이탈리아의 루치노 비스콘티 Luchino Visconti 감독이 만든 작품이다. 비스콘티 감독은 전후 네오리얼리즘을 주도하면서 이탈리아 영화사에 한 획을 그은 거장으로 평가된다.

영화 <베니스에서의 죽음>은 비평가들로부터 성공적인 각색으로 인정을 받았고, 문학작품의 영화화에 대한 모범적인 예로 꼽힐 정도로, 문학작품을 충실하게 반영하면서도 감독 자신의 영화적 해석을 잘 살려낸 작품이다. 영화 속 주인공 아센바하의 전기나 인생관, 예술관은 원작의 주인공과 거의 일치하지만, 영화는 '완벽하게 비스콘티적'이라고 불릴 만큼 베니스라는 배경을 잘 살려 미와 사랑, 그리고 죽음의 문제, 예술과 예술가의 문제를 성공적으로 영화화하였다. 원작이 사건의 줄거리보다는 주인공의 심리묘사에 치중하고 있는 것처럼 영화도 사건의 줄거리 진행보다는 주인공의 내면에 초점을 맞추고, 그의 내면의 변화를 독특한 영상과 말러의 음악을 통해 표현하고 있다.

영화 〈베니스에서의 죽음〉

원작처럼 영화도 동성애를 통해 예술과 예술가 문제를 다루고 있다. 비스콘티 감독이 "이 이야기의 실질적인 주제는 예술가의 완성에 대한 갈구, 완성 추구의 불가능성에 대한 것이다. 예술가가 완성에 다다른 그 순간, 그는 소멸되고 만다."고 한 데에서도 알 수 있듯이, 이 영화는 아센바하라는 음악가의 예술관을 다루고 있다. 영화는 아센바하가 미소년에 매혹되는 장면마다 친구 알프레드와의 논쟁 장면을 회상신으로 삽입함으로써 동성애와 예술가문제를 유기적으로 결합시킨다. 그러나 원작에서는 아센바하의 예술관이 전 작품에 걸쳐 끊임없이 성찰적으로 검토되는 반면, 영화에서는 친구와의 논쟁으로 변형되어 나타나기 때문에 원작과는 달리 쟁점이 단순화되어 있다.

## 6. 생각해 볼 문제들

### 1) 작품 이해

(1) 아센바하는 어떤 예술가로 살아왔는가?

(2) 아센바하를 '소크라테스적 예술가'라고 하는 이유가 무엇인가?

(3) 타치오가 에로스이자 헤르메스라고 하는 이유는 무엇인가?

(4) 『베니스에서의 죽음』이 동성애를 관념적으로 승화시켰다고 하는 이유는 무엇인가?

(5) 토마스만의 문학에서 동성애는 어떤 역할을 하는가?

### 2) 더 생각해 볼 문제

(1) 토마스 만 고유의 '아이러니'는 무엇인가?

(2) 문학이란 무엇인가? 독자에게 문학은 어떤 의미인가?

(3) 예술가의 삶과 작품은 일치해야 하는가?

(4) 많은 문학작품 속에 왜 에로스와 타나토스가 동전의 양면처럼 같이 다루어지는가?

(5) 많은 문학작품 속에서 주인공들이 국외자나 소수자로 등장하는데, 그 이유는 무엇인가?

# 변신

– 프란츠 카프카 –

## 1. 작가 소개

프란츠 카프카

프란츠 카프카 Franz Kafka(1883-1924)는 체코 프라하에서 유대계 상인인 헤르만 카프카의 아들로 태어났다. 그는 독일인 주류사회에 편입하기를 바랐던 아버지의 영향으로 독일계 학교에 들어갔다. 김나지움 시기에 그는 문학작품은 물론 자연과학 서적에 몰두하는가 하면 사회주의에 관심을 갖기도 하였다. 프라하의 카를 대학에 진학한 그는 법학을 전공하였으나 법학보다는 예술사와 문학에 관심을 가졌고 니체에 매료되었다. 1902년 한 토론 모임에서 막스 브로트 Max Brod(1884-1968)를 만나 평생의 친구가 되었고, 그를 통해 창작활동이나 문인들과의 교류 등에서 절대적인 영향을 받았다. 1904년에서 1907년 사이에 처녀작인「어느 투쟁의 기록 Beschreibung eines Kampfes」을 완성했다.

카프카는 1906년 법학박사 학위를 받았고, 1년간 법원에서 시보를 거친 후 프라하의 일반 보험회사에 입사했다. 이 시기「시골에서의 결혼준비 Hochzeitsvorbereitungen auf dem Lande」를 집필했다. 1908년에는 프라하의 '보헤미아 왕국 노동자 상해 보험회사'로 옮겨 법률고문으로 근무하면서 1922년 사직할 때까지 일과 창작활동을 병행했다. 1912년에는 그동안 써놓은 작품들을 모아 첫 단편집 『관찰 Betrachtung』을 출간했다. 이 작품집에서 카프카는 자아의 고독과 불안을 폭로하면서 궁극적으로 자아와 세계의 화해를 추구하고 있다.

카프카는 1912년에, 이 해가 자신의 결정적인 전환점이라고 부를 만큼 많은 작품을 집필했다. 「판결 Das Urteil」과 「변신 Die Verwandlung」이 이 해에 씌어졌고, 『실종자 Der Verschollene』(브로트가 『아메리카 Amerika』로 출간함)의 처음 여섯 장도 이 해에 집필되었다. 친구 브로트의 집에서 펠리체 바우어 Felice Bauer를 만나 편지를 교환하기 시작한 것도 이 해였다. 카프카는 1914년 그녀와 약혼했지만 문학과 삶 사이의 갈등 속에서 곧 파혼했고, 1917년 그녀와 두 번째 약혼을 했지만 결국 병을 이유로 다시 파혼했다.

카프카는 1922년 폐결핵이 악화되어 직장을 사직했고, 2년 후인 1924년 후두암으로 사망했다. 그는 건강이 악화되자 브로트에게 자신의 작품 중 「판결」, 「변신」, 「시골의사 Ein Landarzt」, 「유형지에서 In der Strafkolonie」, 「화부 Der Heizer」, 그리고 단편집 『단식광대 Hungerkünstler』(1922)와 단편집 『관찰 Betrachtung』의 몇몇 작품들을 제외하고, 자신의 일기와 편지들을 포함해 모든 유고들을 소각해 줄 것을 유언했다. 그러나 브로트는 카프카가 죽은 후 그의 작품이 갖는 문학적 가치를 인식하고 이들을 출간했다. 이 덕분에 특히 카프카 문학의 백미라 평가되는 3대 장편 『소송 Der Prozess』, 『성 Das Schloss』, 『실종자』는 카프카를 뛰어난 단편 작가일 뿐만 아니라 장편 서사 작가로서의 명성도 얻게 해 주었다. 브로트는 이후 카프카 작품을 해석하는 데에도 결정적인 영향을 미치게 된다.

카프카에게 있어서 문학은 수단도 목적도 아닌 존재 자체였다. 그에게 있어 문학(그는 '문학'이라는 표현보다 '쓴다'는 말로 그의 문학행위를 더 즐겨 표현했다)은 내면적 자아의 유일한 존재 가능성으로서, 다른 방법으로는 표현할 길 없는 내면의 요구를 표출하는 방식이었다. 그에게 있어 작품의 주인공은 자신의 분신이자 현실에서 벗어나고자 하는 희망을 담은 제2의 자아이기도 했다. 그는 글쓰기를 통해 현실에서 이루지 못하는 내적 자유에 대한 가능성을 발견하고자 하였다. 그러나 그는 '쓰는 일' 때문에 많은 좌절과 어려움에 부딪쳤고, 문학과 삶 속에서 갈등을 겪어야 했다. 문학과 삶 사이에서 갈등하는 그의 고뇌는 무엇보다도 문학에 대한 아버지의 몰이해와 문학을 추구하면서 일상적인 결혼생활을 꿈꾸고 직장생활을 그만두지 못하는 자신의 이율배반적인 상황과 관련된다고 할 수 있다. 그는 문학이 주변세계와의 모든 일상적 관계를 끊는 고독한 상태에서만 가능하다고 보았다. 그에게 있어 문학은 단순한 삶의 표현을 넘어 자기 내면의 요구를 충족시키는 실존적 행위였고, 그에게 작가로서의 삶은 문학 이외의 모든 것을 버려야 한다는 것을 의미했다.

카프카에게 있어 문학은 한편으로는 자신의 내면적 자아의 유일한 존재 가능성으로서 내면의 요구를 형상화한 것이지만, 다른 한편으로는 독자를 각성시키고 현실을 변화시키기 위한 수단이기도 했다. 그는 1904년 1월 27일 친구인 오스카 폴락 O. Pollak에게 보낸 편지에서 "만약 우리가 읽는 책이 단 한 주먹으로 우리의 정수리를 갈겨 각성시키지 않는다면 도대체 무엇 때문에 책을 읽겠는가? [...] 한 권의 책은 우리 내면의 얼어붙은 바다를 깨는 도끼이지 않으면 안 된다."라고 말한다. 카프카에게 있어 문학의 궁극적 의도는 독자들의 선입견을 제거하고 항상 자유롭고 새로운 시선으로 현실을 바라보도록 함으로써 독자를 각성시키고 현실을 변화시키는 데 있었다. 그의 문학이 오늘날에도 여전히 주목받는 이유는 바로 여기에 있다고 할 수 있다.

주요 작품으로 「변신 Die Verwandlung」(1915), 「판결 Das Urteil」(1916), 「시골의사 Ein Landarzt」(1916), 「유형지에서 In der Strafkolonie」(1919), 「단식광대 Hungerkünstler」(1922), 『소송 Der Prozess』(1925), 『성 Das Schloss』(1926), 『실종자 Der Verschollene』(1927) 등이 있다.

## 2. 작품 소개

### 1) 생성 배경

「변신」은 카프카의 3대 장편인 『소성(심판)』, 『성』, 『실종자』를 제외하고는 가장 긴 분량의 작품이다. 펠리체 바우어에게 보낸 편지에 의하면 카프카는 두 달 전에 「판결」을 하룻밤 사이에 탈고한 것처럼 「변신」도 몇 시간 내에 끝내려고 계획했었다. 그러나 작품을 마무리하는 단계에서 분량이 점점 늘어나 예상보다 훨씬 길어지는 바람에 1912년 11월 17일에 시작된 작품은 3주 후인 12월 7일에 완성되었다.

「변신」은 「판결」과 마찬가지로 펠리체를 의식하고 쓴 것으로, '펠리체 B. 양을 위한 이야기'라는 부제가 붙은 「판결」와 함께 사실상 그녀에게 보내는 편지와도 같은 작품이라 할 수 있다. 카프카는 이런 작품들을 통해 펠리체에게 자신이 처한 상황을 비유적으로 설명하고 있다. 카프카가 「변신」을 집필하는 동안 펠리체에게 보낸 몇 차례의 편지를 보면 당시 그는 가족으로부터의 소외, 펠리체와의 이별에 대한 두려움에 시달리고 있었다. 마치 자신이 발길질을 당해 세상 밖으로 내동댕

「변신」의 초판 표지

이 쳐진 것 같은 기분이라는 그의 고백은 이 작품을 집필할 당시 그의 상황을 잘 말해준다.

「변신」은 「판결」과 달리 여러 차례 개작을 거듭한 끝에 완성되었지만, 카프카는 이 작품을 탈고한 후에도 "읽어줄 수 없는" 결말이라고 생각해 출판을 망설이다가 1915년에야 월간지 <디 바이센 블레터 Die Weißen Blätter>를 통해 처음으로 발표하였다. 카프카가 이 작품의 결말에 대해 어떤 불만을 가졌는지에 대한 구체적인 정보는 없지만, 이 결말부분과 앞부분은 시점 면에서 분명한 차이를 보인다. 앞부분에서는 아버지, 어머니, 누이라고 지칭되지만, 결말 부분에서는 잠자씨, 잠자부인, 그레테라고 바꿔 부르고 있어 다소 이질감이 든다. 그러나 결말부분은 그레고르가 죽고 난 뒤의 새롭게 전개되는 가족의 현실을 극명하게 대조해 보여준다는 의미에서 오히려 긍정적으로 평가될 수 있다.

「변신」은 벌레로의 변신을 다루고 있다는 점에서 1907년에 완성한 「시골에서의 결혼 준비」와 비교된다. 「변신」에서 그레고르의 변신은 이 작품에 앞서 씌어진 「시골에서의 결혼 준비」에 나오는 에두아르트 라반의 꿈을 연상시킨다. 이 작품에서 주인공 라반은 약혼녀와 결혼하기 위해 시골로 가는 길이다. 그동안 도시에서 직장의 과도한 업무에 시달려 온 라반은 결혼 역시 또 다른 구속이라고 생각한다. 그는 이러한 구속으로부터 벗어나기 위해 자신의 옷을 입은 몸만 결혼식에 보내고, 자신은 벌레로 변해 여관 침대에서 쉬고 싶다는 상상을 한다. 이와 같이 라반의 상상 속에서 벌어진 변신은 5년 후 「변신」에서 그레고르의 실제 사건으로 일어난다. 라반의 변신은 그레고르의 변신을 예고하는 것으로 그레고르의 변신에 대한 의미를 이해하는 단초를 제공한다.

한편 「변신」에 등장하는 벌레는 작품 속에서 마치 눈에 보일 듯 그 특징이 자세하게 묘사되고 있고, 또 작중 인물인 하녀에 의해 직접 '소똥구리 Mistkäfer'라고 불리지만 실제 소똥구리와 완전히 일치하지는 않는다. 작품 속에서 벌레는 그 생김새나 행동의 특성 등이 놀라울 정도로 세밀하게 묘사되고 있기 때문에 독자들은 나름대로 그 모습을 그려보게 되는데, 이에 대한 흥미로운 일화가 전해진다. 1916년 쿠르트 볼프 출판사가 이 작품을 출간하기로 했을 때, 카프카는 삽화가인 오토마르 슈타르케 O. Starke가 표지 그림으로 곤충이나 벌레를 그려 넣으려 한다는 이야기를 전해 듣게 된다. 이때 카프카는 무척 당황해 하면서 무슨 일이 있어도 벌레 그림은 절대 안 된다는 내용의 편지를 출판사에 보낸다. 이러한 카프카의 반응은 작품에서의 세밀한 묘사가 곧바로 현실적인 실제성 그 자체에 대한 묘사로 오해되어서는 안 된다는 의미를 담고 있다.

### 2) 줄거리

그레고르 잠자는 어느 날 아침 불안한 꿈에서 깨어났을 때 자신이 한 마리 흉측한 벌레로 변신한 것을 발견한다. 그는 아버지의 실직 후 가족들의 생계를 책임지고 있는 외판사원이다. 출근시간이 지나도 기척이 없자 가족들은 문을 두드리고, 회사 지배인은 그레고르가 왜 출근하지 않는지 알아보려고 찾아온다. 그레고르는 안으로 잠긴 문을 통해 자신의 처지를 호소하려고 하지만 다른 사람에게 그의 목소리는 짐승의 소리로만 들릴 뿐이다. 그레고르가 힘겹게 문을 열고 나가자, 그의 모습을 본 지배인은 혼비백산해 도망가고, 가족들 역시 충격을 받는다. 아버지는 위협적인 동작으로 벌레로 변한 그레고르를 다시 방안으로 몰아넣는다.

실신 상태에서 겨우 깨어난 그레고르는 누군가 가져다 준 음식을 보지만 구미가 당기지 않는다. 그는 문틈으로 가족들의 대화를 엿듣기 위해 애를 쓰고, 그 결과 집안 형편이 그렇게 어렵지는 않다는 사실에 안도한다. 그레고르는 방안을 여기저기 기어 다니는데 흥미를 느끼고, 누이동생과 어머니는 그가 기어 다니기 편하도록 방안의 가구들을 치워주기로 한다. 그러자 그레고르는 자신이 만든 액자에 달라붙어 놓지 않으려하고, 이런 모습을 본 어머니는 놀라 실신한다. 마침 이 광경을 본 아버지가 분노한 나머지 그레고르에게 사과를 던져 심한 상처를 입힌다.

등에 박힌 사과로 인해 깊은 상처를 입은 그레고르는 기어 다니기도 힘들 지경이 된다. 가족들은 그레고르가 더 이상 자신들을 부양할 능력이 없다는 것을 깨닫고 스스로 생활대책을 강구한다. 아버지는 은행에 급사로 취직하고, 방을 하나 비워 하숙인들을 받아들인다. 어느 날 저녁 그레고르는 누이동생이 연주하는 바이올린 소리에 이끌려 거실로 기어 나간다. 하숙인들은 벌레의 출현에 깜짝 놀라며 방을 해약하겠다고 위협한다. 그 일을 계기로 누이동생은 이 벌레가 오빠일 리 없다고 하면서 '이것'을 내보내야 한다고 부모를 설득한다. 가족 중에서 가장 믿고 사랑했던 누이동생의 이런 태도를 보면서 그레고르는 삶에 대한 의지마저 잃고 만다. 그는 힘없이 자기 방으로 돌아와 죽음을 맞이한다. 그레고르가 죽은 후 가족들은 홀가분한 마음으로 소풍을 가면서 장래 희망을 이야기한다.

## 3. 작품 해설

### 1) 그레고르의 변신

주인공 그레고르 잠자는 어느 날 "불안한 꿈에서 깨어났을 때" 자신이 흉측한 벌레로 변신한 사실을 알게된다. 이야기가 '불안한 꿈'에서 깨어났다는 언급으로 시작된 것은 그레고르가 벌레로 변신한 것이 결코 꿈이 아니라는 것을 강조함과 동시에 앞으로 전개될 이야기를 마치 '불안한 꿈'의 연속처럼 받아들이게 하는 효과를 갖는다. "꿈은 아니었다."고 확언하지만 이야기는 현실과 꿈의 영역을 구분하기 어려울 만큼 상호 침투되어 있다. 마치 꿈에서나 일어날 것 같은 사건이 전개되지만 통상적인 의미에서의 꿈의 세계와는 다르다는 점에서 작품 속 현실은 특별한 의미를 갖는다.

그레고르는 갑자기 벌레로 변신한 것이 어처구니없는 일이라 생각하고, 이를 잊기 위해 다시 잠을 청한다. 그러나 몸이 마음대로 따라주지 않아 결국 포기하고 자신의 변화를 인정한다. 그런데 여기서 그의 주요 관심사는 벌레로 변해버린 자신의 모습이 아니라 자신의 직업적 상황이라는 사실이다. 그는 그동안 너무나 힘들었던 자신의 "고된 직업"에 대해 성찰하기 시작한다. 그는 파산한 아버지의 빚과 가족의 생계 때문에 자신의 모든 것을 포기한 채 어쩔 수 없이 직업전선에 뛰어들어야 했다. 그는 이곳저곳을 찾아다니며 영업을 해야 하는 외판사원으로 일하고 있다. 이 때문에 그는 지속적인 인간관계는 물론 자신만의 시간을 갖기도 어렵고 식사도 제때에 할 수 없는 생활 속에서 쫓기듯 살아왔다. 사정이 이러함에도 불구하고 회사는 "근무 성적"과 "직업상의 의무"를 내세워 그를 인간적으로 대하기보다 오로지 직장인으로서의 기능적인 역할을 강조하고 극단적인 희생만을 요구할 뿐이다. 항상 시간에 쫓기고 하루하루가 피곤한 삶 속에서 진즉 사표를 내고 싶었지만 그는 오로지 가족을 위해 참고 살아왔다.

그레고르는 어쩔 수 없이 일을 해야 하는 현실과 이러한 현실로부터 벗어나고 싶은 충동 사이에서 갈등을 느낀다. 이제 자신이 한계에 달했다고 생각한 그는 "마귀나 와서 다 쓸어가라지!"하고 바란다. 이러한 소망은 그가 벌레로 변신함으로써 실현된 것처럼 보인다. 자신을 옭아매고 있던 직업적 현실로부터 비로소 벗어났기 때문이다. 이렇게 볼 때 그레고르의 변신은 끔직한 현실의 구속으로부터 벗어나고 싶은 무의식적 욕구에서 비롯된 것이라 할 수 있다. 따라서 그의 변신은 우연히 일어난 사건이 아니라 일상에 얽매여 자신의 존재마저 잊고 살아야 했던 삶의 방식이 가져온 필연적인 결과이다. 그의 변신은 끔직한 직업적 현실로부터 벗어나고자 하는 그레고르의 내적 소망이 사실상 실현된 것이라는 점에서 벌레는 직업인으로서의 기능적 역할을 벗어버린 그레고르의 참 모습, 그의 내적 자아를 상징한다.

그러나 벌레로의 변신은 그레고르 자신의 실체가 드러난 것이라고도 할 수 있다. 지난 5년 동안 그의 삶은 사실상 돈 벌어 오는 벌레나 다름없는 삶이었다. 가족들도 처음에는 그레고르가 벌어온 돈을 고맙게 받았지만 이제 일상이 되어버린 탓에 "특별한 따뜻함"은 커녕 무관심한지 오래되었다. 이런 상황에서 그가 벌레로 변신했다는 것은 어떤 의미에서 벌레와도 같은 자신의 실체가 그대로 드러난 것이라고 할 수 있다. 그가 이러한 벌레 같은 삶을 저주하면서도 한편으로는 자신도 모르게 자신의 '직업상의 의무'에 익숙해져있다는 사실은 그가 변신 후에도 출근을 서두르고, 자신에게 주어진 일을 그르칠까 걱정하는 데에서 잘 나타난다. 변신 후에도 그의 의식세계를 지배하는 것은 여전히 변신 이전에 자신을 지배해 왔던 직업적 일상이다. 그는 아직 인간 그레고르로서의 현실과 벌레로 변한 그레고르로서의 현실을 구분하지 못한다. 그는 여전히 일상 현실의 법칙에 구속되어 있기 때문에 본래의 자기 자신을 인식하지 못할 정도로 자기소외에 빠져있다.

### 2) 벌레로서의 그레고르

그레고르는 변신 후에도 자신의 모습이 변했다는 사실에 별로 놀라지 않지만 자기 목소리를 듣고는 깜짝 놀란다. 그는 자신의 변화된 목소리에 스스로 놀라고, 이내 곧 두려움을 느낀다. 그는 방안에서 문을 걸어 잠그고 가족들과 지배인에게 대답할 때 한 마디 한 마디를 신중하게 발음하고, 자신의 목소리가 이상하게 들리지 않도록 하기 위해 애를 쓴다. 그러나 그의 목소리는 가족이나 지배인에게 "짐승의 목소리"로 밖에 들리지 않는다. 그는 다른 사람들과의 의사소통 방법을 상실한 것이다.

그러나 의사소통의 단절은 사실 그레고르가 벌레로 변신하기 이전부터 나타난 현상이라고 할 수 있다. 그레고르는 그동안 고된 직장일로 생활에 쫓겨 온 데다 가족들의 무관심으로 인해 기능적인 대화 외에는 일상적인 대화도 거의 나누지 못하는 상황이었다. 가족들에게 있어 그레고르는 돈을 벌어오는 존재에 불과했을 뿐이다. 가족들과의 진정한 의사소통이 단절된 상황에서 가족들에게 그레고르의 말은 별다른 의미를 갖지 못했다. 그의 말은 이미 짐승의 소리나 마찬가지로 무의미한 것이 되고 만 것이다. 벌레로 변신한 후에도 그는 자신의 언어를 제대로 표출할 수 없을 뿐 아니라, 표출한다 하더라도 그의 언어는 짐승의 소리로 들릴 뿐 가족들이나 사회에 수용되지 못한다. 짐승의 소리로 들리는 그의 목소리는 그레고르 자신의 언어, 내면의 언어를 상징한다. 아무도 그의 내면에서 나오는 절박한 소리에 귀를 기울이지 않는다.

더 큰 문제는 변신한 그레고르가 지배인이나 가족들의 언어를 계속 알아듣는 반면, 그들은 그레고르의 언어를 알아듣지 못한다는 사실이다. 이는 그레고르에게 더 큰 충격으로 다가오고, 여기에 더 큰 비극이 존재한다. 그는 가족들이 하는 이야기를 통해 변신 전 자신이 가지고 있던 생각이나 믿음이 모두 착각이었다는 것을 알게 된다. 그는 집안 형편이 그렇게 나쁘지 않다는 데에 안도감을 느끼지만, 가족들이 어느 정도 경제력도 있고 일할 능력도 있는데 모두 자신에게만 의지해왔다는 사실을 알고 내심 충격을 받는다. 더구나 그레고르가 알아듣지 못할 것이라 생각해 함부로 내뱉는 가족들의 말에 그는 치명적인 상처를 입게 된다.

그레고르는 직장에서 배척당하고 가족으로부터도 버려진 채 방안에 감금된다. 그 후 그는 점차 식욕을 잃고 일체의 음식을 기피한다. 배가 고프다고 하면서도 음식을 거부하는 것은 자신의 식욕이 "이런 물건들에 대한 식욕"은 아니라고 생각하기 때문이다. 사회학적 의미에서 함께 식사를 한다는 것은 한 공동체의 구성원으로 참여한다는 것을 의미한다. 그러나 가족들로부터 격리시키고 혼자 먹으라고 넣어주는 음식은 단지 짐승의 먹이에 불과할 뿐이다. 그가 이런 '먹이'를 거부하는 것은 삶에 대한 포기가 아니라 멀어져버린 인간 공동체에 참여하고 싶은 강한 욕망을 표현한 것이라 할 수 있다.

얼마 후 어머니와 누이동생은 그레고르가 기어 다니기 편하게 방안의 가구들을 치워주기로 한다. 그들이 벽에 걸린 액자마저 떼어 내려는 순간 그는 액자 유리 위에 몸을 밀착시키며 필사적으로 방어한다. 이를 본 어머니는 기절을 하고, 이 때문에 그는 아버지로부터 치명적인 사과폭격을 맞는다. 이 액자는 얼마 전 그레고르가 화보잡지에서 오려낸 사진으로 만든 것인데, 금박으로 된 멋진 액자에 끼워져 자신의 침대에서 볼 수 있는 곳에 걸어 놓은 것이었다. 이 액자는 그가 일에 쫓기는 가운데에도 며칠을 걸려 만든 것으로 유일하게 자신을 위한 물건이다. 이성교제를 할 시간도 없이 바쁘게 살아온 그에게 액자 속의 여자는 그의 은밀한 성적 환상의 대상으로서 억압된 성적 욕구와 관계된다고 할 수 있다. 이러한 액자에 대한 집착은 마지막 남은 자신의 인간적 존재를 지키려는 처절한 몸부림에 다름 아니다. 액자를 비롯한 가구들은 그레고르에게 있어 지나온 삶에 대한 기억이자 흔적으로서 그의 과거와 그의 인간적 존재의 결합을 가능하게 하는 실제적 수단이다. 이러한 가구들이 치워지고 텅 빈 방에 방치된다는 것은 그레고르가 인간의 기억과 현실적 인간세계로부터 분리된다는 것을 의미한다.

가족들 눈에 띠지 않게 자기 방 어두운 구석에 누워있던 그레고르는 누이동생의 바이올린 연주 소리를 듣게 된다. 그는 자신이 벌레라는 것도 잊고 하숙인들이 모여 있는 거실로 대담하게 기어나간다. 음악은 그가 "동경해 마지않던 미지의 양식에 이르는 길"이자, 일상을 거부하면서까지 찾고 싶었던 그레고르 내면의 열망을 나타낸다. 그에게 있어 음악은 인간 그레고르의 내면을 표현하는 예술을 상징한다고 할 수 있다. 그가 누이동생에게 음악교습을 시킬 계획을 세웠던 것도 자신이 꿈꾸는 예술에 대한 대리만족의 성격이 강하다. 그는 자신이 열망을 가지고 살아가는 한 인간이고 싶어 했지만, 가족의 생계를 위해 모든 것을 포기해야 했다. 이런 그가 음악소리를 듣자 그동안 잊고 살았던 내면의 열망이 되살아나 자신이 벌레로 변했다는 사실도 잊은 채 거실로 뛰쳐나간 것이다. 그러나 이를 알 리 없는 가족들은 그의 출현을 평화로운 일상을 방해하는 대소동으로 받아들인다. 이 사건을 계기로 그는 가족들로부터도 철저히 거부당하게 된다.

### 3) 가족들의 변신

그레고르는 벌레로 변신한 후 직업을 잃고 경제적 능력을 상실한다. 현대사회에서 직업은 유일한 존재형식이라고 해도 과언이 아니다. 현대 자본주의 사회에서 직업은 경제적 능력을 의미하고, 나아가 그 사람의 존재 가치, 존재 방식을 결정짓는다. 오늘날 설사 가족이라 하더라도 직업이 없이 경제적으로 무능한 사람은 가족으로부터 정당한 대우를 받지 못하는 경우가 많고, 심지어 벌레 취급을 당하기도 한다. 그레고르 가족 역시 그가 벌레로 변신한 후 그를 대하는 태도가 점차 달라진다. 그런 의미에서 작품 「변신」은 그레고르의 변신뿐만 아니라 가족들의 '변신' 또한 다루고 있다고 할 수 있다.

가족들의 변신 중에서도 아버지의 변신은 특히 중요한 의미를 갖는다. 제1부가 그레고르의 변신을 다루고 있다면, 제2부는 아버지의 변신을 다루고 있다. 아버지의 변신은 "저 사람이 아버지란 말인가?"하고 놀랄 정도로 극적이다. 아버지는 늘 등받이 의자에만 앉아있는 노쇠하고 허약한 노인이었지만, 그레고르의 변신을 계기로 지금까지와는 다른 본래의 모습을 드러낸다. 아버지는 그레고르가 가족들을 부양할 능력이 없다는 것을 깨닫자 이제 허약한 노인의 모습이 아니라 적극적인 직장인의 모습으로 가부장으로서의 권력을 회복한다. 그의 직업은 하급 은행원들의 시중을 드는 급사에 불과하지만, 집에서도 불편한 제복을 벗지 않고 자신의 존재감을 확인하고자 한다. 제복에 달린 빛나는 "잘 닦아놓은 금단추"는 권력에 대한 그의 사회적 욕망을 반영하는 것이자 가정 내에서의 권력을 상징한다고 할 수 있다.

사실 아버지는 사업 실패 후 허약한 노인인양 행세하면서 일하기 싫어하는 아들에게 억지로 가족부양의 책임을 떠넘겨 왔다. 그런데 아들이 경제력을 상실하고 쓸모없는 존재가 되었다는 것은 가족의 부양의무를 져버렸다는 의미이고, 이는 곧 아버지에 대한 배반이자 아버지가 정한 규칙을 위반했다는 것을 의미한다. 따라서 아버지가 그레고르에게 사과폭격을 가하고 그를 방에 가둔 것은 아버지의 세계로부터 이탈한 아들에 대한 응징이라고 할 수 있다. 이러한 아버지의 응징은 사과라는 상징물과 함께 성서에서 비롯된 인류타락의 신화, 낙원추방의 신화와 연관시켜 해석되기도 한다.

어머니도 아버지처럼 무력하고 병약한 사람이었지만, 아들이 벌레로 변신한 후 삯바느질을 해 가계를 돕는 등 일할 능력이 있었다는 사실이 드러난다. 어머니는 그레고르가 죽을 때까지 벌레에게서 아들의 존재를 보았던 유일한 사람이다. 그녀는 방안의 가구가 아들의 인간적 존재와 연결되는 유일한 물건이라는 것을 알기 때문에 방을 치워서는 안 된다고 생각한다. 그러나 자신의 입장을 관철시키지 못하고 딸과 남편의 뜻을 거역하지 못한다. 그녀는 딸과 아들 사이, 남편과 아들 사이를 중재하기 위해 애를 쓰지만, 결국 모든 것을 기정사실로 받아들인다.

제3부에서는 누이동생 그레테의 변화가 두드러지는데, 누이동생의 변신 또한 중요한 의미를 갖는다. 사실 그녀는 17살이나 먹었지만 오

빠의 그늘에서 벗어나지 못하고 철없는 응석받이 노릇을 하고 있었다. 그러나 이제 오빠의 변신을 계기로 그녀는 오빠의 '배려'에서 벗어나 상점 판매원으로 취직을 하는 등 자립적인 존재로 부상한다. 그녀는 그레고르의 변신 이후 주요 사안을 결정하는 등 점차 가족 내에서 의사결정을 주도하는 인물이 된다. 누이동생은 우선 변신한 그레고르를 돌보는 역할을 떠맡고 그의 식사를 챙긴다. 처음에는 오빠가 식사를 못하는데 대해 염려도 하지만, 나중에도 관심도 두지 않는다. 음식을 주고는 급히 방을 나와 문을 잠근다든지, 방에 들어가자마자 마치 질식할 것처럼 창문부터 여는 등 오빠에 대한 태도가 점차 변화한다. 누이동생은 매일 오빠 방을 규칙적으로 드나들지만 그가 갈망하는 인간적인 접촉을 시도하지는 않는다. 그레고르가 자신의 인간적 존재와 연결되는 마지막 물건이라 할 수 있는 가구가 방 안에 그대로 있기를 바라지만, 그녀는 그레고르의 그런 속마음을 알아채지 못한다.

그레고르는 자신이 평소 누이동생에게 가졌던 특별한 애정만큼 그녀가 자신을 이해해 주리라 믿고 있다. 적어도 누이동생만은 자신을 가족의 일원으로 여기고 연대감을 보여주리라 기대한 것이다. 그러나 그렇게 믿었던 누이동생이 나중에는 오히려 그를 배제하는데 앞장선다. 누이동생은 하숙인들 앞에서 바이올린을 연주할 때 그레고르가 뛰어든 사건을 계기로 오빠를 부담스럽게 생각했던 속마음을 그대로 드러낸다. 그녀는 벌레로 변한 오빠를 "괴물"이라 부르며, 이 괴물이 오빠일리 없다고 주장한다. 그녀는 "이게 오빠라는 생각을 버리셔야 해요. 우리가 이렇게 오래 그렇게 믿었다는 것, 그것이야말로 우리의 진짜 불행이예요."라고 하면서 '이것'을 내보내야 한다고 소리친다. 여기서 그레고르는 누이동생에 의해 인칭대명사 '이것 es'으로 대치되는데, 이는 그가 사람도 동물도 아닌 무가치한 사물로 전락했음을 의미한다. 이점에서 작품 「변신」은 “인간으로부터 동물 상태를 거쳐 사물로 되어가는” 그레고르의 존재양상을 묘사한다고 할 수 있다.

변신한 오빠를 더 이상 사람으로 여기지 않고 내다버리는 일을 주도하는 누이동생의 변화에 그레고르는 더욱 절망하고 삶의 의욕을 상실하게 된다. 그는 누이동생이 “만약 이게 오빠였더라면, [...] 진작에 알아차리고 자기 발로 떠났을 테지요.”라고 하는 말을 들었을 때 충격과 함께 마음속에 치명적인 상처를 입는다. 사실 “그가 없어져 버려야 한다는 데 대한 그의 생각은 아마도 누이동생의 그것보다 한결 더 단호했다.” 이제 그는 더 이상 살아갈 의욕을 잃게 되고 결국 죽음을 맞는다.

### 4) 그레고르의 죽음

그레고르는 벌레로 변신한 이후 음식을 거의 섭취하지 못한데다 아버지가 던진 사과가 등에 박히는 바람에 점차 기력이 쇠진해지고 결국 죽게 된다. 그러나 그레고르의 죽음은 이러한 물리적 요인만으로 설명되지 않는다. 그는 의사소통마저 할 수 없는 소외감 속에서 가족들의 냉대를 받아왔다. 더구나 그동안 자신이 힘든 직장생활에도 불구하고 가족들을 위해 희생해 왔는데 그런 가족관계 역시 애정이 아닌 경제적 이해관계로 얽혀있다는 사실을 깨닫게 되었을 때, 자신이 이렇게 사는 것이 더 이상 의미가 없다는 결론을 내린다. 그는 가족들을 원망하기보다 “감동과 사랑으로” 가족들을 회상하며 평화롭게 죽음을 맞이하는데, 여기서 더욱 처연함이 배가된다

다른 한편 그레고르가 평화롭게 죽음을 맞이했다는 점에서 그의 죽

음은 현실의 질곡으로부터 벗어나는 해방이자 구원이라고 할 수 있다. 그는 자신의 일에 지치고 소외된 일상적 삶으로부터 도피하는 방법으로 변신을 선택했다고 할 수 있지만, 이로 인해 그는 또 다른 질곡에 빠지고 결국 그의 변신은 무의미한 것이 되고 말았다. 이런 상황에서 그는 다시 한 번 선택의 기로에 놓이고 결국 죽음을 선택한다. 그의 죽음은 죽음과 타협함으로써 순수영역으로 복귀하고 싶다는 타나토스적 욕망이 실현된 것이라 할 수 있다. 그는 죽음을 통해 도저히 헤어날 수 없는 삶의 질곡으로부터 벗어나 진정한 해방을 맞이하고자 한 것이다.

그러나 그레고르의 죽음이 현실의 질곡으로부터 벗어나 자아를 해방시키는 의미를 갖는다고 하더라도 이것이 문학적인 해결책은 되지만, 현실에서는 어떠한 경우에도 죽음이 유일하거나 바람직한 해결책이라고 할 수 없다. 삶이 아무리 힘들지라도 그런 삶이 영원히 지속되는 것은 아니기 때문이다. 카프카도 이런 사실을 잘 알고 있기에 다음과 같이 말하고 있다. "절망하지 말라. 비록 그대의 모든 형편이 절망할 수밖에 없다 하더라도 절망하지 말라. 이미 일이 끝장난 듯싶어도 결국은 또 다시 새로운 힘이 생기게 된다." 그러나 문제는 지금 당장 힘들고 출구가 보이지 않는다는 것이다. 그 순간을 슬기롭게 넘기기 위해 구체적인 삶의 방식을 모색하는 일은 결국 독자의 몫으로 남는다.

### 5) 가족에 대한 진실

작품의 결말은 그레고르의 죽음 이후에 벌어지는 상황을 그리고 있다. 여기서는 이전의 어둡고 음울한 분위기와는 달리 밝고 희망찬 분위기가 펼쳐진다. 그레고르의 주검을 맨 먼저 발견한 사람이 가족이 아니라 하녀라는 점에서 알 수 있듯이 그동안 그의 방은 쓸모없는 것들을 넣어놓는 창고나 다름없었고, 그의 존재는 방치되고 있었다. 그러다 그레고르의 죽음을 확인한 후 가족들은 마치 기다리기라도 한 것처럼 오히려 홀가분하고 감사하는 마음으로 활기를 되찾는다. 그들은 지난 몇 달 동안의 고통을 씻기 위해 교외로 소풍을 가면서 장래의 희망을 이야기한다. 그들은 자신들의 장래가 그렇게 어둡지만은 않다는 것을 알게 된다. 세 사람의 직장이 썩 괜찮고 앞으로도 상당히 희망적이기 때문이다. 잠자 부부는 어느덧 매력적인 여성으로 성장한 딸 그레테를 보면서 이제 딸을 위해 착실한 남자도 찾아야 할 때가 된 것 같다고 생각한다. 그들에게 딸은 "새로운 꿈과 좋은 계획의 확증처럼" 비쳐진다.

작품의 결말은 어찌 보면 참 매정해 보인다. 가족들의 행동은 그레고르의 죽음을 슬퍼하기보다 그에게서 벗어난 것에 대한 기쁨과 홀가분함으로 가득 차 있기 때문이다. 가족들에게 그레고르의 죽음은 고통스런 슬픔이 아니라 무거운 짐으로부터의 해방처럼 보인다는 점에서 다소 씁쓸한 느낌을 자아낸다. 그러나 따지고 보면 그레고르 가족도 가족이라는 이름으로 할 만큼 했다고 볼 수 있다. 형편이 안 좋아지면서 더 이상 큰 집에 사는 것이 어렵게 되었지만, 그레고르 때문에 이사를 가지 않고 고단한 삶을 계속했던 것도 그를 위한 배려였다. 가족들이 그레고르를 제대로 돌보지 못한 것도 자신들의 생존에 쫓기다 보니 그에게 신경을 쓸 여유가 없었기 때문이다. 누이동생이 "우리는 [...] 사람으로서 할 도리는 다해 봤어요. 그 누구도 우리를 눈곱만큼이라도 비난하지는 못할 거라고 생각해요."라고 말했을 때, 이는 누이동생뿐 아니라 가족 모두의 항변이라고 할 수 있다.

카프카는 이 작품을 통해 아무리 가족이라 할지라도 무조건적 관계를 보증해줄 수 없다는 진실을 폭로한다. 카프카는 설사 가족이라 하더라도 다른 가족에게 짐이 될 때 그에 대한 사랑도 변할 수 있다는 것을 보여준다. 가족이 우리 삶의 마지막 보루라고 할 때, 이는 가족이 아무런 이해관계 없는 무조건적인 사랑에 바탕을 두고 있다고 믿기 때문이다. 우리는 내가 아무리 못나도, 내가 아무리 능력이 없어도 나를 있는 그대로 받아주고 이해해 주는 사람들이 가족이라고 생각한다. 최소한 그래야 된다고 믿고 있다. 그러나 오늘날 과연 가족이 실제로 그러한가에 대해서는 진지하게 생각해볼 여지가 많다. 카프카는 「변신」에서 벌레로의 변신이라는 극단적 설정을 통해 우리가 직면한 현실을 적나라하게 파헤침으로써 우리로 하여금 진정한 삶이란 무엇인지, 진정한 가족이란 어떤 것인지 그 의미를 되돌아보게 한다.

〈주요 참고문헌〉

권혁준(2006): 카프카의 『변신』에 나타난 신화적 계기들, 카프카연구 제16집, 5-30.

박병덕(1998): 『변신』에 나타난 서술기법과 산업사회 비판, 카프카연구 제6집, 97-117.

황진자(2000): Franz Kafka의 『변신』에 제시된 현대인의 극단적 존재방식, 인문과학 제30집, 성균관대학교 인문학연구원, 257-273.

## 4. 작품 발췌

카프카, 프란츠(2005): 변신. 시골의사, 전영애 옮김, 민음사.

### * 작품의 시작: 잠에서 깨어난 그레고르

그레고르 잠자는 어느 날 아침 불안한 꿈에서 깨어났을 때, 자신이 잠자리 속에서 한 마리 흉측한 해충으로 변해 있음을 발견했다. 그는 장갑차처럼 딱딱한 등을 대고 벌렁 누워 있었는데, 고개를 약간 들자, 활 모양의 각질로 나눠진 불룩한 갈색 배가 보였고, 그 위에 이불이 금방 미끄러져 떨어질 듯 간신히 걸려 있었다. 그의 다른 부분의 크기와 비교해 볼 때 형편없이 가느다란 여러 개의 다리가 눈앞에 맥없이 허우적거리고 있었다.

「어찌된 셈일까?」하고 그는 생각했다. 꿈은 아니었다. 그의 방, 다만 지나치게 비좁다 싶을 뿐 제대로 된 사람이 사는 방이 낯익은 네 벽에 둘러싸여 조용히 거기 있었다. 포장이 끌러진 옷감 견본이 펼쳐져 있는 책상 위에는 - 잠자는 외판사원이었다 - 그가 얼마 전 어떤 화보 잡지에서 오려내어 예쁜 도금액자에 넣어둔 그림이 걸려 있었다. 어떤 여자의 모습이었는데 털모자에 털목도리를 두르고 꼿꼿이 앉아 팔꿈치까지 온통 팔을 감싼 묵직한 털토시를 보는 사람 눈앞에 치켜들고 있었다.

그 다음 그레고르의 시선은 창문을 향했는데 흐린 날씨가 - 빗방울이 함석지붕을 두드리는 소리가 들렸다 - 그를 아주 우울하게 만들었다. 「한숨 더 자서 이 모든 어처구니없는 일들을 잊어버린다면 어떨까」 하고 생각했으나 전혀 그렇게 할 수가 없었다. (9)

### * 그레고르의 일상

「아 아」 그는 생각했다. 「이 무슨 고된 직업을 나는 택했단 말인가! 날이면

날마다 여행 중이라니. 상점에서 일하는 것보다 직업상의 긴장이 훨씬 더 큰데다가 그밖에도 여행의 고달픔이 덧붙여진다, 기차의 접속에 대한 걱정, 불규칙적이고 나쁜 식사, 자꾸 바뀌는 바람에 결코 지속되지도 결코 정들지도 못하는 인간관계 등. 마귀나 와서 다 쓸어가라지」「...」「부모님 때문에 꾹 참고 있으나 그렇지 않았더라면, 벌써 사표를 냈을 것이고 사장 앞으로 걸어가 내가 생각하고 있는 바를 남김없이 털어놓았을 것이다. [...] 그런데 희망이 아주 없는 것은 아니니, 내가 언젠가 돈을 모아 부모가 그자에게 진 빚을 갚으면 - 그게 아직 5, 6년은 걸리겠지만 - 내가 그 일을 꼭 해내면, 그러면 내 인생에 있어서 커다란 전기가 이루어질 것이다. 아무려나 우선은 일어나야겠다, 타야 할 기차가 다섯 시에 떠나니까」

그리고 그는 궤짝 위에서 째깍거리고 있는 자명종 시계를 건너다보았다. 「맙소사!」 그는 생각했다. 여섯시 반이었다. [...] 그러나 이제 무엇을 해야 한단 말인가? 다음 기차는 일곱시에 있으니 그 차 시간에 대려면 미친 듯이 서둘러야 할 텐데 [...] 그리고 기차 시간에 댄다 하더라도 사장의 호된 꾸지람은 면할 수가 없다. 급사가 다섯시 기차에서 기다렸다가 내가 그 기차를 놓쳤다는 보고를 벌써 올렸을 테니 말이다. (10-12)

### * 자기 목소리에 놀라는 그레고르

그가 침대를 떠날 결심을 못한 채 이 모든 것을 황급히 이리저리 생각해보고 있을 때 [...] 「그레고르야!」 하는 소리가 들렸다 - 어머니였다 - 「여섯시 사십오분이다. 안 떠날거니?」 이 부드러운 목소리! 그레고르는 대답하는 자기의 목소리를 들었을 때 깜짝 놀랐다. 착오의 여지없이 자기의 이전 목소리인데, 바닥에서 울려오는 듯, 억누를 길 없는 고통스러운 찍찍하는 소리가 섞여서 그 말들은 그야말로 첫 순간에만 분명하게 나올 뿐 뒤울림에 가서는 똑바로 들었는지 어쩐지 모르게끔 흐트러져 있었다. (12)

## * 회사 지배인의 방문

「잠자 군」 이제 지배인이 높아진 목소리로 외쳤다. 「대관절 무슨 일인가? 거기 자네 방에서 바리케이트를 쳐놓고 묻는 말에 네, 아니오만 하고 부모님께 쓸데없는 큰 걱정만 시키며 또 - 이는 그저 지나가는 말이네만 - 직업상의 의무도 도대체 들어보지 못한 방법으로 소홀히 하고 있네. 나는 여기서 자네 부모와 자네 사장님의 이름으로 말하며 즉시 분명하게 해명할 것을 엄숙하게 청하는 바이네. [...] 사장님이 오늘 아침 일찍 자네의 직무태만에 대해 그럼직한 이유를 말씀하셨지만 - 자네에게 얼마 전에 맡긴 미수금 때문이라고 말이네 - 그래도 나는 그런 해석은 당치 않은 거라고 한사코 자네를 옹호했었네. [...] 그리고 자네의 지위도 아주 확고부동한 것은 아닐세. [...] 그러니까 자네의 근무 성적은 아주 만족할 만한 것은 못돼, 장사가 썩 잘되지 않는 철이기는 하지, 그 점은 우리도 인정하지. 그러나 장사가 안되는 철이라는 건 도무지 있지도 않거니와, 잠자군, 있어서도 안 된단 말일세」「그렇지만 지배인님」 그레고르는 흥분한 나머지 다른 모든 것을 잊은 채 정신없이 소리쳤다.「즉시, 네, 즉각 문을 엽니다. 몸이 약간 불편해서, 다시 말해 현기증이 나서 일어날 수 없습니다. 아직은 침대에 누워있습니다. 그렇지만 지금은 아주 거뜬해졌습니다. 막 침대에서 나오고 있습니다. 그저 조금만 참아주십시오! [...] 제발 먼저 가십시오, 지배인님, 저도 곧장 매장으로 가겠습니다. 그러니 제발 사장님께 그렇게 좀 잘 말씀드려 주십시오」(21-22)

## * 가족을 위해 희생해 온 그레고르

그레고르의 근심은 당시에 오로지 모두를 여지없는 절망으로 몰아넣은 사업의 불운을 식구들이 될 수 있는 대로 속히 잊어버리게끔 하는 데 진력하는 것이었다. 그리하여 그 당시 그는 아주 특별한 열의를 다 바쳐 일을 시작했었고 단 하룻밤 사이에 보잘것없는 점원 보조원에서 외판사원이 되었다. 외판사원은 물론 돈을 버는 방식이 아주 달랐고 작업의 성과가 즉시 수수료의 형식으로 현금으로 변했으니 그것을 놀라고 기뻐하는 집안 식구들 앞 테이블 위에 놓을 수가 있었다. 그 때가 좋은 시절이었다, 그 이후에는 한번도 그런 시절이, 적어도 빛을 띠고는 되풀이되지 않았던 것이다. 후일 그레고르가 돈을 많이 벌어, 온 식구의 낭비를 감당할 수 있었고 실제로 감당하기도 했건만 말이다. 사람들이 익숙해졌던 것이다. 식구들이나 그레고르 역시도, 식구들은 돈을 감사하게 받았고, 그는 기꺼이 가져다주었으나, 특별한 따듯함은 더 이상 우러나지 않았다. 다만 누이동생만은 아직도 그레고르의 마음을 떠나지 않았고, 자기와는 달리 음악을 몹시 사랑하고 감동적으로 바이올린을 켤 줄 아는 누이를, 내년에, 돈이 많이 들겠지만 어떻게든 돈이야 만들 테니, 비용에 상관하지 않고 음악학교에 보내는 것이 그의 남모르는 계획이었다. (39-40)

### * 액자에 집착하는 그레고르

아무것도 치워서는 안 된다. 모든 것이 그대로 있어야 한다. 가구들이 자기 상태에 미치는 좋은 효과들을 그는 포기할 수가 없었던 것이다. 가구가 의미없이 기어 돌아다니는 일을 하는 데 장애가 된다면, 그건 손해될 일이 아니라 오히려 큰 장점인 것을.

그러나 유감스럽게도 누이동생은 의견이 달랐다. [...]

그리하여 그는 결연히 나왔다 [...] 그때 그는 벌써 비어버린 벽에 온통 털옷에 감싸인 여자의 사진이 눈에 띄게 걸려 있는 것을 보고 급히 기어 올라가 액자 유리에다 몸을 찰싹 붙였는데, 유리는 그를 꽉 잡아주었고 그의 뜨거운 배에 기분 좋게 와 닿았다. 최소한 그레고르가 지금 빈틈없이 가리고 있는 이 그림만은 분명 그 누구도 빼앗아가지 못하리라. 그는 거실 문 쪽으로 고개를 돌렸다, 여자들이 돌아올 때 살펴보기 위하여. [...] 누이는 어머니를 안전하게 해놓고 나서 그를 벽에서 쫓아내려는 것이었다. 그렇다면, 해보시라지! 그는 그의 그림 위에 앉았고, 그걸 내주지는 않을 것이다. 차라리 그레테의 얼굴로 뛰어들면 들었지. (47-50)

## * 아버지의 변신과 사과폭격

저 사람이 아버지란 말인가? 전에 그레고르가 업무여행에서 돌아오면, 지친 채 침대에 묻혀 누워있던 사람, 집으로 돌아오는 저녁이면 제대로 일어설 수도 없어 기쁨의 표시로 다만 팔을 들어올리며 가운을 입은 채 등받이 의자에 앉아 그를 맞아주던 사람, [...] 바로 그 사람이란 말인가? 그런데 지금 아버지는 꼿꼿이 똑바로 서 있다, 은행 사환이 입은 것 같은 금단추가 달린 빳빳한 푸른 제복을 입었는데 저고리의 높고 빳빳한 깃 위로 억세게 두 겹 턱이 솟아 있었으며, 수북한 눈썹 아래로는 생기 있고 주의 깊게 검은 눈빛이 뿜어져 나오고 있었고, 여느 때 봉두난발이었던 흰 머리는 거북하도록 한 올 흐트러짐이 없는 빛나는 가르마를 타서 납작하게 빗질되어 있었다. 아버지는 [...] 얼굴을 찌푸리고 그레고르를 향해 왔다. 무엇을 할 작정인지는 아마 아버지 자신도 모르는 듯, 그러면서도 두 발을 유난히 높이 들어 올리며 걸었는데, 그레고르는 그의 장화 밑창의 엄청난 크기에 놀랐다. [...] 그래서 그는 아버지 앞에서 달아났다가, 아버지가 멈추면 자기도 서고, 아버지가 움직이기만 하면 다시 앞으로 달렸다. 그렇게 하여 부자는 방을 몇 바퀴 돌았다. [...] 그때 바로 그 곁에, 무엇인가가 가볍게 던져져, 날아와 떨어지더니 그의 앞으로 굴러왔다. 그것은 사과였다. [...] 식탁 위에 있던 과일 접시에서 아버지는 주머니를 가득 채워가지고, 얼마간은 제대로 겨냥도 하지 않은 채, 사과를 연이어 집어던졌다. [...] 약하게 던진 사과 하나가 그레고르의 등을 스쳤으나 상처를 입히지 않고 미끌어 떨어졌다. 즉시 뒤이어 날아온 것은 그러나 그레고르의 등에 호되게 들어가 박혔다. 그레고르는 몸을 질질 끌며 나아가려 했다. [...] 그러나 꼼짝달싹 못하게 못박혀 있는 느낌이 들며 모든 감각이 완전히 혼란된 채 몸을 쭉 뻗고 말았다. [...] 비명을 지르는 누이에 앞서 어머니가 실신 상태에서 숨을 자유롭게 쉬게 해주려고 누이가 옷을 벗겼기 때문에 속옷 바람인 채로 [...] 아버지에게로 달려가 아주 한 몸이 되게 껴안더니 - 그때 그레고르의 시력은 이미 말을 듣지 않았다 - 두 손을 아버지의 뒷머리에 감아 그레고르의 목숨을 보존해 달라고 빌었다. (53-55)

### * 누이의 바이올린 연주를 듣는 그레고르

누이동생이 연주하기 시작했고, 아버지와 어머니가 각기 그 곁에서 누이의 손의 움직임을 좇고 있었다. 그레고르는 연주에 매료되어 약간 앞으로 나아갈 엄두를 내어 어느새 머리를 거실에 들이밀고 있었다. 그는 자기가 최근 들어 다른 사람들을 그토록 고려치 않게 된 사실도 거의 놀랍지 않았다. 전에는 그러한 조심성이 그의 자랑이었는데 말이다. [...] 그레고르는 조금 더 앞으로 나아가, 될 수 있으면 어쩌면 누이와 눈길이 만날 수 있도록, 머리를 바닥에 바싹 붙였다. 음악이 그를 이토록 사로잡는데 그가 한 마리 동물이란 말인가? 마치 그리워하던, 미지(未知)의 양식에 이르는 길이 그에게 나타난 것만 같았다. 그는 누이동생한테까지 앞으로 밀고 나아가 누이의 치마를 당김으로써, 여기서는 그 누구도 자기처럼 연주를 들을 만한 자격이 없으니 바이올린을 들고 자기 방으로 좀 들어와 달라는 암시를 해야겠다고 결심했다. 누이가 들어오면 다시는 내보내지 않으리라, 적어도 자기가 살아 있는 한은, 그의 끔찍스러운 모습이 처음으로 쓰임새 있게 될지니, 자기 방의 문이란 문에 동시에 가 있다가 공격하는 자들에게 맞서리라, 그러나 누이동생은 강요를 받아서는 안 되고, 자유의사로 그의 곁에 머물러 있어야 한다. 누이는 그를 향해 귀를 기울일 수 있도록 그의 곁 장의자에 앉을 것이고 그러면 그는 누이에게 자기가 누이를 음악 학교에 보내겠다는 확고한 의도를 가지고 있었으며, 이 사실을, 그 사이의 불행한 일만 일어나지 않았더라면, 지난 크리스마스에 - 크리스마스는 아마 벌써 지나가 버렸겠지? - 그 어떠한 반대에도 무릅쓰고 모두에게 말했었을 것이라고 털어놓을 생각이었다. 이렇게 천명을 하면 누이동생은 감동의 눈물을 쏟으리라. 그러면 그레고르는 그녀의 겨드랑이까지 몸을 일으켜, 누이가 가게에 나가고부터 리본이나 칼라를 하지 않은 채 드러내놓고 있는 목에다 키스를 하리라. (65-67)

### * 변신한 그레고르에 대한 누이의 반응

「아버지 어머니」 하고 누이동생이 서두를 떼며 손으로 탁자를 쳤다. 「이렇게 계속 지낼 수는 없어요. 아버지 어머니께서 혹시 알아차리지 못하셨대도 저는 알아차렸어요. 저는 이 괴물 앞에서 내 오빠의 이름을 입 밖에 내지 않겠어요. 그냥 우리는 이것에서 벗어나도록 애써봐야 한다는 것만 말하겠어요. 우리는 이것을 돌보고, 참아내기 위해 사람으로서 할 도리는 다해 봤어요, 그 누구도 우리를 눈곱만큼이라도 비난하지는 못할 거라고 생각해요」

「저 애가 백 번 옳아」하고 아버지가 혼잣말을 했다. [...]

「우리는 이것에게서 벗어나도록 해봐야 돼요」 하며 누이동생은, 어머니는 기침을 하느라고 아무 말도 듣지 못했으므로, 오로지 아버지를 상대로 말했다. 「이게 아버지 어머니 두 분을 죽일 거예요, 그럴 게 뻔해요. 사람이 우리 모두처럼 이렇게 힘들게 일하지 않을 수 없을 때 집에서마저도 이 한도 끝도 없는 고통을 견디지는 못해요」 그러고는 어찌나 격렬하게 울음을 터뜨렸는지 누이의 눈물은 어머니의 얼굴 위로 흘러내렸고, 어머니는 기계적인 손놀림으로 눈물을 훔쳐냈다.

「얘야」 하고 아버지가 동정에 차서, 그리고 눈에 띄게 이해심을 보이며 말

했다. 「그러자면 우리가 무얼 해야겠니?」 [...]

「내보내야 해요」 누이동생이 소리쳤다. 「그게 유일한 방법이에요 아버지. 이게 오빠라는 생각을 버리셔야 해요. 우리가 이렇게 오래 그렇게 믿었다는 것, 그것이야말로 우리의 진짜 불행이에요. 그런데 도대체 이게 어떻게 오빠일 수가 있지요? 만약 이게 오빠였더라면, 사람이 이런 동물과 함께 살 수는 없다는 것을 진작에 알아차리고 자기 발로 떠났을 테지요. 그랬더라면 오빠는 없더라도 계속 살아가며 명예롭게 그에 대한 기억을 간직할 수 있을 거예요. 그런데 이렇게 이 동물은 우리를 박해하고, 하숙인들을 쫓아내고, 분명 집을 독차지하여 우리로 하여금 골목길에서 밤을 지새우게 하려는 거예요. 보세요. 좀, 아버지」 누이동생이 갑자기 소리쳤다. 「벌써 또 시작하네요!」 그레고르로서는 도무지 영문을 모를 놀라움에 사로잡힌 누이동생은 [..] 아버지 뒤로 달려갔고, 아버지 또한 누이의 태도로 한층 더 흥분하여 몸을 일으켜 누이동생을 보호하려는 듯이 두 팔을 누이동생 앞에서 반쯤 쳐들었다. 그러나 그레고르는 그 누군가를, 더구나 자신의 누이동생을 불안케 할 생각은 꿈에도 없었다. 그는 다만 자기 방으로 되돌아가기 위하여 몸을 돌리기 시작했었는데, [...] 그것이 결국 눈에 띄게 되었다. (69-71)

### * 죽어가는 그레고르

그가 자기 방에 들어서자마자 문이 황급히 닫히고, 단단히 빗장이 질려 차단되었다. 등 뒤에서 난 갑작스러운 소음에 그레고르는 너무도 놀라 그의 작은 다리들이 휘청 오그라들었다. 그렇게도 서둔 것은 누이동생이었다. [...]

「그럼 이제 어쩐다?」 자문하며 그레고르는 어둠 속을 둘러보았다. 곧 그는 자기가 이제는 도무지 꼼짝을 할 수 없게 되었음을 발견했다. 그것이 놀랍지는 않았다. 지금까지 이 가느다란 작은 다리를 가지고 실제로 몸을 움직일 수 있었다는 것이 오히려 부자연스럽게 생각되었다. 그는 제법 쾌적하게 느꼈다. 온몸이 아프기는 했으나, 고통이 점점 약해져 가다가 마침내 아주 없어져 버리는 것 같았다. 그의 등에 박힌 썩은 사과와, 온통 부드러운 먼지로 덮인 곪은 언저리도 그는 어느덧 거의 느끼지 못했다. 감동과 사랑으로써 식구들을 회상했다. 그가 없어져 버려야 한다는 데 대한 그의 생각은 아마도 누이동생의 그것보다 한결 더 단호했다. 시계탑의 시계가 새벽 세 시를 칠 때까지 그는 내내 이런 텅 비고 평화로운 숙고의 상태였다. 사위가 밝아지기 시작하는 것도 그는 보았다. 그러고는 그의 머리가 자신도 모르게 아주 힘없이 떨어졌고 그의 콧구멍에서 마지막 숨이 약하게 흘러나왔다. (72-73)

### * 작품의 마지막: 소풍을 떠나는 가족들

그들은 오늘 하루는 휴식을 취하고 산보를 하기로 결정했는데, 그들은 이렇게 일을 그만두고 쉴 만한 자격이 있었을 뿐만 아니라 절대로 휴식이 필요하기까지 했다. 그리하여 그들은 테이블에 앉아 세 통의 결근계를 썼다. [...]

그러고 나서는 셋이 다 함께 집을 떠났다, 벌써 여러 달 전부터 하지 못했던 일이다, 그리하여 전차를 타고 교외로 향했다. 그들 모두가 탄 칸은 따뜻한 햇볕이 속속들이 들어와 있었다. 그들은 좌석에 편안히 뒤로 기대고, 장래의 전망에 대해 논의했는데 좀 더 자세히 관망해 보니 장래가 어디까지나 암담하지만은 않다는 사실이 드러났다. 실은 서로 전혀 상세히 물어보지 않았던 세 사람의 직장이 썩 괜찮았으며 특히 앞으로는 상당히 희망적이기 때문이었다. [...] 내외는 이제 딸을 위해 착실한 남자도 찾아야 할 때가 된 것 같다는 생각을 했다. 그리하여 그들의 목적지에 이르러 딸이 제일 먼저 일어서며 그녀의 젊은 몸을 쭉 뻗었을 때 그들에게는 그것이 그들의 새로운 꿈과 좋은 계획의 확증처럼 비쳤다. (76-78)

## 5. 더 깊이 읽기

### 1) 카프카 문학과 실존주의

카프카의 작품은 여러 가지 방향에서 해석되어 왔다. 신의 심판과 은총이라는 주제를 중심으로 한 종교적 해석, 카프카 자신의 아버지에 대한 오이디푸스 콤플렉스와 관련한 심리학적 해석, 자본주의 사회질서 속에서 제도화된 여러 소외를 주제로 한 사회학적 해석, 막다른 상황에서의 인간의 절망과 희망의 변증법을 주제로 한 실존주의적 해석 등 다양한 해석이 가능하다.

그 중 실존주의적 해석은 주목할 만하다. 카프카가 실존주의를 의도하지는 않았지만, 그의 문학은 본질적으로 존재문제를 다루고 있다는 점에서 실존주의 문학의 선구자로 평가된다. 카프카 문학은 현대 문명이 낳은 인간 상실, 막다른 골목에 처한 시대 상황, 현대인의 불안감과 소외감, 괴물과도 같은 거대한 존재와의 대결에서 좌절하는 인간상 등을 그리고 있기 때문이다. 그는 어떤 대안을 제시하기보다는 오히려 출구가 보이지 않는 현실 상황을 철저하게 파고든다. 이를 통해 그의 문학은 '인간이 어떤 존재이고, 어떻게 살아가야 하는가?'라는 가장 근본적인 의문을 제기한다. 이 점에서 카프카의 문학은 인간이 이 세상에 존재하는 것을 부조

카프카의 그림들

리로 규정하면서 그 부조리로부터 벗어나 인간의 참된 존재인 실존을 회복하고자 했던 실존주의 작가들의 주목을 받게 되고 세상에 널리 알려지게 된다.

### 2) 『펠리체에게 보낸 편지 Briefe an Felice』

카프카는 1912년 9월 20일부터 1917년 10월 16일까지 5년 동안 펠리체 바우어에게 편지와 엽서를 500통 이상 보냈다. 이 편지들은 카프카를 이해하는 중요한 단서를 제공한다. 카프카는 1912년 8월 절친한 친구 막스 브로트의 집에서 우연히 펠리체를 알게 된다. 한 달 동안 고민하던 카프카는 불현듯 펠리체에게 편지를 보냈고, 10일 후 답장이 온다. 그 후 많게는 하루에 4통까지 연달아 편지를 보냈는데, 처음 3달 동안에는 무려 100통이 넘는 편지를 보냈다. 카프카와 펠리체는 각각 프라하와 베를린에 직장을 갖고 있었기 때문에 직접 만난 횟수는 몇 번 되지 않았지만 수많은 편지 교환을 통해 마음을 주고받은 끝에 1914년 7월 약혼한다. 그러나 얼마 되지 않아 곧 파혼하게 되고, 1917년 7월에 어렵사리 이루어진 두 번째 약혼도 카프카의 폐결핵 발병을 계기로 결국 결혼으로 이어지지 못한다.

펠리체에게 보낸 편지는 그녀에 대한 카프카의 열렬한 사랑 고백이 담긴 단순한 편지가 아니다. 편지는 펠리체를 대화상대로 한 편지형식을 갖추었을 뿐 카프카의 또 다른 글쓰기이고, 사실상 자기 자신에게 보내는 편지라고 할 수 있다. 편지는 특히 카프카의 문학적 삶에 대한 내적 갈등에 집중되어 있다. 이 편지에서 카프카는 펠리체의 사랑을 절실하게 원하는 동시에 그녀와 일정한 거리를 유지하려고 한다. 이러한 이중성이야말로 카프카의 삶과 문학을 지배하는 주요 특징이라고 할 수 있다.

### 3) 『아버지께 드리는 편지』

『아버지께 드리는 편지 Brief an den Vater』는 제목이 보여주듯이 아버지에게 보내는 편지형식의 글로서 아버지에 대한 카프카의 생각이 잘 담겨있다. 부치지 못한 이 '편지'에서 카프카는 언젠가 아버지가 자신을 무서워하는 이유를 물었던데 대한 답변을 시도한다. 36세 때인 1919년 11월에 쓴 이 편지는 아버지가 율리에 보리체크 J. Wohryzeck 와의 세 번째 결혼 시도에 반대한 것이 직접적인 동기가 되었다. 카프카는 이 글에서 강인한 아버지와 섬세하고 예민한 성격을 가진 아들 사이의 갈등을 편지 형식으로 묘사하고 있다. 그러나 이 글이 순수하게 카프카 자신의 전기적 사실만을 다루고 있는지, 여기에 등장하는 '나' 가 문학적으로 형상화된 인물인지는 쉽게 판단하기 어렵다. 그런 의미에서 이글은 편지형식의 문학작품이라 불리기도 한다. 그럼에도 불구하고 이 글은 카프카의 전기적 요소가 주요 소재로 등장한다는 점에서 카프카 연구의 중요한 자료로 평가된다.

이 글에서 카프카는 아버지를 '최후의 심급' 혹은 '독재자'로 서술하고 있는 반면, 아들을 '노예'로 묘사하고 있다. 이는 자신의 아버지에 대한 카프카의 생각을 그대로 드러낸 것이다. 카프카의 아버지는 당시 프라하의 독일인 주류사회에 편입하기 위해 자신이 태어난 유태인 게토를 벗어나 온갖 노력 끝에 자수성가한 사람이었다. 그는 자신이 그랬듯이 아들도 사회적으로 인정을 받는 강인한 사람으로 키우고 싶었기 때문에 자신의 독선적 가치관을 강요했다. 그러나 예민하고 심약한 성격의 카프카는 이런 아버지에 대해 공포에 가까운 두려움과 동시에 기대를 충족시키지 못한다는 죄책감에 시달렸다. 카프카는 어떻게든 아버지의 뜻을 따르려고 애씀으로써 아버지의 인정을 받고 싶어 했다. 아버지를 향한 카프카의 끝없는 애증은 바로 이러한 인정욕구에서 비롯된 것이라 할 수 있다.

카프카는 아버지에 대한 두려움과 죄책감으로 인해 끊임없이 아버지로부터 탈출하려고 했고, 자신의 존재 가치를 아버지의 권력이 미치지 못하는 곳에서 다른 방식으로 확인하고자 하였다. 그가 문학에 필사적으로 매달린 이유도 글쓰기만이 자신의 존재이유였고, 아버지에게 압도당한 자신의 삶을 구원하는 최후의 수단이라고 생각했기 때문이다. 카프카가 "내 글쓰기의 주제는 아버지이다."라고 말할 정도로 그의 문학에서 아버지가 차지하는 비중은 절대적이다.

### 4) 「판결」

「판결 Das Urteil」은 '펠리체 B. 양을 위한 이야기'라는 부제가 붙어 있는 작품이다. 이 작품은 1912년 9월 22일 밤 10시부터 다음날 아침 6시까지 약 8시간에 걸쳐 단숨에 집필되었으며, 1916년에 발표되었다. 카프카가 생전에 자신의 작품에 대해 만족감을 표시했던 몇 안 되는 작품 중 하나로 알려져 있다. 소설의 주인공 게오르크 벤데만은 사업상의 성공과 결혼을 통해 시민사회에 잘 적응한 인물이지만, 결국은 아버지와의 대결에서 '거인'과 같은 아버지의 장벽을 넘지 못해 자신의 정체성을 확립하는데 실패하고 아버지의 선고를 받아들여 강물에 투신한다는 줄거리이다.

이 작품은 카프카 문학의 난해성을 해명하는 일종의 열쇠로 평가되기도 한다. 부제가 보여주듯 펠리체 바우어를 위해 쓴 작품으로 아버지와의 관계, 유대교와의 관계 등 그 내용의 다층적 상징성 때문에 카프카의 그 어떤 작품보다도 더 다의적으로 해석된다.

### 5) 『소송』

『소송 Der Prozess』은 카프카가 남긴 짧은 글들을 막스 브로트가 구성해 1925년에 출간한 작품이다. 이 작품은 '카프카에스크 kafkaesk'라는 단어의 의미를 완벽하게 보여준다고 할 정도로 악몽 같은 상황들이 계속되면서 공포와 당혹감을 불러일으킨다('카프카에스크'는 '카프카적'이라는 의미로, 독일의 권위 있는 사전인 <두덴 Duden>은 "설명할 수 없는 방식으로 공포감과 위협을 주는 무시무시함"이라 정의하고 있다.). 소설은 주인공 요세프 K가 어느 날 아침 아무 잘못 없이 갑자기 체포되면서 시작된다. 이후 이야기는 자신의 결백을 증명하기 위한 K의 필사적인 노력을 중심으로 전개된다. 그러나 1년 후 K는 자기 집에서 강제로 끌려나가 아무 저항도 못하고 처형된다. 작품은 주인공이 저지른 범죄를 밝혀내기보다 부조리한 법체계를 드러내는 과정에 초점을 맞추고 있다.

이 작품은 『실종자』, 『성』과 함께 카프카의 3대 장편으로 불린다. 세 작품들은 모두 완성된 작품이 아니라 파편적이고 에피소드식으로 구성되어 있다. 이들은 각각 독립된 작품이지만 전체적으로 보면 세 작품이 나름대로 일관성을 지니고 있기 때문에 발전적인 3부작이라고 보기도 한다. 세 작품이 씌어진 순서대로 보면 주인공들의 여행 패턴을 추적할 수 있다. 『실종자』는 탄생에서 유년기까지의 여행을, 『소송』은 성년기의 여행을, 『성』은 정신적인 결말을 보여주는 것으로 해석할 수 있다. 세 작품을 관통하는 여행은 물리적인 세계로부터 정신적인 세계로, 혹은 인간적인 본질로 옮겨가는 '구원'의 여행이다.

『소송』의 거의 마지막에 해당되는 제9장에는 이 소설의 핵심이라 할 수 있는 「법 앞에서 Vor dem Gesetz」라는 글이 실려 있다. 이른바 '대성당 우화'라 불리는 이 글은 카프카 전체 작품을 이해하는 데에도 중요한 열쇠 중의 하나로 평가된다. 이 글은 『소송』과는 별도로 1915년 한 유대계 잡지에 실렸던 데에서도 알 수 있듯이 하나의 독립된 작품이기도 하다.

### *「법 앞에서」

법 앞에 한 문지기가 서 있다. 이 문지기에게 한 시골사람이 와서 법으로 들어가게 해달라고 청한다. 그러나 문지기는 지금은 그에게 입장을 허락할 수 없노라고 말한다. 그 시골사람은 곰곰이 생각한 후, 그렇다면 나중에는 들어갈 수 있겠느냐고 묻는다. "가능한 일이지."하고 문지기가 말한다. "그러나 지금은 안 돼." 법으로 들어가는 문은 언제나처럼 열려 있고 문지기가 옆으로 비켜났기 때문에, 그 시골사람은 몸을 굽혀 문을 통해 그 안을 들여다보려 한다. 문지기가 그것을 알자 큰소리로 웃으며 이렇게 말한다. "그것이 그렇게도 끌린다면 내 금지를 어겨서라도 들어가 보게나. 그러나 홀을 하나씩 지날 때마다 문지기가 하나씩 서 있는데 갈수록 더 힘이 센 문지기가 서 있다네. 세 번째 문지기의 모습만 봐도 벌써 나조차도 견딜 수가 없다네." 시골사람은 그러한 어려움을 예기치 못했다. 법이란 정말로 누구에게나 그리고 언제나 들어갈 수 있어야 한다고 그는 생각한다. 그러나 지금 모피 외투를 입은 그 문지기의 모습, 그의 큰 매부리코와 검은색의 길고 가는 타타르족 콧수염을 뜯어보고는 차라리 입장을 허락받을 때까지 기다리는 편이 훨씬 낫겠다고 결심한다. 문지기가 그에게 걸상을 주며 그를 문 옆쪽으로 앉게 한다. 그곳에서 그는 여러 해를 앉아 있다. 들어가는 허락을 받으려고 그는 여러 가지 시도를 해보고 자주 부탁을 하여 문지기를 지치게 한다. 문지기는 가끔 그에게 간단한 심문을 한다. 그의 고향에 대해서 자세히 묻기도 하고, 여러 가지 다른 것에 대해서 묻기도 한다. 그러나 그것은 지체 높은 양반들이 건네는 질문처럼 별 관심 없는 질문들이고, 마지막엔 언제나 그에게 아직 들여보낼 줄 수 없노라고 문지기는 말한다. 그 시골 사람은 여행을 위해 많은 것을 장만해 왔는데, 문지기를 매수할 수 있을 만큼 가치가 있는 것이라면 무엇이든 이용한다. 문지기는 주는 대로 받기는 하면서도 "나는 당신이 무엇인가 소홀히 했다는 생각이 들지 않도록 하기 위해서 받을 뿐이라네."하고 말한다. 수년간 그 사람은 문지기를 거의 하염없이 지켜보고 있다. 그는 다른 문지기들은 잊어버리고, 이 첫 문지기만이 법으로 들어가는 데에 유일한 방해꾼인 것처럼 생각한다. 그는 처음 몇 년 동안은 이 불행한 우연에 대해서 무작정 큰소리로 저주하다가 후에 늙자, 그저 혼잣말로 투덜거린다. 그는 어린애처럼 유치해진다. 그는 문지기에 대한 수 년 간의 연구로 모피 깃에 붙어 있는 벼룩까지 알아보았으므로, 그 벼룩에까지 자기를 도와 문지기의 마음을 돌리도록 해달라고 부탁한다. 마침내 그의 시력은 약해진다. 그는 자기의 주변이 정말 점점 어두워지는 것인지, 아니면 그의 눈이 착각하게 할 뿐인지 알 길이 없다. 그러나 이제 그 어둠 속에서 그는 법의 문으로부터 꺼질 줄 모르는 광채가 흘러나오고 있다는 것을 알게 된다. 이제 그는 더 이상 오래 살지 못할 것이다. 그가 죽기 전에, 그의 머리속에는 그 시간 전체에 대한 모든 경험들이 그가 여태까지 문지기에게 물어보지 않았던 하나의 물음으로 집약된다. 그는 문지기에게 눈짓을 한다. 왜냐하면 그는 이

제 굳어져가는 몸을 더 이상 똑바로 일으킬 수 없기 때문이다. 문지기는 그에게로 몸을 깊숙이 숙일 수밖에 없다. 왜냐하면 키 차이가 그 시골남자에겐 매우 불리하게 벌어졌기 때문이다. "당신은 이제 무엇을 더 알고 싶은가?"라고 문지기가 묻는다. "당신 욕망은 채워질 줄 모르는군." "하지만 모든 사람들은 법을 절실히 바랍니다."하고 그 남자는 말한다. "지난 수년 동안 나 이외에는 아무도 입장을 허락해줄 것을 요구하지 않았는데, 어째서 그런가요?" 문지기는 그 시골사람이 이미 임종에 다가와 있다는 것을 알고, 희미해져가는 그의 청각에 들리도록 하기 위해 소리친다. "이곳에는 당신 이외에는 아무도 입장을 허락받을 수 없어. 왜냐하면 이 입구는 단지 당신만을 위해서 정해진 곳이기 때문이야. 나는 이제 가서 그 문을 닫아야겠네."

### 6) 영화 <카프카의 변신>과 <카프카의 심판>

영화 〈카프카의 변신〉과 〈카프카의 심판〉

카프카의 「변신」을 영화화한 작품은 아직 우리나라에 소개되지 않았지만, 크리스 스완톤 Chris Swanton 감독의 2012년 영화 <카프카의 변신 Franz Kafka's Metamorphosis>이 추천할 만하다. 이 영화는 영어로 되어 있지만, '유튜브'에서 짧은 요약본을 보는 것만으로도 원작의 분위기를 충분히 느낄 수 있다.

카프카를 영화화한 작품이 우리나라에 소개된 것은 몇 가지 있지만, 그 중에서도 『소송』을 영화화 한 오손 웰즈 O. Welles 감독의 <카프카의 심판>(1962)이 주목할 만하다. 카프카 문학이 보여주는 주관적이고 꿈과 같은 세계들은 사실상 영상으로 표현해 내기가 쉽지 않은데, 이 영화는 주제와 표현방식에서 탁월하다는 평가를 받고 있다. 이 영화는 원작의 내용을 비교적 잘 살리면서도 시작과 결말 부분을 변형시킴으로써 자신만의 해석을 가하고 있다. 소설 뒷부분에 나오는 대성당 우화 '법 앞에서'를 영화 첫 부분에 보여주고 끝 부분에 다시 한 번 보여줌으로써 작품의 주제를 부각시켰고, 영화의 결말에서는 주인공 K가 끝까지 패배를 거부하고 사형집행인에게 반항하면서 자살하는 것으로 처리함으로써 주인공을 좀 더 능동적인 인물로 형상화하고 있다.

『소송』을 영화화한 다른 작품으로는 데이빗 휴 존스 D. H. Jones 감독의 영화 <카프카의 심판>(1993)이 있다. 그 외 카프카 영화로 스티븐 소더버그 St. Soderbergh 감독의 <카프카>(1991)가 있는데, 이 영화는 카프카의 삶을 미스터리 식으로 다루고 있지만 실제와는 다소 거리가 있다. 그러나 '카프카적' 분위기를 이해하는 데에는 도움이 된다. 기타 카프카 영화로는 야마무라 코지 山村浩二의 단편 애니메이션 <시골의사>(2007)가 볼만하다. 일본어가 거슬리기는 하지만 독특한 영상이 카프카 작품 고유의 분위기를 잘 살리고 있다.

## 6. 생각해 볼 문제들

### 1) 작품 이해

(1) 그레고르의 변신은 자의적인가 타의적인가?

(2) 그레고르가 벌레로 변신한 것은 어떤 의미를 갖는가?

(3) 아버지가 던진 사과는 어떤 의미를 갖는가?

(4) 그레고르와 가족들의 관계는 어떻게 변화해 가는가?

(5) 그레고르의 죽음은 어떤 의미를 갖는가?

### 2) 더 생각해 볼 문제

(1) 『변신』의 결말을 바꿔본다면 어떻게 바꾸는 게 좋을까?

(2) 나에게 가족의 의미는 무엇인가? 가족들에게 나는 어떤 존재인가?

(3) 진정한 삶이란 어떤 것인가?

(4) 먹고사는 일과 내가 정말 좋아하는 일 중 하나를 선택해야 한다면 어떻게 하겠는가?

(5) 삶이라는 기차에서 내려버리고 싶은 때 어떻게 해야 하는가?

# 데미안

– 헤르만 헤세 –

## 1. 작가 소개

헤르만 헤세

헤르만 헤세 Hermann Hesse(1877-1962)는 남부 독일 바덴뷔르템베르크 주의 칼브에서 태어났다. 아버지 요하네스 헤세는 에스토니아 출신의 목사로서 선교사로 활동했고, 어머니 마리는 다년간 인도에서 선교활동을 한 유명한 신학자 헤르만 군데르트의 딸로 신앙심이 깊은 여인이었다. 헤세 집안의 이러한 종교적 환경은 헤세의 성장과정은 물론 그의 문학세계 전반에 절대적인 영향을 미치게 된다.

고향 칼브에서 신동으로 소문난 헤세는 1890년 라틴어 학교에 입학했고, 이듬해에 모두의 기대대로 자신도 목사가 되기 위해 마울브론의 신학교에 들어갔다. 그러나 천성적으로 자유분방한 기질을 지닌 헤세는 답답한 신학교 생활에 적응하지 못했고, 1892년 14세의 나이에 시인이 되기로 작정하고 신학교를 뛰쳐나왔다. 그 후 다시 김나지움에 들어갔지만 1년도 못 되어 자퇴하고 이후 방황의 길을 걷게 된다. 헤세의 자전적 소설인 『수레바퀴 아래서 Unterm Rad』(1906)는 이때의 상황을 생생하게 그리고 있다.

헤세는 신학교를 중퇴한 후 한동안 아버지의 일을 돕다가 칼브의 시계공장에서 일하며 문학수업을 시작했다. 1895년 가을 튀빙엔의 서점에서 견습점원으로 일하면서 고된 일과시간에도 불구하고 문학 작업에 몰두해 첫 시집 『낭만적인 노래 Romantische Lieder』(1899)와 산문집 『자정 이후의 한 시간 Eine Stunde hinter Mitternacht』(1899)을 출간했다. 이로써 릴케 R. M. Rilke의 인정을 받고 시인으로서의 길을 걷게 되었다. 1904년에는 최초의 장편소설 『페터 카멘친트 Peter Camenzind』를 발표해 명성을 얻었고 문학적 지위를 확고히 인정받았다. 이를 계기로 헤세는 서점을 그만두고 9세 연상의 피아니스트 마리아 베르누이와 결혼해 스위스 접경에 위치한 가이엔호펜에 정착했다.

그 후 여러 편의 작품이 성공을 거두었지만 반복되는 일상을 벗어나기 위해 인도와 유럽 각지를 여행하면서 작품 활동을 하였고, 1911년에는 스위스 베른으로 이주했다. 제1차 세계대전이 발발하자 헤세는 '독일 전쟁포로 후원회'에서 활동하면서 반전운동에 가담했고, 이로 인해 독일 언론으로부터 민족의 배신자라는 공격을 받았다. 언론의 거센 공격과 가족들의 불행이 겹치면서 헤세는 심한 우울증을 앓게 되고, 결국 심리학자 칼 융 Carl G. Jung의 제자인 요셉 베른하르트 랑 Joseph B. Lang 박사로부터 심리치료를 받는다. 이를 계기로 헤세는 그림을 그리기 시작하는 한편 분석심리학에 심취하면서 작품세계 또한 커다란 변화를 겪게 된다. 1917년에 발표한 『데미안』은 바로 이 시기의 작품으로 헤세 문학의 전환점이라 할 수 있다.

1919년 스위스 몬타뇰라로 이주한 헤세는 1923년 마리아 베르누이와 이혼하고 스위스 국적을 취득했다. 1932년 세 번째 아내 니노 돌빈과 결혼했고, 1962년에 세상을 떠날 때까지 몬타뇰라에서 왕성한 창작활동을 계속하였다. 1927년에 한 이상주의자가 원형적인 상징 인물과의 대결을 통해 새로운 정신적 통일성과 자아의 정체성을 찾아가는 도정을 묘사한 『황야의 이리 Der Steppenwolf』를 발표했고, 1930년에는 엄격하고 금욕적인 신학자 나르치스와 육감적으로 삶을 긍정하는 자연인 골드문트와의 우정을 다룬 『나르치스와 골드문트 Narziss und Goldmund』를 발표했다. 1943년에는 동서양의 음악과 문학, 철학과 신학을 포괄하는 최고의 지적 유희가 펼쳐지는 유토피아를 그린 『유리알 유희 Das Glasperlenspiel』를 발표했고, 1946년 '괴테상'에 이어 노벨문학상을 수상하였다.

주요작품으로 『수레바퀴 아래서 Unterm Rad』(1906), 『데미안 Demian』(1919), 『싯다르타 Siddhartha』(1922), 『황야의 이리 Der Steppenwolf』(1927), 『나르치스와 골드문트 Narziss und Goldmund』(1930), 『유리알 유희 Das Glasperlenspiel』(1943) 등이 있다.

## 2. 작품 소개

### 1) 생성 배경

헤세는 제1차 세계대전이 일어나기 전까지 당시 대부분의 지식인들이 그랬듯이 새로운 질서를 위해서는 전쟁이 불가피하다고 생각했다. 그러나 전쟁 중 '독일 전쟁포로 후원회'에서 활동하면서 전쟁의 현실을 직시하고 반전운동에 나서게 된다. 이 때문에 헤세는 민족의 반역자로 찍혀 독일 언론의 거센 비난을 받는다. 게다가 애증이 교차했던 아버지의 갑작스런 사망, 막내아들 마르틴의 심한 정신질환, 아내의 신경쇠약 증세 악화 등 가족의 불행이 겹치면서 심한 우울증과 신경쇠약에 시달린다. 헤세는 로카르노 등에서 요양을 하지만 아무런 효과가 없자 1916년 랑 박사를 찾아 심리치료를 받는다.

헤세는 랑 박사의 치료를 통해 어린 시절부터 자신을 괴롭혀왔던 갈등과 새롭게 직면하게 되고 정신적 위기를 극복하게 된다. 이를 계기로 그는 분석심리학을 연구하게 되는데, 『데미안』은 이러한 분석심리학의 연구 결과로 얻어진 최초의 문학적 성과이다. 당시 헤세에게 글을 쓴다는 것은 이미 단순한 창작행위가 아니라 개인적 위기를 극복하기 위한 일종의 자기 치료를 의미했다. 『데미안』은 분석심리학 연구를 바탕으로 한 헤세의 심리학적 인식의 반영이자 자기 치료의 기록이고, 헤세 문학의 새로운 방향전환을 알리는 작품이라 할 수 있다.

『데미안』은 1917년 헤세의 나이 40에 쓴 작품이다. 2년 후 헤세는 이 작품에 '한 젊은이의 이야기 Die Geschichte einer Jugend'라는 부제를 붙여 자신의 이름이 아닌 '에밀 싱클레어 Emil Sinclair'라는 가명으로 발표한다. 사실 헤세는 전쟁에 반대하는 글을 쓰면서 이미 이 가명을 쓰기 시작했는데, 그에게 있어 가명은 여러 가지 심리적 갈등에 대해 어느 정도 거리를 유지하도록 해 주었고, 독자들과의 관계 설정에 있어서도 자유로운 공간을 마련해 주었다. 그는 『데미안』을 발표하면서도 이 가명을 그대로 사용했는데, 이는 무엇보다도 기성작가의 낡은 틀을 벗어버리고 문학적으로 새로운 출발을 한다는 각오에서 비롯된 것이었다. 헤세 스스로가 "늙은 아저씨의 알려진 이름으로 젊은이들을 놀라게 하지 않기 위해서"였다고 밝히고 있듯이, 그는 당시까지 통속적인 분위기의 낭만주의 작가로 알려져 있었기 때문에 『데미안』 같은 전혀 다른 작품을 통해 이런 편견과 기존의 이미지를 탈피하고 싶었던 것이다.

『데미안』 1919년판과 1921년판 표지

『데미안』은 1919년 2월부터 4월까지 세 차례에 걸쳐 피셔 출판사에서 발행하는 잡지 <새로운 전망>에 발표되었다. 당시 토마스 만은 누구보다 먼저 이 작품의 문학적 가치와 사회적 영향력을 간파하였다. 그는 출판사로 편지를 보내 "근래 발표된 어떤 다른 작품에서보다 더 깊은 감동을 받았습니다."라고 고백하면서 에밀 싱클레어가 누구인지, 몇 살이나 되는지 등을 물으며 지대한 관심을 표명하였다(그로부터 30년 후 1948년 『데미안』의 두 번째 영어번역판 '서문'에서 만은 "이 작품은 무서울 만큼 정확하게 시대의 신경을 포착하고 있었으며 [...] 자신들의 한 가운데에서 자신들의 깊은 생을 예고해주는 사람이 생겨났다고 생각하는 젊은 세대 전체를 감사와 열광의 도가니 속으로 몰아넣었다."고 적고 있다).

『데미안』이 단행본으로 출간되자마자 커다란 반향을 일으켰고, 무명작가 싱클레어는 일약 권위 있는 신인 문학상인 '폰타네상'의 수상자로 선정되었다. 뜻하지 않게 일이 커지자 헤세는 자신이 저자라는 것을 밝히지 않을 수 없는 상황이 되었고, 마침 한 평론가에 의해 이 소설의 작가가 헤세라는 사실이 밝혀졌다. 이후 『데미안』은 '에밀 싱클레어의 젊은 시절 이야기 Die Geschichte von Emil Sinclairs Jugend'라는 부제와 함께 헤세의 작품으로 바뀌어 출간되었다.

## 2) 줄거리

싱클레어는 신앙심이 두터운 유복한 환경에서 성장한다. 부모님과 함께 살고 있는 그의 집은 밝은 세계이고 선의 세계이다. 그의 집에는 하녀나 직공들이 사는 어두운 악의 세계도 공존한다. 싱클레어는 어린 시절 동네 친구들과 어울리기 위해 하지도 않은 도둑질을 했다고 허풍을 떨다 그 대가로 크로머의 협박에 시달린다. 그러던 중 데미안을 만나게 되고, 그를 통해 '카인과 아벨'에 대한 새로운 해석을 접한 후 선과 악을 다시 생각하게 된다. 싱클레어는 데미안 덕분에 크로머의 올가미에서 벗어난다.

사춘기에 접어든 싱클레어는 자신 속의 두 세계, 즉 금지된 것과 허락된 것의 사이에서 심한 갈등을 겪는다. 그는 이러한 갈등에서 벗어나기 위해 술집에 드나들지만, 결국 극도의 고독 속에서 피폐해간다. 그는 육체적 욕구를 통제하지 못해 괴로워하던 중 산책길에 '베아트리체'라는 소녀를 만나면서 자신의 욕구를 정신적인 것으로 승화시킨다. 싱클레어는 그녀의 초상화를 그리는데, 그 초상화는 남성적이면서 여성적인 모습으로 점차 데미안의 모습을 띠는가 하면 싱클레어 자신을 닮기도 했다.

싱클레어는 지구에서 날아오르려고 하는 새를 그려 데미안에게 보낸다. 얼마 후 그는 "새는 알에서 나오려고 투쟁한다. 알은 세계다. 태어나려는 자는 하나의 세계를 깨뜨려야 한다. 새는 신에게로 나아간다. 신의 이름은 압락사스."라고 쓰인 답장을 받는다. 그 후 싱클레어는 오르간 소리에 이끌려 들어간 어느 교회에서 오르간 연주자 피스토리우스를 만난다. 그는 피스토리우스에게서 신이면서 동시에 악마인 압락사스에 관한 이야기를 듣고 공감하는 한편, 자신이 지향해야 할 목표에 대한 결정적인 가르침도 받게 된다. 그러나 피스토리우스의 한계를 깨닫고 그와 결별한다.

어느 날 싱클레어는 데미안을 다시 만나고 곧이어 그의 어머니 에바 부인을 만난다. 싱클레어는 남성적이면서도 여성적이고 신적이면서도 악마적인 면모를 지닌 에바 부인을 보고 그녀가 자신의 내부에 존재하고 있던 여인상이라는 것을 깨닫는다. 그는 자신의 수호자이자 어머니, 운명이자 연인인 그녀를 통해 삶의 인도를 받는다. 그는 에바 부인 주변에서 '카인의 표적'을 가진 뛰어난 사람들을 만나 그들의 비밀을 전수받기도 한다. 그는 에바 부인에게서 정신적인 사랑과 육체적인 사랑을 동시에 느끼면서 그녀와 결합하는 비유적인 꿈을 꾼다.

그 때 전쟁이 터지고 데미안에 이어 싱클레어도 참전한다. 싱클레어는 부상을 당하고 야전병원으로 옮겨지게 되는데, 그곳에서 데미안을 만난다. 데미안은 만약 언젠가 자신이 필요하게 되면 스스로의 내면에 귀를 기울이라고 말하고 에바 부인의 키스를 전한다. 다음날 아침 싱클레어가 눈을 떴을 때 데미안은 옆에 없다. 싱클레어는 이따금 자신의 내면으로 들어가 친구이자 인도자인 데미안과 꼭 닮은 자기 자신의 모습을 보게 된다.

## 3. 작품 해설

### 1) 분석심리학의 영향

헤세는 분석심리학 연구를 통해 그의 삶과 창작 활동에서 획기적인 변화를 겪게 된다.『데미안』은 헤세가 융의 분석심리학에 심취한 결과를 반영한 작품이자, 그의 작품 가운데 융의 영향을 가장 많이 받은 작품이라고 할 수 있다. 따라서 융의 분석심리학에 대한 이해는 이 작품을 이해하는데 중요한 열쇄를 제공한다.

융의 분석심리학에서 핵심적인 개념 중 하나가 '자기실현'의 문제이다. 인간이 정신 작용을 통해 알고 있다고 생각하는 내용이 곧 '의식'인데, '나 Ich' 혹은 '자아 Ego'는 이 의식의 중심에 있는 존재이다. 즉 '나'가 알고 있는 세계가 의식의 세계인 것이다. 그러나 이 '나'는 '본연의 나'라고 할 수 없다. 내가 나라고 생각하는 것은 사실 집단적으로 주입된 생각이거나 가치관에 의해 의식적으로 만들어진 경우가 많기 때문이다. 융은 이러한 가상의 나, 즉 사회적으로 형성된 나를 '페르소나 Persona'라고 부른다. 그에 반해 본연의 나, 진정한 의미의 나는 의식뿐 아니라 무의식까지도 포함하는 전체적인 인격을 가진 존재이다. 융은 이러한 존재를 '자아'라는 용어와 구별하여 '자기 Das Selbst'라고 부른다.

융에 의하면 무의식은 생명의 원천이며 창조적 기능을 지니고 있고, 그 속에는 무한한 에너지와 함께 밝음과 어두움, 선과 악, 아름다움과 추함 등 인간의 마음속에 있는 모든 측면이 포함되어 있다. 무의식 속에는 자아의 좁은 틀에서 벗어나 자신 안에 있는 모든 것을 실현시키고자 하는 원동력이 존재한다. 융은 이 원동력을 '자기원형 Archetypus des Selbsts'이라고 부른다. 자아의 의식이 이러한 무의식 속의 자기원형을 인식하고 받아들여 온전한 자기 자신이 되도록 노력하는 행위가 곧 '자기실현'이다. 융은 이것이 진정한 의미에서 자신의 개성을 발현한다는 의미에서 '개성화 과정'이라고 부른다. 따라서 융에게 있어 자기실현의 과정은 곧 무의식의 의식화 과정이고, 의식과 무의식을 통합하는 과정이다. 이러한 자기실현의 과정은 인간 정신에 들어있는 대립적인 요소를 통합하여 자기 안에 수용하는 과정, 즉 '전일성(또는 전체성) Ganzheit'을 추구하는 과정이라 할 수 있다.

헤세는 이러한 융의 심리학을 통해 자신의 내면에서 갈등하는 양극성을 인지하게 되고, 두 세계의 조화와 통일을 지향하게 된다. 그는 『데미안』 이후 많은 작품에서 어두운 세계와 밝은 세계, 신적인 것과 악마적인 것의 결합, 전일성에 대한 동경 등을 통해 '내면화의 길', '자기 자신에 이르는 길', 즉 '자기실현'의 과정을 추구한다.

### 2) 전통적 권위와 도덕에 대한 반항

『데미안』은 서문에서 "한 사람 한 사람의 삶은 자기 자신에게로 이르는 길이다."라고 밝히고 있듯이 자기실현의 과정을 다루고 있다. 헤세가 추구하는 자기실현의 과정은 모든 갈등의 원인이 외부 세계에 있는 것이 아니라 자신의 내부에 있다는 인식 하에 모든 해결책을 자기 자신 안에서 찾으려는 시도이다. 이러한 자기실현의 과정에서 가장 핵심적인 과제는 대립적 요소의 극복이다. 헤세에 의하면 인간은 대립된 두 세계 속에서 갈등을 겪는 존재로서, 대립된 두 세계 속에서 빚어지는 자아의 내면적 갈등은 조화로운 전일적 존재로 나아가기 위한 필연적 과정이기 때문이다. 『데미안』에 나타난 대립된 두 세계는 싱클레어의 의식 속에 있는 빛의 세계와 어둠의 세계, 즉 선과 악이다. 싱클레어의 자기실현 과정은 곧 선과 악의 대립관계를 극복하는 과정을 의미한다.

싱클레어는 행실이 좋지 않은 크로머와의 만남을 계기로 아버지로 대표되는 전통적인 권위와 "밝고 올바른 세계"의 도덕에 반기를 들기 시작한다. 그러나 그러면 그럴수록 그의 마음속에서는 상반된 감정이 병행해서 나타난다. 한편으로는 자신의 행동에 대한 후회와 죄책감을 느끼는가 하면, 다른 한편으로는 "다른 세계"에 대해 강렬하고 깊은 매력을 느낀다. 융의 분석심리학의 입장에서 보면, 크로머는 싱클레어의 또 다른 모습, 그의 무의식 속에 자리한 어두운 면이다. 현실 생활에서 드러내지 못하고 무의식 속에 잠재되어 있던 악의 세계에 대한 호기심이 크로머라는 인물을 통해 드러난 것이라 할 수 있다.

싱클레어는 크로머가 아버지를 살해하라고 칼을 건네주는 꿈을 꾸기도 한다. 융의 입장에서 꿈은 무의식이 보내는 메시지라고 할 때, 이러한 꿈은 아버지로 대표되는 도덕적 규범으로부터 자아를 해방시켜야 한다는 무의식의 강력한 요구가 드러난 것이라 할 수 있다. 싱클레어는 마음속에 이미 아버지의 권위에 대한 반감을 강하게 느끼고 있지만, 그의 의식은 이런 반감을 아직 용납하지 않는다. 싱클레어 내면에서 아직 의식화되지 못한 무의식이 자신의 권리에 대한 인정을 끈질기게 요구하는 형태가 이런 꿈을 통해 되풀이되고 있는 것이다.

그러던 어느 날 싱클레어 앞에 데미안이라는 새로운 "인도자"가 나타난다. 데미안은 심한 심리적 갈등에 빠진 싱클레어에게 지금까지 금지되거나 인정되지 않았던 것들에 대해 수용적인 자세를 갖도록 유도한다. 그는 싱클레어가 무의식의 영역으로 억압해 버린 악의 세계를 긍정하도록 돕는다. 그는 성서에 나오는 '카인과 아벨'의 이야기를 "다르게 볼 수도 있다"고 하면서 카인의 이마에 찍힌 표적은 "치욕"이 아니라 용기와 나름의 개성을 가진 사람들의 "우월함에 대한 표상"일 것이라고 해석한다. 이러한 그의 새로운 해석은 이후 싱클레어의 의식 확장에 결정적으로 기여한다. 데미안의 해석을 통해 싱클레어는 전통적인 가치들에 대한 확고한 믿음이 흔들리게 되고, 크로머로 대변되는 악의 세계를 점차 인정하게 된다. 어느 날 꿈에 크로머의 모습이 갑자기 데미안으로 바뀌고, 이와 동시에 싱클레어가 꿈속에서 느끼던 괴로움이 즐거움으로 바뀌기도 하는데, 이런 변화는 싱클레어가 이제 무의식의 요구를 점차 받아들이고 있음을 의미한다.

싱클레어는 데미안과 교제하는 가운데 그가 "오직 나 자신에게서만 나올 수 있는 음성으로 이야기하고 있다"는 것을 깨닫는다. 이점에서 데미안은 싱클레어 내면의 음성을 대변하는 자로서, 싱클레어의 무의식 속에 있으면서 그의 무의식을 일깨워 의식화하도록 자극하는 존재라고 할 수 있다. 융의 의미에서 '자기원형'의 구체화가 데미안인 것이다. 싱클레어가 데미안의 도움으로 크로머에 대한 두려움을 극복했다는 것은 싱클레어가 무의식의 요구를 일단 수용함으로써 자기 자신을 찾기 위한 첫걸음을 내딛었다는 것을 말해준다. 그러나 아직 자신의 길을 독립적으로 가기에는 역부족이기에 일단 평화로운 안정을 보장해주는 부모 집으로 되돌아간다.

### 3) 내면으로의 길

사춘기에 접어든 싱클레어는 자신의 내면에서 들려오는 음성에 귀를 기울인다. 그러자 무의식의 영역에 잠복해 있던 것 중에서 가장 강렬한 요소라고 할 수 있는 성적 충동이 강력하게 대두되면서 다시금 심한 괴로움에 빠진다. 그는 육체적 욕구를 자연적인 현상으로 받아들이는 일과 불안한 죄책감 사이에서, 그리고 마음 속 깊은 곳의 음성을 따르는 일과 잃어버린 낙원과 같은 유년시절에 대한 동경 사이에서 심한 갈등을 겪는다.

싱클레어는 이러한 갈등에서 벗어나기 위해 술집을 드나들지만, 이런 생활은 결국 극도의 고독을 가져 온다. 그러던 어느 날 그는 공원길을 산책하다가 우연히 만난 여인에게 '베아트리체'라는 상징적인 이름을 붙여주고 자신의 마음에 품고 있던 모든 사랑을 그녀에게 바친다. 싱클레어는 지금까지 술을 마시고 성적 농담을 통해 해소하려던 육체적 욕구를 베아트리체를 숭배함으로써 정신화시킨다. 싱클레어의 이런 자세는 사랑의 대상을 자신의 외부에서 찾지 않고 자신의 내면에서 찾는 행위로서 그의 내면으로의 길을 촉진시키는 중요한 계기가 된다. 이제 그는 자기 내면의 음성에 한층 귀를 기울이고, 지금까지 의식의 세계에서 인정받지 못하고 무의식으로 추방되었던 요소들과 좀 더 친밀한 관계를 맺게 된다.

그 후 싱클레어는 베아트리체의 꿈을 꾸기도 하고 그녀의 모습을 그림으로 그리기 시작한다. 완성된 베아트리체의 초상화는 "절반은 남성적이고, 절반은 여성적"인데, 이런 베아트리체의 모습은 점차 변모되어 데미안의 모습을 지니는가 하면 심지어 싱클레어 자신의 모습처럼 보이기도 한다. 성적 욕구가 투영된 베아트리체상이 데미안의 모습으로, 싱클레어 자신의 모습으로 변모된다는 사실은 바로 베아트리체와 데미안이 싱클레어와 전혀 다른 개체들이 아니라 싱클레어의 내면에 잠재해 있는 동일한 무의식적 요소가 상이한 형상으로 의인화되었음을 말해준다.

어느 날 싱클레어는 데미안이 자신에게 그의 부모 집 대문 위에 있는 매 그림이 그려진 문장을 먹도록 강요하는 꿈을 꾼다. 여기에서 매는 싱클레어의 자아를 상징한다. 그가 매가 그려진 문장을 삼켰다는 것은 자신이 무의식의 세계와 대면하게 되었다는 것을 의미하고, 이때 느낀 심한 공포감은 그가 아직 무의식을 받아들이는데 두려움을 느끼고 있음을 나타낸다. 그러나 이 꿈은 무의식에 대한 싱클레어의 태도에 획기적인 변화를 가져온다. 그는 이 꿈과 연관된 그림, 즉 지구에서 빠져 나가려는 새를 그려서 데미안에게 보낸다. 그리고 어느 날 자신의 책갈피 속에서 "새는 알에서 나오려고 투쟁한다. 알은 세계이다. 태어나려는 자는 하나의 세계를 깨뜨려야 한다. 새는 신에게로 날아간다. 신의 이름은 압락사스"라고 쓰인 답장을 발견한다. 여기서 새는 싱클레어의 자아를 의미한다고 할 때, 알과 세계는 자아를 속박하고 있는 온갖 장애요소들, 이를테면 전통적 권위와 도덕을 의미한다. 한편 새가 날아가는 곳은 '압락사스(아프락사스 Abraxas)'라는 신으로 이 신은 선과 악, 남자와 여자, 양과 음, 의식과 무의식 등 모든 대립적인 요소들을 자체 내에서 합일시키는 '전일성'에 대한 상징이다. 이 편지를 통해 싱클레어가 지향해야 할 목표는 분명해진다. 이제 그는 자아를 속박하는 기존의 모든 것을 박차고 새로운 세계를 향해 나아가게 된다.

그 후 싱클레어는 오르간 연주자인 피스토리우스를 알게 되고, 그로부터 자신의 내면에 있는 힘들을 해석하는데 결정적인 도움을 받는다. 피스토리우스는 싱클레어에게 내면으로 잠복해 들어간 무의식의 요소들을 의식으로 끌어올리도록 가르친다. 피스토리우스에 의하면 인간은 자신 속에 있는 무의식의 요소들을 알고, 그것들을 지배함으로써 더 이상 어떤 강박관념도 없이 자유로운 상태에서 자신의 행동에 대해 완전한 책임을 지게 될 때 비로소 성숙한 인간이 된다는 것이다. 이는 무의식의 의식화 과정을 통해 자기실현에 도달할 수 있다고 한 융의 견해를 직접적으로 대변한 것이라 할 수 있다.

피스토리우스는 헤세가 심리치료를 받았던 랑 박사를 모델로 한 것이다. 헤세가 랑 박사와의 대화를 통해 정신적인 안정을 찾았듯이 싱클레어는 피스토리우스와의 대화를 통해 자아를 해방시키는 데에 결정적인 도움을 얻는다. 그러나 싱클레어는 그가 얘기하는 모든 것이 그저 현학적인 과시에 불과하다는 사실을 깨닫게 된다. 그가 과거의 것에 얽매여 있는 '과거를 향한 구도자'로서 예전의 것은 너무나 잘 알고 있지만 새로운 것을 향해 불확실성 속으로 나아가기를 두려워하는 사람이라는 것을 간파하기에 이른 것이다. 그 순간 그와의 결별은 필연적인 것이 된다. 싱클레어는 "자기 자신에게로 가는 것", "운명을 자신 속에서 완전히 그리고 굴절 없이 다 살아내는 일"은 더 깊은 고독 속에서 이루어진다는 것을 예감한다.

### 4) 자신의 발견과 자기실현의 삶

싱클레어는 점점 심화되는 고독 속에서 자기 자신의 길을 찾아간다. 이러한 내면화의 과정은 우선 연속적인 꿈을 통해 이루어진다. 융에 있어서 되풀이되는 꿈은 아직 의식에 의해서 충분히 받아들여지지 않은 꿈의 메시지를 온전히 받아들이도록 촉구하는 의미를 갖는다. 싱클레어 역시 연속적인 꿈을 통해 내면의 무의식적 요소들을 받아들임으로써 대립적인 두 세계의 통합과정을 실현해 간다. 싱클레어는 새와 관련된 꿈을 연속적으로 꾸게 되고, 하루는 압락사스처럼 "희열과 오싹함이 섞이고, 남자와 여자가 섞이고 지고와 추악이 뒤얽히고, 깊은 죄와 지극한 청순함을 통해 충격을 주는" 한 여인을 포옹하는 꿈을 꾸게 된다. 그리고 마침내는 이 여인이 그려진 그림을 태운 재를 먹는 꿈을 꾸는데, 이는 싱클레어가 자신의 운명을 받아들일 준비가 되었음을 의미한다.

꿈을 통해서 상징적으로 암시된 싱클레어의 완성은 데미안의 어머니 에바 부인과의 만남을 통해 현실의 세계에서 실현되는 과정을 거친다. 에바 부인은 남성적이면서도 여성적이고, 신적이면서도 악마적인 면모를 지니고 있다. 융은 인간 내면의 여성적인 원형을 '아니마 anima', 남성적인 원형을 '아니무스 animus'라고 불렀는데, 이 두 원형이 통합된 것이 바로 '자기'이다. 에바 부인은 여성적인 것과 남성적인 것, 모성적인 것과 부성적인 것, 아니마와 아니무스가 통합된 존재로서 '자기'를 실현한 '성숙한 인간'을 상징한다. 그녀는 '에바'라는 이름이 암시하듯 "모든 본질의 어머니 같은" 존재로서 이미 싱클레어의 무의식의 영역에 자리 잡고 있다가 꿈을 통해 나타난 여인의 구체화이자 싱클레어가 찾아낸 자기 자신의 모습이기도 하다. 이 때문에 싱클레어는 에바 부인을 만나자 자신의 내면이 도달해야 할 곳에 와 있음을 직감하고 이제 "집으로 돌아왔습니다."라고 고백한다.

에바 부인은 싱클레어가 겪은 모든 양극적인 요소들, 예컨대 어두운 세계와 밝은 세계, 육체적인 사랑과 정신적인 사랑 등을 합일시키고 수용할 수 있게 해주는 상징적 존재이다. 에바 부인을 향한 싱클레어의 사랑이 날이 갈수록 깊어지는 가운데 그는 그녀가 "다만 내 자신의 내면의 한 상징이며 나를 다만 더 깊게 내 자신 속에 인도하려 한다"는 것을 확실하게 느낀다. 그 후 싱클레어는 자신과 그녀의 결합이 비유적인 방식으로 완수되는 꿈을 통해 그녀의 상을 수용함으로써 마침내 무의식과 의식의 합일에 다가간다. 그리고 그녀와 데미안의 권유에 따라 그녀 집에 모인 "깨어난 사람들 혹은 깨어나고 있는 사람들", "완전한 혼자임을 맛보고 난 사람들 사이에 존재하는 공동체"에 동참하게 된다. 이는 싱클레어가 일체의 외부적 요소들에 구애받지 않고 자신의 내면의 법칙에 따라, 즉 자신의 책임 하에 독립적으로 행동할 수 있는 존재가 되었음을 의미한다.

그러던 중 세계대전이 발발하자 싱클레어와 데미안은 깨어난 인간으로서 자기를 실현한다는 의무감에서 각기 전쟁에 참여한다. 싱클레어는 전장에서 중상을 입고 후송되던 중 데미안을 만난다. 데미안은 이제부터는 자기를 불러도 올 수 없으니 자신의 내면에서 들려오는 목소리에 귀를 기울이라고 조언한 뒤 에바 부인의 키스를 전한다. 다음날 싱클레어가 깨어났을 때 데미안은 사라지고 없다. 융의 관점에서 볼 때 데미안은 싱클레어 내면의 목소리이자 '자기원형'의 구체화라는 점에서 데미안이 사라졌다는 것은 싱클레어가 더 이상 인도자가 필요 없는, 혼자서도 스스로 자신의 길을 헤쳐 나갈 수 있는 상태에 도달했다는 것을 의미한다. 이제 싱클레어의 새로운 삶은 온전히 그 자신의 몫으로 남는다.

### 5) 현대문명에 대한 비판

데미안은 싱클레어에게 어디서나 "연합과 패거리 짓기"가 기세를 떨치고 있다고 하면서 유럽의 정신과 이 시대의 징표에 대해 이야기한다. "종교도 도덕도 그 모두가 이제는 우리가 필요로 하는 것에 맞지 않아" 사람들이 두려움과 공포 속에서 서로에게 도피하듯이 집단의식에 매몰되고 있다는 것이다. 그리고 이러한 불안의 원인은 자기 자신과 하나가 되지 못했기 때문이고 자기 자신을 모르기 때문이라고 말한다. 유럽은 온 세계를 획득했지만 그러느라 "무한히 오래 묶여있던 짐승"처럼 영혼을 잃어버렸고, 정신의 황폐화에 빠지고 말았다는 것이다. 따라서 세계는 필경 파국을 맞을 것이고, 이를 타개하기 위해 스스로를 변모시키려는 순간이 올 것이라고 하면서 이제 전쟁이 일어날 것이라고 단언한다.

이러한 데미안의 예감대로 유럽에 전쟁이 발발한다. 싱클레어는 전쟁을 "내면의, 그 자체 안에서 산산이 파열된 영혼의 발산"이자, 새로 태어나기 위한 몸부림이라고 진단한다. 거대한 새가 알에서 나오려고 투쟁하고 있는 상황에서 그 알은 짓부수어져야 한다고 생각하기에 그는 기꺼이 전장으로 달려간다. 사실 제1차 세계대전이 일어나기 직전 유럽의 많은 지식인과 예술가들은 유럽문명이 이제 한계에 도달했고, 이를 벗어나기 위해서는 무언가 새로운 돌파구가 필요하다는 것을 절감하고 있었다. 그리고 벌써부터 다들 한번 터지기를 바라며 고대했던 전쟁이 발발하자 새로운 세계를 여는데 참여하기 위해 너도 나도 전장으로 달려갔다. 싱클레어와 데미안 역시 그 어떤 새로운 것도 죽음 없이 오진 않으며, 세계가 자신들을 필요로 하고 있다는 확신을 가지고 그들에게 닥친 운명을 기꺼이 받아들인다. 여기서 싱클레어와 데미안은 세계대전을 초래한 유럽문명의 희생양으로서 새로운 세계로 나아가는 상징으로 그려진다.

헤세는 현대 사회, 특히 당시 유럽의 문제점은 과학기술과 문명추구로 인해 인간이 자신의 내면의 가치를 상실하고, 집단화된 사회 속에서 자기 고유의 정신을 상실한 데서 비롯되었다고 보았다. 헤세는 제1차 세계대전을 통해서 드러난 세계의 야만성은 결국 개개인의 내면이 황폐해졌기 때문이라고 보고, 각자가 내면의 목소리에 귀를 기울임으로써 자기를 실현해야 한다고 강조하였다. 『데미안』에서 '표적을 가진 사람들'은 자신의 운명에 용감하게 대처하는 사람들로서 집단의 질서보다는 내면의 법칙을 따르는 사람들이다. 그들은 집단의식을 벗어나 내면의 목소리에 귀를 기울일 줄 아는 사람들이고, 자기를 실현해가는 사람들이다. 『데미안』은 이러한 자기실현의 과정을 통해 집단의식에 매몰된 현대사회의 문제점을 극복하는 방안을 제시하고 있다.

이러한 헤세의 현대문명 비판은 자기실현의 문제를 현대사회 및 현대문명에 대한 비판과 연관시킨 융의 영향에서 비롯된 것이었다. 융은 제1차 세계대전의 참화를 경험하면서 자신의 개인적 체험을 전체적 체험, 즉 인류 역사 속에서 규명하고자 시도하였다. 그는 현대사회의 문제점은 인간이 합리성만을 추구함으로써 본래의 자기를 상실한 결과라고 보았다. 그는 인간의 의식이 합리성만을 추구한 나머지 비합리적인 요소들을 억압했는데, 이러한 억압된 무의식적 요소들이 의식과 분리되어 통제할 수 없는 힘으로 표출될 경우 자신도 제어할 수 없는 힘에 의해 야만적인 상태로 빠져들 수 있다고 보았다. 또한 융은 자기를 상실한 개인의 정신은 현대사회의 집단의식 속에 휩쓸려 운명에 맞서는 진정한 용기를 상실하고 만다고 보았다. 집단의식에 매몰된 개인의 개성은 무의식 속에 침잠하여 제어할 수 없는 파괴적 힘으로 작용한다는 것이다. 융에게 있어 제1차 세계대전은 합리성을 추구하는 현대사회 속에서 개개인들이 본연의 자기를 상실하고 집단의식 속에 매몰되어 버린 결과이자 의식에서 밀려난 무의식의 혼란스러운 모습이었다. 『데미안』은 이러한 융의 생각을 반영한 것이라 할 수 있다.

『데미안』은 기존의 도덕과 관습을 타파하고 자기를 실현할 수 있는 새로운 세계로 나아갈 것을 요구한다는 점에서 강력한 메시지를 가진 작품이라 할 수 있다. 그러나 세계의 변화 가능성을 무엇보다도 개개인의 자기실현에서 찾고 있고, 새로운 세계는 막연히 암시될 뿐 그 세계가 어떤 것인지는 구체적으로 제시되지 않는다. 그런 점에서 이 작품이 사회비판적이고 문명비판적인 요소가 강함에도 불구하고 그 대안을 제시하는 방법에 있어서는 한계가 있다는 지적을 받기도 한다.

〈주요 참고문헌〉

노태한(1998): 헤르만 헤세의 『데미안』. '달리 보기'의 미학, 헤세연구 제1집, 157-192.

박광자(1998): 헤르만 헤세의 소설, 충남대학교출판부.

성현숙(1999): 『데미안』에 나타난 자기실현의 문제와 현대문명에 대한 비판, 헤세연구 제2집, 82-99.

## 4. 작품 발췌

헤세, 헤르만(2009): 데미안, 전영애 옮김, 민음사.

### * 작품의 시작: 서문

내 속에서 솟아나오려는 것,
바로 그것을 나는 살아보려고 했다. 왜
그것이 그토록 어려웠을까.

내 이야기를 하자면, 훨씬 앞에서부터 시작해야 한다. 할 수만 있다면, 훨씬 더 이전으로 내 유년의 맨 처음까지, 또 아득한 나의 근원까지 거슬러 올라가야 하리라.

작가들은 소설을 쓸 때 자기들이 하느님이라도 되듯 그 누군가의 인생사를 훤히 내려다보고 파악하여, 하느님이 몸소 이야기하듯 아무 거리낌 없이 자신이 어디서나 핵심을 집어내어 써낼 수 있는 양 굴곤 한다. 나는 그럴 수 없다, 작가들도 그래서는 안 되듯이. 그리고 내게는 내 이야기가, 어떤 작가에게든 그의 이야기가 중요한 것 이상으로 중요하다. 내 자신의 이야기이기 때문이다. 또한 그것은 한 인간의 이야기, [...] 현실적이고 일회적인, 살아 있는 인간의 이야기이기 때문이다. 아무튼 현실적으로 살아 있는 인간이란 것이 무엇인지, 지금은 그 어느 때보다도 더 혼미해져 버렸다. 그 하나하나가 자연의 단 한 번의 소중한 시도인 사람을 무더기로 쏘아 죽이기도 한다. 만약 우리가 이제 더 이상 단 한 번뿐인 소중한 목숨이 아니라면, 우리들 하나하나를 총알 하나로 정말로 완전히 세상에서 없애버릴 수도 있다면, 이런저런 이야기를 쓴다는 것도 아무런 의미가 없으리라. 그러나 한 사람 한 사람은 그저 그 자신일 뿐만 아니라 일회적이고, 아주 특별하고, 어떤 경우에도

중요하며 주목할 만한 존재이다. [...]

내 자신을 학식이 풍부한 사람이라고는 감히 부를 수 없다. 나는 끊임없이 무언가를 찾는 구도자였으며, 아직도 그렇다. 그러나 이제 별을 쳐다보거나 책을 들지는 않는다. 내 피가 몸속에서 소리 내고 있는 그 가르침을 듣기 시작하고 있다. [...]

한 사람 한 사람의 삶은 자기 자신에게로 이르는 길이다. 길의 추구, 오솔길의 암시다. 일찍이 그 어떤 사람도 완전히 자기 자신이 되어본 적은 없었다. 그럼에도 누구나 자기 자신이 되려고 노력한다. [...] 그러나 모두가 인간이 되라고 기원하며 자연이 던진 돌인 것이다. 그리고 사람은 모두 유래가 같다. 어머니들이 같다. 우리 모두는 같은 협곡에서 나온다. 똑같이 심연으로부터 비롯된 시도이며 투척이지만 각자가 자기 나름의 목표를 향하여 노력한다. 우리가 서로를 이해 할 수는 있다. 그러나 의미를 해석할 수 있는 건 누구나 자기 자신뿐이다. (7-9)

### * 두 세계

내가 열 살이고 작은 도시의 라틴어 학교에 다니던 시절의 체험 하나로 내 이야기를 시작하려 한다. [...] 그곳에서는 두 세계가 뒤섞였다. 밤과 낮이 두 극으로부터 나왔다.

한 세계는 아버지의 집이었다. 그 세계는 협소해서 사실 그 안에는 내 부모님 밖에 없었다. 그 세계는 나도 대부분 잘 알고 있었다. 그 세계의 이름은 어머니와 아버지였다. [...]

반면 또 하나의 세계가 이미 우리 집 한가운데서 시작되고 있었는데 그것은 완전히 다른 세상이었다. 냄새도 달랐고, 말도 달랐고, 약속하고 요구하는 것도 달랐다. 그 두 번째 세계 속에는 하녀들과 직공들이 있고 유령이야기들과 스캔들이 있었다. 무시무시하고, 유혹하는 무섭고 수수께끼 같은 물건들, 도살장과 감옥, 술 취한 사람들과 악쓰는 여자들, 새끼 낳는 암소와 쓰러진 말들, 강도의 침입, 살인, 자살 같은 일들이 있었다. (10-11)

### * 카인의 표적

「카인에 관한 이야기를 완전히 다르게 이해할 수도 있어. 우리가 배우는 대부분의 것들은 분명 완전히 진실이고 올바른 것이지만, 그것들 모두를 선생님들이 보시는 것과는 다르게 볼 수도 있어. 그러면 대체로 훨씬 나은 뜻을 갖게 되지. 예를 들면 카인이나 그의 이마에 찍힌 표적에, 우리가 설명들은 대로 만족할 수는 없잖니. 너도 그런 것 같지 않니? 어떤 사람이 싸우다가 자기 형제를 때려죽이는 일은 분명 일어날 수 있어. 그리고 그 사람이 나중에는 더럭 겁이 나 굴복하게 된다는 것도 있을 수 있는 일이야. 그러나 그의 비겁함에 대하여 일부러 훈장을 주어 표창하였는데 그 훈장이 그를 보호하고, 다른 모든 사람들에게 겁을 준다니, 그거 정말 이상하잖니. [...] 어떤 사람이 있었는데, 그는 얼굴에, 다른 사람들을 겁나게 하는 무엇인가가 있었어. 사람들은 감히 그를 건드리지 못했어. 그가 그들을 압도했던 거야, 그와 그의 자손들이. 어쩌면, 아니면 분명히, 그것은 편지에 찍히는 소인처럼 정말로 이마에 찍힌 표적은 아니었을 거야. 사람 사는 데 그렇게 단순한 일은 드물어. 오히려 그건 뭔가 거의 알아볼 수 없는 무시무시한 그 무엇이었을 거야. 그것은 오히려 시선에 담긴 비범한 정신과 담력이었을 거야. 그 남자에게는 힘이 있었고 사람들은 그를 겁냈어. 그는 <표적> 하나를 가지고 있었어. 그걸 사람들은 자기가 원하는 대로 설명할 수 있었어. 그리고 <사람들>은 언제나 자기들한테 편하고 자기들이 옳다고 하는 것을 원하지. 사람들은 카인의 자손들이 무서웠어. 그들은 <표적> 하나를 가지고 있었거든. 그러니까 사람들은 그 표적을, 그것의 원래 모습인 우월함에 대한 표창으로 설명하지 않고, 반대로 설명한 거야. 사람들은 말했지, 이 표적을 가진 녀석들은 무시무시하다고, 또 그들이 실제로 그렇기도 했어. 용기와 나름의 개성이 있는 사람들은 다른 사람들한테 늘 몹시 무시무시하거든. 겁없고 무시무시한 족속 하나가 돌아다닌다는 것은 몹시 불편한 일이었지. 그래서 이제 이 족속에게 별명 하나와 우화 하나를 덧붙여놓은 거야. 복수 하려고, 견뎌낸 무서움을 모든 사람들을 위해서 약간 해롭지 않게 억제해 두기 위해서. 이해되니?」

[...]

나는 얼마 전까지 밝고 깨끗한 세계에서 살아왔다. 나 자신이 일종의 아벨이었다. 그런데 이제 나는 이토록 깊이 <다른> 것에 박혀 있었다. 이렇게 심하게 떨어지고 가라앉아 있었다. 그런데도 나는 마음 저 깊은 곳에서 이런 것에 그렇게 찬성할 수 없었다니! 어떻게 그럴 수 있었단 말인가? 그렇다. 그때 마음속에서 기억 하나가 번쩍 떠올라, 한순간 거의 숨을 쉴 수 없었다. 비참한 이 상황이 시작되었던 저 고약한 저녁, 그때 나는 한 순간 아버지와 아버지의 밝은 세계 그리고 지혜를 문득 꿰 뚫어본 듯 경멸했다! 그렇다, 그때 나는 카인이었고, 그의 표적을 달았던 나는 이 표적은 치욕이 아니라고, 이건 표창이라고 함부로 상상했다. 악의와 불행을 겪었기 때문에 내가 우리 아버지보다 더 높은 곳에, 선하고 경건한 사람들보다 더 높은 곳에 서 있다고.

[...]

이런 생각을 나는 끝없이 했다. 돌 하나가 우물 안에 던져졌고, 그 우물은 나의 젊은 영혼이었던 것이다. 그리고 긴, 몹시 긴 시간 동안 카인, 쳐죽임, 표적은 바로 인식, 회의, 비판에 이르려는 나의 시도들의 출발점이었다. (39-44)

## * 두 세계에 대한 통찰

「중요한 건, 이 온전한 유일한 신, 오랜, 그리고 새로운 맹약의 신이 탁월한 분이기는 하지만 원래 그가 표상하는 그런 신은 아니라는 점이야. 그는 선, 고귀함, 아버지다움, 아름답고도 드높은 것, 감상적인 것이지. 옳아! 그러나 세계는 다른 것으로도 이루어져 있어. 그런데 다른 건 죄다 그냥 악마한테로 미루어지는 거야. [...] 하지만 우리는 모든 것을 존경하고 성스럽게 간직해야 한다고 생각해. 인위적으로 분리시킨 이 공식적인 절반뿐만 아니라 세계 전체를 말이야! 그러니까 우리는 신에 대한 예배와 더불어 악마 예배도 가져야 해. 그게 올바른 일인 것 같아. 혹은 예배를 하나 더 만들어내야 할 것 같아. 악마도 그 안에 포함하고, 지극히 자연스러운 세상일들이 일어날 때 그 앞에서는 눈을 감지 않아도 되는 신을 위해서 말이야.」

그러나 내 마음 속에는 이 말들이, 매순간 내 안에 지니고 다녔고, 거기에 대해 누구에게도 한마디도 하지 않았던 내 소년 시절 전체의 수수께끼에 적중하고 있었다. 데미안이 그때 신과 악마에 대하여, 신적이고 공식적인 것과 묵살된 악마적 세계에 대해 말했던 것, 그것은 실로 바로 내 자신의 생각, 내 자신의 신화, 두 세계 혹은 세계의 두 절반 - 밝은 세계와 어두운 세계에 대한 생각이었던 것이다. 나의 문제가 모든 인간의 문제, 모든 삶과 생각의 문제라는 통찰이 갑자기 신성한 그림자처럼 나를 뒤덮었다. 그리고 가장 나다운 개인적인 삶과 생각이 얼마나 깊이 거대한 사유의 영원한 흐름에 관여되어 있는가를 보고 갑자기 느끼게 되자 두려움과 경외심이 나를 압도했다. 그 통찰은 즐겁지 않았다. [...] 그 안에는 일말의 책임의식이, 이제는 어린애일 수 없다는, 홀로 서 있다는 울림이 들어 있었기 때문이다. (83-84)

## * 베아트리체와 그림

그 봄날 공원에서 나의 시선을 몹시 끈 소녀를 만나게 되었다. 그녀는 키가 크고 날씬했으며 멋진 옷차림이었고 영리한 소녀의 얼굴이었다. [...] 내가 지독하게 좋아하던 오만과 소년다움의 흔적이 얼굴에 있었다. [...]

베아트리체와 단 한마디도 말을 나눈 적은 없다. 그럼에도 그녀는 당시 나에게 지극히 깊은 영향을 주었다. 자신의 영상을 내 앞에 내세워 보여준

것이다. 나에게 성소를 열어주었다. 나를 사원안의 기도자로 만들었다. 그날로 나는 술집 출입과 밤에 나돌아 다니는 일로부터 멀어졌다. 나는 다시 혼자 있을 수 있었다. 다시 즐겨 책을 읽었고, 즐겨 산책 하였다. [...] 다시 하나의 이상(理想)을 가진 것이었다. (106-107)

완성된 그림 앞에 앉아 있자니, 기이한 인상을 받았다. 그것은 내게 일종의 신상(神象) 혹은 성인의 가면처럼 보였다. 절반은 남자고 절반은 여자, 나이가 없고, 의지가 굳세면서도 몽상적이며, 굳어 있으면서도 남모르게 생명력 있어 보였다. 이 얼굴은 나에게 무언가 할 말이 있는 듯했다. 그것은 나의 일부였다. 나에게 요구를 내세웠다. 그리고 누군지는 모르겠지만 그 누군가와 비슷했다. [...]

어떻게 내가 그걸 이렇게 늦게야 비로소 찾아낼 수 있었단 말인가! 그것은 데미안의 얼굴이었다.

[...] 그런데 차츰차츰 이것은 베아트리체도 데미안도 아니며 나라는 느낌이 왔다. 그 그림은 나를 닮지 않았으며 그럴 리도 없다고 느꼈다. 그러나 그것은, 나의 삶을 결정한 것이었다. 그것은 나의 내면, 나의 운명 혹은 내 속에 내재하는 수호신이었다. (110-112)

### * 새는 알에서 나오려고 투쟁한다.

내가 그린 꿈속의 새는 내 친구를 찾아 날아가고 있었다. 너무 놀랍게도 나에게로 답장이 왔다. [...] 쪽지 하나가 내 책에 꽂혀 있는 것을 발견했다. [...] 나야 끼지 않을 테지만, 그 어떤 학생다운 장난을 하자는 것이겠거니 하고 쪽지를 읽지도 않은 채 앞쪽 책 속에 끼워 넣었다. 수업 도중에 우연히 그 쪽지가 다시 손에 들어왔다.

종이를 만지작거리다 아무 생각 없이 펴게 되었는데 그 안에 몇 마디 말이 적힌 것을 보았다. 그 위로 한 번 시선을 던지고는 말 하나에 사로잡혀 버렸다. 놀라 읽었다. 그 사이 나의 가슴은 운명 앞에서, 큰 추위가 닥친 것처럼 오그라들었다.

<새는 알에서 나오려고 투쟁한다. 알은 세계이다. 태어나려는 자는 하나의 세계를 깨뜨려야 한다. 새는 신에게로 날아간다. 신의 이름은 압락사스.>

이 글줄을 몇 차례 읽은 뒤 나는 깊은 생각에 빠졌다. 어떤 의심도 불가능했다. 이건 데미안이 보낸 답장이었다. 나와 그 말고 그 새에 대해 아는 사람은 있을 수 없었다. 내 그림을 그가 받은 것이다. 그는 이해하였고 내가 풀이하는 것을 도운 것이다. (122-123)

### * 가장 중요하고 가장 불길한 꿈

이 꿈, 내 인생에서 가장 중요하고 또 가장 불길한 꿈은 대략 이런 것이었다. 내가 부모님 댁으로 들어간다. 현관문 위에는 문장의 새가 푸른 바탕 위에서 노란색으로 빛을 내고 있었다. 집 안에서는 어머니가 나를 향해 오신다. 그러나 내가 들어서며 어머니를 포옹하려 했을 때, 그것은 어머니가 아니라 한 번도 본 적 없는 인물이었다. 키 크고 힘있는 인물, 막스 데미안이나 내가 그린 그림과 비슷한데도, 또 달랐다. 그리고 힘이 있는데도 완전히 여성적이었다. 이 인물이 나를 자기에게로 끌어 당겨 전율을 일으키는 포옹을 했다. 희열과 오싹함이 뒤섞였다. 그 포옹은 예배였고 또 그만큼 범죄였다. [...] 자주 나는 깊은 행복감을 느끼며, 죽음의 두려움과 격심한 양심의 가책을 느끼며, 무서운 죄악에서 벗어나듯 이 꿈에서 깨어났다.

다만 서서히 무의식적으로, 이 완전히 내면적인 영상과 바깥으로부터 내게로 온, 찾아야 할 신호 사이에서 하나의 결합이 이루어졌다. 그리고 이 결합은 그 후 더 긴밀해지고 더 내밀해졌으며 나는, 내가 바로 이 예감의 꿈에서 압락사스를 불렀음을 느끼기 시작했다. 희열과 오싹함이 섞이고, 남자와 여자가 섞이고, 지고와 추악이 뒤얽혔고, 깊은 죄에는 지극한 청순함을 통해 충격을 주며. 나의 사랑의 꿈의 영상은 그러했다. 그리고 압락스도 그러했다. 사랑은 이제 더 이상, 처음에 겁을 먹고 느꼈던 것처럼 동물적인 어두운 충동이 아니었다. 그리고 그것은 이제 또한 더 이상 내가 베아트리체의 영상에다 바친 것 같은 경건하게 정신화된 숭배 감정도 아니었다. 사랑은 그 둘 다였다. 둘 다이며 또 훨씬 그 이상이었다. 사랑은 천사상이며 사탄이고, 남자와 여자가 하나였고, 인간과 동물, 지고의 선이자 극단적 악이었다. 이 양극단을 살아가는 것이 나에게는 운명으로 정해져 있는 것처럼 보였다. 이것을 맛보는 것이 나의 운명으로 보였다. 나는 운명을 동경했고, 운명을 두려워했지만, 운명은 늘 거기 있었다. 늘 내 위에 있었다. (127-128)

### * 오르간 연주자 피스토리우스

예감이 떠오르고 자네 영혼 속에서 목소리들이 말하기 시작하거든 곧바로 자신을 그 목소리에 맡기고 묻질랑 말도록. 그것이 선생님이나 아버님 혹은 그 어떤 하느님의 마음에 들까 하고 말이야. 그런 물음이 자신을 망치는 거야. 그런 물음들 때문에 인도(人道)로 올라서는 것이며 화석이 되어가는 거지. 이봐 싱클레어, 우리의 신은 압락사스야. 그런데 그는 신이면서 또 사탄이지. 그 안에 환한 세계와 어두운 세계를 가지고 있어. 압락사스는 자네 생각 그 어느 것에도, 자네 꿈 그 어느 것에도 이의를 제기하지 않아. 결코 잊지 말게. 하지만 자네가 언젠가 나무랄 데 없이 정상적인 인간이 되었을 때, 그때는 압락사스가 자네를 떠나. 그때는, 자신의 사상을 담아 끓일 새로운 냄비를 찾아 그가 자네를 떠나는 거라네. (147-148)

## * 에바 부인

내게 그녀에 대한 기억은 거의 없었다. 그러나 작은 사진을 보았을 때 심장의 고동이 멈추었다. 그것은 내 꿈의 영상이었던 것이다! 그녀였다. 키 크고 거의 남자 같은 여성의 모습, 아들과 비슷한데 어머니다운 표정, 엄격한 표정, 깊은 열정의 표정을 지니고 있었으며, 아름다우면서 유혹적이고, 아름다우면서 접근할 수 없었다. 수호자이자 어머니, 운명이자 연인이었다. 그녀였다!

내 꿈의 영상이 지상에 살아있음을 그렇게 알게 되었을 때, 그것은 엄청난 기적처럼 내 온 전신을 꿰뚫었다! 그런 모습의 여성, 내 운명의 표정을 지닌 여성이 존재했던 것이다! 그녀는 어디에 있을까? 어디에! 그런데 그녀가 데미안의 어머니였다. (176-177)

## * 작품의 마지막: 데미안과의 이별

「꼬마 싱클레어, 잘 들어! 나는 떠나게 될 거야. 너는 나를 어쩌면 다시 한 번 필요로 할 거야. 크로머에 맞서든 혹은 그 밖의 다른 일이든 뭐든. 그럴 때 네가 나를 부르면 이제 나는 그렇게 거칠게 말을 타고, 혹은 기차를 타고 달려 오지 못해. 그럴 때 넌 네 자신 안으로 귀기울여야 해. 그러면 알아차릴 거야. 내가 네 안에 있다는 것을. 알아듣겠니? 그리고 또 뭔가 있어! 에바 부인이 말했어. 네가 언젠가 잘 지내지 못하면 날더러 네게 당신의 키스를 해 달라고. 나에게 함께 해준 키스를..... 눈을 감아, 싱클레어!」

나는 선선히 눈을 감았다. 내 입술 위에 가벼운 입맞춤이 느껴졌다. [...]

아침에 사람들이 깨웠다. [...]

붕대를 감을 때는 아팠다. 그때부터 네게 일어난 모든 일이 아팠다. 그러나 이따금 열쇠를 찾아내어 완전히 내 자신 속으로 내려가면, 거기 어두운 거울 속에서 운명의 영상들이 잠들어 있는 곳으로 내려가면, 거기서 나는 그 검은 거울 위로 몸을 숙이기만 하면 되었다. 그러면 나 자신의 모습이 보였다. 이제 그와 완전히 닮아 있었다. 그와 내 친구이자 나의 인도자인 그와. (221-222)

## 5. 더 깊이 읽기

### 1) 양극성의 이념

헤세의 문학세계에서 바탕을 이루는 기본구조는 '양극성'의 이념이다. 그는 이 세계가 수많은 양극적 대립의 변증법적 상호작용에 바탕을 두고 있다고 보았다. 그는 인간과 자연을 아우르는 세계의 존재 법칙으로서의 양극성의 원리를 언어를 통해 생생하게 표현해내는 것을 자신의 문학적 과제라고 생각했다. 따라서 이러한 양극성의 이념은 그의 작품의 세세한 부분에 이르기까지 작용하고 있을 뿐 아니라 작품에서 묘사되고 있는 현실세계의 본질과 성격까지도 규정하고 있다.

헤세의 양극성 이념은 그의 삶과 밀접한 연관을 갖는다. 그는 자신의 양극성이 자신의 혈통에서 비롯된 유전학적 영향으로 이해했다. 그는 발트인인 아버지와 슈바벤인인 어머니에게서 비롯된 양극성으로 인해 갈등을 겪는다고 생각했다. 그에게 있어 아버지는 정신을 의미하고, 어머니는 자연을 의미한다. 부성적인 세계는 이성, 관념, 불멸의 세계, 기독교의 세계와 연결되고, 모성적인 세계는 감성, 에로스, 무상의 세계, 비기독교의 세계와 연결된다. 헤세의 생애와 작품은 이러한 대립된 세계 사이에서 부유하는 인간의 모습을 보여주는데, 그가 지향하는 자기실현의 길은 부성적인 세계가 모성적인 세계를 거쳐 통합의 세계로 나아가는 변증법적 과정으로 나타난다.

### 2) 프로이트와 융

지그문트 프로이트 Sigmund Freud(1856-1939)와 칼 구스타프 융 Carl G. Jung(1875-1961)은 정신분석 운동 초기에 융이 프로이트의 이론을 지지하면서 급속히 가까워졌다. 그들은 1906년부터 1913년까지 활발히 서신을 교환하는 등 존경과 우정 속에서 서로의 학문세계를 발전시켰다. 그러나 히스테리 연구에 근거를 둔 프로이트의 이론과 정신분열증 연구에 근거를 둔 융의 이론은 애초부터 근본적인 차이를 보이고 있었다. 결국 두 사람의 입장 차이가 점차 두르러졌고, 프로이트의 성 이론에 대한 융의 비판을 계기로 첨예한 갈등을 겪게 된다. 융은 프로이트가 성을 과도하게 전면에 부각시키면서 성에 심리적 보편성을 부여한다고 보았다. 또한 프로이트의 이론이 일종의 도그마와 개인숭배로 변질되었다는 사실에 거부감을 느꼈다. 프로이트 역시 융이 종교나 신비주의 같은 미심쩍은 고대의 잔재에 관심을 보이는 것에 불만을 느꼈다. 그들은 1913년에 이르러 마침내 결별하게 된다. 그러나 융은 자신이 프로이트 사상에서 영향을 받았다는 사실을 기꺼이 인정했다.

융은 자신의 이론을 프로이트의 '정신분석학'과 구별해 '분석심리학'이라고 불렀다. 분석심리학의 핵심은 '개성화 과정', 즉 자아가 무의식의 여러 측면을 발견하고 통합하는 '무의식의 자기실현 과정'이다. 우리가 정신적으로 건강해지기 위해서는 의식과 무의식이 조화를 이루어야 하지만, 개인은 사회생활을 하면서 사회가 원하는 모습, 즉 '페르소나'를 취하게 된다. 이 과정에서 우리의 다른 인격적 측면이 무의식 속에 억압되면 그렇게 억압된 만큼의 보상을 치러야 한다. 이처럼 의식과 무의식의 관계에서 균형이 깨지면 히스테리와 정신질환 같은 문제가 발생한다는 것이다.

융의 이론에서 가장 유명한 개념은 '집단무의식'과 '원형'이다. "집단무의식은 모든 사람에게 공통된 것으로, 고대에서 만물의 공감이라고 불렀던 것의 기초"라고 융은 설명했다. 또한 원형은 "집단무의식의 내용"이며, 그 중에서도 "고대의, 또는 원초적 유형, 즉 고대로부터 존재해 온 보편적 이미지"를 뜻한다고 보았다. 원형 자체는 우리가 알 수 없지만 원형의 이미지는 '모성/부성,' '영웅' 같은 것으로 신화나 민담에서 쉽게 찾아볼 수 있다는 것이다.

### 3) 융에 있어서 꿈의 의미

융에게 있어 꿈은 숨겨진 무의식적 욕구가 드러나는 통로라기보다는 무의식이 우리에게 무엇인가를 가르쳐 주고자 하는 메시지이다. 프로이트는 꿈을 '발현몽(꿈에서 본 내용 자체)'과 '잠재몽(꿈의 숨겨진 내용)'으로 나누어 발현몽 뒤에 숨겨진 무의식적 욕구나 충동 등을 해석하고자 한다. 반면 융에 의하면 꿈이 무의식의 표현이라 하더라도 그것이 무의식의 전부는 아니며, 그때그때의 의식의 상황에 따라 선택되고 연상과정에 흡수된 어떤 내용들이다. 꿈은 현재의 의식상황으로 말미암아 무의식 속에 배열된 것이며 의식의 상황을 보충하는 것들이다. 그러므로 꿈이 의식의 무엇을 보충하고자 하는지를 알려면 꿈을 꾼

사람의 의식 상황을 알 필요가 있다. 따라서 꿈을 이해하기 위해서는 일차적으로 꿈과 객관적 현실 사이의 관계를 아는 것이 중요하다.

융이 "꿈은 감추는 것이 아니고 가르친다"고 했을 때 이는 프로이트가 말하는 억압된 성적 욕구나 과거의 상처보다는 우리의 의식에 대하여 무엇인가를 알려주는 무의식의 메시지가 있다는 것을 의미한다. 융은 꿈의 가장 근본적인 기능을 의식에 대한 보상기능이라고 본다. 의식에 모자란 부분을 보충하고 의식이 너무 외곬으로 나아가려는 것을 수정하려는 무의식의 기능이 꿈이라는 것이다. 꿈을 되풀이해서 꾸는 경우는 그 꿈의 의미가 아직 의식에 의해서 충분히 고려되고 소화되고 있지 않기 때문에 의식되기를 촉구하는 뜻에서 자주 꿈에 나타난다고 본다. 이러한 꿈의 보상기능은 의식과 무의식의 일치를 통해 자연스러운 마음의 평정을 실현하고자 하는 것으로 일종의 '정신체계의 자가조정'과 같은 것이라 할 수 있다.

### 4) 압락사스(아브락사스, 아프락사스)

'압락사스 Abraxas'는 2세기경 그노시스파가 숭배하였던 초월적 존재 또는 신을 의미한다. 그노시스파는 1-2세기 로마, 그리스, 소아시아, 이집트 등지에서 널리 유행했던 기독교와 동방사상이 혼재된 종파이다. 3세기경부터는 정통 기독교로부터 이단이라고 배척되었으나, 중세를 거쳐 르네상스 시대에도 많은 신봉자가 있었다고 한다. 압락사스에 대한 견해는 다양하지만, 융은 압락사스가 모든 대립적인 요소들이 한 존재 안에 결합된 신이며, 기독교의 신과 사탄의 개념보다 더 고차원적 개념의 신이라고 보았다.

그노시스파는 세상이 불완전한 까닭을 인간이 내면에 잠재되어 있는 선신의 신성한 불씨를 의식하지 못하고 악신이 창조한 불완전하고 사악한 물질세계에 사로잡혀 있기 때문이라고 해석했다. 따라서 인간은 선과 악, 빛과 어둠, 정신과 육체의 이원론 사이에서 자신을 발견해야 한다고 주장했다. 이러한 사상은 기원전 6세기경의 조로아스터교 사상에서 유래하였다. 조로아스터교는 '배화교', 즉 불을 숭배하는 종교라고 말하기도 하는데, 이는 조로아스터교의 제례 의식에서 비롯된 것이다. 조로아스터 신자들은 불이 타오르는 작은 제단 앞에서 제례를 치르는데, 이 때 신자들은 불 자체를 숭배한 것이 아니라 봉헌물에 불꽃과 냄새를 피워 경배를 표현했던 것이다. 조로아스터교는 유일신인 '아후라 마즈다'를 숭배하며, 이원론적인 세계관을 가지고 있다. 조로아스터교의 유일신 사상, 내세관, 선과 악으로 대비되는 세계관 등은 유대교 그리스도교 불교 이슬람교 등에 큰 영향을 미쳤다.

유럽에서 질병이나 불행으로부터 보호받으려는 의도로 사용된 '아브라카다브라'라는 주문도 그노시스파가 자비로운 성령의 도움을 기원할 때 했던 주문에서 유래했다고 한다. 『데미안』에서도 싱클레어가 배화, 즉 불을 가만히 들여다봄으로써 내면의 성향들을 강화하고 확인하는 경험을 하게 되는데, 여기서 조로아스터교의 일단을 엿볼 수 있다.

### 5) 『수레바퀴 아래서』

『수레바퀴 아래서 Unterm Rad』(1906)는 자신을 짓누르는 가정과 학교의 종교적 전통, 고루하고 위선적인 권위에 맞서 싸우는 어린 소년을 주인공으로 한 헤세의 자전적 소설이다.

남부 독일 슈바르츠발트의 작은 마을에 살고 있는 한스 기벤라트는 낚시를 좋아하고 토끼와 자연을 사랑하는 섬세한 감성을 지닌 소년이다. 어머니를 여의고 홀아버지 밑에서 자란 한스는 힘든 준비 기간을 거쳐 우수한 성적으로 마울브론 신학교에 입학한다. 신학교 생활은 엄격하고 고되지만 그는 비교적 잘 적응하여 좋은 성적을 유지해 나간다. 그러다가 시인기질을 가진 천재적이고 반항적인 헤르만 하일러를 만나게 되는데, 그와의 우정이 깊어 갈수록 한스는 주입식 교육과 가혹한 규율이 지배하는 학교생활을 견딜 수 없게 된다. 그는 힌두라는 친구의 죽음, 헤르만과의 이별 등을 겪으면서 더욱 심한 정신적 압박을 느낀다.

결국 고향으로 돌아온 한스는 무기력과 우울증 속에 방황하다가 빈민가 사람들과 사귀면서 다양한 경험들을 하게 된다. 그러던 중 엠마라는 여성과 사랑을 나누게 되지만 그녀에게 버림받음으로써 또 다시 깊은 좌절감을 맛본다. 한스는 아버지의 권유로 기계공장에 취직해 새로운 삶을 시작하려 하지만 고된 노동과 정신적 갈등 속에 고민한다. 어느 일요일 그는 술에 취해 강물에 휩쓸려 들어가고, 다음 날 물속에서 차가운 시체로 발견된다.

### 6) 『싯다르타』

『싯다르타 Siddhartha』(1922)는 소설의 무대를 동양으로 옮겨 내면의 길을 탐색한 작품이다. 이 작품은 『황야의 이리 Steppenwolf』(1927)와 더불어 1960년대 이후 미국과 일본에서 선풍적 인기를 끌었고, 특히 히피들에 의해 예언서 차원의 숭배를 받기도 하였다.

주인공 싯다르타는 장차 바라문의 왕으로 추대될 촉망받는 청년이지만, 깨달음을 얻기 위해 아버지의 만류를 뿌리치고 출가한다. 함께 고행하던 친구 고빈다는 열반에 도달한 고타마의 설법을 듣고 불가에 귀의한 반면, 싯다르타는 사변적인 가르침으로는 해탈할 수 없음을 깨닫고 정신적인 방황을 하게 된다. 이후 싯다르타는 40세의 중년이 될 때까지 기녀 카마라와 거상 카미스바미와의 만남을 통해 세속의 욕망을 즐기지만, 궁극적인 진리는 결코 현세에서 얻을 수 있는 것이 아님을 깨닫고 또다시 삶의 허무를 느낀다. 절망 속에 도달한 강가에서 뱃사공 바스데바를 만나는데, 그는 삶의 지혜를 찾는 싯다르타에게 강물에 귀를 기울이라고 권한다.

그 후 싯다르타는 카마라와 자신 사이에서 태어난 아들로 인해 인간적인 고뇌를 겪기도 한다. 그러나 강물 소리를 들으며 뱃사공으로서 성실하게 일하는 가운데 마침내 그의 내면에서 상반된 두 세계의 대립은 지양되고, 세계는 결국 하나라고 하는 궁극적인 진리를 터득한다. 석가모니의 죽음 이후 불교를 설법하러 다니던 고빈다를 우연히 만나 자신이 깨달은 것을 전해주자 고빈다는 싯다르타가 마침내 번뇌에서 자유로워졌음 알게 된다.

## 6. 생각해 볼 문제들

### 1) 작품 이해

(1) 데미안은 어떤 존재인가?

(2) 데미안의 '카인 이야기'의 핵심은 무엇인가?

(3) 피스토리우스는 어떤 역할을 하는가?

(4) 에바 부인은 어떤 존재인가?

(5) 싱클레어가 전장으로 달려간 이유는 무엇인가?

### 2) 더 생각해 볼 문제

(1) 헤세의 문학적 세계관이 양극적이라는 이유는 무엇인가?

(2) 나의 성장 과정에서 가장 중요했던 사건은 무엇인가?

(3) 내가 믿고 있는 확신은 과연 믿을 만한가?

(4) 개개인의 내적 성장이 사회를 변화시킬 수 있는가?

(5) '새는 알에서 나오려고 투쟁한다.'라는 구절과 '줄탁동기(啐啄同機)'라는 고사성어는 어떤 연관성이 있는가?

# 꿈의 노벨레

– 아르투어 슈니츨러 –

## 1. 작가 소개

아르투어 슈니츨러

아르투어 슈니츨러 Arthur Schnitzler(1862-1931)는 오스트리아의 수도 빈에서 유대계 의사인 요한 슈니츨러의 아들로 태어났다. 그는 연극배우들이 성대문제로 인후과 의사인 아버지를 찾아오는 것을 보면서 일찍부터 문학에 뜻을 두었다. 그러나 아버지의 완고한 반대로 뜻을 펼치지 못하고, 결국 1879년 빈 대학 의학부에 진학했다. 빈 의대에서의 공부는 슈니츨러의 정신세계에 중대한 영향을 미쳤다. 당시 빈 의대는 19세기 중반 이후 눈부시게 발전한 자연과학의 영향으로 모든 병의 원인을 물리적, 화학적 원인에서 찾는 새로운 학문경향이 주도하고 있었다. 이러한 분위기 속에서 슈니츨러는 인간을 자유의지나 신의 뜻에 따라 움직이는 존재가 아니라 자연법칙의 영향권 안에 있는 생물학적, 물질적 존재로 바라보게 되었다.

슈니츨러는 1885년 대학을 졸업한 후 아버지의 조수로 의사생활을 시작하였고, 아버지가 발행하는 의학지의 편집을 맡기도 하였다. 또한 헤르만 바르 H. Bahr, 후고 폰 호프만스탈 H. von Hofmansthal, 페터 알텐베르크 P. Altenberg 등 '빈 모더니즘 Wiener Moderne' 작가들과 교류하면서 직접 작품을 쓰기도 하였다. 1893년 아버지가 죽자 빈 중심가에 병원을 개업하고 환자를 진료하는 한편 문학 활동을 병행하였다. 그의 작품은 인간 심리를 마치 의사가 환자의 증상을 진찰하듯 지극히 분석적인 시선으로 관찰하고 그 결과를 문학적으로 재구성하는 방식을 취하고 있다. 이러한 그의 글쓰기 방식은 출세작이라 할 수 있는 단막극 『아나톨 Anatol』(1893)에서도 잘 나타나고 있다. 이 작품에서 그는 순간적 쾌락을 좇는 주인공 아나톨의 여성편력을 통해 세기말 빈의 퇴폐적이고 공허한 삶을 살아가는 인간의 모습을 섬세하게 묘사하였다. 1895년에 발표한 3막극 『연애 유희 Liebelei』에서도 그는 주인공 프리츠의 여성편력을 통해 '사랑'과 '유희'가 빚어내는 비극성을 사회심리적 입장에서 세밀하게 묘사하고 있다. 『아나톨』에 이어 『연애유희』가 빈 무대에서 대성공을 거두자 슈니츨러는 의사로서의 활동보다는 작품 활동에 더욱 전념하게 된다.

슈니츨러는 극작가로서 뿐만 아니라 소설가로서도 뛰어난 재질을 발휘하였다. 1900년에 출간한 「구스틀 소위 Lieutenant Gustl」는 독일문학 최초로 '내적 독백'이라는 새로운 기법을 도입한 작품으로 평가된다. 이 작품은 체면을 중시하는 젊은 장교 구스틀이 빵집주인으로부터 모욕을 당한 후 밤잠을 이루지 못하고 온갖 생각을 하는 과정을 '의식의 흐름'에 따라 세밀하게 묘사함으로써 현대문학의 길을 개척하였다. 이후에도 「엘제 양 Fräulein Else」(1924)과 「꿈의 노벨레 Traumnovelle」(1925)에서는 심리분석적 방법으로 잠재적인 성적 욕망의 문제를 다루었고, 장편 『테레제, 어떤 여자의 일생 Therese, Chronik eines Frauenlebens』(1928)에서는 애증으로 얼룩진 한 여자의 일생을 통해 세기말 빈의 비극적 시대상을 세밀하게 묘사하였다.

그러나 슈니츨러의 문학 활동이 순탄한 것만은 아니었다. 1901년 『구스틀 소위』가 재출간되었을 때 제국군대를 모욕했다는 이유로 비난을 받았고, 1921년 『윤무 Der Reigen』(1900)가 정식으로 공연되었을 때에는 외설적이라는 이유로 공연이 금지되는 등 수난을 당하기도 하였다.

슈니츨러는 호프만스탈, 슈테판 츠바이크 St. Zweig 등과 더불어 1900년경 세기말 오스트리아 문단을 대표하는 작가이다. 그는 빈 인상주의의 대표주자로 꿈과 현실 사이의 모호한 경계, 그 경계를 넘나드는 인물들에 대한 심리분석적 관찰과 세밀한 묘사를 통해 세기말의 퇴폐적이면서도 멜랑콜리한 빈 특유의 생활감정을 적나라하게 표현하였다. 이 때문에 오랫동안 그는 쇠락해 가는 오스트리아-헝가리 이중제국의 연대기 작가나 빈의 세기말적 분위기를 묘사한 풍속묘사가로 간주되었고, 그의 작품은 가벼운 오락문학 정도로 평가되었다. 그러나 1960년 이후 세기말 빈 사회를 예리하게 분석하고, 인간 내면의 심리를 세밀하게 묘사한 작가로 재평가되면서 '슈니츨러의 르네상스'를 맞게 되었다. 그의 작품은 1950년 <윤무>를 비롯해 여러 편이 영화화되어 국제적인 관심을 받기도 하였다.

주요 작품으로는 희곡 『아나톨 Anatol』(1893), 『연애 유희 Liebelei』(1895), 『윤무 Reigen』(1897) 등이 있고, 소설 「구스틀 소위 Lieutnant Gustl」(1900), 「엘제양 Fräulein Else」(1924), 「꿈의 노벨레 Traumnovelle」(1925), 『테레제, 어떤 여자의 일생 Therese, Chronik eines Frauenlebens』(1928) 등이 있다.

## 2. 작품 소개

### 1) 생성 배경

슈니츨러의 『꿈의 노벨레』는 1925년에 패션잡지 <숙녀 Die Dame>에 장별로 발표되었고, 다음해 책으로 출간되었다. 이 작품은 당시로서는 금기에 해당되는 기혼 여성의 성적 욕망을 다루고 있는데다 이를 옹호하고 있다는 점에서 큰 반향을 일으켰다. 또한 이 작품은 슈니츨러 자신의 삶이 어느 정도 반영되어 있다는 점에서 관심의 대상이 되기도 하였다. 그는 의사로서 작가활동을 병행하면서 문학적으로 성공했지만, 환락과 모험을 즐길 정도로 여성 편력이 심했다. 그러다 40세에 스무 살 연하의 배우이자 가수인 올가 구스만과 결혼했는데, 가정에만 머물기를 거부하는 아내와 갈등을 겪게 되고 결국 1921년 이혼한다. 그의 일기에 의하면 『꿈의 노벨레』는 이혼 직후에 쓰기 시작한 작품이다. 그러나 이 작품은 그의 생각보다 쉽게 써지지 않았다. 1923년 3월의 일기에서는 작품 속 마지막 대화가 자신과 올가의 대화를 연상시켜 힘들다는 것을 토로하고 있고, 그 뒤로도 이 작품을 포기할까 고민했다고 쓰고 있다.

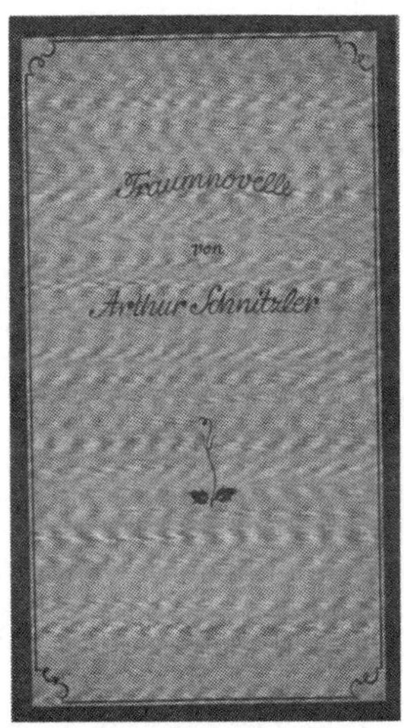

「꿈의 노벨레」 초판 표지

슈니츨러는 14세부터 시작해 죽기 직전까지 50여 년 동안 일기를 쓴 것으로도 유명하다. 그의 일기는 사후에 열권의 책으로 출간될 정도로 방대한 양이다. 그는 일기 속에 외적인 사건뿐만 아니라 창작과정과 자신의 내면세계에 대한 분석까지도 빠짐없이 기록하였다. 그의 일기는 그의 문학이 자신의 체험과 내면세계를 해부하듯이 관찰하고 진단해낸 결과물이라는 것을 말해준다. 『꿈의 노벨레』 역시 그의 결혼생활과 부부관계에 대한 치밀한 관찰과 자기분석에서 비롯된 작품이라 할 수 있다.

슈니츨러는 『꿈의 노벨레』의 작품 제목을 '이중 노벨레 Doppelnovelle'라고 붙이려 했다. 이 작품은 남편과 아내, 꿈과 현실, 낮과 밤의 이야기라는 두 개의 영역을 다루고 있다. 남편이 겪는 현실세계의 에로스적 체험과 아내가 겪는 꿈의 세계의 에로스적 체험이라는 두 개의 사건 줄거리를 다루고 있다는 점에서 이 소설은 '이중 노벨레'적 성격을 갖는다. 또한 남편 프리돌린의 꿈같은 모험이 독자들에게 꿈을 체험하게 한다면, 아내 알베르티네의 꿈 이야기는 독자들에게 꿈에 대한 해석의 예를 보여준다는 점에서 이 작품은 꿈의 체험과 해석이라는 이중적 특징도 지니고 있다.

슈니츨러가 작품의 제목을 『꿈의 노벨레 Traumnovelle』라고 붙인 것은 다분히 프로이트의 『꿈의 해석 Traumdeutung』(1900)을 의식한 것이라 할 수 있다. 슈니츨러가 이 작품을 쓸 당시 프로이트는 이미 빈 사회에 잘 알려져 있었고, 더구나 슈니츨러 자신이 정신과 의사로서 프로이트 이론에 대해 잘 알고 있었을 것이다. 그의 책을 읽었을 가능성도 높다. 프로이트가 꿈의 '해석'을 통해 자연과학적이고 학문적 입장에서 엄밀하게 심리분석을 시도한 반면, 슈니츨러는 '노벨레'를 통해 이를 문학적으로 형상화하고 있다. 노벨레 Novelle는 원래 단편소설의 한 종류로서 마치 희곡과 같은 폐쇄적 구성을 지니고 있는 것이 특징이다. 즉 노벨레에서는 예기치 않은 사건을 통해 갈등이 생기고, 이 갈등이 극적인 전환점을 통해 결국 해결되고 해소되는 사건진행을 보인다. 그러나 여기서는 노벨레의 특징에 특별한 의미를 두기보다 그저 '이야기'나 '소설' 정도로 이해해도 무방하다. 따라서 『꿈의 노벨레』는 '꿈 이야기', 즉 꿈을 다룬 문학작품이라는 의미를 갖는다. 슈니츨러가 자신의 작품 제목에 굳이 노벨레라는 장르 명을 붙인 것은 프로이트식 심리분석을 의도적으로 기피하면서 자신의 작품이 꿈 이야기를 다룬 허구의 소설이라는 것을 드러낸 것이라 할 수 있다.

그동안 많은 연구에서 프로이트와 슈니츨러 간에는 개인적인 접촉이 거의 없었고 심리학에 대한 인식도 서로 독자적으로 진행되었다는 것은 사실로 인정되고 있다. 그러나 프로이트는 1900년 이전에 이미 슈니츨러의 작품들을 읽고 작중 인물들이 자신이 치료중인 실제 인물들과 너무나 흡사한 심리적 문제들을 가지고 있다는 사실에 충격을 받았다. 그는 1906년 슈니츨러에게 보낸 한 편지에서 "심리적인 문제와 에로틱한 문제들에 있어서 당신과 내 생각이 많은 부분 일치하고 있음을 여러 해 전부터 알고" 있었다고 고백하고 있다. 그리고 1922년 슈니츨러의 60회 생일을 맞아서는 자신을 슈니츨러의 '도플갱어 Doppelgänger'라고 칭하며, "내가 다른 사람과의 고통스런 작업 속에서 발견한 모든 것을 당신은 직관을 통해 [...] 알았다는 사실에 감명을 받았습니다."라고 하면서 슈니츨러의 문학적 상상력을 높이 평가하였다. 슈니츨러 또한 1930년의 한 인터뷰에서 "어떤 면에서 프로이트 교수와 나는 닮았다."라고 고백하였다.

## 2) 줄거리

의사인 프리돌린과 그의 아내 알베르티네는 안정적인 결혼생활을 유지하고 있는 평범한 부부이다. 이들 부부는 파티에 다녀 온 뒤 그곳에서 있었던 일들을 이야기하다 질투심이 생기고, 서로의 불신을 없애기 위해 '감추어진 욕망'을 솔직하게 이야기하기로 한다. 먼저 알베르티네가 지난해 여름휴가 때 느꼈던 충동, 한 덴마크 해군장교의 매력에 반해 어느 한순간 모든 것을 다 버리고 그 남자를 따라가고 싶었던 심경을 고백한다. 이에 프리돌린은 철석같이 믿고 있던 아내에게 배신감과 질투심을 느끼면서 자신도 휴가 때 보았던 어린 소녀의 '젊고 늘씬한 육체'에 매혹되었다고 이야기한다. 그러나 이 이야기만으로 적개심과 분노가 풀리지 않자 프리돌린은 아내에게 복수하겠다는 생각으로 성적 모험을 추구하게 된다.

프리돌린은 궁중고문관이 위독하다는 전화를 받고 집을 나온 후 빈의 밤거리를 배회한다. 죽은 궁중고문관 앞에서 그의 딸로부터 공격적인 구애를 받기도 하고, 거리에서 창녀의 유혹에 이끌리기도 하지만, 그의 일탈이 실현되지는 않는다. 프리돌린은 한 카페에 들러 대학 때 친구 나흐티갈을 만나고, 그에게서 비밀연회에 대한 정보를 얻는다. 프리돌린은 비밀연회에 무사히 들어가지만 곧 정체가 드러나는 바람에 위기에 처한다. 그러나 미지의 여인이 나서 죄를 대신해 받겠다고 자청한 덕분에 위기를 모면한다.

집에 돌아온 프리돌린은 심한 악몽에 시달리는 알베르티네를 깨워 꿈 이야기를 듣는다. 그녀는 꿈속에서 덴마크 장교와 관계를 맺는 등 수많은 남녀들 사이에서 성적으로 방종했던 이야기를 들려주고, 현실에서 느끼지 못했던 자유와 행복을 꿈속에서 느꼈다고 이야기한다. 이런 아내의 이야기에 프리돌린은 다시 한 번 충격을 받고 "정조도 없고, 잔혹하고, 배신행위를 밥 먹듯 하는 그런 여자"에게 증오심을 느끼고 다시 한 번 복수를 결심한다.

다음날 프리돌린은 지난밤 거쳐 왔던 성적 모험의 행보를 다시금 밟아 가는데, 나흐티갈은 행방불명이 되었고, 창녀는 병원에 입원하고 없다. 그는 카페에서 신문을 보다 한 남작부인이 새벽에 호텔에서 자살했다는 기사를 읽고, 그 여인이 비밀연회에서 자신을 구해준 여인이라고 생각해 시체실로 가서 확인해 보지만 확신하지는 못한다. 이로써 지난밤에 만났던 사람들을 통해 비밀연회의 전모를 파헤치려던 프리돌린의 노력은 실패하고 만다.

집으로 돌아온 프리돌린은 잠든 아내 옆 자신의 베개 위에 비밀연회에서 썼던 가면이 놓여있는 것을 발견한다. 그는 아내가 자신의 일탈 행동에 대해 모든 것을 알고 있을지 모른다는 생각에 마음이 크게 흔들린다. 그는 자신이 부정직했음을 깨닫게 되고, 자신의 모든 것을 솔직하게 털어놓는다. 프리돌린과 알베르티네 부부는 자신들의 속내를 솔직하게 모두 털어놓음으로써 서로를 이해하게 되고, 부부간의 갈등은 일단락된다.

## 3. 작품 해설

### 1) 꿈의 문제

『꿈의 노벨레』는 그 제목이 암시하듯이 '꿈'의 문제를 다루고 있다. 이 작품이 꿈의 문제를 다루고 있고, 슈니츨러가 프로이트와 동시대인이라는 점에서 이 작품이 프로이트의 연구 성과를 문학적으로 형상화했을 것이라는 추정을 가능하게 한다. 바로 이런 추정이 이 작품을 주로 프로이트 식으로 해석하고자 하는 주요 근거를 제공하기도 한다. 프로이트가 꿈이라는 주제를 심리학 전면에 부각시켰고, 그가 꿈을 분석하는 이론적 토대를 세움으로써 이후 문학에서 심리학적 해석의 틀을 제공한 것은 사실이다. 그러나 '꿈'이라는 테마는 일찍부터 많은 사람의 관심과 관찰의 대상이었던 것도 분명한 사실이다. 많은 작가들 또한 꿈의 세계가 신비롭고 환상적이며, 지극히 개인적이고 접근하기가 어렵다는 점에서 매료되었다. 이런 문학적 전통을 고려할 때 1900년경 오스트리아 문학이 꿈의 문제를 다루고 있다고 해서 모든 것을 프로이트의 영향으로, 프로이트 이론의 문학적 형상화로 해석하는 것은 무리가 있다.

슈니츨러는 이미 젊은 시절부터 꿈에 대해 각별한 관심을 가지고 있었다. 그는 평생 동안 쓴 일기에서 모두 600개 이상의 꿈을 기록했고, 이러한 꿈에 대한 관심은 창작에도 그대로 이어져 많은 작품들 속에서 꿈이나 꿈과 같은 체험들이 묘사되고 있다. 꿈에 대한 그의 관심은 의사로서, 그리고 작가로서 그가 가지고 있던 무의식에 대한 관심과 밀접하게 연관된다. 그는 의사로서 당시 의학적 관심사로 대두했던 최면에 대해 연구하는 한편 꿈에 대해 연구하기 시작했다. 그가 1900년에 출간된 프로이트의 『꿈의 해석』 이전에 이미 꿈을 인간의 무의식적 욕망의 표현으로 이해했다는 사실은 많은 연구에서 드러나고 있다. 그는 의사로서 프로이트보다 4년 전에 이미 히스테리를 연구했고, 1889년에 발표된 희곡 「베아트리체의 베일 Der Schleier der Beatrice」에서 꿈을 깨어있는 동안에는 표현되지 못하는 감춰진 욕망의 표현으로 정의하고 있다.

물론 슈니츨러의 꿈에 대한 관심과 이해가 프로이트의 영향을 받았다는 사실은 부인하기 어렵다. 그러나 꿈과 무의식에 대한 그의 관심은 프로이트로 인해 시작된 것이 아니고, 프로이트의 이론을 일방적으로 수용한 것도 아니다. 그럼에도 불구하고 두 사람은 인간을 제대로 이해하기 위해서는 인간의 내면세계, 즉 무의식의 세계를 이해해야 한다는 데에 동의했다. 그리고 무의식은 꿈을 통해서 드러나기 때문에 꿈의 해석을 통해 인간의 내면세계, 나아가 인간의 본질을 이해하는 것이 가능하다고 생각했다. 그러나 프로이트가 현실에서 충족되지 못한 무의식적 충동과 욕망이 은폐된 형태로 나타난 것이 꿈이라고 본 반면, 슈니츨러는 끊임없이 변화하는 의식과 무의식의 중간지대인 '반의식 Halbbewusstsein/Mittelbewusstsein' 상태가 꿈이라고 보았다. 무의식 속에 억압되어 있는 욕망이 의식의 통제가 약해진 사이에 자신의 모습을 어렴풋하게나마 드러내는 상태가 반의식인데, 이러한 반의식의 대표적인 예가 꿈이라는 것이다.

프로이트가 모든 의식 활동이 무의식에 기초하고 있지만, 무의식은 의식이 인식할 수 없는 별개의 영역이라고 파악한 반면, 슈니츨러는 무의식 속에 억압된 모든 것들이 기본적으로 의식을 거쳐 가는 것으로 이해했다. 그는 "우리의 무의식 속에 있는 것은 모두 한 번은 우리의 실제 의식 속에 있었다."고 설명한다. 따라서 무의식 속의 내용, 혹은 꿈의 내용이 꿈을 꾸는 사람에게 완벽하게 낯선 것이 아니기 때문에 꿈을 꾸는 사람이 그 꿈을 통해 그동안 의식의 저편에 가둬두었던 욕망이나 감정 등을 인식하게 되고, 이로써 현실을 보다 더 잘 이해하게 된다는 것이다.

『꿈의 노벨레』는 슈니츨러의 꿈에 대한 이해를 온전하게 반영하고 있을 뿐만 아니라 꿈이나 꿈과 같은 체험이 소설의 구조를 결정하는 가장 중요한 요소로 작용하고 있다. 꿈을 통해 무의식에 내재한 욕구들이 표현된다고 할 때, 이 작품에서 이야기되는 꿈은 알베르티네와 프리돌린 부부의 무의식적 욕구가 드러난 것이라 할 수 있다. 알베르티네의 꿈속 체험은 결혼생활이라는 현실에서 충족되지 못하고 남편 프리돌린에 의해 억압된 그녀의 욕망이 드러난 것이다. 그녀는 꿈속에서 자신이 욕구를 억제하고 살아온 책임을 남편에게 돌리는 한편, 그동안 억압해 왔던 무의식적 욕구를 충족시킨다. 프리돌린의 에로틱한 모험 역시 현실생활에서는 실현하기 어려운 성적욕망을 실현하고자 하는 욕구를 드러낸 것이다. 그는 아내가 다른 남자를 생각했었다는 이야기를 듣자 남성성에 상처를 입게 되고, 무의식 속에 숨어있던 본능이 되살아나 성적 모험을 꿈꾼다.

알베르티네의 체험이 실제 꿈에서 이루어지는 것과는 달리 프리돌린의 체험은 꿈과 같은 현실에서 이루어진다는 차이가 있지만, 그의 체험은 모든 것이 현실에서 일어나지만 상황이 비현실적이고 합리적으로 이해할 수 없다는 점에서 일종의 환상이라고 할 수도 있고, 꿈이라고 해도 무방하다. 꿈에서는 '낮의 잔재'가 나타나듯이, 비밀연회에 들어가는 암호가 부부가 감정의 일탈을 경험했던 '덴마크'라는 사실은 프리돌린의 경험에 꿈과 같은 느낌을 부여한다. 특히 비밀연회 장면은 환상적이고, 거기서 일어난 일들을 확인할 수 없다는 점에서 더욱 꿈처럼 느껴진다. 꿈속에서 일어나지만 현실 내면의 진실을 말하고 있는 알베르티네의 꿈과, 현실에서 일어나지만 마치 꿈처럼 진행되는 프리돌린의 체험이 대칭적으로 구성되어 밀접한 연관관계를 이루는 가운데 두 사람의 무의식에 숨겨져 있던 감정들이 적나라하게 드러난다.

### 2) 1900년경 빈 사회와 부부간의 문제

『꿈의 노벨레』는 부부간의 문제를 다루고 있다. 그러나 이 작품은 단순히 한 부부의 개인적인 문제만을 다루지는 않는다. 이 작품은 부부간의 문제를 통해 엄격한 가부장사회에서 결혼이라는 제도와 관련된 도덕적 규범, 인간의 본능적 욕구 사이에서 오는 심리적 갈등, 이로 인한 정체성 문제 등 보다 큰 사회적인 문제를 동시에 다루고 있다.

19세기 후반 오스트리아 빈은 늙은 황제 프란츠 요셉 1세로 상징되는 남성 중심의 가부장적 질서가 지배하는 사회였다. 당시는 어느 시대보다도 정절과 순결, 명예와 도덕성 등의 개념을 절대적 가치로 규정하고, 이를 사회체계 속에서 내면화하도록 강요했던 시기이다. 따라서 겉으로는 점잖은 사회처럼 보였지만 온 사회가 성에 대한 생각에 빠져있다고 할 정도로 퇴폐적 분위기가 사회 저변에 만연해 있었다. 그러나 그런 감정을 표출할 수 있는 사회적으로 용인된 통로가 존재하지 않았고, 성욕이 인간의 근본적인 본성이라거나 그런 충동이 실제로 존재한다는 사실조차도 공개적으로 용인될 수 없었다. 그래도 남성의 경우는 성적 충동을 느낄 수 있고 또 느껴도 괜찮다는 것이 공공연하게 용인되었고, 실제로 이를 해결하기 위해 당시 창궐했던 매춘부를 찾아가거나, 그 밖에도 여러 기회가 널려 있었다. 문제는 여성이었다.

당시 사회에서는 여성도 성적 충동을 느낄 수 있다는 것이 인정되지 않았고, 더구나 성적 욕구를 밖으로 드러낸다는 것은 상상할 수도 없는 일이었다. 여성은 결혼을 통해 남편에 의해 육체적 욕구에 눈뜨게 되기 전까지는 어떠한 성적 욕구도 갖고 있지 않으며 또 가져서는 안 된다는 사회적 합의가 이루어져 있었고, 오로지 비도덕적이고 타락한 여성만이 성적 희열을 추구한다는 생각이 뿌리깊이 스며있었다. 이런 엄격한 사회에서 여성들의 성적 억압은 이른바 히스테리 증세로 나타났다. 또한 사회적 위상이 높은 가정일수록 당사자의 의견보다는 아버지가 혼인을 결정했고, 이런 식의 결혼은 인간적인 결합보다는 사업상의 정략적 계약이 우선하였다. 따라서 배우자의 인간적인 만족도 따위는 안중에도 없었기 때문에 부부 간의 욕구 불만은 이미 예고된 것이나 다름없었다.

이런 상황에서도 젊은 여성들은 결혼을 자신들이 알지 못하는 매혹적인 세계라고 생각하고, 그러한 미지의 세계에 대한 호기심과 동경 속에서 '낭만적 결혼'을 꿈꾸었다. 그들은 "위험스런 에로틱한 전염 물질로 가득 찬" 바깥세상과는 격리된 채 살아야했기 때문에 남성과 성에 대해 전혀 무지했지만, 이러한 무지가 오히려 젊은 여성들의 호기심을 자극했고, 비밀스런 매력으로 작용했던 것이다. 그러나 그들은 세상물정도 모르고 자의식도 없었기 때문에 배우자를 선택할 때에도 자신의 의사를 표명할 줄 몰랐고, 결혼생활에 있어서도 자신의 의지는 없고 남편이 이끄는 대로 따라가는 것이 당연한 것이라고 생각했다.

그러다 1900년경에 이르러 여성들의 교육 기회가 늘어나고 다양한 분야에서 일자리를 얻게 되는 한편 법적 지위도 개선되면서 여성들의 발언권이 신장되었다. 그러자 연애결혼을 갈구하는 여성들이 늘어났으며, 서로 간의 애정 못지않게 성적 만족이 진정한 사랑을 정의하는 중요한 요소가 되기에 이르렀다. 또한 이 시기에는 프로이트, 크라프트-에빙 R. von Feiherr Kraft-Ebing 등에 의해 성에 대한 연구가 활발히 진행되어 성적 욕구란 인간의 본능이고, 오히려 여성들이 성적욕구가 더 강할지도 모른다는 연구결과가 발표되기도 하였다. '팜므 파탈 Femme fatale'이라는 말이 생겨난 것도 이 때이다. 『꿈의 노벨레』에 나타난 부부간의 문제는 여성들의 자의식이 깨어나기 시작했지만 남성들은 여전히 관습적 태도를 떨쳐버리지 못하고 이중적 태도를 보이고 있던 바로 이 시기를 배경으로 하고 있다.

### 3) 충족되지 않은 욕망

알베르티네와 프리돌린은 빈 중산층의 삼십대 부부이다. 전날 밤에 있었던 파티 이야기를 하던 중 그들의 대화는 점차 진지하게 발전하여 무의식의 세계에서 꿈틀거리는 자신들의 감추어진 욕망에 대한 이야기를 나누게 된다. 그러던 중 서로에 대한 질투심으로 긴장과 불신에 사로잡히게 되고, 이를 벗어나기 위해 그들은 자신의 체험을 솔직히 고백하기에 이른다. 알베르티네는 지난 해 덴마크 휴양지에서 본 덴마크 장교로 인해 가정과 자신의 미래를 포기할 생각이 들 정도로 마음이 흔들렸다고 고백한다. 알베르티네의 고백에 이어 프리돌린은 덴마크 해변에서 만난 어린 소녀의 벗은 모습을 보고 여태껏 체험하지 못한 동요를 느꼈다고 고백한다.

프리돌린은 아내의 도발적인 고백에 충격을 받는다. 이 충격은 일차적으로 자기 아내가 비윤리적인 성적 욕망을 가지고 있다는 사실에 기인한다. 자신의 성적 욕망을 솔직하게 드러내는 아내의 고백은 여성들의 성적 욕망을 인정하지 않던 당시로서는 상상할 수도 없는 일이기 때문이다. 그러나 아내가 성적 욕망을 가지고 있다는 사실보다 더 충격적인 것은 자신이 아닌 다른 남자에게 욕망을 품었다는 사실이다. 아내의 부도덕함에 대한 분노 이면에는 프리돌린의 자존심, 즉 자신의 남성성이 상처를 받았다는 사실이 더 큰 충격으로 작용하고 있다. 이 때문에 그는 아내의 고백 속에 담긴 실제적 의미를 이해하려고 하기보다는 당황하게 되고 심한 적개심을 느낀다.

알베르티네는 남편의 고백을 듣고 눈물을 그렁거리며 총각시절 프리돌린의 수많은 여성 편력을 떠올리고 여성들의 속마음을 이해하려고도 하지 않는 남성들에 대해 냉소를 보낸다. 그동안 그들 부부는 일상생활에 쫓겨 자신들에 대한 이야기를 나눌 겨를이 없었고, 이런 상황에서 알베르티네의 불만은 쌓여왔다. 그러나 그녀는 이러한 것들에 대해 그동안 명시적으로 의문을 제기하지 않았다. 이제 “운명의 바람”이 몰아치면서 그녀는 “비밀스런 영역”에 감추어두었던 욕망을 드러내기에 이른다. 그녀는 덴마크 장교 이야기를 통해 자신의 속내를 드러냄으로써 자신도 성적 욕구를 가진 한 인간이라는 사실을 남편에게 상기시키고자 한 것이다.

### 4) 숨겨진 욕망의 발현

프리돌린은 아내의 고백을 듣고 그녀에 대한 분노와 충격 속에서 진짜 바람을 피워 복수하기로 결심하고 ‘밤의 모험’을 감행한다. 그는 궁중고문관이 위독하다는 전화를 받고 집을 나온 후 마치 뭔가에 홀린 듯 빈의 밤거리를 배회하면서 "자신의 존재의 익숙한 지역을 벗어나 그 어딘가 다른, 멀고도 낯선 세계로 점점 더 깊숙이 빠져든다." 이러한 그의 행위는 단순히 공간적 일탈이 아니라 그가 시민적 질서 속에서 의식적으로 배제해온 낯선 세계, 즉 무의식의 영역으로 접근해가고 있음을 의미한다. 이제 시민적 질서를 벗어난 그는 사방으로부터 위험에 직면하지만 동시에 해방을 경험한다.

프리돌린은 죽은 궁중고문관 앞에서 고문관의 딸로부터 공격적인 구애를 받기도 하고, 거리에서 창녀의 유혹에 이끌리기도 한다. 그의 일탈은 비밀연회에서 절정에 달한다. 그는 한 카페에서 만난 대학 친구 나흐티갈을 통해 성과 속이 어우러진 비밀연회에 참석한다. 그는 아내에 대한 배신감과 일탈에 대한 욕구에서 "설령 그것이 나의 죽음을 의미한다고 해도" 자신의 욕망을 끝까지 추구하고자 한다. 그에게 있어 비밀연회는 시민적 윤리의식의 방해 없이 성적 욕망을 실현시킬 수 있고, 상처받은 남성성을 회복할 수 있는 기회를 의미한다. 모든 사람들이 가면을 쓰고 참석하는 이 연회는 개인성을 배제하고 윤리적이고 사회적인 자기 통제를 벗어나 무의식 속에 감추어진 성적 욕망을 노골적으로 드러내는 공간이다. 그러나 여전히 의식의 세계에 존재하는 프리돌린은 본질적인 욕망의 세계를 목도하면서도 자신의 욕망을 실현시키지 못한다. 그는 미지의 여인으로부터 돌아가라는 충고를 받는가 하면 결국 그 정체가 드러나 위험에 빠진다. 그는 미지의 여인의 도움으로 위기를 모면하고 연회장에서 내쫓기게 된다.

프리돌린의 꿈과 같은 모험은 자신의 성적 욕망을 실현하고자 하는 것이라는 점에서 그의 가장 내적인 진실을 드러낸 것이라 할 수 있다. 그러나 그의 욕망은 충족되지 않는다. 그는 여전히 사회적 질서 안에 머물러 있고, 이러한 사회적 질서를 포기하고자 하는 시도는 번번

이 방해를 받는다. 결국 프리돌린의 모험은 실망스럽게 끝난다.

프리돌린은 마치 하룻밤 꿈과도 같은 모험을 마치고 새벽에 귀가한다. 그는 악몽에 시달리는 것처럼 보이는 알베르티네를 깨워 무슨 꿈을 꾸었는지 묻는다. 그녀는 마치 기다리기라도 한 듯 꿈 이야기를 꺼낸다. 작품의 전체 줄거리가 프리돌린을 중심으로 전개되고 있기 때문에 그녀의 꿈은 프리돌린의 모험을 이해하는 단서를 제공해 준다. 나아가 그녀의 꿈은 전체 작품을 추동하고 부부 간의 관계회복을 주도하는 결정적 역할을 하게 된다. 그녀는 자신의 꿈에 대해 정확히 보고하고 있을 뿐만 아니라 꿈에 대한 감정과 인상을 이야기함으로써 자신의 욕망의 근원이 무엇인지, 그리고 프리돌린이 거기에 어떻게 관련되는지를 조심스럽게 전달한다.

알베르티네의 꿈은 상당히 혼란스러워 보이지만, 결혼에 대한 주저와 기대, 결혼에 대한 실망과 남편에 대한 분노, 억눌린 성적 욕망의 충족, 남편에 대한 복수의 순으로 진행된다. 그녀의 꿈은 현실에서 차마 드러내지 못하고 억압되었던 그녀의 소망을 실현시켜 준다. 그리고 이러한 꿈에 자신의 인상을 덧붙여 꿈속에서의 체험을 이야기함으로써 그녀는 결혼생활에서 가장 중요하지만 한 번도 제기되지 않았던 문제, 즉 성적인 욕망은 너무나 자연스러운 것이고, 이상적인 부부란 서로간의 애정뿐만 아니라 성적으로도 만족스러운 결합에 의해 이루어진다는 것을 설명한다. 그러나 또한 "내가 이 꿈속에서 느꼈던 그런 느긋함, 자유, 행복에 견줄만한 것이 우리가 의식하고 있는 실존적 상태에는 분명히 없다"고 지적하듯이, 그녀는 모든 것을 충족시키는 완벽한 부부관계란 있을 수 없다는 것도 분명히 하고 있다.

알베르티네는 꿈속의 체험과 이 꿈을 해석하는 과정을 통해 자신이 미처 깨닫지 못하고 있던 것들을 새롭게 인식한다. 무의식 속에 억압되어 있는 욕망이 꿈을 통해 드러난다는 점에서 꿈의 내용을 의식 가능한 형태로 재구성한다는 것은 무의식 속에 억압된 욕망을 의식의 차원에서 재수용한 것이라 할 수 있다. 알베르티네는 꿈 이야기를 통해 자신의 무의식 속에 억압되어 있던 욕망의 실체를 확인하고 이를 수긍하기에 이른다. 이로써 그녀는 남편에 대한 복수심을 떨쳐버리고 그동안 남편에게만 의지했던 낭만적 사랑관에서 벗어나게 된다. 이제 그녀는 남편과 동등한 입장에서 그를 받아들일 준비가 된 것이다.

### 5) 화해와 새로운 시작

알베르티네의 꿈 이야기는 프리돌린으로 하여금 다시 한 번 증오와 복수심을 불러일으킨다. 그는 알베르티네의 꿈 이야기에 비하면 자신의 모험은 아무 것도 아니라고 생각하면서, 자신의 모험을 끝까지 체험하기로 작정한다. 다음날 그는 비밀연회에서 자신을 도와준 미지의 여인을 찾아 나선다. 그는 신문에서 남작부인의 자살 기사를 읽고 그녀가 자신을 도와준 미지의 여인이라고 생각해 시체실에 가서 시신을 확인한다. 그는 이제는 아무 비밀도 의미도 없이 싸늘하게 누워있는 시신을 보면서 그것이 불과 하루 전만해도 그토록 열망했던 그 육체였는지를 자문한다. 그리고 자신의 욕망이 가진 실체를 깨닫게 된다.

집으로 돌아온 프리돌린은 자신이 전날 밤 모험에서 사용했던 가면이 아내 옆에 있는 자신의 베개 위에 놓여 있는 것을 보자 마음이 크게 흔들린다. 이런 행위는 알베르티네가 모든 것을 알고 있다는 경고이자 동시에 그를 용서해줄 준비가 되어 있음을 표현하는 것처럼 보였기 때문이다. 그 순간 프리돌린은 지금까지의 자신이 부정직했음을 인식한다. 그는 고통스러운 울음을 통해 감정의 카타르시스를 거친 후 자신의 모든 것을 솔직하게 털어놓는다. 나아가 알베르티네의 꿈을 자신들의 결혼현실에 대한 비유로서 인식하는 것이 가능해지고, "어떠한 꿈도 완전히 꿈만으로 그치는 것이 아니다"는 사실을 깨닫는다. 알베르티네 또한 자신이 프리돌린에게 들었던 것이 프리돌린의 전부는 아니라는 것을 알고 있다. 이제 부부는 자신의 속내를 솔직하게 모두 드러냄으로써 자신을 이해하고 아울러 상대방을 이해하게 된다. 양쪽의 숨김없는 솔직함이 서로에 대한 용서와 화해를 가능하게 한 것이다.

그러나 이들 부부의 고백이 둘 사이의 모든 문제를 완전히 해결해 줄 가능성은 희박해 보인다. "결코 미래를 속단하지 마세요."라는 알베르티네의 말에서 알 수 있듯이 잠재되어 있는 욕망은 어떤 식으로든 해결이 되지 않는 한 쉽게 사라지지 않는다. 내적 자유가 확보되지 않는 한 상황은 언제든 되풀이될 수 있기 때문이다. 이들 부부가 자신들의 문제를 본질적으로 해결하기 위해서는 무엇보다도 프리돌린이 가부장적 사회가 지향해 왔던 이상적 가정상이 변화하고 있는 시대적 상황을 직시할 필요가 있다. 그가 가부장적 권위를 버리고 아내를 대등한 동반자로 인정하는 가운데 그녀가 진정으로 원하는 행복이 무엇인지에 귀를 기울일 때 문제 해결의 단초를 찾을 수 있다. 한편 이들 부부의 문제는 서로 간에 사랑이 부족해서가 아니라 서로가 사랑한다고 믿고 있기 때문에 상대방의 관심사에 둔감했다는 데에서도 그 원인을 찾을 수 있다. 작품은 그들이 원만한 부부관계를 유지하기 위해서는 진정한 의사소통이 이루어져야 하고, 이를 위해서는 무엇보다도 서로에 대한 애정과 지속적인 관심이 기초가 되어야 한다는 것을 보여준다.

〈주요 참고문헌〉

김홍섭(2007): 1900년경 빈 사회와 여성: 슈니츨러의『꿈의 노벨레』나타난 여성의 내적 갈등, 독일언어문학 제38집, 69-89.

홍진호(2010):『꿈의 노벨레』. 꿈속의 현실과 현실 속의 꿈 (1) - 알베르티네의 꿈, 카프카연구 제23집, 203-227.

홍진호(2102):『꿈의 노벨레』. 꿈속의 현실과 현실 속의 꿈 (2) - 프리돌린의 경험, 뷔히너와현대문학 제39집, 101-125.

## 4. 작품 발췌

슈니츨러, 아르투어(2004): 꿈의 노벨레, 백종유 옮김, 문학과지성사.

### * 작품의 시작: 『천일야화』의 동화

"스물네 명의 구릿빛 노예들이 호화찬란한 갈레선(船)의 노를 저었습니다. 이 배는 암기아트 왕자님을 모시고 고향, 칼리프의 궁전으로 가고 있는 중입니다. 그러나 왕자님께서는 진홍빛 망토로 몸을 감싸고 갑판 위에 홀로 누워 계셨습니다. 검푸른 저녁 하늘에는 별들이 총총히 박혀 있고, 그리고 왕자님의 시선이 -"

바로 이 대목까지 어린 딸아이는 큰 소리로 동화책을 읽었다. 그러더니 지금 이 순간에 아이의 눈꺼풀이 어느덧 깜박 내려앉았다. 부모는 미소를 지으며 서로 마주보았다. (13)

### * 부부의 일상

그토록 뜨거운 사랑은 정말 오랜만의 일이었다. 그러나 회색빛 아침이 이내 그들을 잠에서 깨웠다. 바깥주인은 직업상의 일로 꼭두새벽부터 환자의 침대머리에 나가 있어야만 했고, 가정주부와 어머니로서 해야 할 일들은 알베르티네에게도 제대로 쉴 짬을 주지 않았다. 다른 생각을 할 겨를도 없이 하루의 시간은 그날그날 정해진 의무와 노동 속으로 사라져갔다. (15-16)

* 알베르티네의 이야기

“난 바로 그날 아침, 그 남자를 보았죠.” [...] 내 마음이 그렇게 흔들린 건 생전 처음이었으니까. 난 꿈속을 헤매며 온종일 해변에 누워 있었지요. 그 남자가 날 불러준다면 - 그 당시 내 생각으론 확실 했어요 - 난 뿌리칠 수 없었을 거예요. 모든 걸 다 각오하고 있었죠. 당신, 아이, 나의 미래, 모두 내던질 생각이었으니까, 마음의 결정을 내려놓은 거나 마찬가지였죠. 그런데 동시에 말예요 - 당신이 이런 내 마음을 알기나 할까요? - 당신은 저에게 그 어느 때보다도 더 소중했어요. [...] 우리가 함께할 미래, 그리고 아이에 대해서도. 정말 오랜만에 그런 이야길 했지요. 해질 무렵 우린 발코니에 앉아 있었는데, 당신과 내가 말예요. 바로 그때 그 남자가 저 아래 해변을 걸어오잖아요. 고개를 들어 위에 있는 나를 쳐다보진 않았지만. 하지만 난 그를 바라보는 것만으로도 행복했어요. [...] 그 남잔 날 건너다보진 않았어요. 하지만 난 머릿속으로 자릴 박차고 일어나 그 남자의 테이블로 가서 말하는 걸 상상하고 있었어요: ‘자 여기 제가 왔어요. 내가 열망했던 그대, 내 연인이여 - 날 데려가줘요.’ [...]

그 이상은 없어요. 내가 아는 건 그저, 그 다음날 아침 깨어났을 때 얼마간은 안절부절못했다는 거예요. [...] 하지만 그 남자가 정오가 되어서도 나타나지 않자, 난 안도의 한숨을 내쉬었어요. 더 이상 묻지 말아요, 프리돌린. 난 당신에게 모든 진실을 숨김없이 다 말했으니까 - 그런데 당신도 역시 그 해변에서 무슨 일인가를 겪지 않았나요 - 난 알고 있어요. (18-20)

* 프리돌린의 이야기

아주 어린 소녀였지, 열다섯 살쯤 되었을까, 묶지 않은 금발머리가 양어깨를 타고 넘어 앙증맞은 젖가슴 위로 흐르더라구. [...] 소녀의 알몸에서 경련이 일더라구, 그 자리에서 땅속으로 꺼져버리거나 아니면 도망쳐야 한다는 태도가 분명했어. 하지만 좁은 널빤지 위에서는 그저 천천히 움직일 수밖에 없었지. 아마 그래서 가만히 있기로 작정했던 모양이지 - 그렇게 해서 말이야 소녀가 내 눈앞에 서 있게 됐어. 처음엔 놀란 표정이었어, 그 다음엔 화가 난 표정이더니, 마침내는 말야 당황하는 얼굴이 되는 거야. 그러다가 갑자기 미소를 짓기 시작했어. 정말 화사한 미소였지. 인사를 하는 것 같았는데 눈으론 정말 윙크까지 보냈다구. 하지만 말야 동시에 가벼운 비웃음을 보내는 것처럼 나와 그애를 떼어놓은 물을 발로 찰싹찰싹 차기까지 하는 거야. 그러고 난 후 젊고 늘씬한 육체를 곧추세우는 거야. 마치 자신의 아름다움을 빼기는 듯한 태도였지, 그리고 쉽게 눈치챌 수 있었겠지만 번뜩이는 내 시선이 자기 몸 위에 붙박여 있는 것을 알고는, 소녀의 눈빛이 의기양양해지며 매혹적으로 생기가 도는 것이 아니겠어. 우리는 아마 10초 동안 입을 반쯤 벌린 채 이글거리는 눈빛으로 서로를 마주보았어. 엉겁결에 난 그녀에게 손을 뻗었지, 그녀 눈에서 헌신과 환희의 빛을 읽을 수 있었어 [...] 그 아이의 마지막 눈빛에서 내가 여태껏 체험한 그 모든 걸 뛰어넘는 흔들림을 느꼈기 때문에 난 민절(悶絶)해서 쓰러질 뻔하였지. (21-22)

### * 비밀연회

마차가 멈췄다. 마차에서 내리지 말까, 프리돌린은 생각했다, 차라리 지금 당장 그냥 되돌아가버리는 것은 어떨까? 하지만 어디로 간담? 어린 광대소녀에게? 아니면 부흐펠트 거리의 창녀에게? 아니면 마리아네, 죽은 남자의 딸에게? 아니면 집으로? 프리돌린은 가벼운 전율을 느꼈다. 그 어느 곳보다도 바로 집에 가고 싶다는 생각은 추호도 없었기 때문이다. 그게 아니라면 집까지의 거리가 가장 멀다고 생각했기 때문일까? 아냐, 난 되돌릴 수 없어, 그는 속으로 생각했다. 계속 내 길을 가련다, 이게 죽음의 길이라고 해도. 이런 거창한 말 앞에 그는 스스로 웃음을 지었지만 그렇다고 아주 유쾌한 기분이 들지는 않았다.

[...]

갑자기 여자 목소리 하나가 그의 등 뒤에서 속삭이듯 말했다: "몸을 돌려 저를 보진 마세요. 당신이 여기를 떠날 수 있는 시간이 아직은 남아 있어요. 당신은 이런 곳에 어울리는 사람이 아니에요. 사람들이 당신을 발견하면 당신에게 좋지 못한 일이 생겨요."

프리돌린은 깜짝 놀라 몸을 움츠렸다. 한 순간 그는 이 경고를 따를 것도 생각해 보았다. 하지만 호기심, 유혹, 특히 그의 자만심은 그 모든 의혹보다도 더 강렬했다. 이제 내가 이 지경까지 왔다면 될 대로 되어서 끝장을 봐야 하는 거 아냐. 그는 이렇게 생각하고 돌아서지 않은 채 거절한다는 듯이 머리를 흔들었다. (75-78)

### * 알베르티네의 꿈

그러니까 꿈이 시작된 것은 내가 그 방안으로 들어오면서부터였어요. [...] 난 의아했어요, 내일이면 우리 결혼식이잖아요. 그런데 아직 웨딩드레스도 없었으니. 혹시 착각한 건 아닐까? 옷장을 열고 찾아봤지만 웨딩드레스 대신 다른 옷들만 잔뜩 걸려 있잖아요. 모두 무대 의상이었어요. 오페라 의상, 화려한 의상, 아라비아풍의 의상. 결혼식엔 도대체 뭘 입어야 좋담? 이런 생각을 하고 있는데 갑자기 옷장 문이 다시 닫혀버렸는지 아니면 눈앞에서 아예 사라졌는지, 더 이상은 모르겠네요. [...] 어느 순간 갑자기 당신이 창밖에서 있더군요. 갈레선의 노예들이 당신을 이곳까지 모셔왔는데 어둠 속으로 막 사라지는 것이 보였어요. 당신은 매우 비싼 옷을 입었더군요. 금과 은으로 장식된 옷 말예요. 그리고 은 수술이 달린 단도를 옆에 차고서 날 번쩍 안아서 창문 밖으로 내려줬어요. 저도 그 때만큼은 공주님처럼 화사하게 차려 입었고요. [...] 당신과 나, 우리 두 사람은 공중에 둥실둥실 떠서 안개 위로 날아올랐어요. 저는 이게 우리의 신혼여행이라고 생각했죠. [...] 당신은 날 포옹하며 정말로 뜨겁게 사랑해주었죠.

[...] 그러다가 갑자기 아침이 왔어요. [...] 그런데 끔찍한 일이 생겼어요. 우리의 옷이 모두 없어져버린 거예요. 난 이루 말할 수 없는 경악에 사로잡혔고 타오르는 수치심을 못 이겨 마음이 무너져 내렸어요. 동시에 마치 당신 혼자만이 이런 불행한 사태에 책임이 있는 것처럼 난 당신에게 분노를 느꼈어요. [...] 하지만 당신은 자신의 죄가 뭔지를 의식하고, 옷가지를 구하려고 벌거벗은 몸으로 자리를 박차고 일어나 산 밑으로 뛰어가더라구요. 당신이 사라지자 내 마음은 아주 가벼워졌어요. 난 당신이 그렇게 가엾지 않았고, 당신 걱정을 하지도 않았어요. 난 내가 혼자되었다는 것이 그저 기뻐서 행복에 겨워 초원 위를 이리저리 뛰어 다니며 노랠 불렀어요. [...] 갑자기 난 초원 위에 몸을 쭉 뻗고 태양의 광채 속에 누워 있었어요 - 난 현실에서보다도 훨씬 더 아름다웠죠. 이렇게 누워 있는 동안에 숲속에서 한 남자가 걸어 나오더라구요. 새로 유행하는 밝은 색 양복을 입은 젊은 남자였는데, 이제 생각해보니 제가 어제 저녁 이야기했던 덴마크 남자와 거의 비슷하게 생겼네요. [...] 난 그를 유혹하듯 소리를 내어 웃었는데 여태껏 내 평생 그런 식으로 웃은 것은 처음이에요. 그가 나를 향해 팔을 벌리자 난 도망치려 했는데, 몸을 움직일 수 없었어요 - 그의 몸이 내가 누워 있는 초원 위로 쓰러졌는데." 그녀는 더 이상 말이 없었다. (104-109)

내가 당시 그 꿈속에서 느꼈던 그런 느긋함, 자유, 행복에 견줄 만한 것이 우리가 의식하고 있는 실존적 상태에는 없다는 것도 마찬가지로 분명한 일이에요. 그러는 동안에도 난 일순간이라도 당신을 의식하지 않은 적은 없어요. 정말 그랬어요, 난 당신을 보고 있었어요, 당신이 체포되는 것도 보았어요. [...] 난 당신이 사형당하리란 걸 잘 알고 있었어요. 그러나 그 무슨 동정심이나 전율이 일진 않았어요. 난 아주 멀리 떨어져서 그저 지켜보고만 있었으니까요. [...] 당신은 그곳에서 손이 뒤로 묶이고 벌거벗은 채 서 있었지요. 그리고 내가 당신을 보고 있듯이, 난 전혀 다른 곳에 있었지만, 당신도 나를 보고 있었어요. 게다가 나를 껴안고 있는 그 남자를, 그리고 다른 쌍의 연인 모두를, 나체와 내 끊임없는 홍수를 당신은 두 눈으로 보고 있었어요. [...] 당신이 이렇게 성안의 마당에 서 있을 때 높은 곳에 있는 아치형 창문의 빨간 커튼 사이로 젊은 여자가 하나 나타났어요. 머리에 왕관을 쓰고 진홍빛 망토를 걸친 그녀는 이 나라를 다스리는 여왕이었는데 그 여자는 준엄하게 문책하는 듯한 눈빛으로 당신을 내려다봤어요. [...] 그녀는 당신에게 자신의 애인이 될 각오가 되어 있는지를 물었어요. [...] 그럴 경우에 당신은 사형을 면하게 되는 것인데, 당신은 거절하듯 머리를 흔들었어요. 하지만 난 조금도 놀라지 않았어요. 너무나도 당연한 일이었으니까요. 당신은 어떤 위험을 당하더라도 내게 영원히 신의를 지켜야 마땅했고, 그 밖의 다른 길이란 결코 있을 수 없었죠. [...] 그 순간 당신은 갑자기 땅속 어느 지하 감방에 있었는데. 채찍이 바람을 가르며 당신의 몸통 위로 쫘악쫘악 떨어지더군요. [...] 여왕이 당신을 향해 다가왔어요. 그녀의 풀어헤친 머리가 벌거벗은 알몸 위로 흘러내려 있더라구요. 그녀는 자신이 썼던 왕관을 두 손으로 당신에게 바쳤어요. 나는 그 여자가 덴마크 해변의 그 소녀라는 것을 알고 있었어요. [...] 그리고 당신이 다시 거절해버리자 그녀가 갑자기 사라졌어요. 동시에 사람들이 당신을 매달을 십자가를 세우는 것이 보였어요. [...] 당신은 숲길을 따라 산으로 올라오고 있었고. 난 긴장 속에 서 당신을 기다리고 있었지만 동정심은 티끌만큼도 없었어요. [...] 하지만 당신은 내게 미소를 지으며 눈인사를 보냈어요, 마치 당신이 내 소원을 이루어주었고, 내가 필요로 했던 모든 것들, 의상, 구두, 보석을 전부 가지고 왔다고 눈짓을 보내는 것 같았어요. 그러나 내게는 당신의 행동이 말로 다할 수 없을 만큼 우둔하고 바보같이 보였어요. 그래서 당신을 조롱하고, 당신 얼굴에 대고 웃어주고 싶은 유혹이 일더라구요. 그러니까 그 이유는 다른 것이 아니에요. 나에 대한 신의를 지키겠다는 일념으로 여왕의 손을 뿌리치다가, 고문을 당하고 결국에는 참혹한 죽음을 당하기 위해 이곳까지 비틀거리며 올라왔기 때문이죠. 난 당신을 향해 달렸고. 나를 향한 당신의 발걸음도 점점 더 빨라졌어요 - 드디어 난 둥둥 떠서 날기 시작했고, 당신 역시 공중에 떠올랐지요. 그러다가 갑자기 우리는 서로의 눈에서 없어져버렸어요. 왜 그랬는지, 난 알고 있어요: 우린 서로를 엇비켜서 그냥 스쳐지나가 버렸으니. 사람들이 당신을 십자가에 못 박을 바로 그 순간, 그때라도 나는 당신이 적어도 내 웃음소리를 듣길 바랐어요. - 그래서 난 웃음을 터뜨렸어요. 내가 할 수 있는 한, 날카롭고 큰 소리로 웃음을 터뜨렸어요. 그것이 바로 그 웃음 소리였어요. 프리돌린. (110-114)

### * 가면을 발견한 프리돌린

알베르티네가 이것을 습득한 이후 갖가지 상상을 다해보았으리란 것은 의심할 여지가 없었다. 실제로 일어났던 것보다도 아마 더 많고,. 더욱더 심각한 일들을 상상해보았을 것 같았다. 하지만 그녀가 남편에게 이를 암시하는 방식, 자기 옆에 있는 남편 배게 위에 어두운 가면을 놓아둔 그녀의 발상을 생각해보면 남편의 얼굴이 그녀에게 수수께끼가 되어버렸음을 의미하는 것 같았고, 그러나 또 한편에서 보면 장난 같지만 대담무쌍한 이러한 발상에는 그녀의 가벼운 경고와 더불어 그를 용서해줄 각오가 되어 있음을 이미 표시해놓고 있었다. 이러한 정황은 프리돌린에게 확고한 희망을 안겨주었다. 프리돌린은 깨달았다. 그녀 자신도 스스로의 꿈을 회상했던 것이 틀림없고, 그리고 이 꿈이 실제로 일어날 수 있다는 것을 진심으로 의식했기 때문에 아내도 프리돌린 자신의 모험을 너무 심각하게 받아들이지 않으려 한다는 것이 분명했다. (161-162)

* 작품의 마지막: 부부간의 대화

그녀는 미소를 짓고 잠깐 동안 머뭇거리다가 대답했다: "우리의 운명에 감사해야겠지요. 그 모든 모험으로부터 우린 무사히 빠져 나왔잖아요 - 현실에서의 모험 그리고 꿈속에서의 모험. 이 두 가지에서 모두."

"당신도 정말 그걸 확신하오?" 그가 물었다.

"네 확신해요. 하룻밤 동안 실제로 있었던 일. 아니 한 인간의 전생애에 걸쳐서 실제로 있었던 모든 일조차도 그 사람의 가장 내면적인 진실을 동시에 의미하지 않는다는 걸 짐작하고 있기 때문에. 저는 그만큼은 확신하고 있어요."

"그리고 어떠한 꿈도," 그는 조용히 한숨을 내쉬며 말했다. "순전히 꿈으로만 그치는 게 아니야." 그녀는 그의 머리를 두 손으로 감싸 안아 가슴속 깊이 끌어안으며 말했다. "이젠 우리는 정말 깨어났군요." 그녀가 말했다. "앞으로 한동안은."

그는 '영원히'라는 말을 덧붙이고 싶었다. 그러나 이 말을 입 밖에 꺼내기도 전에 그녀는 그의 입술 위에 자신의 손가락을 얹고서 혼잣말인 것처럼 속삭였다: "결코 미래를 속단 하지 마세요."

이렇게 두 사람은 아무 말 없이 누워 있었다. [...] 그리고 귀에 익숙한 소음이 길거리에서 들려오고 호화찬란한 햇빛이 커튼 사이로 비치자 아이의 해맑은 웃음소리가 옆방에서 울려퍼졌고, 그렇게 새로운 하루가 또 시작되었다." (163-164)

## 5. 더 깊이 읽기

### 1) 빈 모더니즘 문학

'빈 모더니즘 Wiener Moderne'은 19세기말 20세기 초에 오스트리아 빈에서 형성된 문학예술사상을 가리킨다. 빈 모더니즘 문학은 19세기 말 유럽의 여러 지역에서 유행하던 각종 모더니즘 문학의 영향을 받아 성립되었다. 당시 유럽에는 입센 H. Ibsen의 자연주의, 매테르링크 M. Maeterlinck의 상징주의, 체호프 A. Chekhov의 사실주의 등 이른바 모더니즘 문학이 유행하였다. 이들 문학에는 시민사회에서 개별 주체들이 느끼는 존재의 불안감과 삶의 의미를 향한 인식욕망이 묘사되었는데, 이러한 심층적 내면세계는 시민사회의 실상을 꿰뚫어 볼 수 있게 해준다는 점에서 빈의 젊은 작가들의 공감을 불러 일으켰다.

빈 모더니즘 문학은 헤르만 바르 H. Bahr에 의해 주도되었다. 그는 유럽 모더니즘의 다양성에 대해 개방적 자세를 취했으며, 젊은 작가들을 발굴하고 후원했다. 그는 처음에는 독일의 자연주의 문학에 열광했으나 프랑스 인상주의 문학을 접한 후 자연주의에 비판적 태도를 취했다. 그는 자연주의 문학이 인간의 외부에 존재하는 자연적인 힘들에 대한 수동적 묘사에 머문다고 비판하면서 '영혼의 상태'를 묘사할 수 있는 '신경 문학 Nervenliteratur'을 주창하였다. 그러나 인상주의 문학이 개인의 주관에만 고립되어 있다는 점에서 그는 곧 인상주의와 거리를 두고 상징주의 문학으로 관심을 돌리게 된다. 빈 모더니즘 문학에는 이러한 인상주의와 상징주의 등 다양한 경향들이 모두 나타나고 있다.

빈 모더니즘 문학의 대표적인 작가로는 로베르트 무질 R. Musil, 후고 폰 호프만스탈 H. von Hofmannsthal, 헤르만 브로흐 H. Broch, 아르투어 슈니츨러 A. Schnitzler, 리하르트 베어-호프만 R. Beer-Hofmann, 페터 알텐베르크 P. Altenberg 등이 있다.

### 2) 프로이트와 무의식의 세계

프로이트는 우리의 정신이 의식과 무의식으로 이루어져 있고, 의식은 무의식의 절대적인 영향을 받는다는 사실을 밝혀냈다. 프로이트는 가설 내지는 비유의 방식으로 무의식을 설명한다.

첫째, 지형학적 정신구조로 설명하는 방식이다. 이 방식은 정신 활동을 지형학적인 공간 개념에 비유해서 의식 Bewusstes, 전의식 Vorbewusstes, 무의식 Unbewusstes으로 나누어 설명한다. '의식'이란 정신의 현재적 지각활동이다. 어떤 자극이 의식에 수용되고 얼마의 시간이 지나 현재 상황에 더 이상 필요 없게 되면 '전의식'으로 이동한다. 그런데 만약 그것이 억압될 경우에는 전의식이 아닌 '무의식'으로 내려가게 된다. 즉 무의식의 원형은 의식에 의해 억압된 것들이다. 의식에 의해 직접적으로 분출되면 정신적 안정을 깨뜨릴 위험이 있는 금지된 욕구나 환상들로서, 주로 성적이고 공격적인 성질의 것이다. 이렇게 억압되어 있으면서 그 자체로는 의식화할 수 없거나 순조롭게 의식화할 수 없는 것이 무의식이고, 잠재되

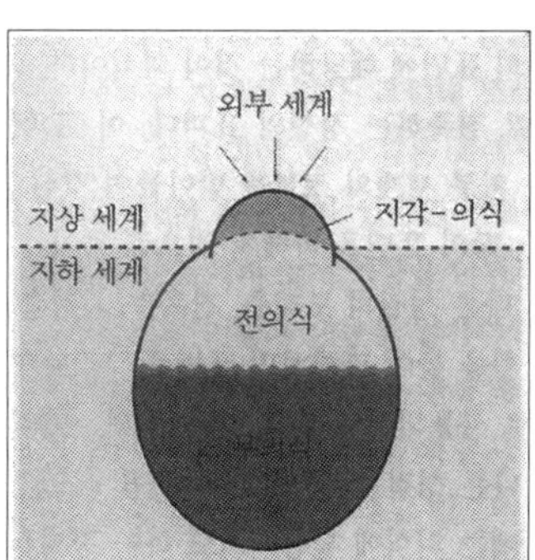

지형학적 정신구조

어 있으나 의식화할 수 있는 것이 전의식이다.

둘째, 역동적 정신구조로 설명하는 방식이다. 이 방식은 공간적으로 파악된 각 정신 활동을 서로 대립되는 힘과 힘의 상호작용으로 설명한다. 즉 우리의 정신 활동이 의식, 전의식, 무의식이라는 심리적 공간을 거치는 것은 원초아 Es, 자아 Ich, 초자아 Super-Ich라는 심리적 장치의 역학 관계, 즉 이들의 상호 작용 때문이라는 것이다.

'원초아'는 무의식의 영역에 있는 원시적이고 근본적인 욕구이다. 원초아는 성적이고 공격적인 충동과 같이 선천적으로 타고나는 여러 본능의 원동력이고, 자아와 초자아의 본바탕을 이루고 있다. '자아'는 우리가 의식적으로 조정할 수 있는 마음의 부분으로 지각, 식별, 기억, 사고, 욕구의 조정 등이 모두 자아의 기능에 속한다. 자아는 원초아의 본능적 충동이 의식으로 뚫고 나오려는 위험으로부터 보호하며, 양심이나 사회적 윤리 도덕 등과 충돌하지 않는 적당한 수준에서 원초아의 본능적 요구를 표현할 수 있도록 해준다. 또한 자아는 초자아의 요구와 희망을 현실에 맞추어 억제 조정하기도 한다. '초자아'는 자아에서 발달되어 나온 것으로, 대부분 무의식에 속해 있으면서 자아의 기능을 관찰하고 조절하는 부분이다. 초자아는 삶의 목표, 양심, 금지 명령, 죄책감 등의 정신현상을 유발하는 가장 인간적이고 문화적인 정신활동이라 할 수 있다. 초자아의 기능은 원초아와 자아를 비판하여 사회규범에 맞는 생활을 해 나가게 하는 데 있다.

### 3) 『윤무』

『윤무. 열 개의 대화 Der Reigen. Zehn Dialoge』(1897)는 성을 중심으

로 파노라마처럼 전개되는 다양한 남녀관계를 통해 순간의 쾌락만을 추구하는 덧없는 인간군상을 그리고 있는 희곡이다. 10개의 장면에 등장하는 각각의 인물들은 개인으로서가 아니라 소시민과 부르주아, 예술가, 타락한 귀족 등 당시 빈 사회의 각 계층을 대변하는 사람들이라고 할 수 있다. 작품은 인물들이 사용하는 언어의 이중성을 통해 그들이 사회 속에서 체득한 행동들이 위선으로 포장된 '가면'이라는 것을 인식하게 함으로써 빈 사회의 모순성을 드러낸다.

이 작품은 오스트리아 공연사상 최대의 스캔들을 일으킨 작품 중 하나이다. 슈니츨러는 이 작품이 사회적 물의를 일으킬까 두려워 출간을 미루다가 200부만 한정 출판해 친지들에게 나누어 주었고, 작품에 대한 관심이 높아지자 3년 후 정식으로 출간하였다. 슈니츨러의 예상대로 이 작품은 외설적이라는 이유로 오스트리아는 물론 독일 여러 지역에서 판매가 금지되었다. 그러나 출판사를 바꿔가며 계속 출간되었고 일부 장면이 공연되는 등 암암리에 꾸준한 인기를 누렸다. 정식 공연은 작품 출간 후 20년도 더 지난 1921년에야 이루어졌지만 시위대의 공연장 난입, 재판과 공연금지 등의 수난을 겪어야 했다. 1922년 이후에는 슈니츨러 자신이 이 작품의 공연을 금지시켰다.

### 4) 구스틀 소위

「구스틀 소위 Lieutenant Gustl」(1900)의 줄거리는 비교적 간단한 편이다. 체면을 중시하는 젊은 장교 구스틀이 음악회의 외투 보관소에서 새치기를 하려다 빵집주인과 시비가 벌어진다. 구스틀은 모욕을 당했다고 생각하지만 상대가 빵집주인이라는 낮은 신분이기 때문에 결투를 신청할 수 없어 고민에 빠진다. 그는 밤새 빈 거리를 돌아다니며 별별 생각을 다하다가 결국 자살하기로 결심한다. 마지막 아침식사를 하기 위해 카페에 들렀다가 빵집주인이 간밤에 뇌일혈로 갑자기 죽었다는 소식을 듣게 된다. 그는 하마터면 헛되이 죽을 뻔 했는데 '지독한 행운'을 만나 천만다행이라고 기뻐하며, 자신의 명예가 회복되었다고 생각한다.

이 작품은 주인공 구스틀 소위가 하루 밤 동안 하는 '내적 독백'이 중심을 이루고 있다. 밤새도록 구스틀의 의식에 떠오르는 생각, 추억, 공상 등을 뇌리에 스치는 대로 묘사되는데, 이런 것들이 내적 독백이라는 수단을 통해 독자에게 전달된다. 독자는 이러한 내적 독백을 통해 그의 의식 속에 들어와 있는 듯한 느낌을 갖게 되고 그의 관점에서 그의 내면세계를 파악하게 된다. 이 작품은 독일문학에서 내적 독백을 작품의 주된 기법으로 사용한 최초의 작품으로 평가된다. 슈니츨러는 이 작품 외에도「엘제 양 Fräulein Else」(1924) 등에서 내적 독백 기법을 사용하고 있다.

1901년 이 작품이 재출간되었을 때 슈니츨러는 제국군대의 명예를 실추시켰다는 이유로 많은 비난을 받았다. 당시 오스트리아에서 제국군대의 장교는 선망의 대상이었는데, 작품 속에 묘사된 구스틀 소위의 생각과 행동은 장교의 명예와는 어울리지 않았기 때문에 제국군대는 물론 보수 언론으로부터 비난이 쏟아졌다. 당시 예비역장교 신분이었던 슈니츨러는 군법회의에서 장교 직위를 박탈당하는 수난을 겪기도 하였다.

### 5) 영화 <아이즈 와이드 셧>

영화 <아이즈 와이드 셧 Eyes Wide Shut>(1999)은 영화계의 완벽주의자로 평가받는 스탠리 큐브릭Stanley Kubrick 감독의 13번째 작품이다. <풀 메탈 자켓> 이후 12년 만에 만든 이 영화는 그의 마지막 작품이자 유작이 되었다. 영화 <아이즈 와아드 셧>은 제목부터가 역설적이다. 언어유희처럼 보이는 영화 제목은 인간 내면의 진실은 눈을 뜨고 있을 때에는 보이지 않지만 오히려 눈을 감고 시선을 내부로 돌렸을 때 비로소 보인다고 말하는 것처럼 여겨진다. 영화가 눈을 뜨고 있지만 미처 보지 못하는 세계를 다루고자 했다면 원작의 의도를 잘 반영한 제목이라 할 수 있다.

이 영화가 엔딩크래딧에서 슈니츨러의 『꿈의 노벨레』에 바탕을 두고 있음을 밝히고 있는 것처럼 영화 대부분의 이야기는 세세한 부분까지 원작을 그대로 따르고 있다. 그러나 상당한 차이도 존재한다. 제목이 다른 것은 물론이고, 공간적 배경이 19세기 말 빈에서 20세기 말 뉴욕으로 변경되었으며, 시간적 배경도 봄맞이 카니발 시즌에서 겨울의 크리스마스 시즌으로 바뀌었다. 등장인물의 이름도 남편의 이름은 프리돌린에서 '빌'이라는 평범한 이름으로 꿔었고, 아내의 이름은 알베르티네에서 '엘리스'로 바뀌었다.

영화 〈아이즈 와이드 셧〉

소설은 부부가 파티에 다녀 온 후부터 이야기가 시작되는 반면, 영화는 처음에 파티 장면을 삽입해 아내 엘리스가 손님으로 온 헝가리 남자와 나누는 대화를 통해 이 영화의 핵심 주제가 결혼이라는 것을 직접적으로 암시하면서 시작된다. 또한 소설에서는 파티 후 부부간에 나누는 대화가 아내의 고백에 이어 남편의 고백으로 이어지는 반면, 영화에서는 남편 빌의 고백이 생략되었다. 따라서 영화는 아내의 고백으로 인한 남편의 배신감과 분노에 초점이 맞춰져 있는 반면, 남편의 고백으로 인한 아내의 심리묘사는 단순하게 처리되었다. 이로 인해 영화는 주로 남편 빌의 행적을 중심으로 이야기가 진행됨으로써 원작이 의도했던 구조적 대칭성은 현저히 약화되었다.

영화의 가장 큰 차이는 소설에 등장하지 않은 지글러라는 인물이 등장한다는 것이다. 그는 꿈과 같이 모호한 빌의 모험에 현실성을 부여하지만, 이 때문에 독자가 상상할 수 있는 여지를 축소시킨다. 소설에서 비밀연회는 프리돌린의 성적 욕망을 드러내는 장치인 반면, 영화에서는 지글러의 설명을 통해 비밀연회가 타락한 상류층의 유희공간이었다는 사실이 드러난다. 영화에서는 소설과 달리 비밀연회 장면이 부각되면서 마치 스릴러물 같은 분위기를 풍기지만, 결국 통속적으로 해결됨으로써 소설이 의도했던 현대적 삶의 근원적 불확실성은 제대로 드러나지 않는다.

이 영화는 개봉과 더불어 그 선정성과 난해성으로 인해 많은 논란을 불러 일으켰다. 이 영화는 큐브릭 감독의 영화 치고는 다소 소박한 면이 있지만, 영화가 주는 시각적, 심리적 충격은 그의 다른 영화들과 크게 다르지 않다는 평가를 받았다. 특히 사소할 법한 부부간의 문제를 의식과 무의식을 가로지르는 '심리적 오디세이'로 격상시켰다는 점에서 높은 평가를 받았다.

## 6. 생각해 볼 문제들

### 1) 작품 이해

(1) 알베르티네에게 결혼이란 어떤 것인가?

(2) 프리돌린이 아내에게 배신감을 느끼는 이유는 무엇인가?

(3) 프리돌린이 찾아간 비밀연회는 어떤 의미를 갖는가?

(4) 알베르티네의 꿈은 어떤 의미를 갖는가?

(5) 슈니츨러가 작품명을 『꿈의 노벨레』라고 붙인 이유는 무엇인가?

### 2) 더 생각해 볼 문제

(1) 1900년경 특히 오스트리아 빈에서 성에 대한 연구가 활발하게 일어난 이유는 무엇인가?

(2) 결혼이란 우리에게 어떤 의미를 갖는가?

(3) 결혼관계를 유지하기 위한 조건이 있다면 무엇인가?

(4) 생각하고 말하는 방식에서 남녀 간의 차이가 있다면 어떤 것인가?

(5) 문학작품 속에서 불륜이 자주 다루어지는 이유는 무엇인가?

# 서푼짜리 오페라

– 베르톨트 브레히트 –

## 1. 작가 소개

베르톨트 브레히트

베르톨트 브레히트 Bertolt Brecht (1898-1956)는 바이에른주 아우크스부르크에서 제지공장 공장장까지 지낸 베르톨트 프리드리히 브레히트의 장남으로 태어났다. 그는 어려서부터 글쓰기에 재주가 많았지만, 아버지의 뜻에 따라 1918년 뮌헨 대학 의학부에 입학했다. 재학 중 제1차 세계대전에 위생병으로 소집되어 육군병원에서 근무하기도 하였다. 그러나 의학보다는 연극에 더 관심이 많았고, 결국 1년 만에 대학을 포기하고 말았다. 이 시기 그는 부르주아 시민사회를 지탱하고 있던 기독교 사상과 개인을 사회로부터 소외시키는 자본주의에 강한 회의를 품게 된다. 그의 첫 희곡 『바알 Baal』(1919)은 바로 이러한 문제를 다루고 있다. 이 작품에서 그는 기독교 윤리를 부정하고 스스로 개인임을 확인하기 위해 철저한 쾌락을 추구하는 주인공을 통해 기독교 시민사회를 비판하였다. 이어 1922년에는 전쟁귀환병을 통해 혁명적

이념보다는 개인적 행복을 선택한 '살아남은 자'의 승리를 형상화한 『밤의 북소리 Trommeln in der Nacht』로 '클라이스트상'을 수상하였다.

1924년 베를린으로 이주한 브레히트는 문학적으로 새로운 전기를 맞게 된다. 당시 베를린은 제1차 세계대전의 패전과 갑작스런 자본주의의 도입으로 인해 모든 면에서 혼란을 겪고 있었다. 브레히트는 당시 대도시의 혼란스런 모습들을 문학 속에 담기 시작했지만, 기존의 연극미학으로는 현실을 제대로 묘사할 수 없다는 자괴감에 시달렸다. 현실의 고통을 한 인간의 성격이나 운명으로 돌리기에는 당시 사회가 철저히 자본주의 법칙에 의해 움직이고 있다고 생각했기 때문이다. 그는 현실을 보다 잘 이해하기 위해 칼 마르크스 Karl Marx (1818-83)를 접하게 되었고, 자본주의 사회의 문제점을 파헤친 마르크시즘을 통해 현실인식의 틀을 갖추게 되었다. 이 시기에 발표한 작품이 바로 자본주의 사회를 약탈과 착취의 사회로 풍자한 『서푼짜리 오페라 Die Dreigroschenoper』(1928)이다.

『서푼짜리 오페라』의 성공으로 대중적인 명성을 얻기 시작한 브레히트는 1929년부터 <시도 Versuch>라는 이름하에 실험적인 작품들을 발표하기 시작했다. 여기에는 여러 편의 '교육극 Lehrstück'과 오페라 『마하고니 시의 흥망성쇠 Aufstieg und Fall der Stadt Mahagonny』, 이론서 『서푼짜리 소송 Der Dreigroschenprozeß』 등의 중요한 작품들이 실렸는데, 이 작품들은 브레히트 고유의 '서사극 Episches Theater'이 발전해 가는 과정을 잘 보여준다.

1930년에 이르러 바이마르 공화국의 정치상황이 점점 혼탁해지고, 1933년 나치가 정권을 장악하자 브레히트는 덴마크로 망명했다. 1939년 제2차 세계대전이 발발하자 스웨덴을 거쳐 1941년 미국 할리우드 근교인 산타 모니카에 정착하면서 6년간의 미국 망명생활이 시작되었다. 이 시기 그는 경제적인 어려움으로 영화대본을 쓰기도 했지만, 끊임없는 집필 활동을 통해 서사극 이론을 정립해 나갔다. 그의 대표작이라 할 수 있는 『억척어멈과 그 자식들 Mutter Courage und ihre Kinder』(1939), 『갈릴레오 갈릴레이의 생애 Das Leben des Galileo Galilei』(1943), 『코카서스 백묵원 Der Kaukasische Kreidekreis』(1945) 등이 바로 이 시기에 집필된 것들이다.

브레히트는 1947년 미국에서 반공산주의 열풍이 불자 반미 공산당원으로 몰려 심문을 받았고, 다음 날 미국을 떠나게 된다. 2년 동안 스위스에 머물다, 1949년 자신의 연극 활동을 보장한 동독으로 귀향했다. 그해 동독 정부의 지원 하에 아내인 여배우 헬레네 바이겔 Helene Weigel과 함께 극단 '베를리너 앙상블'을 창단했다. 1954년 전용극장을 갖게 된 그는 이후 자신의 작품을 무대에 올리고 고전을 개작한 작품들을 연출하는데 몰두했다. 1956년 8월 영국 초청공연을 앞두고 연습장면을 지켜보던 중 58세로 사망했다.

주요 작품으로는 희곡 『밤의 북소리 Trommeln in der Nacht』(1922), 『서푼짜리 오페라 Die Dreigroschenoper』(1928), 『억척어멈과 그 자식들 Mutter Courage und ihre Kinder』(1939), 『사천의 선인 Der gute Mensch von Sezuan』(1940), 『갈릴레오 갈릴레이의 생애 Das Leben des Galileo Galilei』(1943), 『코카서스의 백묵원 Der Kaukasische Kreidekreis』(1945) 등이 있고, 시집으로는 『가정기도서 Die Hauspostille』(1926) 등이 있다.

## 2. 작품 소개

### 1) 생성 배경

『서푼짜리 오페라』는 영국의 극작가 존 게이 John Gay(1685-1732)의 『거지 오페라 The Beggar's Opera』(1728)를 토대로 만들어졌다. 『거지 오페라』는 18세기 초를 배경으로 영국사회의 부패상을 폭로한 새로운 형식의 발라드 오페라였다. 존 게이는 당시 런던 오페라 무대를 점령하고 있던 이탈리아 오페라가 일반인의 삶과 거리가 먼 신화나 왕 혹은 귀족들의 이야기를 다루고 있는데다 영국 관객들이 이해하지 못하는 이탈리아어로 공연된다는 점에 불만을 품고 이탈리아 오페라와는 다른 새로운 오페라를 구상했다. 이렇게 만들어진 『거지 오페라』는 등장인물부터 왕이나 귀족들이 아니라 도둑이나 사기꾼, 매춘, 폭력, 부정을 일삼으며 살아가는 이른바 부패한 인간들이고, 오페라에 사용된 음악도 아리아 대신 대중들 사이에서 널리 불리던 발라드로 대체되는 등 전혀 새로운 성격의 오페라였다.

당시 이 오페라는 런던에서 이탈리아 오페라에 대항하는 서민 오페라로 크게 인기를 끌었지만, 그 후 잊혀졌다가 약 200년 후 1920년대에 재발견되어 영국의 런던 등 여러 도시에서 인기리에 공연되고 있었다. 브레히트의 비서 엘리자베트 하우프트만 E. Hauptmann이 신문에서 『거지 오페라』에 관한 기사를 보고 1927년 이 작품을 독일어로 번역하였다.

브레히트는 이 작품을 '쉬프바우어담의 베를린 극장'의 개관 기념으로 1928년 8월에 공연하기로 확정하고, 작곡가 쿠르트 바일 K. Weill

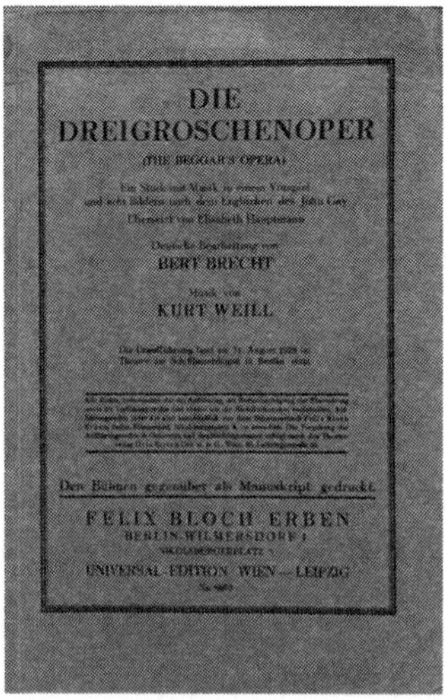
DIE
DREIGROSCHENOPER
(THE BEGGAR'S OPERA)
BERT BRECHT
KURT WEILL
Den Bühnen gegenüber als Manuskript gedruckt
FELIX BLOCH ERBEN
BERLIN-WILMERSDORF I
UNIVERSAL-EDITION WIEN — LEIPZIG

『서푼짜리 오페라』 초연 대본 표지

과 개작 작업에 돌입한다. 이 작품은 처음에 '불량배 Das Gesindel'라는 제목이 붙여졌으나, 1928년 5월에 나온 대본에는 『뚜쟁이 오페라 Die Luden-Oper』라는 이름으로 인쇄되었다. 그러나 같은 해 8월 초에 시연을 위해 브레히트와 바일은 남부 프랑스의 해변에 있는 생시르에 머물면서 집중적으로 다시 개작에 몰두했다. 이후 연습이 시작된 후에도 끊임없이 삭제와 보완 작업이 계속되었고, 제목도 『서푼짜리 오페라』로 바뀌었다.

이런 우여곡절을 겪으면서 『서푼짜리 오페라』가 초연되었을 때 시연임에도 불구하고 연속 매진되면서 예상외의 성공을 거두었고, 브레히트와 바일은 일약 세계적인 작가로 알려지게 되었다. 이 작품의 인기는 바일이 작곡한 노래도 큰 몫을 하였다. 특히 <매키 매서의 장타령>은 수없이 개작되어 여러 나라에서 불려졌다. 1928년과 1933년 사이 12개의 음반회사에서 음반이 출시될 정도로 인기가 높았다.

『서푼짜리 오페라』는 새로운 형식의 '음악이 있는 극작품'이라는 장르를 만들어냈고, 이 작품의 성공은 연극에서 독특한 노래문화를 정립하는 계기가 되었다. 이 작품은 1928년 8월에 초연된 이후 2년 동안 350회 이상 연속 공연되면서 1920년대 독일연극사에 유래 없는 기록을 남겼다. 1931년에는 영화로도 만들어졌고, 1934년에는 『서푼짜리 소설』로 출간되기도 하였다.

## 2) 줄거리

1막: 피첨은 걸인들의 우두머리로 '걸인의 친구'라는 회사를 차려 런던의 구걸 사업을 독점하고 있다. 매키 매서(매키스)는 노상강도단의 두목으로 피첨의 딸 폴리를 꾀어 마구간에서 결혼식을 올린다. 하객으로는 매키스 일당과 브라운 경시청장이 참석하는데, 브라운과 매키스는 옛 전우로 사업상 공생관계를 맺고 있다. 뒤늦게 딸 폴리의 결혼 사실을 안 피첨은 경악하면서 폴리에게 이혼을 강요한다. 그러나 그녀가 거절하자 경시청장에게 얘기해서 매키스를 교수대로 보낼 생각을 한다.

2막: 피첨의 딸 폴리는 아버지가 브라운에게 부탁해 매키스를 체포하려 한다는 계획을 알고 매키스를 찾아가 이를 알려준다. 매키스는 폴리에게 자신의 사업을 부탁하고 잠적한다. 한편 피첨 부인은 창녀 제니를 찾아가 매키스가 나타나면 알려주도록 부탁한다. 그 후 매키스는 창녀들에게 나타나고, 제니의 밀고로 경찰이 들이닥친다. 매키스는 창문을 통해 도망가지만 결국 체포된다. 그 후 브라운의 딸 루시가 경찰서에 찾아와 매키스에게 폴리와 결혼한 것을 따진다. 루시는 매키스의 정부로서 마침 감옥에 온 폴리와 질투어린 언쟁을 벌이기도 한다. 매키스는 루시의 도움으로 탈옥한다. 피첨은 브라운이 매키스를 탈옥시켰다고 생각해 당장 매키스를 잡지 못하면 걸인들을 동원해 왕의 대관식을 방해하겠다고 위협한다.

3막: 피첨은 걸인들의 행렬을 준비하고, 이를 막으려는 브라운에게 매키스를 체포하도록 협박한다. 한편 감옥을 탈출한 매키스는 다시 창녀들에게 갔다가 재차 체포된다. 매키스는 돈을 써서 감옥을 나가려고 하지만, 이제 아무도 그를 도우려고 하지 않는다. 마침내 매키스는 교수대 위에 서게 된다. 그러나 마지막 순간에 말을 탄 왕의 사신이 나타날 것이라는 예고에 이어, 브라운이 등장해 매키스가 석방됨과 동시에 귀족에 봉해진다는 왕의 명령을 전한다.

## 3. 작품 해설

### 1) 브레히트의 서사극

브레히트는 연극분야에서 영국의 셰익스피어에 비견되는 세계적인 작가이다. 그는 극작가로서 뿐만 아니라 아리스토텔레스 Aristoteles의 극론을 극복한 연극 이론가로서도 잘 알려져 있다. 그가 주창한 '서사극 Episches Theater'은 그의 연극 이론의 중심을 이루고 있고, 현대연극의 발전에도 지대한 영향을 미쳤다. 『서푼짜리 오페라』를 비롯한 그의 작품을 제대로 이해하기 위해서는 무엇보다도 '서사극'에 대한 이해가 선행되어야 한다.

서사극은 브레히트가 발전시키고 이론적 체계를 세운 새로운 극 형식으로 전통적인 아리스토텔레스 극론을 극복하고 있다. 아리스토텔레스의 비극론에서 비롯된 고전 연극의 절대성은 우선 무대양식에서부터 나타난다. 고전 연극에서 무대와 객석은 완전히 분리된다. 무대는 삼면이 벽으로 둘러싸인 예술 공간으로서 일반적으로 객석보다 높게 위치해 있고, 조명을 통해 어두운 객석과 구분지어 진다. 무대와 객석의 분리 원칙은 '제4의 벽'이라고 할 수 있는 '막'을 통해 완벽하게 실현된다. 무대는 현실을 충실하게 재현함으로써 관객에게 완전한 환상을 제공해야 하는데, 그러기 위해서는 무대 장치의 변환 과정 등이 노출되어서는 안 된다. 장면이 교체될 때마다 막이 내려지고 조명이 꺼지는 것은 관객이 환상을 유지하도록 하기 위한 것이다.

고전 연극의 절대성은 관객과의 관계에서도 나타난다. 고전 연극에서는 무대 위에서 재현되는 인간관계가 대화로만 이루어지는데, 이 대화는 관객을 향한 대사가 아니라 극중 인물들 간의 대사이기 때문에 배우와 관객 간의 직접적인 소통은 불가능하다. 무대 위의 배우는 극중 인물이 되어 자신의 연기에 몰입하고, 관객은 단지 수동적인 자세로 무대 위의 연극을 관람할 뿐이다. 관객은 마치 현실의 한 장면을 눈앞에서 보는 듯한 환상에 빠지게 되고 감정이입을 통해 극중 인물의 세계에 몰입하게 된다.

서사극은 이러한 고전 연극의 절대성을 지양한다. 서사극에서는 고전 연극과 달리 무대와 객석이 분리되지 않는다. 무대와 객석을 분리하지 않기 때문에 특별히 '막'을 내릴 필요가 없다. 서사극은 무대 위의 환상을 유지할 이유가 없기 때문에 무대 장면이 바뀌더라도 일부러 막을 내리거나 조명을 꺼서 감추지 않는다. 따라서 관객은 무대 위에서 새로운 장면이 세팅되는 것을 다 볼 수 있다. 서사극에서 무대는 환상의 공간이 아니라 단지 현실의 일부로서 연극을 제공하는 공간일 뿐이다.

관객과의 관계를 보더라도 서사극에서는 배우와 관객 간의 직접적인 소통이 가능하다. 서사극에서는 무대와 객석이 열려있기 때문에 배우가 관객을 향해 직접 대화를 시도할 수 있다. 배우가 연기를 하다가 갑자기 중단하고 극중 인물과는 다른 제3자가 되어 관객을 향해 직접 이야기를 하기도 하고, 극중 인물과 상관없는 해설자나 가수가 등장해 관객에게 사건의 경과를 설명하거나 해설하기도 한다. 마치 소설 텍스트에 등장하는 서사적 자아, 즉 '화자(서술자)'같은 역할이 연극 속에 도입되고 있는 것이다. 서사극은 이러한 중개적 의사전달체계의 도입을 통해 고전 연극의 절대성을 지양하고자 한다. '서사극'이라는 명칭 자체가 이러한 '연극의 서사화'라는 의미를 내포하고 있다.

이와 같이 브레히트는 비(非)아리스토텔레스적인 서사극을 통해 종래의 연극 규범을 벗어나는 새로운 연극을 지향한다. 종래의 연극이 환상적인 무대체험으로 관객의 감정이입을 유도하고 이를 통해 카타르시스를 체험하게 하는 반면, 브레히트의 서사극은 허구적인 화자를 도입해 서사적인 형식과 논증을 통해 관객으로 하여금 이성적인 관찰자가 되도록 한다. 관객이 사건전개에서 거리를 유지한 채 이성적인 관찰자가 되게 함으로써 사건을 객관적으로 판단하고 비판하도록 하는 것이다.

브레히트는 관객이 무대 위의 사건을 자명하고 당연한 것으로 받아들이기보다, 일상적인 현상이나 상관관계를 특이하고 비관습적인 현상으로 관찰하도록 하기 위해 '낯설게 하기 효과 Verfremdungseffekt(=생소화 효과, 소격 효과)'를 도입한다. 어떤 사건이 잘 알려져 있는 경우 거기에 너무 익숙한 나머지 명백하고 당연하다고 생각하기 쉬운데, '낯설게 하기'란 이런 생각에서 벗어나게 함으로써 그 사건이 낯설고 두드러져 보이도록 하는 것이다. 그래야 그 사건에 대한 관객의 주의와 관심을 환기시킬 수 있고, 이를 통해 우리가 일상적인 것으로 넘겨버리기 쉬운 사건을 새로운 관점에서 한 번 더 생각해보고 그것이 갖는 문제가 무엇인지 발견해 낼 수 있기 때문이다.

브레히트는 낯설게 하기가 효과를 발휘하기 위해서는 무엇보다도 연기를 하는 배우나 관객 모두가 무대 위의 사건과 일정한 거리감을 유지하는 것이 우선되어야 한다고 말한다. 배우는 주어진 역할을 연기할 뿐 자신의 배역에 몰입해서는 안 되며, 단지 사건을 재현할 뿐이다.

배우는 마치 역사가처럼 사건과 거리를 두고 사건을 '서술'해야 한다는 것이다. 관객 또한 무대 위의 사건에 감정을 뺏겨서는 안 되며, 이성적인 관찰자가 되어 사건을 정확하게 이해하도록 노력해야 한다. 관객은 비판적인 관점에서 사건이 왜 일어나게 되었는지 판단하는 입장에 서야 한다는 것이다.

또한 브레히트는 서사극의 주요 수단으로 사건을 '역사화'한다. 사건에 대한 정확한 이해를 위해서는 객관적인 시선이 필수적이다. 이를 위해 브레히트는 '지금 이곳'이 아닌 과거에, 다른 곳에서 취한 상식적인 소재를 이용해 관객으로 하여금 그 소재로부터 거리를 두고 객관적 입장에서 통찰하도록 한다. 역사화는 과거의 사건을 '재현'한다는 점에서 직접성이 제거된 상태이기 때문에 관객은 거리감을 유지한 채 그 사건을 분명하게 인식하고 통찰할 수 있게 된다. 『서푼짜리 오페라』는 1900년경 영국이 배경이고, 『억척어멈과 그의 자식들』은 17세기 독일의 30년 전쟁이 배경이다. 『사천의 선인』에서는 먼 중국이 배경으로 등장한다. 당시 독일의 이야기가 아니라 다른 시대 다른 곳에서 일어난 사건이기 때문에 관객은 거리감을 유지한 채 무대 위의 사건을 객관적으로 관찰하고 비판적으로 바라볼 수 있게 된다.

브레히트가 이러한 연극을 통해 지향하는 것은 관객의 의식변화와 실천이다. 그의 서사극은 현실을 낯설어 보이게 함으로써 극중 인물이 달리 행동하면 다른 결과를 가져오리라는 것을 통찰하도록 한다. 나아가 불가피한 것으로 보였던 현 사회의 제반 구조와 모순이 어쩔 수 없이 받아들여야하는 당연하고 고정불변의 것이 아니라, 우리가 어떻게 행동하느냐에 따라 얼마든지 달라질 수 있고, 바꿀 수 있다는 사실을 인식하도록 한다. 그리고 이러한 인식이 극장에만 머물지 않고 자신의 실생활에서 적극적인 사회참여와 변혁으로 이어지도록 유도한다는 것이 브레히트가 지향하는 서사극의 의도였다. 그런 의미에서 브레히트 서사극은 정치적 요소가 강하다고 할 수 있다.

### 2) 서사극의 주요 기법

브레히트의 서사극에서는 서사극의 목적을 연극적으로 실현하기 위해 여러 가지의 기법을 사용한다. 무대와 관객 사이의 '제4의 벽'을 제거하고 여러 가지 기법을 통해 모든 것이 잘 준비되고 조정된 연극이라는 것을 숨기지 않는다. 서사극의 주요 기법 중 몇 가지를 들면 다음과 같다.

첫째, 연극 처음에 '서막'이 제시된다. 서막은 관객들에게 지금부터 관람하는 것이 연극 공연이라는 사실을 강조함으로써 관객이 실제의 사건을 본다는 환상에 빠지지 않도록 해준다. 이를 통해 관객에게 무대 위의 예술세계에서 찾을 수 없는 해결책을 현실에서 찾도록 요구한다.

둘째, 해설자가 등장한다. 해설자는 무대와 객석 사이의 중개자이며 무대 위의 사건진행을 관찰하고 해설한다. 그는 자신의 생각을 직접 관객에게 호소하고 관객을 자신의 관찰에 끌어들인다.

셋째, 장면의 제목이나 내용을 미리 알려준다. 장면의 제목이나 내용 설명을 막에 투사하거나 현수막을 이용해 보여줌으로써 관객의 관심이 사건의 내용보다는 그것이 어떻게 일어나게 되었는지에 집중하도록 유도한다.

넷째, 노래가 주요 요소로 등장한다. 브레히트 연극에 등장하는 노래는 민요, 담시, 샹송 등의 곡조를 붙여서 부르는 모든 것을 지칭하고, 그런 의미에서 특별히 '쏭 Song'이라고 부른다. 노래는 사건진행을 일시적으로 중단시킴으로써 관객으로 하여금 연극적 사건에 몰입하는 것을 방지하며, 거리를 두고 비판적으로 관찰하도록 일깨운다.

다섯째, 배우가 관객에게 말을 걸기도 한다. 무대와 관객 사이의 '제4의 벽'이 제거됨으로써 배우는 관객의 존재를 인정하고 관객에게 직접 이야기를 건넨다. 극중 인물은 자신의 역에서 벗어나 관객을 향해 자신의 생각을 설명하거나 내용을 종합하고, 앞일을 예고하기도 한다. 이로써 관객으로 하여금 무대에 대한 환상에서 벗어나 사건을 직시하도록 한다.

여섯째, 극중극이나 재판장면이 삽입된다. 사건진행을 중첩시키는 극중극이나 재판장면을 삽입해 관객으로 하여금 연극적 사건을 이중으로 체험하게 한다. 관객이 무대 위에서 제시되는 연극과 관객의 관계를 보면서 관찰자로서의 자신의 위치를 인식하도록 한다.

일곱째, 무대 장치의 변환과정을 직접 보여준다. 조명장치나 무대장식, 의자나 탁자 배치 등 공연을 위한 준비과정을 공개적으로 보여줌으로써 관객에게 무대에서 일어나는 일들이 연극적 사건이라는 것을 잊지 않도록 한다.

### 3) 『서푼짜리 오페라』의 서사극적 특징

#### (1) 서사적 수단으로서의 서막

『서푼짜리 오페라』는 브레히트가 이 작품의 맨 처음에 밝히고 있듯이 "서사극에 대한 한 실험"이다. 따라서 이 작품에서부터 이미 브레히트 서사극의 주요 특징들이 잘 드러나고 있다. 이러한 특징은 이 작품의 서막에서부터 나타나기 시작한다.

제1막에 앞서 '매키 매서의 장타령'이라는 노래로 이루어진 서막이 제시된다. 이 서막은 노래를 통해 매키스의 행태와 범행들을 소개함으로써 앞으로 전개될 연극도 이와 비슷한 주제를 다루게 될 것이라는 것을 암시한다. 연극 시작 전에 미리 매키스의 행태와 범행들을 소개함으로써 묘사 대상에 대한 관객의 호기심을 제거해 무대 사건에 대한 감정이입을 막고 동시에 무대 위의 사건에 거리감을 가지고 비판적인 자세를 견지할 수 있도록 한다.

(2) 장의 제목과 내용 제시

『서푼짜리 오페라』는 3막으로 구성되어 있으나, 개개의 막은 제목이 없는 반면, 마지막에 별도의 소제목을 가진 '피날레'로 마무리된다. 예를 들어 제1막은 <서푼짜리 피날레: 인간적 관계의 불확실성에 관하여>라는 소제목을 가진 피날레로 끝난다.

개개의 막은 3개의 장으로 이루어져 전체 작품은 총 9개의 장으로 구성되어 있다. 개개의 장 앞에는 대문자로 써진 텍스트가 내용을 제시하고 있다. 예를 들어 제1막 1장 맨 처음에 '걸인 옷 의상실'이라는 장소 제시와 함께 1장에서 일어날 사건의 내용을 간결하게 요약한다. 굵은 고딕체로 써진 이 텍스트가 실제 연극에서는 현수막으로 걸리거나 자막에 투사되어서 장면 시작 전에 관객에게 제시된다. 이로써 관객은 무엇이 전개될지를 이미 아는 상황에서 긴장을 풀고 편안한 자세로 무대 위에서 일어나는 사건을 관찰하게 된다. 이러한 내용 제시는 관객의 관심을 '무엇이'에서 '어떻게'로 돌림으로써 관객에게 무대 위의 사건에 대해 비판적인 태도를 가지고 스스로 생각할 수 있도록 한다.

### (3) 노래

『서푼짜리 오페라』에는 모두 21개의 노래가 들어있다. 바일이 작곡한 이 노래들은 민요적 선율에 형식도 단순하기 때문에 알아듣기 쉬울 뿐만 아니라 쉽게 따라 부를 수 있는 것들이다. 이는 상대적으로 가사의 내용에 귀를 기울일 수 있는 여유를 만들어준다.

『서푼짜리 오페라』에 나오는 많은 곡들은 줄거리와 관계없는 노래들이다. 이는 사건 진행과의 거리감을 조성함과 동시에 극중 인물이 하는 이야기를 모두의 이야기로 받아들이도록 하기 위한 것이다. 어떤 인물이 노래를 부를 때에는 뒤쪽 배경에 노래 제목이 투사되거나 현수막이 등장하기도 하고, 때로는 노래를 부르는 인물에 강한 조명을 집중시키기도 한다. 이 또한 관객들이 극의 내용에 몰입하는 것을 막기 위한 수단이라고 할 수 있다.

### (4) 관객을 향한 대사

『서푼짜리 오페라』에서 관객을 향한 대사는 여러 가지 형태로 나타나고 있다. 예를 들어 제1막이 시작되자마자 피첨은 '아침 찬송가'를 부른 다음에 바로 관객을 향해서 호소한다. 그는 무대 앞에 나와서 자기 사업의 성격을 소개하고, 사업상의 애로사항을 구체적으로 설명함으로써 관객의 동정심을 유도한다. 제1막 2장에서는 매키스가 갑자기 폴리와의 대화를 중단하고 관객을 향해 자신의 결혼식이 거행될 것임을 알려주기도 한다. 이와 같이 극중 인물이 빈번하게 서사적 자아로 변신함으로써 관객으로 하여금 무대 위의 사건이 현실이 아니라 어디까지나 연극이라는 것을 의식한 상태에서 극중의 사건을 관찰하고 비판하도록 한다.

(5) 극중극

『서푼짜리 오페라』에서 극중극은 매키스의 결혼식 장면에 삽입되어 있다. 결혼식에서 신부 폴리는 결혼축하객으로 와있는 매키스 부하들에게 간단한 노래 한곡을 부르겠다고 제안하고 이 노래를 부르기 위해 무대를 준비한다. 그녀는 노래 부를 무대를 만들기 위해 스스로 연출자가 되어 도구들을 배치하고 객석을 지정해준다. 공연 중 관객들의 자세에 대해서도 알려주는가 하면, 관객 두 사람에게 역을 맡기고 대사도 지정해 준다. 이렇게 해서 극중극을 공연할 무대가 만들어진 후에 폴리는 가수로서 '해적의 제니'라는 노래를 부르기 시작한다. 이 노래는 폴리 자신의 이야기도 아니고 본래의 사건 진행과도 무관한 것이다. 이러한 극중극은 실제 객석에 앉아있는 관객으로 하여금 본래의 연극과 그 안에서 이루어지는 내부연극을 이중으로 체험하게 함으로써 관객으로서의 자신의 상황을 의식하도록 한다.

(6) 언어유희

브레히트는 『서푼짜리 오페라』에서 관용구나 성서 구절, 속담 등 잘 알려진 표현에서 한두 개 단어를 바꾸는 방식으로 관객에게 낯선 느낌이 들게 하고, 이를 통해 그 의미를 다시 한 번 생각해 보는 계기를 제공한다.

예를 들어 1장에서 피첨은 자기 부인에게 "당신 딸을 탕진하겠다는 것이오? 내가 백만장자라도 되는 줄 아나 보구려."라고 나무란다. 여기서 '딸을 탕진한다'는 표현은 '재산을 탕진하다'라는 관용구에서 비롯되었다는 것은 누구나 아는 사실인데, 이 표현이 '내가 백만장자나 되는 줄 아나 보구려.'라는 말과 어울려 피첨부부가 딸을 어떻게 생각하고 있는지를 단적으로 드러내 준다. 그들은 딸을 하나의 인격체가 아닌 재산으로 보고 있는 것이다. 이처럼 서로 어울리지 않는 말들의 결합은 관객으로 하여금 그 의미를 낯설게 하고 이 말이 갖는 의미를 다시 한 번 생각하도록 한다.

6장의 <두 번째 서푼짜리 피날레>에서는 "대체 인간은 무엇으로 사나요?"라는 질문에 "인간은 악행으로써만 사니까요."라는 대답이 이어진다. 이 구절은 "사람이 빵으로만 사는 것이 아니라, 하느님의 입에서 나오는 모든 말씀으로 살리라."라는 성서 구절을 변형시킨 것이다. 이처럼 익숙한 성서 구절의 변형은 관객으로 하여금 낯선 느낌이 들게 하고, "늘 사람들을 괴롭히고, 옷을 벗기고, 공격하고, 목 조르고, 처먹으면서" 살아가야 하는 자본주의 사회에서의 삶의 의미를 다시 한 번 생각해 보도록 한다.

9장에서는 매키스가 간수를 매수하려고 하지만 돈을 마련하지 못하자 "인생은 짧고 돈은 부족하지요."라고 한탄한다. 이 말은 바로 '인생은 짧고 예술은 길다.'라는 말을 변형시켜 예술을 돈으로 대체한 것이다. 이처럼 잘 알려진 금언 같은 표현의 변형은 어딘지 어색하고 우스꽝스러운 느낌이 들게 하는데, 이러한 언어유희가 관객으로 하여금 황금만능주의에 젖어있는 매키스의 의식을 다시 한 번 확인하도록 한다.

### 4) 자본주의 사회에 대한 비판

브레히트의 『서푼짜리 오페라』는 그 원작인 존 게이의 『거지 오페라』와 비교해 구조나 내용 면에서 별 차이가 없다. 브레히트는 18세기에 쓴 게이의 작품에서 20세기 자본주의 사회를 향한 노골적인 비판의 다양한 가능성을 발견했다. 그는 게이의 작품에 시대성을 더욱 가미해 새로운 작품으로 탄생시켰다. 게이의 작품이 '공공연한 부패상의 은밀한 비판'에 머문 반면, 브레히트의 작품은 '은폐된 부패상의 공공연한 비판'을 목표로 삼고 있다.

『서푼짜리 오페라』의 배경은 1900년대 빅토리아 시대의 영국이다. 브레히트는 이 작품에서 전혀 다른 시공간적 배경을 통해 자신이 살고 있는 20세기 바이마르 공화국의 자본주의 사회를 풍자한다. 이 작품에서 그는 품위와 도덕, 사업과 법률, 종교 등으로 포장된 시민사회의 외형적 질서가 실제로는 날강도들의 질서나 다름없다는 사실을 적나라하게 폭로한다. 작품의 인물들은 모두 외적으로는 시민사회의 평범한 직업을 가진 것처럼 보이지만, 그들의 모든 행동은 자신들의 이익추구와 연관되어 있다. 그들은 모든 대상을 상품화하고 자신마저도 상품으로 전락시키지만, 이를 사랑이나 우정 등으로 미화한다. 이러한 시민사회의 구조적 모순이 이 작품 전체를 관통하는 주제이다.

거지왕 피첨은 '걸인의 친구'라는 회사를 차려 거지들을 이른바 노동자처럼 고용하고 있다. 그는 거지들에게 불쌍하고 비참한 모습을 연출하도록 하는 교묘한 방법으로 사람들의 동정심을 유발하고, 이를 통해 돈을 버는 사업 수완을 발휘한다. 그는 자기 회사의 면허증을 받은 사람만 구걸을 하게하고 그들로부터 일정액을 상납받는다. 그는 자본주의 사회에서 소비자를 속이고 약자를 갈취하는 부도덕한 사업가의 전형이라고 할 수 있다.

칼잡이 매키스는 수많은 사람을 잔인하게 죽이고 돈을 훔치는 강도단의 두목이다. 그는 부하들을 마치 회사 직원처럼 다루면서 사업가로 행세한다. 그러나 속셈은 사업이 성공하면 부하들을 모두 경찰에 넘기고 자신은 은행가로 변신할 생각이다. 그는 돈을 위해서라면 불법과 범죄행위를 서슴지 않고, 사정이 여의치 않을 때에는 거침없이 살인을 저지르기도 한다. 범죄가 드러났을 때에도 사창가를 제집처럼 드나들며 경찰의 비호를 받는다. 그는 온갖 불법행위를 저지르며 돈을 벌지만 그것이 마치 합법인양 가장하는 마피아적 사업가의 전형이라 할 수 있다.

경시청장 브라운은 범죄 집단과 유착해 사익을 추구하는 사람이다. 매키스와 그는 예전에 같은 군대에 근무할 때부터 알게 되어 지속적으로 친분관계를 유지하고 있다. 브라운은 경시청장 신분임에도 불구하고 매키스의 결혼식에 참석해 축하해주고, 결혼식이 원만하게 진행되도록 배려한다. 경찰 검문 시에는 매키스에게 미리 정보를 알려주어 그를 보호해 주고, 그 대가로 돈을 받는다. 브라운과 매키스의 관계는 공권력과 범죄 집단의 유착관계를 통해 벌어지는 자본주의 사회의 전형적인 부패상을 잘 보여준다. 브라운은 시민의 생명과 재산을 보호해야 하는 경시청장으로서의 임무보다는 자신의 사익을 우선시하는 부패 관료의 전형이라고 할 수 있다.

한편 이 작품은 성서에서 따온 모티브들을 이용해 사건을 이끌어간다. 예를 들어 피첨은 자신의 사업을 위해 성서 구절을 이용한다. "주는 것보다 받는 것이 더 복되도다." "베풀어라, 그러면 너에게 돌아올 것이다." 등 성서에서 자신에게 유리한 구절을 가져와 현수막에 내걸고 거지들에게 사업을 독려한다. 마구간에서 치러지는 매키스의 호화 결혼식은 예수 탄생에 대한 비유라 할 수 있고, 매키스의 연인인 제니가 돈을 받고 그를 경찰에 넘기는 행위는 유다가 예수를 배신한 행위와 연결된다. 브라운이 피첨의 협박으로 어쩔 수 없이 매키스를 감옥에 보내게 되는데, 이때 "머리를 벽에 기대고 운다."는 장면은 베드로가 예수를 모른다고 부인한 후 통곡하는 장면과 연결된다. 매키스가 신의를 저버린 브라운을 말없이 응시하는 장면은 베드로가 예수를 모른다고 부인한 후 처음으로 다시 만났을 때 "주께서 몸을 돌려 베드로를 똑바로 바라보셨다."는 누가복음 22장에 바탕을 두고 있다.

또한 이 작품은 성서에 나오는 유명한 구절이나 장면들을 이용하는 것 외에도 찬송가로 시작해 찬송가로 끝을 맺는 등 기독교적인 모티브들을 많이 이용하고 있다. 이는 기독교적인 모티브를 성서의 본래 의미와는 전혀 다르게 적용함으로써 관객으로 하여금 낯설고 우스꽝스럽게 보이도록 하려는 의도에서 비롯된 것이다. 또한 겉으로는 기독교를 내세우면서도 사실은 비도덕적이고 물질적으로 타락한 자본주의 사회를 풍자하고 그들의 허위의식을 비판한 것이기도 하다.

이처럼 『서푼짜리 오페라』에 등장하는 인물들은 한결같이 비도덕적이고, 물질과 돈을 추구하며 자신의 이익에 몰두한다. 경찰도 범죄자와의 결탁을 통해 뒷거래를 서슴지 않는다. 이 작품은 모두가 이기적이고 비양심적인 인물들로 가득 찬 사회를 적나라하게 묘사함으로써 기독교에 기반을 둔 자본주의 사회의 가치관에 의문을 제기한다. 이 작품을 통해 브레히트는 자본주의 사회의 부패와 비도덕성을 강력히 비판하고, 관객을 향해 이런 사회가 과연 바람직한지를 묻고 있다.

〈주요 참고문헌〉

김선형(2007): 브레히트의 대중문화 만들기와 학습극의 문제. 서푼짜리 오페라를 중심으로, 인문논총 제21권, 경남대학교 인문과학연구소, 5-13.

송동준 외(1993): 브레히트의 서사극. 유형학적 고찰, 서울대학교출판부.

송윤엽(2002): 브레히트 B. Brecht의 '서푼짜리 오페라 Die Dreigroschenoper'에 관한 고찰, 게르만어문학 제12집, 243-284.

## 4. 작품 발췌

브레히트, 베르톨트(2008): 서푼짜리 오페라, 김화임 옮김, 범우사.

### * 작품의 시작: 작품에 대한 정보

『서푼짜리 오페라』는 서사극에 대한 한 실험이다. (11)

### * 서막

<매키 매서의 장타령>

소호의 대목장
걸인들은 구걸을 하고, 도둑들은 도둑질을 하고, 창녀들은 매춘 행위를 한다. 장타령 가수가 장타령 한 곡조를 뽑는다.

상어, 상어는 이를 가졌고
그 이를 얼굴에 드러내네.
매키스도 칼을 갖고 있는데
사람들은 그 칼을 보지 못하네.

피를 쏟으면 붉어지는 것은
상어의 지느러미들
매키 매서는 장갑을 끼고 있어
그 누구도 그의 악행을 눈치 채지 못하네.
템스 강 푸른 물가에

돌연 사람들이 죽어 넘어지네.
페스트도, 콜레라 때문도 아닌데
매키가 돌아다니고 있다는 소문이 도네요.

맑게 갠 일요일
죽은 한 남자가 강가에 누워 있다네.
한 사람이 귀퉁이를 돌아가고 있군요.
그를 매키 매서라고 한답니다.

유태인 마이어가 사라졌어요.
부유한 남자 몇몇도.
매키 매서가 그 돈을 수중에 넣었는데
증거를 댈 수가 없다는군요.

왼쪽에서 오른쪽으로 피첨이 부인. 딸과 함께 무대 위를 산보 하며 지나간다.

제니 타울러가 발견되었네.
가슴에 칼이 꽂힌 채로
부두엔 매키 매서가 지나가네.
아무 일도 모른다는 듯

운수업자 알퐁스 글라이트는 어디에 있죠?
그 사실이 만천하에 드러날까?
누군가 그것을 안다 해도
매키 매서는 모른다 하죠.

소호에 큰 불이 났어요.
일곱 명의 아이들과 한 노인
매키 매서가 군중 속에 있지만 사람들은
그에게 아무것도 묻지 않고, 그도 아무것도 모른다는군요.

누구나 이름을 아는
아직 미성년인 과부
짐에서 깨어나니, 능욕을 당해 있네.
매키, 너의 상금은 얼마나 될까?

창녀들 사이에 큰 웃음이 터져 나온다. 그녀들 가운데서 한 사람이 빠져나와 무대 전체를 거쳐 급하게 시라진다.

선술집 제니 매키 매서였어요! (15-18)

### * 1막의 시작: 1막 1장

걸인 옷 의상실.
상인 피첨은 갈수록 심해져 가는 사람들의 냉담함에 대처할 목적으로 가게 하나를 열었다 이 가게에서 궁핍한 자들 중에서도 가장 궁핍한 자들이 점점 더 완고해져 가는 사람들의 마음에 호소할 외관을 빌려 쓴다.

조나단 제레미아 피첨의 걸인 의상실

〈피첨의 아침 찬송가〉

깨어나라, 부패한 그리스도 신자여!
죄 많은 삶을 시작해야지

어떤 악당인지를 보여줘야지
주님의 응징이 뒤따르리.

자네 형제를 팔아 넘겨야지. 이 악당 놈아!
자네 처를 헐값에 넘겨야지, 이 비겁한 놈아!
오, 주님이 두렵지 않은가?
최후의 심판의 날 주님은 자네에게 본보기를 보이리!

**피첨** (관객에게) 뭔가 새로운 것이 있어야겠어요. 제 사업은 너무 어렵습니다. 인간적 동정심을 불러일으켜야 하는 일이기 때문이지요. 사람들을 감동시킬 수 있는 일은 얼마 되지 않습니다. 극히 드물지요. 그것도 몇 번 사용하고 나면 더 이상 효력을 발휘하지 못하니 고약스럽군요. 인간은 임의대로 무감각해져 버리는 놀라운 능력을 갖고 있기 때문이죠. 예를 들어 볼까요. 한 남자가 팔이 잘린 다른 한 남자를 길모퉁이에서 본다고 칩시다. 놀란 나머지 처음에는 10페니를 그 남자에게 기꺼이 줍니다만, 두 번째는 5페니보다 조금 더 주는 데 그치고. 세 번째 그를 볼 경우 냉정하게 경찰에게 넘기고 맙니다. ("주는 것보다 받는 것이 더 복되도다"라고 쓰인 판때기가 천장에서 아래로 내려온다.) 아주 매혹적인 판때기에 대단히 멋지고, 절박한 문구를 그려놓아도 그토록 빨리 쓸모없게 되면 대체 유용한 게 뭘까요. 성경에는 마음을 사로잡는 네다섯 개의 구절이 있긴 합니다. 그것도 소용없게 되면 하릴없이 배를 주려야하지요. 예를 들어 여기에 걸려 있는 "베풀어라, 그러면 너에게 돌아올 것이다"도 겨우 3주 지난 후엔 쓸모없게 되었지요. 이래서 계속 새로운 것이 제공되어야만 한답니다. 또다시 성경을 이용할 수밖에 없는데, 앞으로 얼마나 더 소용될런지요?

노크 소리가 난다. 피첨이 문을 열고, 필치라고 불리는 한 젊은 남자가 안으로 들어온다.

**필치** 피첨회사 맞습니까?

**피첨** 내가 피첨이오만.

**필치** 당신이 "걸인의 친구"라는 회사의 주인장이신가요? 사람들이 보내서 왔습니다. 와, 문구들 좀 봐! 이게 밑천이군요! (19-21)

### * 극중극

**폴리** 신사여러분, 아무도 나서지 않겠다면 제가 직접 간단한 것을 보여드리지요. 소호에 있는 작은 4페니 술집에서 보았던 한 소녀를 흉내 내 보겠어요. 그 소녀는 설거지를 하였지요. 여러분이 아셔야 할 것은, 모두가 그녀에 대해 비웃었고, 그러면 그녀는 손님들에게 말을 걸고, 제가 곧 여러분들에게 선창할 그런 것들에 대해 말하였답니다. 보세요. 이것은 작은 탁자입니다. 여러분들은 이것을 아주 더러운 것으로 상상하셔야 해요. 이 탁자 뒤편에 아침이 나 저녁이나 그녀가 서 있었어요. 이것은 설거지통이고, 이것은 행주예요. 이것으로 유리잔을 닦았지요. 여러분이 앉아 있는 곳에 그녀를 보고 비웃는 신사들이 앉아 있었다고 가정해 보죠. 그때처럼 여러분도 비웃으셔도 됩니다. 하지만 그렇게 할 수 없다면 반드시 그렇게 하실 필요는 없어요. (그녀는 유리잔을 씻는 듯한 행동을 하고, 혼자 중얼거리는 일을 시작한다.) 이제 그들 중의 한 사람에게 말을 겁니다. (월터를 가리키며) 당신. '자, 너의 배는 언제 오지, 제니?'

**월터** 자네의 배는 언제 오지, 제니?

**폴리** 그리고 또 다른 사람이 말합니다. 이를테면 당신. '아직도 유리잔

을 닦고 있니, 제니, 해적의 신부야?'

**매시어스** 너는 아직도 유리잔을 닦고 있니, 제니, 해적의 신부야?

**폴리** 네, 이제 제가 시작하지요.

노래를 위한 조명 : 금색 조명, 위에서 세 개의 전등이 한 장대 위로 내려오고, 판때기에는 다음과 같이 쓰여 있다.

〈해적의 신부 제니〉

**폴리** (노래한다.)

[...]

메이어스 아주 깜찍하고, 재있네요, 그렇죠? 당신이 노래를 그렇게 하니 말이죠, 경애하는 부인!

맥 깜찍하다니, 뭐가 말인가? 그것은 깜찍한 게 아닐세. 이 바보야! 그것은 예술이지, 깜찍한 게 아니란 말일세. 당신 아주 멋지게 해냈소. 폴리. 이런 쓰레기 같은 놈들 앞에서. 죄송합니다. 목사님, 마음상하지 않으셨길 바랍니다. (폴리에게 나직하게) 그런데 말이오, 당신이 그렇게 가장하는 것 따위 난 좋아 하지 않소. 앞으로는 삼가길 바라오. (49-54)

## * 작품의 마지막: 엉뚱한 결말

**피첨** 존경하는 관객 여러분. 여기에까지 이르렀습니다.
매키스 씨는 교수형에 처해집니다.
그 어떤 기독교 나라도 인간에게

공짜로 선물을 주지는 않으니까요.

그런데 여러분들에 생각하지 못한 점에
저희가 적극적으로 개입하였지요.
매키스 씨는 교수형에 처해지지 않습니다.
대신에 다른 결론을 고안해 냈지요.

자비가 법을 어떻게 벗어나는지
여러분들은 적어도 오페라에서는 보고자 합니다.
저희도 여러분들과 같은 생각이므로
왕의 말 탄 사신이 이제 나타날 것입니다.

판때기에 다음과 같이 쓰여 있다: "말 탄 사신이 나타남"

〈3. 서푼짜리 피날레〉

합창 귀를 기울이게, 누가 오나!
왕의 말 탄 사신이 온다네!

말 탄 사신으로 높이 말에 올라 브라운이 등장한다.

브라운 여왕의 대관식에 즈음하여 대위 매키스를 즉시 석방하라고 여왕이 명령하셨다. (모두 환호한다.) 동시에 매키스는 세습 귀족으로 올라서며 (환호) 그에게 마르마엘 성과 생을 마감할 때까지 1만 파운드의 연금이 부여된다. 여기 두 신부에게도 여왕은 왕실의 축하를 전달하도록 하셨다.

맥 살았다, 살았어! 고난이 가장 클 때 도움이 가장 가까이 있다는 것을 알겠구나.

**폴리** 살았어, 나의 사랑하는 매키가 살았어. 좋아라.

**피첨부인** 이렇게 하여 만사가 행복하게 되는군요. 왕의 말 탄 사신이 언제나 온다면 우리 삶은 쉽고 평화로울 텐데.

**피첨** 그래서 여러분들이 서 있는 곳에 가난한 사람들 중의 극빈자들이 모두 서서 합창을 하고 있는 것이지요. 그들의 어려운 삶을 오늘 여러분들이 보여주었소. 현실에서 그네들의 종말은 좋지 못하지요. 왕의 말 탄 사신이 오는 일은 거의 없어요. 게다가 짓밟힌 자들은 또 다시 짓밟히는 법이지요. 그러니 불의를 지나치게 압박해서는 안 됩니다.

영사기 : 다음과 같은 구절의 텍스트

**모두** (앞으로 걸어가면서 오르간에 맞춰 노래한다.)

너무도 성급히 불의를 지나치게 억누르진 마세요.
저절로 얼어 버려요. 너무 춥기 때문이죠.
어둠과 큰 추위를 염두에 두세요.
비명이 울려 퍼지는 이 골짜기. (164-166)

## 5. 더 깊이 읽기

### 1) 전통극과 서사극

브레히트의 서사극 이론은 1930년 「오페라 '마하고니 시의 흥망성쇠'에 대한 주석 Anmerkungen zur Oper 'Aufstieg und Fall der Stadt Mahagonny'」에서 체계를 갖추게 된다. 여기에서 브레히트는 전통극과 서사극의 차이점들을 잘 대비시키고 있다(다음 비교표는 1938년에 브레히트가 수정 보완한 것이다). 브레히트는 간명하게 정리된 도표에서 서사극의 형식적 특성과 서사극의 주요 요인의 하나인 관객의 위치와 자세 그리고 연극의 주제로서 인간의 문제를 다루고 있다. 특히 관객이 작품을 일방적으로 받아들이고 소비하는 것이 아니라 적극적으로 참여하는 생산자가 되어야 함을 강조한다. 이러한 생산자적 자세를 통해 무대와 객석, 연기자와 관객 사이의 생생한 쌍방향 소통이 이루어진다는 점에서 브레히트는 후기에 자신의 연극을 '변증법적 연극'이라 부르기도 하였다.

| 전통극의 형식 | 서사극의 형식 |
|---|---|
| 무대는 사건을 구현한다 | 무대는 사건을 이야기한다 |
| 관객을 행위 속으로 끌어들인다 | 관객을 관찰자로 만든다 |
| 관객의 능동성을 말살시킨다 | 관객의 능동성을 일깨워 준다 |
| 관객의 감정을 불러일으킨다 | 관객에게 결단을 요구한다 |
| 관객에게 체험을 전달한다 | 관객에게 인식을 전달한다 |

| 관객이 사건 속으로 들어간다 | 관객이 사건에 마주 서게 된다 |
|---|---|
| 암시를 통해 감정이 축적된다 | 논쟁을 통해 인식에 이른다 |
| 인간은 이미 알려진 존재로 전제된다 | 인간은 연구의 대상이다 |
| 변화할 수 없는 인간 | 변화할 수 있고 변화하는 인간 |
| 결말을 향한 긴장 | 각 장에서의 긴장 |
| 한 장면은 다음 장면을 위해 | 각 장면은 독립적으로 |
| 사건은 직선적으로 진행된다 | 사건은 곡선으로 진행된다 |
| 있는 그대로의 세계 | 되어야 하는 세계 |
| 인간이 하는 것 | 인간이 해야만 하는 것 |
| 인간의 충동 | 인간의 동인 |
| 사고가 존재를 결정한다 | 사회적 존재가 사고를 결정한다 |

### 2) 교육극

'교육극 Lehrstück'은 일종의 교훈극이라 할 수 있다. 교훈극은 문학의 역할에서 교훈을 중요하게 생각하는 장르이다. 브레히트는 1930년대 초기 독일 파시즘의 위협에 저항하기 위한 수단으로 교훈극을 확고부동한 문학 장르로 수용했고, 이를 '교육극'이라 불렀다. 브레히트의 교육극은 이념 교육의 일환으로 어느 일정한 정치적, 사회적 이념을 위해 어떻게 처신할 것인가 하는 문제를 제기하고, 개인이 사회의 이익을 위해서 희생되어야 하는지 그렇지 않은지를 선택해야만 하는 상황을 다루고 있다. 교육극에는 영상 투사, 현수막, 노래 등 서사극의 주요 기법들이 적절하게 사용된다. 교육극은 이후 서사극의 발전으로 이어진다. 브레히트의 교육극을 대표하는 작품으로는 『긍정하는 사람, 부정하는 사람 Der Jasager, Der Neinsager』(1930), 『조처 Die Maßnahme』(1930), 『예외와 규칙 Die Ausnahme und die Regel』(1930) 등이 있다.

### 3) 브레히트와 한국 연극

한국에서 브레히트의 작품은 1978년에 '프라이에 뷔네 Freie Bühne(1968년 학생들을 중심으로 결성된 독일 연극 전문 공연 단체)'가 『사천의 선인』을 독일어로 공연하면서 선을 보이기 시작하였다. 그러나 당시에는 브레히트가 동독 작가라는 이유로 공연이 금지되었기 때문에 그의 작품을 정식 무대에서 보기는 어려웠다. 그러다 1988년 서울올림픽을 계기로 사회주의 국가 작가들의 작품에 대한 공연 금지 조치가 풀린 후 브레히트 작품 또한 본격적으로 공연되었고, 1990년대 이후 한국적 정서와 사회적 상황을 고려하여 다양하게 수용되었다.

『서푼짜리 오페라』 공연 포스터

그러나 한국에서 브레히트의 서사극은 작품이 본격적으로 수용되기 이전부터 연극이론의 차원에서 적극적으로 연구되었으며 현대 희곡의 서사화를 촉진했다. 희곡전통이 부족하고 소설전통에 익숙한 한국인들에게 있어 인물간의 대화를 통한 사건 진행보다 해설자의 서술로 줄거리를 주도하면서 사이 사이에 대화를 엮어 넣는 서사극의 기법은 비교적 수월하게 인식되었다. 이 때문에 특히 우리 전통극인 탈춤의 미학적 계승을 추구하면서 전통극을 재창조하고자 했던 1970년대 연극인들에게 브레히트의 서사극은 유용한 이론적 토대를 제공하였다. 전통극의 에피소드적 구성방식이나 춤과 노래의 삽입, 악사와 조명기구의 노출, 해설자의 등장, 배우나 관객의 존재를 인정하는 공연 양식 등은 서사극의 기법적 측면과 대단히 흡사해서 거리극의 형태로 출발한 마당극 운동에 형식적 틀을 제공할 수 있었다.

그러나 우리 전통극과 서사극에는 근본적인 차이가 존재한다. 관객에게 비판적 인식을 요구하는 브레히트의 서사극과는 달리, 우리 전통극은 집단 신명을 목표로 한다. 우리 전통극 중에서도 특히 가면극과 꼭두각시놀음에서는 지배계급에 대한 반감과 대항 담론이 적나라하게 표출된다. 하지만 우리 전통극에서 발견되는 이러한 저항 의식과 열린 의사소통 체계를 바탕으로 하는 여러 연극 장치들은 사회 구조의 모순을 직시하게 만들고, 그에 대한 해결책을 모색하기 위한 냉철한 비판적 이성을 깨우는 데 그 목적이 있는 것이 아니라, 억눌린 한과 응어리를 풀어내고, 놀이라는 유희적 행위를 통해 갇혀진 욕망을 분출시키는 데 그 의미가 있다. 이러한 차이점에 대한 인식을 바탕으로 1980년대 이르러 마당극과 서사극 기법의 단순한 접목에 대한 반성이 제기되었다. 이후 관객에게 비판적 인식을 요구하는 서사극적 구성이 두드러진 작품들이 소개되면서 서사극의 개념이 본격적으로 탐구되고 시도되기에 이르렀다.

### 4)『억척어멈과 그 자식들』

『억척어멈과 그 자식들 Mutter Courage und ihre Kinder』(1939)은 30년 전쟁(1618-1648)을 배경으로 한 브레히트의 대표적 서사극이다. 이 작품은 억척어멈으로 알려진 안나가 자식을 잃어가는 과정을 12개 장을 통해 연대순으로 그리고 있다. 억척어멈은 병사들에게 생필품을 팔고 다니면서 전쟁을 통해 이익을 추구하는 탐욕스럽고 기회주의적인 성격을 지닌 인물이다. 그녀는 자식들이 전쟁에 휩쓸리지 않도록 애를 쓰지만, 강한 모성애와 장사욕심이라는 모순적 성격으로 인해 마침내 두 아들을 잃고, 벙어리인 딸마저 잃는다. 그녀는 장사에만 골몰하는 소시민적 태도를 버리지 못함으로써 결과적으로 전쟁을 지원하고, 결국 홀로 남게 되었을 때에도 전쟁의 본질이나 자신의 불행이 전쟁과 밀접한 관련이 있다는 사실을 깨닫지 못한다.

이 작품에서 브레히트는 서사극의 다양한 기법을 사용한다. 지금 이곳이 아닌 다른 시대나 장소에서 취한 상식적인 소재를 이용해 관객에게 그 소재에 대해 거리를 두고 비판하거나 생각할 수 있도록 하는 '역사화'라든가, 각 장이 시작되기 전에 일어날 사건을 자막에 투사하거나 현수막 등에 적어서 알려줌으로써 관객이 사건의 내용을 미리 파악하고 그 속에 담긴 정치적 경제적 함의를 생각하도록 유도하는 기법을 사용한다. 또한 사건의 분위기와는 다른 경쾌한 곡조의 풍자적 노래를 삽입해 억척어멈이 점차 도덕적으로 타락해가는 모습을 표현함으로써 이 노래가 작품의 주제와 관련해 사건을 해설하는 역할을 담당하도록 하는 등 서사극의 여러 기법을 사용한다.

'30년 전쟁의 연대기'라는 부제를 지닌 이 작품은 장사욕심에 휘둘리는 주인공의 모습과 전쟁의 실상을 보여줌으로써 자본주의 경제체제의 변화를 주장하고 정치적인 교훈을 전하고 있다. 1940년대 초반에 개정작업을 거친 이 작품은 서사적 기법이 완숙하게 사용된 사실적인 희곡으로 평가된다.

### 5) 『사천의 선인』

『사천의 선인 Der gute Mensch von Sezuan』(1940)은 브레히트의 '서사적 교훈극'의 전범을 보여주는 가장 대표적인 작품으로 중국의 사천(쓰촨) 지방을 배경으로 하고 있다. 지상의 선인을 찾기 위해 여행하는 세 명의 신들에게 물장수 왕은 숙소를 구해주려고 애쓰지만 가는 집마다 거절당한다. 그러던 중 창녀 셴테가 신들에게 기꺼이 자신의 방을 숙소로 제공한다. 신들은 셴테에게서 선한 여인을 발견하고, 감사의 표시로 은화 천 냥을 건네준다. 셴테는 그 돈으로 가게를 차리지만 계속 몰려드는 빈민들 때문에 어려움을 겪는다. 결국 그녀는 사업 수완이 있는 사촌 슈이타로 변장해 장사를 계속한다. 그녀는 전직 비행기 조종사이자 실업자인 양순과 사랑에 빠지고, 그를 돕기 위해 가게까지 팔지만 결국 버림을 받는다. 셴테는 임신한 몸으로 다시 슈이타로 변장하고 부자 이발사의 재산과 빈민들의 노동력을 이용해 담배 공장을 차린다. 담배 공장은 점점 번창하지만 사람들은 셴테가 보이지 않자 슈이타를 살해자로 의심하고 고발한다. 신들이 재판관으로 나온 법정에서 셴테는 자신과 슈이타는 동일인물이라고 자백하고, 착하게 산다는 것이 얼마나 힘든지 호소한다. 그녀의 호소에 신들은 어떠한 해결책도 제시하지 않은 채 하늘로 돌아간다.

이 작품은 자본주의 사회의 모순과 인간 파괴적이고 인격분열적인 삶의 상황을 보여준다. 이 작품은 현대 자본주의 사회에서 과연 '선인'으로 살아가는 것이 가능한가라는 질문을 통해 이 세상은 이대로 좋은 것인가, 종교는 제 역할을 하고 있는가 등의 의문을 제기한다.

### 6) 브레히트의 시

브레히트는 뛰어난 극작가일 뿐만 아니라 매우 생산적인 시인이기도 했다. 그는 시에서도 특출한 재능을 발휘해, 풍부한 환상과 냉정한 객관성, 시민사회에 대한 도발을 곁들인 서정시집『가정기도서 Die Hauspostille』(1926)를 출간하는 등 많은 시를 발표하였다. 1960년 이후 전8권으로 된 그의 시 전집이 출간되기도 하였다. 브레히트가 먼 훗날 문학사에서 살아남는다면 극작가로서보다는 시인으로서 기억될 것이라고 평가가 있을 정도로 그의 시는 독창적인 가치를 지니고 있다.

나, 살아남은 자(살아남은 자의 슬픔)
**Ich der Überlebende**

물론 나는 알고 있다. 다만 운이 좋아
그 많은 친구들보다 오래 살아남았다는 것을.
그러나 오늘 밤 꿈속에서
나는 들었네, 친구들이 나에 대해 말하는 것을:
"강한 자들이 살아남는다."
나는 내 자신이 미워졌다.

## 서정시를 쓰기 힘든 시대
**Schlechte Zeit für Lyrik**

나도 안다. 행복한 자만이
사랑받고 있음을. 그의 음성은
듣기 좋고, 그의 얼굴은 잘 생겼다.

마당의 구부러진 나무가
척박한 땅을 가리키고 있다. 그러나
지나가는 사람들은 나무가 구부러진 걸 탓한다
너무도 당연하단 듯이.

해협의 푸른 보트와 즐거운 돛단배들이
내게는 보이지 않는다. 무엇보다도

내게는 어부들의 찢어진 어망이 보일 뿐이다.
왜 나는 자꾸
40대의 소작인 처가 허리를 구부리고 걸어가는 것만
이야기하는가?
처녀들의 젖가슴은
예전처럼 따스한데.

내 시에서 운을 맞추는 것은
내겐 거의 오만처럼 여겨진다.

꽃피는 사과나무에 대한 감동과
엉터리 화가의 연설에 대한 경악이

내 가슴 속에서 다투고 있다.
그러나 바로 두 번째 것이
나로 하여금 시를 쓰게 한다.

### 유혹 받지 말 것 **Gegen Verführung**

1
유혹 받지 말라!
다시 오는 삶이란 없다.
낮은 문 안에 있고
그대는 벌써 밤바람 소리를 듣는다.
다시 오는 아침이란 없다.

2
기만당하지 말라!
얼마 되지 않는 삶,
그 삶을 후룩후룩 들이켜라!
삶을 그만 내려놓아야만 할 때
삶이 그대를 만족시키지 못하리라.

3
다음으로 미루지 말라!
그리 많지 않은 시간!
구원받은 자에게는 곰팡내나 나게 하라!
삶이 가장 위대한 법.
삶은 준비 과정이 아닌 법.

4
고된 노동과 쇠진에 이르는 길로
유혹 받지 말라!
무엇이 그대를 아직도 불안하게 할 수 있는가?
그대는 모든 동물과 함께 죽을 것을.
그 다음에는 아무 것도 오지 않는 것을.

### 7) 영화 <서푼짜리 오페라>

영화 <서푼짜리 오페라>는 1931년 게오르크 팝스트 Georg W. Pabst 감독의 작품이다. 팝스트는 1920년대 무성영화 말기부터 1960년대까지를 풍미한 명감독이다. <서푼짜리 오페라>는 그의 초기 작품에 해당된다. 영화는 상영되기까지 여러 우여곡절을 거쳐야 했다. 1930년 5월에 브레히트는 네로 영화사와 『서푼짜리 오페라』를 영화화하기로 계약을 체결하고, 8월 초에 '서푼짜리 영화 Dreigroschenfilm'라는 부제가 붙은 시나리오 초안 『혹 Die Beule』을 작성한다. 브레히트는 그동안 연극의 성공에도 불구하고 부르주아의 질서를 비판하고자 한 자신의 의도가 분명하게 전달되지 못했다고 보았다. 따라서 "부르주아의 질서가 강도의 질서와 동일함"을 분명하게 전달할 수 있도록 초안 『혹』에서 시대 배경은 물론 줄거리까지 과감하게 변경한다. 또한 영화의 중간 제목을 도입하는 등 관객의 비판적 태도를 이끌어 내기 위한 구체적인 장치를 통해 시민사회의 이데올로기에 대한 비판을 강화한다. 그러나 원작에 충실하기를 바랐던 영화사는 이에 불만을 품고, 브레히트를 제외한 채 새로 대본을 써서 팝스트 감독에게 영화를 맡긴다. 영화는 유성영화 초기의 한 경향에 따라 독일어와 프랑스어 버전 영화가 따로 만들어졌다. 이로써 1931년 2월에 상영된 영화는 브레히트가 "한심한 졸작"이라고 평했지만, 비교적 원작에 충실한 영화가 되었다.

영화 〈서푼짜리 오페라〉

그 후 브레히트는 계약위반을 들어 영화사를 상대로 소송을 제기한다. 브레히트는 1심에서 패소했지만, 항소심 공판 직전에 영화사 측과 화해함으로써 사건은 일단락된다. 브레히트는 재판과정을 정리해 『서푼짜리 소송 Dreigroschenprozess』을 쓰기도 하였다.

영화 <서푼짜리 오페라>는 1933년 나치에 의해 모든 프린트 필름들이 소각되었지만, 다행히 한 벌이 빼돌려져 1965년 팝스트 감독에 의해 다시 복원되었다. 그러나 한 시퀀스가 소실되어 원작에 비해 약 3분 정도 모자라다고 한다.

브레히트가 존 게이의 『거지 오페라』를 바탕으로 『서푼짜리 오페라』를 쓴 것처럼 체코의 극작가이자 전 대통령인 바츨라프 하벨 Vaclav Havel(1936-2011) 역시 존 게이의 원작을 토대로 『거지 오페라』라는 희곡을 썼다. 이 하벨의 희곡을 원작으로 만든 영화가 이리 멘젤 Jiri Menzel 감독의 <거지의 오페라>(1991)이다. 영화 <거지의 오페라>와 영화 <서푼짜리 오페라>는 같은 뿌리에서 나온 다른 판본의 영화라고 할 수 있다. 서로 비슷하지만 차이점도 많기 때문에 한번 비교해서 볼 만하다.

## 6. 생각해 볼 문제들

### 1) 작품 이해

(1) 서사극이란 무엇인가?

(2) 서사극에서 '역사화'는 어떤 의미를 갖는가?

(3)『서푼짜리 오페라』에 나타난 서사적 기법은 어떤 것이 있는가?

(4) 브레히트가 서사극을 통해 지향하는 바는 무엇인가?

(5) 브레히트가『서푼짜리 오페라』를 통해 비판하고자 한 것은 무엇인가?

### 2) 더 생각해 볼 문제

(1) 브레히트 서사극이 변증법적이라고 하는 이유는 무엇인가?

(2) 한국의 마당극과 브레히트 서사극의 유사점과 차이점은 무엇인가?

(3) 현대 연극이나 영화에서 브레히트의 영향을 찾는다면 어떤 것들이 있는가?

(4) 연극이 주는 재미는 무엇이라고 생각하는가?

(5) 문학이 세상을 바꿀 수 있다고 생각하는가?

# 양철북

– 권터 그라스 –

## 1. 작가 소개

권터 그라스

권터 그라스 Günter Grass(1927-2015)는 독일 단치히(오늘날의 폴란드 북부 항구도시인 그단스크)에서 야채상을 하는 빌헬름 그라스의 아들로 태어났다. 그는 제2차 세계대전 기간 중 징집되어 제국노동봉사대에서 복무하던 중 1944년 무장친위대에 들어가 참전했다. 전투 중 부상을 입고 미군 포로가 되었다가 1946년 석방되었다.

어린 시절부터 독서와 스케치를 통해 예술적 감각을 키워왔던 그라스는 전후 뒤셀도르프에서 석공으로 일하다 1948년에 뒤셀도르프 예술아카데미에 입학했다. 이어 1953년에는 베를린으로 이주해 1956년까지 조형예술 대학에서 그래픽과 조각을 공부했다. 1954년 슈투트가르트 방송국에서 주최하는 서정시 경연대회에 입상하면서 문단에 데뷔했고, 전후 젊은 작가들의 모임인 '47그룹 Gruppe 47'에서 활동하였다. 1956년에 시집 『풍향계의 장점들 Die Vorzüge der Windhühner』을 발표했고, 1958년에는 아직 탈고되지 않은 소설 『양철북 Die Blechtrommel』으로 신인작가에게 수여하는 '47그룹 문학상'을 수상하였다. 1959년에 첫 장편소설 『양철북』을 정식 출간하였고, 이후 1961년 『고양이와 생쥐 Katz und Maus』, 1963년 『개들의 시절 Hundejahre』을 연이어 발표해 고향 단치히를 배경으로 제2차 세계대전의 참상을 형상화한 '단치히 3부작'을 모두 완성하였다. 이러한 문학적 성과로 인해 그는 '게오르크 뷔히너 상'(1965), '폰타네 상'(1968) 등 여러 문학상을 잇달아 수상하면서 독일을 대표하는 작가로 이름을 날렸다.

이후 수많은 작품을 발표하면서 해마다 노벨문학상의 유력한 후보로 거론되는 등 세계적인 주목을 받았고, 마침내 1999년에 20세기 마지막 노벨문학상을 수상하였다. 그 후로도 2002년에 출간된 장편소설 『게걸음으로 가다 Im Krebsgang』를 통해 제2차 세계대전의 패전으로 본국에 추방된 독일인 8,000여 명의 참사를 집중 조명하며, 그동안 금기시되었던 역사적 사건을 공론화하였다. 2003년에는 자신의 그림과 시를 한데 묶은 시화집 『라스트 댄스 Letzte Tänze』을 발간하기도 하였다.

그라스는 독일 현대문학을 대표하는 작가이다. 그는 토마스 만 이후 쇠락의 길을 걷고 있던 독일문학을 다시 세계문학의 반열에 올려놓았을 뿐만 아니라, 작품을 발표할 때마다 남다른 주목을 받으며 독일문학에 새로운 바람을 불러일으켰다. 그러나 그는 전통적인 독일문학의 계승자라기보다는 전복자요 파괴자로 간주된다. 그의 작품에서는 전통적인 독일문학에서 자주 볼 수 있는 내면적 성찰이나 심리적 묘사보다는 풍부한 환상과 생동감 있고 감각적인 인상들이 작품을 지배한다. 이는 그가 작가인 동시에 조각가요 화가이며 음악가라는 직업적 배경과 연관된다고 할 수 있다. 또한 그의 작품에서는 독일문학의 전통적인 소재였던 '교양시민'의 세계가 아닌 '소시민'의 세계가 주로 다루어진다. 그가 식료품 가게를 운영하는 소상인의 아들로 태어나 전형적인 소시민적 환경에서 성장했듯이 그의 문학은 소시민계층을 미학적 소재의 원천으로 다루고 있다. 이 점에서 그는 '소시민계층의 대변자'라 불리기도 한다.

또한 그라스는 독일의 대표적인 참여작가로서 2015년 사망하기까지 현실에 대한 발언을 멈추지 않았다. 그는 문학을 통한 발언에만 그치지 않고 사회를 향해 직접 발언하기를 서슴지 않았다. 그는 문학을 통해 동시대를 살아가는 사람들과 소통하고 그들에게 영향을 미치고자 하였지만, 문학이란 미학적 서술의 전통 속에서 심미성을 유지해야 한다고 본 반면, 사회적 영향력을 직접 행사하고자 한다면 정치활동을 통해서 실천해야 한다고 생각했다. 따라서 그는 문학을 수단으로 현실 정치에 참여하기보다는 자신이 직접 몸으로 부딪치며 현실의 변혁에 참여하고자 했고, 민주시민으로서 당연히 해야 할 일을 한다는 의미에서 기꺼이 정치에 뛰어들었다. 그는 1961년 빌리 브란트 W. Brandt의 베를린 시장 선거를 계기로 정치활동에 참여하였고, 이후 사회민주당 SPD에 가입해 민주시민으로서 사회적 불의와 불평등을 고발하고 신나치주의를 비판하는 등 사회적인 문제에 적극적으로 발언하였다.

주요 작품으로 '단치히 삼부작'인 『양철북 Die Blechtrommel』(1959), 『고양이와 쥐 Katz und Maus』(1961), 『개들의 시절 Die Hundejahre』(1963)이 있고, 『넙치 Der Butt』(1977), 『텔크테에서의 만남 Das Treffen in Telgte』(1979), 『광야 Ein weites Feld』(1995), 『나의 세기 Mein Jahrhundert』(1999), 『게걸음으로 가다 Im Krebsgang』(2002) 등 수많은 장 단편과 시화집 『라스트 댄스 Letzte Tänze』(2006)가 있다. 그 외에도 조각과 드로잉 등 미술 분야에서 많은 작품을 발표하였다.

## 2. 작품 소개

### 1) 생성 배경

그라스는 단치히 교외 랑푸르에서 독일인 아버지와 카슈브인(슬라브계 폴란드인) 어머니 사이에서 태어났다. 그라스는 식료품 가게를 운영하는 부모 밑에서 가난한 어린 시절을 보내며 자신의 주변을 둘러싼 소시민적 세계에 절망했다. 그는 자신의 고향 단치히를 무대로 어린 시절의 체험을『양철북』의 주인공 오스카의 가족사를 통해 그대로 담고 있다. 그 점에서『양철북』은 그라스의 자적적인 요소가 반영된 작품이라 할 수 있다.

그라스는 나치의 청소년 조직인 '히틀러 유겐트 Hitler-Jugend'를 거쳐 17세 때에는 나치 군에 입대해 제2차 세계대전에 참여했지만, 전쟁이 끝날 때까지도 이 전쟁이 정당하다고 믿고 있었다. 그는 당시 대다수의 독일인과 마찬가지로 나치에 의해 자행된 대량 학살에 반신반의하던 중, 뉘른베르크에서 나치 전범재판이 시작되고 나서야 비로소 진실을 믿게 되었다. 비록 짧은 기간이었지만 전쟁 중 그가 직면했던 충격적 상황들은 청년 그라스

그라스가 그린『양철북』초판 표지

의 인생관에 결정적인 전환을 가져온다. 그는 이데올로기에 대해 전적인 환멸을 느끼는 한편 '나는 왜 몰랐던가?'라는 자책 속에서 스스로에 대해 성찰한다. 그리고 동년배들 중에서 '우연히 살아남았다'는 부채의식으로 인해 살아남은 자가 짊어져야 할 작가로서의 의무를 자각하게 된다. 이러한 그의 작가적 책임의식이 본격적으로 반영된 작품이 『양철북』이다.

그라스는 1956년에 『양철북』의 집필을 위해 거처를 파리로 옮긴다. 그곳에서 그는 서독의 모습을 좀 더 객관적이고 비판적인 시각으로 바라볼 수 있었다. 전후 서독 정부는 경제회복과 서방체제로의 편입을 최우선 목표로 설정하였다. 전쟁으로 인해 파국을 맞은 경제를 재건하고 서방의 정치체제를 받아들여 서방의 신뢰를 회복하는 것이 무엇보다도 중요했기 때문이다. 서독 정부는 미국의 마샬 플랜의 도움으로 경제성장에 총력을 기울이는 한편 냉전체제 하에서 자유 서방세계를 수호하기 위한 전진기지의 역할을 수행하였다. 이 과정에서 사회안정과 인력부족이라는 명목으로 나치에 연루되었던 많은 사람들이 다시 각계각층에 진출해 사회주도층을 형성하기에 이르렀다. 이들은 나치 과거에 대해 독일인들이 '악마'에 홀려 어쩔 수 없이 끌려갔을 뿐이라고 하면서 자신들의 구체적 책임을 회피하는 논리를 전개하였다.

이런 상황에서 그라스는 '나치의 악마화'에 반대하고 역사 과정에서 개개인이 짊어져야 할 책임을 강조하였다. 나치의 반인륜적 범죄가 독일적 특수성이라는 추상적 논리로 얼버무려진다면 개인의 구체적 책임이라는 문제가 빠져버리기 때문이다. 개인이 민족사적 특수성이라는 이름으로 역사적 범죄를 용서받는다면 그러한 범죄는 언제든 또다시 반복될 수 있다는 것이 그라스의 생각이었다. 『양철북』은 이러한 그라스의 생각이 잘 반영된 작품이다. 그는 이 작품에서 부조리한 상황

속의 부조리한 인간 개개인의 모습들을 이데올로기의 여과 없이 적나라하게 보여줌으로써 독자로 하여금 성숙한 역사의식을 통해 현재의 문제를 직시하도록 한다.

### 2) 줄거리

1954년 9월, 정신병원에 수감된 30세의 오스카 마체라트는 자신의 양철북을 치면서 과거를 회상하고 그것을 글로 옮긴다. 1899년 독일과 폴란드의 접경지대인 카슈바이에 살고 있던 오스카의 외할머니 안나 브론스키는 경찰에 쫓기던 클라이첵크를 숨겨주고 그의 아이를 갖게 된다. 안나의 딸 아그네스는 어린 시절부터 함께 자란 사촌 얀 브론스키와 사랑하는 사이가 되지만 독일인 알프레드 마체라트를 만나 결혼한다.

1924년 오스카는 태어나자마자 엄마의 자궁 속으로 돌아갈 궁리를 하지만, 세살이 되면 양철북을 사주겠다는 말에 그 계획을 포기한다. 세살이 되던 생일에 오스카는 어른들의 세계에 환멸을 느끼고 더 이상의 성장을 거부한다. 고의로 계단에서 떨어져 세살 어린 아이의 모습으로 남게 된 오스카는 맹목적으로 양철북에 집착하고, 괴성을 질러 유리를 깨는 능력을 얻게 된다. 단치히에서 나치당의 영향력이 점차 확대되고, 오스카는 나치 군중집회에서 북을 두드려 집회를 망쳐놓기도 한다. 아그네스는 얀과의 밀회를 즐기지만, 얀의 아이를 갖게 되자 죄책감에 시달리다 자살한다.

1939년 얀은 오스카를 따라 우체국에 들어갔다가 독일군과 폴란드인의 전투 현장에 갇히게 되고, 그곳에서 포로로 잡혀 죽는다. 그 후 마체라트 집에 마리아가 하녀로 들어온다. 오스카는 자신과 나이가 같은 그녀에게 첫사랑을 느끼고 함께 성적인 장난을 하기도 하지만, 그녀가 아버지 알프레드의 아이를 갖자 환멸을 느끼고 방황한다. 오스카는 서커스단에서 알게 된 난장이 베브라를 따라 전선 위문단의 일원이 된다. 그곳에서 최면술사이며 예언가인 로스비타와 사랑에 빠지지만, 그녀가 미군의 폭격을 맞고 죽자 다시 집으로 돌아온다. 얼마 후 전쟁이 막바지에 이르고, 소련군이 단치히에 들어오던 날 알프레드는 오스카가 건네준 나치당의 빼지를 입에 넣고 숨기다가 죽는다. 전쟁이 끝나고 알프레드의 장례식에서 그의 관과 함께 양철북을 묻은 오스카는 20세 생일을 맞이하여 다시 성장하기로 마음먹는다.

1946년 뒤셀도르프에 정착한 오스카는 마리아와 결혼해 평범한 삶을 살아가고자 하지만 그녀의 거절로 뜻을 이루지 못한다. 그는 광대가 되기로 결심하고 우연히 연극에 출연한 것이 인연이 되어 재즈 연주자로 성공한다. 그 후 옆방에 사는 간호사 도로테아의 옷 향기에 취해 그녀를 추행하려다 실패한다. 며칠 후 그녀의 시체가 발견되고, 오스카는 용의자로 지목되지만 책임 무능력자로 분류되어 정신병원으로 보내진다. 2년 후 진범이 잡히고, 오스카는 자신의 30세 생일에 무죄가 입증되었음을 알게 된다. 그는 정신병원이라는 보호막 없이 사회 속으로 돌아가 새로운 삶을 시작해야 할 운명 앞에서 두려움에 휩싸인다.

## 3. 작품 해설

### 1) 역사소설로서의 『양철북』

그라스의 『양철북』은 독일의 현대사를 다루고 있다는 점에서 '20세기 역사소설'이라 불린다. 그러나 겉으로 드러난 것만 보면 특별히 '역사소설'이라고 보기 어렵다. 『양철북』은 주인공 오스카가 자신의 삶을 회상하는 지극히 개인적인 '회고록'의 형식을 취하고 있기 때문이다. 그럼에도 불구하고 역사소설이라 불릴 수 있는 이유는 그라스가 이 작품에서 문학만이 해낼 수 있는 고유한 방식으로 역사를 다루고 있기 때문이다. 그에게 있어 문학은 단순한 허구가 아니라 시대사와의 치열한 대결의식에 기초하고 있다. 그의 문학은 문학적 수단으로 가공된 독일 현대사라고 할 수 있다. 역사학이 혼돈과 부조리로 가득 찬 시대사를 개념적으로 정리하고 해명하고자 한다면, 그라스의 문학은 오히려 시대사 속의 다양한 모습들을 자신만의 방식을 통해 현실화함으로써 혼돈과 부조리로 가득 찬 시대적 모순을 생생하게 경험하도록 한다.

그라스가 혼돈과 부조리로 가득 찬 독일 현대사를 그려내는 방식은 소시민들의 일상 속에 독일의 역사를 투사하는 것이다. 그의 문학은 겉으로는 독일 소시민계층의 사소한 일상을 다루고 있는 것처럼 보이지만, 20세기 독일의 비극적 역사와 밀접하게 연관되어 있다. 그러나 이러한 역사적 사실들은 직접적으로 서술되지 않고 문학적으로 형상화되어 이야기의 이면에 감추어져 있다. 그런 의미에서 그라스 문학은 '알레고리 문학'이라고 정의되기도 한다. 알레고리 Allegorie가 원래

다르게 비유적으로 설명하는 방식이라는 데서 알 수 있듯이, 알레고리 문학은 이야기가 겉으로 드러난 것과는 다른 의미로 서술된다. 따라서 이야기 속에 감추어져 있는 그 이면을 이해해야만 작품이 전하고자 하는 작가의 진의를 파악할 수 있다. 『양철북』의 경우 겉으로는 반세기에 걸친 오스카의 가족사가 그려지고 있지만, 그게 다는 아니라는 것이다. 그 이야기의 이면을 이해하기 위해서는 독일사회의 특수한 역사적 발전을 고려해야 하고, 오스카를 비롯한 주변 인물들의 역할에 주목해야 한다. 이를 통해 작품 속에 내재한 시대사적 함의가 밝혀지고, 그라스가 이 작품에서 전하고자하는 진짜 메시지가 드러나기 때문이다.

『양철북』은 총 3부로 구성돼 있다. 전체적인 이야기는 주인공 오스카의 가족사를 중심으로 소시민들의 일상을 지루할 정도로 자세하게 묘사하고 있다. 그러나 반세기에 걸친 오스카의 가족사는 시대사적 진행과의 긴밀한 관계 속에서 구성된다. 제1부는 1899년부터 제2차 세계대전이 발발한 해인 1939년까지의 시대적 상황을 그리고 있다. 제2부는 1939년부터 제2차 세계대전이 끝나는 1945년까지의 나치 시대와 전쟁을 다루고 있다. 제3부는 1945년부터 1954년까지 서독의 전후 시대상을 그리고 있다. 『양철북』은 이러한 시대사적 구성을 바탕으로 독일 소시민의 일상을 희화적으로 묘사한다. 단순히 과거의 사실을 충실히 재구성하는 것이 아니라 크고 작은 사건에 연루된 당사자의 회상을 통해 끔찍했던 과거의 기억과 죄의식을 일깨우고, 전후 서독의 부조리한 모습들을 고통스럽게 들춰낸다. 이를 통해 『양철북』은 나치즘의 온상이 된 독일 소시민계층의 기회주의적 태도와 전후 서독의 극복되지 못한 과거, 사회적 모순 등을 파헤치고, 혼돈과 부조리의 역사과정을 그 자체로 경험하게 함으로써 역사의 한계를 극복할 수 있는 가능성을 제공한다.

총 3부로 구성된 『양철북』은 다시 46개의 장들로 나뉘어 있다. 장들은 각각 소제목을 가지고 있어 마치 하나의 독립된 이야기처럼 보이기도 한다. 그러나 이 장들은 단순한 나열이 아니라 독특한 방식으로 서로 연결되어 있다. 즉 거의 대부분의 장들은 사건의 진행이나 인물들의 특성을 반복하거나 강조, 요약하는데, 이는 시대사적 사건을 부각시키고 그 의미를 다시 한 번 생각해보도록 하는 효과를 갖는다. 이와 같이 『양철북』은 겉으로는 주인공 오스카의 가족사를 기술하고 있지만, 반세기에 걸친 그의 가족사는 철저하게 시대사적, 역사적 사건에 따라 구성되어 있다. 그런 점에서 이 작품은 비록 역사적 사건을 직접 다루지는 않지만, 그 시대의 시공간을 살아가는 개개인의 삶을 통해 그 시대의 역사를 이야기하고 있다는 점에서 '알레고리적 역사소설'이라고 할 수 있다.

### 2) 역사적 장으로서의 단치히

『양철북』의 제1-2부는 단치히 Danzig를 무대로 전개된다. 단치히는 그라스의 고향이다. 그라스는 17세에 군에 입대하면서 고향을 떠났지만, 단치히의 경험은 그의 문학과 삶에 중요한 요소로 작용한다. 그에게 있어 단치히는 '잃어버린 고향'이자, 다양한 시대적 문제점을 지닌 채 어두운 과거 속에 묻혀버린 '잃어버린 도시'로서의 문학적 가치를 지닌다. 『양철북』에서도 단치히는 이 도시가 지닌 정치적, 역사적 중요성으로 인해 작품의 주요 무대로 등장한다.

단치히는 12세기 이래 독일인들이 이주하기 시작해 13세기에 독일 도시가 된 곳이다. 14세기에는 한자동맹에 가입하였고, 18세기 말에는 프로이센 영토에 편입되었다. 그러나 제1차 세계대전에서 독일이 패배한 후 발트해로 나가는 통로의 필요성을 역설한 폴란드의 요구와 국제적 이해관계가 맞아떨어지면서 독일 영토인 포젠(포즈난)과 서프로이센(서프러시아) 지역이 폴란드에 할양되었고, 단치히는 국제연맹 관할의 '자유도시'로 다시 태어난다. 이로써 내륙에 위치한 폴란드는 해안 접근권을 취득했지만, 단치히 주민의 80퍼센트를 차지하는 독일인들은 승전국의 강요에 의해 제국영토로부터 단절되었다는 현실로 인해 엄청남 상실감을 갖게 된다. 그 결과 단치히에는 독일민족주의가 과격화되었고, 1931년 이후 나치당이 절대 다수를 차지하게 된다. 이후 단치히를 둘러싼 독일과 폴란드 간의 긴장이 고조되었고, 1939년 제2차 세계대전의 발발과 함께 제일 먼저 독일에 합병되었다.

제1차 세계대전 이후의 독일과 단치히

『양철북』은 독일인, 폴란드인, 카슈브인, 유대인 등이 서로 얽혀 있던 당시 단치히의 복잡한 민족 관계를 아그네스를 중심으로 묘사한다. 아그네스는 카슈브인으로 폴란드인 얀 브론스키와 외사촌 사이이다. 그들은 어려서부터 가까이 지냈고, 각기 결혼 후에도 자주 만나며 불륜관계를 지속한다. 두 사람의 관계는 카슈브인과 폴란드인이 혈연으로 맺어진 떼려야 뗄 수 없는 관계임을 나타낸다. 아그네스는 얀을 사랑하지만 독일인 알프레드 마체라트와 결혼한다. 이는 단치히가 오랫동안 독일의 지배를 받았기 때문에 그곳 카슈브인들은 좋든 싫든 독일인들과 밀접한 관계를 유지해야 했음을 나타낸다. 한편 장난감

가게를 운영하는 유대인 마르쿠스는 아그네스를 사모하는데, 이런 마르쿠스의 태도는 중세 이래 이 지역에 정착한 유대인들이 같은 소수민족인 카슈브인들에게 동질감을 느끼고 있었음을 보여준다.

아그네스를 둘러싼 역학관계에서 그녀의 죽음은 단치히 사회의 몰락을 상징한다. 단치히가 독일과 폴란드의 공동 관심사였듯이 단치히 토착민이라 할 수 있는 아그네스는 독일인 알프레드와 폴란드인 얀 사이에 합의된 일종의 공유적 존재이다. 그러나 둘 사이를 이어주던 아그네스가 사망하자 알프레드와 얀은 각자 독일과 폴란드 편에 서게 된다. 그들의 위태로운 공존을 가능하게 했던 아그네스가 죽자 그들의 관계가 깨지고 말았듯이, 독일인들과 폴란드인들이 위태롭게 공존했던 단치히의 소시민 사회는 나치의 등장으로 서서히 붕괴되기 시작했고, 마침내 제2차 세계대전의 발발과 함께 몰락하고 만다.

### 3) 오스카의 시대사적 함의

주인공 오스카 마체라트는 무엇보다도 독일 소시민 사회와 나치즘과의 관계를 보여주는 인물이다. 그는 야채상을 운영하는 소시민 가정에서 태어나 소시민계층의 일부로서 소시민 사회에서 성장했다. 그러나 그는 특정 개인의 의식이나 운명을 대표하는 것이 아니라, 독일 소시민계층 일반의 의식이나 운명을 대표한다. 그라스는 이런 오스카를 통해 나치의 등장을 가능하게 했던 독일 소시민계층의 기회주의적 태도와 나치의 유아적 허구성을 폭로하고, 전후 독일사회에서 나치과거의 극복을 어렵게 만든 사회사적 요인들에 대한 다층적 의미를 드러낸다.

오스카는 세살 때 고의로 계단에서 추락해 성장을 멈추었다가 나치가 멸망한 후 다시 성장하기 시작하지만 결국 꼽추가 된다. 이러한 오스카의 극적인 신체 변화는 중요한 시대사적 의미를 내포하고 있다. 오스카가 세살이 되던 1927년 생일에 감행한 추락 사고는 바이마르 공화국 말기 독일 소시민계층이 급격히 나치로 기울기 시작했다는 역사적 사실과 연관된다. 또한 오스카가 추락사고 후 성장을 멈추고 세 살 박이 어린 아이의 모습으로 머물게 되었다는 것은 나치 하에서 역사의식과 정치적 책임의식을 상실하고 그 의식수준이 세 살 박이 정도에서 멈춰버린 독일 소시민계층의 모습을 비유한다. 오스카는 1945년 소련군이 진주하던 날 아버지 알프레드를 죽음으로 몰아넣고, 그의 무덤에서 다시 성장하기로 결심하는데, 나치 동조자의 전형이라고 할 수 있는 아버지의 죽음과 더불어 다시 자라기 시작했다는 것은 나치의 몰락 이후 소시민의 의식이 다시 정상성을 회복하기 시작했다는 것을 의미한다.

그러나 오스카는 전후에도 정상적인 성인의 모습으로 성장하지 못한 채 결국 꼽추가 된다. 그라스에게 '성인'이란 무엇보다도 이성에 기초한 정치적 책임의식을 지닌 존재를 의미한다. 정상적인 성인이 되지 못하고 불구자가 된 오스카의 모습은 서독이 민주사회가 되었다고는 하지만 민주의식이 제대로 성숙하지 못하고 왜곡되어 있음을 형상적으로 보여준다. 사회 구성원의 정치적 책임의식이 결여된 사회는 오스카의 신체처럼 유아적인 사회이거나 비정상적인 불구의 사회이다. 꼽추가 된 오스카의 모습은 전후 서독사회가 나치즘이라는 과거를 청산하지 못하고, 부끄러운 과거를 망각하거나 심지어 억압하려고 함으로써 성숙한 민주사회를 이룩하지 못한데 대한 비판적 의미를 담고 있다.

오스카가 분신처럼 가지고 다니는 양철북이 갖는 상징성이나 오스카의 양철북에 대한 집착도 시대사적 맥락과 밀접히 연관되어 있다. 양철북은 우선 오스카의 자아를 대변하는 도구이다. 그는 자신의 존재를 알리거나 주변세계에 대한 분노와 울분을 표현하고 싶을 때 북을 친다. 처음에는 양철북이 기성세대에 대한 거부나 소시민적 삶에 대한 개인적 거부를 나타내는 수단이었지만, 점차 시대사적 의미를 갖게 된다. 양철북은 제2차 세계대전의 씨앗이 된 군국주의와 군사적 규율을 암시하게 되고, 독일 소시민 사회를 파고든 나치의 선동과 파괴를 암시하는 도구가 된다. 오스카가 맹목적으로 양철북에 집착하고, 오스카의 북소리에 맞춰 아이들이 줄지어 따라다니는 것은 독일 소시민들이 맹목적으로 나치 군국주의에 열광했던 역사적 사실과 맥을 같이한다.

유리를 파괴하는 오스카의 괴성 또한 시대사적 의미를 갖는다. 처음에는 그의 괴성이 순수한 자기방어의 수단이자 소시민 세계의 부조리를 드러내는 수단으로 작용한다. 그러나 점차 공격성을 띠게 되면서 오스카의 괴성은 공격적이고 파괴적인 나치 독일의 모습과 연관된다. 오스카가 북을 치며 괴성을 질러 유리를 깨뜨리는 행위는 계속되는 전쟁과 무차별적 파괴를 서슴지 않았던 나치 시대의 파괴성과 공격성을 보여주는 가시적 상징이 된다. 오스카는 나치 독일이 전쟁이라는 거대한 시대사의 영역에서 저지른 일을 자신을 둘러싸고 있는 소시민의 세계에서 재현하고 있는 것이다.

#### 4) 나치의 기반으로서의 소시민계층 비판

『양철북』의 역사성에서 중요한 배경 중 하나가 나치로 대변되는 당시 정치적 상황이다. 작품은 소시민인 오스카의 개인적 체험과 주변 인물들의 구체적 체험을 토대로 나치를 서술한다. 당시 소시민계층과 영세 상인들을 포함한 중산층은 나치의 대중적 기반을 형성하는 중심 계층이었다. 이들은 정치적 소신에서라기보다 현실도피적이고 기회주의적인 태도, 정치적 인식과 역사의식의 결여 등으로 인해 나치를 선택하고 지지했던 계층이었다. 『양철북』은 이러한 소시민들의 태도를 통해 나치의 등장과 나치만행이 가능했던 근본 원인을 파헤친다.

『양철북』에서 오스카의 아버지 알프레드는 전형적인 소시민계층이다. 그는 정치적 이념에서 나치당에 입당한 것이 아니라, 일상의 권태로움을 벗어나기 위해 아무런 의식 없이 나치 당원이 된 사람이다. 그는 시류에 영합해 하나씩 하나씩 제복을 구입하기 시작해 몇 주일 후 제복 전부를 갖추게 되고 마침내 나치당에 입당한다. 그가 나치당에 입당한 1934년은 독일에서 나치가 정권을 잡은 다음 해로, 평범한 소시민 알프레드가 나치 당원이 되어가는 모습은 독일 소시민계층이 자발적으로 나치에 빠져들었던 상황을 비유한다. 알프레드는 1945년 독일에 들어온 소련군 앞에서 나치 배지를 입안에 감추었다가 목에 걸려 비참한 최후를 맞는데, 화자인 오스카는 그가 당에 의해 질식사한 것이라고 묘사한다. 알프레드의 비참한 죽음은 나치의 정치적 희생물이 되었던 소시민계층의 몰락을 상징적으로 보여준다.

알프레드 외에도 트럼펫 주자 마인, 빵집 주인 셰플러 부부, 채소상 그레프 등도 나치에 빠져든 소시민의 전형이라고 할 수 있다. 프럼펫 주자 마인은 다락방에 처박혀 고독하고 권태로운 생활로 소일하다 무질서한 삶을 청산하고 삶의 질서를 회복하기 위해 좌파단체에 가입했다가 결국 나치 돌격대의 군악대원으로 변신한다. 빵집 주인 셰플러 부부는 부부생활에 대한 불만족과 아이가 없는 일상의 무료함을 보상

받기 위해 나치의 사업에 헌신적으로 동참한다. 채소상 그레프는 동성애자로서 당국의 감시를 받게 되자 신변보호를 위해 나치당에 적극 가담한다. 이들은 한결같이 자신들의 권태로운 일상과 생활 속에서의 좌절 등을 나치를 통해 해소하거나 자신의 안위를 위해 나치에 가담했던 소시민들이다. 이들은 정치적 의식이나 역사 인식이 없는 상태에서 맹목적으로 시류에 편승하는 기회주의적 태도를 보이면서 나치에 가담했고, 적극적으로 동조하게 된다.

이러한 소시민들의 맹목적인 시류영합은 '개미의 거리'라는 장에서 개미들의 행동을 통해 신랄하게 비유된다. 알프레드가 나치 배지를 삼키고 개미들이 지나가는 길 위로 쓰러져 죽자, 개미들은 곧바로 대열을 재정비하고 장애물을 즉시 돌아 목적지를 찾아간다. 이런 '개미의 거리'에 대한 비유는 아무런 시대의식 없이 맹목적으로 나치의 선전을 쫓아 행동했던 소시민계층의 기회주의적 태도가 나치의 등장과 나치의 만행을 가능하게 한 근본 원인이었다는 것을 폭로한다.

### 5) 전후 서독사회 비판

『양철북』의 또 다른 비판은 전후 서독사회를 향한다. 작품의 제3부는 패전 후 오스카 가족이 이주해 온 서독의 뒤셀도르프를 배경으로 전개된다. 뒤셀도르프는 전후 서독 경제의 중심지로서 이른바 '라인강의 기적'이라는 경제성장의 표상과 같은 도시이다. 그라스는 전후 사회상을 구체적으로 묘사하지는 않지만, 뒤셀도르프 소시민들의 생활을 통해 서독사회가 지닌 문제점을 비판한다.

오스카의 의붓어머니 마리아는 전후 서독에 훌륭하게 적응한 인물로서 전후 서독사회를 해쳐나가는 전형적인 인물로 등장한다. 그녀는 뒤셀도르프에 정착한 후 단치히에서 팔던 인조벌꿀을 암거래하며 생계를 유지한다. 그녀의 관심은 오로지 자신의 삶을 경제적으로 충족시키는데 있다. 그녀는 경제적으로 발전해 가는 서독사회에 적응하기 위해 자신의 장사수완을 발휘하는 데에만 전념할 뿐 과거의 일은 전혀 기억하려 하지 않는다. 과거는 지나간 것이기에 새로운 상황에 적응하는데 하등 도움이 되지 않을 뿐 아니라 오히려 불리할 수 있기 때문에 철저히 지워버리고자 한 것이다.

화가 랑케스 또한 과거는 이미 오래전에 지나가 버린 것이라고 치부해버리는 인물이다. 그는 오스카가 전선 위문단의 일원으로 공연을 갔을 때 노르망디 전방 벙커에서 만난 하사관으로서 상부의 명령에 무조건 복종했던 사람이다. 그는 고아들을 위해 조개를 줍던 수녀들의 정체가 불분명하니 사살하라는 상부의 명령을 받고 그대로 실행한다. 전후 그는 오스카와 함께 노르망디 여행을 하던 중 옛 벙커를 찾게 된다. 그곳에서 오스카가 지난 일을 상기시키자 그는 과거는 지나간 것일 뿐이라고 일축해 버리고, 오히려 그 때 죽은 수녀들을 소재로 '수녀화' 연작을 그려 화단에서 성공한다. 그는 과거 자신이 저지른 행위에 대한 죄책감이 없기 때문에 과거에 대한 반성이나 성찰은커녕 비극적 과거를 상품화하는 비인간적인 태도를 보인다.

전후 서독사회의 과거 기피현상은 비단 마리아나 랑케스에 한정되지 않는다. 전후 뉘른베르크 재판 등을 통해 나치의 죄상이 백일하에 드러나면서 서독인들은 정체성의 위기를 맞는다. 그들은 과거 자신들이 엄청난 반인륜적 행위를 저질렀다는 사실에 충격을 받은 나머지 차마 이를 인정하고 싶지 않았다. 그 결과 나치과거의 기억들을 은폐하거나 의도적으로 배제하였고, 과거 일을 거론하는 것 자체가 금기시되기도 하였다. 이러한 분위기 속에서 나치과거에 대한 진지한 성찰은 불가능했고, 서독사회는 오직 경제성장과 사회안정에 최우선 가치를 두게 된다. 마리아와 랑케스의 태도 역시 자신들의 과거를 부정하거나 회피해 버림으로써 집단적 정체성의 위기를 극복하고자 했던 당시 서독사회의 일반적인 경향을 그대로 보여준다.

서독사회에 만연된 과거기피 현상과 이로 인한 심리적 병폐는 '양파주점'이라는 장에서 희화적으로 묘사된다. 양파주점은 이른바 '지성인'으로 자처하는 사람들이 모이는 클럽이다. 이곳에 모인 사람들은 서로 속마음을 털어놓고 싶지만 아무리 애를 써도 그들의 대화가 문제의 핵심을 벗어나 버리기 때문에 애를 먹을 정도로 감정이 메말라 있다. 홀로코스트에서 살아남은 주인 쉬무는 유대인이라는 도덕적 우월성을 이용해 이런 사람들을 상대로 장사를 한다. 그는 손님들에게 양파를 나눠주고 눈물이 날 때까지 잘게 썰도록 한다. 전후 '눈물 없는 세기'를 사는 독일인들은 울 수 있는 감정마저도 상실해 버릴 정도로 심리적으로 억압되어 있다. 그들은 돈을 내고 눈물을 흘린 후에야 비로소 속마음을 털어 놓으며 감정의 카타리시스를 경험하고, 이를 통해 다시 일상을 살아갈 힘을 얻는다. 이러한 양파주점 이야기는 서독사회가 과거를 기피하기 위해 과거의 기억들을 배제해버리는 과정에서 나타난 감성결핍과 공감능력의 상실을 희화적으로 보여줌과 동시에 감정마저도 돈으로 사고파는 경제지상주의적 소비사회를 비판한 것이라 할 수 있다.

그러나 과거의 기억은 회피한다고 완전히 사라지는 것은 아니다. 과거의 잘못된 행위가 크면 클수록 그 기억은 강렬한 죄의식의 형태로 기억 저편에 트라우마로 남게 된다. 그리고 그 트라우마는 조건만 되면 언제든 되살아나기 마련이다. 『양철북』에서 이러한 죄의식으로 인한 트라우마는 오스카를 위협하는 '검은 마녀'로 나타난다. 오스카는 콘서트 기획사와 계약을 맺고 예술가로 성공해 부와 명예를 얻게 되지만, 과거에 저지른 죄 때문에 고통을 받는다. 과거에 대한 그의 죄의식은 검은 마녀의 형상으로 나타나고, 그는 검은 마녀로부터 도망치기 위해 일부러 경찰에 체포되고 정신병원에 구금된다. 오스카가 전후에 다시 예술세계로 도피했듯이, 전후 서독사회는 경제기적이라는 환상을 쫓는 가운데 과거청산에 소극적이었고, 그 결과 나치시대나 다름없는 권위주의 사회로 회귀했다. 검은 마녀는 전후 서독사회에 광범위하게 자리 잡은 채 성숙한 민주사회로의 발전을 위협하는 '극복되지 못한 과거'를 상징한다고 할 수 있다.

〈주요 참고문헌〉

김누리(2003): 알레고리와 역사. 귄터 그라스의 문학과 사상, 민음사.
김래현(2004): 역사서로서의『양철북』?, 독일어문학 제24집, 45-66.
조영준(2004): 귄터 그라스의『양철북』. 독일 소시민사회의 해부, 한국학술정보.

## 4. 작품 발췌

그라스, 귄터(2009): 양철북 1 / 2, 장희창 옮김, 민음사.

### * 작품의 시작: 오스카의 회고

그래, 사실이다. 나는 정신 병원에 수용된 환자다. 나의 간호사는 거의 한 눈도 팔지 않고 문짝의 감시 구멍으로 나를 지켜본다. 하지만 간호사의 눈은 갈색이기 때문에 푸른 눈의 나를 들여다볼 수는 없다.

그러므로 나의 간호사는 도무지 나의 적수가 될 수 없다. 오히려 이제는 내 편에서 그를 좋아하게 되었다. 그래서 나는 이 문 뒤의 감시자가 내 방에 들어오기만 하면 내 생애의 일들을 그에게 들려주곤 하는 것이다. 우리 사이를 가로막는 감시 구멍에도 불구하고 그로 하여금 나를 이해하도록 하기 위해서이다. (I. 9.)

### * 오스카의 출생

이 자리에서 당장 다음과 같은 사실을 말해 두고자 한다. 나 태어났을 때 이미 정신적 성장이 완결되어 있어서, 나중에는 단지 그것을 확인하기만 하면 될 뿐인 그러한 총명한 갓난아기였다. 태아였을 때에는 외부로부터 아무런 영향도 받지 않고, 오직 자신에게만 귀를 기울였으며, 양수에 비치는 자신의 모습을 바라보고 있었다. 하지만 이제는 전구 밑에서 양친의 입으로부터 자연스럽게 새어나오는 최초의 말들에 비판적으로 귀를 기울이게 되었다. 나의 귀는 영민하기 그지없었다. (I. 62)

겉으로는 소리쳐 우니까 푸르죽죽한 피부를 가진 갓난애로 보였겠지만,

사실인즉 나는 식료품 가게 일체를 물려주겠다는 아버지의 제안을 단호하게 거부하였다. 그 대신에 나의 세 번째 생일날에 어머니가 나에게 선물로 주겠다고 소망한 것에 대해 호의적으로 검토해 보기로 결심하고 있었다.

나의 장래와 관련된 이러한 모든 걱정 말고도, 나는 어머니와 아버지 마체라트가 나의 반대나 결심을 이해하거나, 경우에 따라서는 존경해 줄 수도 있는 기관을 가지고 있지 않다는 것을 이미 알고 있었다. 그래서 오스카는 이해받지 못한 채 고독하게 전구 밑에 누워 있었다. 그리고 60년이나 70년 후 모든 전원이 일시에 단전되어 전류가 끊길 때까지 그러한 상태가 계속되리라고 추론하였다. 그러므로 나는 전구 아래에서 인생을 시작하기도 전에 삶에 대한 욕망을 잃어버렸던 것이다. 다만 나에게 약속된 저 양철북만이 당시 태아의 머리 위치로 되돌아가려는 나의 욕구가 강력하게 표출되는 것을 막아주었다.

게다가 산파는 이미 나의 탯줄을 잘라버렸으므로, 어쩔 도리도 없었던 것이다. (I. 65)

### * 성장을 멈추기로 한 오스카

애초부터 나에게는 분명한 일이었다. 어른들은 너를 이해하지 않을 것이다. 만일 네가 어른들의 눈에 될 만큼 성장하지 않는다면 그들은 너에게 발육부진이라는 이름을 붙이고 수많은 의사들에게로 너를 데려가 돈을 바치게 될 것이다. 치료는 고사하고라도 병에 대한 설명이나마 들으려고 말이다. 그래서 나는 의사가 진단을 내리기 전에, 적당한 수준에서 무마를 하기 위해 성장 중단에 대한 그럴 듯한 이유를 내 편에서 마련해야만 했다.

9월의 어느 화창한 날이 나의 세 번째 생일이었다. [...]

어쨌든 이 지하 창고로 통하는 널빤지 뚜껑이 나에게 무엇을 요구하는지 깨닫는 데는 단 1분밖에 걸리지 않았다. 맹세컨대 결코 자살은 아니었다! 사실 그것처럼 간단한 일은 없었을 것이다. 하지만 그것과 다른 것을 택하자니 어려웠고 고통스러웠으며 희생이 요구되었다. 그리고 희생이 요구될 때에 언제나 그런 것처럼 그때에도 나의 이마에 땀이 맺혔다. 무엇보다도 나의 북이 조금도 다치지 말아야 했다. 열 열여섯 개의 닳아빠진 계단을 내려가서 북을 운반하여 밀가루 부대 사이에다 다치지 않게 안전하게 놓아둘 필요가 있었다. 그리고 나서 [...] 결국 아홉 번째 계단에서 추락하였다. 딸기 시럽의 병들로 가득 차있는 선반과 함께 나는 우리 집 창고의 시멘트 바닥에 머리를 들이받으며 추락했던 것이다.

나의 의식에 커튼이 내려지기 전에 나는 실험의 성공을 확인했다. [...]

그렇게 해서 나는 - 의사들이 거듭해서 확인한 바대로 - 손상이 없지 않긴 하지만 내가 잘 조절한 단 한 번의 추락으로 성장 중지에 대한 매우 중요한 근거를 어른들에게 마련해 주었다. 뿐만 아니라, 의외의 결과로서 그 착하고 사람 좋은 마체라트를 죄인 마체라트로 만들어버렸던 것이다. (I. 86-89)

### * 탁자 아래의 오스카

나는 테이블 아래, 드리워진 식탁보의 그늘에 기분좋게 앉아 있었다. 가볍게 북을 두들기면서 나는 머리 위에서 분주하게 카드를 돌리는 손놀림을 느끼고 있었다. 나는 게임의 흐름을 좇아 가다가 거의 한 시간이 지나서 스카트의 결과를 알게 되었다. 얀 브론스키의 패배였다 그는 패가 좋았음에도 불구하고 졌다. 물론 집중을 하지 않았으니 이상할 것은 없었다. 그는 <2 없는 다이아몬드>와는 전혀 다른 그 무엇에 몰두하고 있었던 것이다. 게임이 시작되자마자 그는 [...] 왼발의 검은색 단화를 벗었다. 그리고 회색 양말을 신은 왼발로 나의 머리 곁을 지나 맞은편에 앉아 있는 어머니의 무릎을 더듬거리면서 찾았고 또 찾아냈다. 어머니는 그의 발이 닿자마자 테이블 쪽으로 몸을 바싹 당겼다. 그때 막 마체라트의 도전에 응해서 33점을 내민 얀은 처음에는 그의 발끝으로 어머니의 치맛자락을 걷어 올렸고, 그러고 나서는 그날 신어서 새것이나 다름없는 두툼한 양말로 그녀의 넓적다리 사이를 누비고 다녔다. (I. 99)

### * 심미주의자 오스카

군중집회를 여섯 차렌가 일곱 차례 망쳐버리고, 세 차례인가 네 차례 행진과 분열식을 내 북으로 흩뜨려 놓았다고 해서 나를 저항의 용사로 보는 것은 당치도 않은 일이다. 저항이란 말은 널리 유행어가 되었다. 사람들은 저항 정신, 저항 조직에 대해서 이야기한다. 심지어 저항을 내면화할 수 있다고들 말하기도 한다. 일컬어 국내 망명이라고 말이다. 전쟁 동안 침실의 등화관제를 소홀히 하여 방공 감시원으로부터 벌금형에 처해졌던 것을 내세우며 지금 저항의 용사, 저항의 사나이로 자칭하고 있는 저 완고한 신사분들에 대해서는 입에 담고 싶지도 않다.

[...]

나는 그러한 모든 일을 했다. 여러분도 인정해 주시지 않으면 안 된다. 사실이 그렇다면 정신병원 환자인 나는 저항의 용사인가? 나는 이 물음에 아니오라고 답해야 한다. 그리고 정신병원 환자도 아닌 여러분은 나를 괴짜 이상으로도 이하로도 보지 마시기 바란다. 나는 개인적인 또는 미학적인 이유에서, 또 스승 베브라의 충고를 명심해서, 제복의 색과 재단 방법, 연단에서 흔히 연주되는 음악의 강약을 거부하고, 단순한 어린 아이의 장난감을 두들겨서 약간 저항했을 뿐이다. (I. 187-188)

## * 아버지 마체라트

마체라트는 하나씩 하나씩 제복을 구입해서 갖추었다. 내가 기억하는 바로는 그 맨 처음이 제모였다. 그는 날씨가 좋은 날에도 아래턱을 문지르는 턱끈을 걸고 제모를 쓰는 것을 좋아했다. 한동안 그는 이 모자에 맞추어 검은 넥타이가 딸린 하얀 와이셔츠나 완장이 딸린 방풍 재킷을 입었다. 그는 최초로 갈색 셔츠를 구입하고 난 일주일 후에는 황갈색의 승마 바지와 장화도 구하려고 했다. 어머니는 거기에 반대했다. 하지만 그로부터 몇 주일이 지나자 마체라트는 마침내 제복 전부를 착용하기에 이르렀다.(I. 174)

그때 그곳에서 노이파르바서로 가는 상선이 들어왔다. [...] 부대를 걸머진 부두 노동자는 그 핀란드 배에 있는 몇 사람을 알고 있었던 모양이었다. 그는 그 녹슨 배를 향해서 손짓을 하며 무어라고 외쳤다. 핀란드 배의 사나이들도 손짓으로 응답하고 똑같이 외쳤다. 하지만 어째서 마체라트까지 손짓을 하며 <어이!> 하고 바보 같은 소리를 질렀는지 나로서는 알 수가 없다. 라인란트 출신의 이 사나이는 배에 대해서 아는 것이라고는 하나도 없으며, 게다가 핀란드인이라고는 단 한 사람도 몰랐기 때문이었다. 그러나 상대의 손짓에는 반드시 손짓으로 답하고, 상대가 소리치거나 웃거나 손뼉을 치면 똑같이 소리치거나 웃거나 손뼉을 치는 것이 그의 버릇이었다. 그래서 아직 그럴 필요가 전혀 없는데도 비교적 빨리 입당(入黨)하여, 아무 소득도 없이 일요일 오전만 허비해 왔던 것이다. (I. 233)

## * 다시 성장하는 오스카

자라야 하나 말아야 하나? 너는 스물한 살이다, 오스카야 너는 자랄 것인가 말 것인가? 너는 고아다. 너는 결국은 자라야 한다. 너의 불쌍한 어머니가 돌아가신 후에 너는 이미 절반은 고아였다. 이미 그때에 너는 결심했어야 했다.

[...]

하일란트 노인은 내내 시무룩한 표정으로 자스페 묘지의 모래를 마가린 상자로 만든 판자 위에 퍼붓고 있었다. 비텔로라는 단어의 자모(字母)가 아직 모래에 덮이지 않고 보이고 있었을 때, 오스카가 목에 건 양철을 벗겼다. 그리고 이제는 「자라야 하나 말아야 하나!」가 아니라 「자라야 한다!」라고 말하면서 관 위에다 북을 던졌다. [...] 한 삽이 북 표면에 떨어지자 북은 그래도 소리를 냈다. 두 번째 삽에도 약간 소리를 냈다. 세 번째에는 더 이상 소리를 내지 않았고, 다만 희게 래커칠한 양철만을 약간 드러내었다. 마침내 그 부분마저도 다른 모래 부분과 똑같이 되어 버리고, 계속해서 모래가 쏟아졌다. 내 북 위에는 모래가 불어나고 쌓이고 성장했다 - 그러자 나도 성장하기 시작했다. 심하게 코피가 나는 것이 바로 그 증거였다. (II. 172-177)

### * 양파 주점

그러므로 우리들의 세기는 나중에 언젠가는 눈물 없는 세기라고 명명될 것이다. 도처에 슬픔이 수두룩하게 깔렸는데도 말이다. 그래서 슬퍼할 능력이 있는 사람들은 눈물이 없다는 바로 그 이유 때문에 쉬무의 양파 주점에서 주인으로부터 돼지나 물고기 모양의 도마와 식칼을 80페니히에, 그리고 밭에서 자라나 부엌에서 요리되는 보통 양파를 12마르크에 나누어 받아 그것을 잘게 더 잘게 썰었다. 그 즙이 무언가를 이루어줄 때까지. 하지만 그 즙이 도대체 무엇을 이루어주었단 말인가? 그것은 이 세상과 이 세상의 슬픔이 해내지 못한 것을 달성했다. 즉 인간의 둥그런 눈물을 자아냈던 것이다. 손님들은 울고 또 울었다. 조심스럽게 울었다. 마음껏 울었다. 염치도 없이 울었다. 눈물은 흘러내려 모든 것을 떠내려가게 했다. 비가 왔고, 이슬이 내

렸다. 오스카는 수문이 열리지 않았나 하는 생각이 들었다. (II. 383)

### * 작품의 마지막: 검은 마녀

더 이상 무얼 말하란 말인가. 전등 아래에서 태어나고, 세 살의 나이에 일부러 성장을 멈추고, 북을 얻고, 노래로 유리를 부수고, 바닐라 냄새를 맡고, 교회 안에서 기침을 하고, 루치에게 먹이를 주고, 개미를 관찰하고, 다시 성장을 결심하고 북을 파묻고, 서방으로 가서 동쪽을 잃고, 석공 일을 배우고 모델 일을 하고, 다시 양철북으로 되돌아가서 콘크리트 요새를 시찰하고, 돈을 벌고, 손가락을 보관하고, 손가락을 선사하고, 웃으면서 도주하고, 에스컬레이터를 올라가서 체포되고, 유죄 판결을 받고, 수감되고, 그 후에 석방되어, 오늘 30회째 생일을 축하하고 있으며, 그러면서도 여전히 검은 마녀를 두려워하고 있는 것이다 - 아멘.

[...]

이제 나는 더 이상 할 말이 없다. 하지만 정신 병원에서 강제로 쫓겨나온 이상 앞으로 오스카가 무엇을 하겠다는 것인지는 생각해 보아야 하리라. 결혼을 할 것인가? 아니면 독신을 지켜야 하나? 해외여행이라도 할까? 모델업을 할까? 채석장을 구입할 것인가? 제자를 모을 것인가? 종파라도 세울 것인가?

오늘날 30세의 남자에게 주어진 그 모든 가능성은 검토의 대상이다. 그런데 내 북이 아니면 그 무엇으로 검토를 하겠는가. 그러니 나에게 점점 더 생생해지고 무시무시해지는 저 짧은 노래를 내 양철로 두들기면서 검은 마녀를 불러내어 물어보기로 하자. [...] 오스카는 그녀가 누구인가를 묻지 않는다! 그는 더 이상 할 말이 없는 것이다. 이전에는 내 등 뒤에 타고 앉아서 나의 혹에다가 키스를 하던 그것이 이제는 내 정면에서 다가온다.

내 등 뒤에 있었던 마녀는 검은빛이었다.
이제 그녀는 나의 앞쪽에서도 다가온다, 검은빛으로.
말씀과 외투를 휘날린다, 검은빛으로.
검은 돈으로 지불한다, 검은빛으로.
아이들이 노래하든 말든 상관없이 다가온다.
검은 마녀는 있느냐? 있다 있다 있다!" (488-491)

## 5. 더 깊이 읽기

### 1) 그라스의 나치 전력과 이스라엘 비판

그라스는 2006년 자서전 『양파껍질을 벗기며 Beim Häuten der Zwiebel』의 출간을 앞두고 60여 년 만에 자신이 2차 대전 당시 17세의 나이로 나치 친위대에서도 악명 높은 '무장친위대 Waffen-SS'에 복무한 사실을 털어놓았다. 이러한 고백으로 인해 독일사회는 커다란 충격에 휩싸였고, 그라스를 둘러싼 논란이 벌어졌다. 당시 상황이 어쩔 수 없는 측면도 있고 그라스가 전쟁범죄에 가담했다는 증거도 없다는 점에서 그를 옹호하는 사람도 있었지만, 보수 진영에서는 그동안 과거를 숨기고 위선적인 행동을 보여 왔다는 이유로 그를 비난하였다.

그리고 이 문제가 일단락 되어가던 2012년 그라스는 독일의 유력 일간지 <쥐트도이체 차이퉁>에 이스라엘을 비판하는 「꼭 말해야 할 것 Was gesagt werden muss」이라는 시를 발표하면서 또 다시 여론의 중심에 서게 되었다. 이 시에서 그라스는 이스라엘이 핵무기로 세계

평화를 위협하고 있으며, 이런 이스라엘에 독일은 잠수함을 공급하고 있다고 비판했다. 나아가 독일은 역사적 죄과 때문에 이스라엘의 행위에 침묵할 것이 아니라 비판할 것은 비판해야 한다고 지적했다. 이에 대해 독일과 이스라엘 등에서 비판이 쏟아지자 그라스는 "이스라엘에 대해 비판을 하지 않는 것이야말로 이스라엘에 가할 수 있는 최악의 행위"라고 맞받으며, 이스라엘이 팔레스타인에서 점령국으로 행세하면서 자행하고 있는 비인간적 행위를 방치해서는 안 될 것이라고 주장하였다.

### 2) 알레고리

『양철북』은 '알레고리 문학'으로 간주된다. '알레고리 Allegorie'는 '다르게 말하기'라는 의미를 지닌 그리스어 '알레고리아 allegoria'에서 비롯된 말이다. 이는 고대로부터 내려온 수사법의 하나로, 말하고자 하는 바를 그대로 드러내지 않고 다른 것에 빗대어 설명하는 방식을 일컫는다. '다르게 말하기'라는 의미가 함축하고 있듯이, 알레고리는 두 겹의 의미 층을 갖는다. 표층에서 이야기하는 인물, 행위, 배경 등이 그것대로 일차적 의미(표층적 의미)를 이루고, 이들이 의미하는 도덕적, 사회적, 종교적, 혹은 정치적인 개념들이 이차적 의미(심층적 의미)를 갖도록 고안된 것이 알레고리이다. 알레고리 문학에서는 작가의 진의가 서술의 표면에 그대로 드러나는 법이 없고 언제나 알레고리를 통해 미학적으로 '암호화'되어 있다. 따라서 알레고리 구조 속에 감추어져 있는 암호를 풀어야만 비로소 작가의 진의를 이해할 수 있게 된다. 알레고리 문학을 대할 때에는 겉으로 드러난 이미지와 내용보다는 그것이 비유적으로 표현하고 있는 의미의 가치와 기능에 접근하는 것이 중요하다.

### 3) 악한소설 또는 교양소설로서의 『양철북』

그라스가 『양철북』을 '악한소설 Schelmenroman'로 보는 데에 반대했음에도 불구하고, 이 작품은 악한소설의 현대판으로 읽히기도 한다. 악한소설의 주인공은 악한, 사기꾼, 광대 등 사회적 국외자로서 세상 편력을 통해 다양한 경험을 쌓는다. 그는 바보스러움과 교활함을 넘나들면서 자신을 저버린 이 세상을 상대로 고군분투하는 가운데 자신의 눈에 비친 부조리한 세상을 고발한다. 『양철북』의 주인공 오스카 역시 국외자로서 다양한 사회적 경험을 쌓고, 자신의 의지와는 무관하게 이 세상에 던져진 자신의 이야기를 통해 부조리한 세상의 가면을 벗긴다는 점에서 악한소설과 맥을 같이 한다. 그러나 오스카에게는 현실의 혼돈을 넘어 위안을 제공할 피안에 대한 희망이 존재하지 않는다는 점에서 악한소설의 주인공과는 구분된다.

또한 『양철북』은 일반적인 '교양소설'과도 구분된다. 대표적인 교양소설인 괴테의 『빌헬름 마이스터』와 마찬가지로 오스카도 인격 형성의 단계를 밟는다. 괴테의 빌헬름 마이스터가 부르주와 상인의 아들로 태어나 연극배우가 되는 것과 흡사하게 식품점 주인의 아들로 태어난 오스카는 아버지의 뜻과는 달리 북을 치며 유리를 깨는 능력을 얻고 예술가의 길을 간다. 그러나 빌헬름 마이스터가 여행을 통해 성숙한 인간으로 성장하고 마침내 외과의사로서 사회 공헌의 길을 간 반면, 오스카는 자신의 스승인 베브라를 따라 여행길에 오르지만 자신의 예술인 북치는 데에만 열중하고 그가 도달한 곳은 결국 정신병원이라는 점에서 교양소설이 추구하는 교양이상과는 거리가 멀다.

### 4) 『넙치』

『넙치 Der Butt』(1977)는 『양철북』 이후 최대의 문제작으로 평가되는 작품이다. 이 작품은 그림 동화 속의 「어부와 그 아내」 이야기를 모티브로 인류의 역사를 관통해 남성중심주의가 갖는 문제점과 역사 속에 숨어있는 여성들의 역할을 이야기하고 있다.

이 작품은 주인공 '나'가 임신한 그의 아내에게 아홉 달 동안 이야기를 들려주는 형식으로 진행된다. 신석기 시대부터 현대에 이르기까지 '내'가 만났던 열한 명의 여성 요리사들에 대한 이야기가 시대 순으로 전개된다. 여기서 여성들은 식량문제 해결을 통해 인류의 생존에 지대한 역할을 한 존재로 그려진다.

여성 요리사들의 이야기와 맞물려 '말하는 넙치'가 여성 배심 법정에서 재판을 받는 이야기가 펼쳐진다. 먼 옛날에 인간이 모권사회에서 평화롭게 살고 있을 때, 말하는 넙치가 한 남자에게 잡힌다. 넙치는 남자들의 조언자 역할을 약속하고 바다로 풀려난다. 그 후 남자들은 넙치의 조언에 따라 모권사회를 무너뜨리고 부권사회를 건설한다. 그 후 4천년이 지난 현대에 와서 넙치가 여자들의 손에 잡히고 법정에 서게 된다. 아홉 달 동안에 걸친 재판에서 넙치는 자신이 남성들을 부추겨 전쟁을 일으키고 피폐한 세상을 만든 죄를 인정한다. 법정은 넙치가 자신의 잘못을 뉘우치고 있다는 점을 참작해 앞으로는 오직 여성에게만 조언을 한다는 조건하에 다시 바다로 돌려보낸다.

이 작품에서 그라스는 동화적 서술방식을 통해 남성중심주의 역사를 비판하는 한편 이를 추종한 역사 속의 남성과 여성들 또한 그 책임을 면할 수 없다고 말한다. 그리고 오로지 남성과 여성의 대립을 극복한 제3의 길만이 인류 발전의 새로운 대안이 될 수 있다는 메시지를 전하고 있다.

### 5) 『텔크테에서의 만남』

『텔크테에서의 만남 Das Treffen in Telgte』(1979)은 인간의 탐욕 앞에 무너지는 허울 좋은 이상을 통렬하게 풍자한 소설로서 『고양이와 쥐』(1961)와 함께 그라스 산문의 백미로 꼽히는 작품이다.

신 구교 간의 갈등이 전 유럽을 황폐화시켰던 '30년 전쟁'(1618-48)이 막바지를 향하던 1647년, 일군의 시인들이 독일 각지로부터 시골 마을 텔크테로 몰려든다. 시인들은 전쟁의 참상을 고발하고 산산조각으로 분열된 조국을 '언어'를 통해 다시 한 번 통합하고자 한다. 그들은 시 낭독회와 평화호소문을 작성하기로 하고 텔크테에 도착한 후 풍성한 식사대접을 받는다. 아무 생각 없이 고기와 포도주를 즐긴 시인들은 그것이 농가와 수녀원에서 약탈한 것이라는 사실을 알고 시대의 죄악에 공범자기 되었다는 사실에 분노한다. 그러나 예정대로 시 낭독회가 열리지만, 시인들은 서로를 헐뜯고 고지독일어파와 저지독일어파로 나뉘어 반목과 대립을 거듭한다.

이 작품에서 그라스는 그뤼피우스, 게르하르트, 질레지우스 등 17세기에 실존했던 시인들이 등장하는 '텔크테에서의 모임'을 통해 그라스 자신이 회원이었던 '47그룹' 모임을 허구적으로 재구성하고 있다. '47그룹'은 전후 독일 문학의 전통을 재확립하기 위해 1947년에 발족한 젊은 작가들의 모임이다. 이 작품에서 그라스는 '역사는 반복된다'는 전제 아래 17세기의 시인들을 통해 겉으로 내세우는 이상과 달리 위선과 탐욕으로 얼룩진 시인들의 허상을 낱낱이 파헤친다. 그러나 한편으로는 시인들에 대한 애정 어린 시선을 잃지 않는다.

### 6) 영화 <양철북>

영화 <양철북>은 1979년 폴커 슐렌도르프 Volker Schlöndorff 감독이 영화화한 작품으로, 칸 영화제 황금종려상을 수상했고 독일영화로는 최초로 아카데미상을 수상하기도 하였다. 슐렌도르프 감독은 1962년 "아버지의 영화는 죽었다"고 선언한 독일 청년 영화인들의 '오버하우젠 선언'을 주도하며 1970년대 '뉴 저먼 시네마'를 이끌었던 감독이다. 그는 『양철북』 외에도 하인리히 뵐의 『카탈리나 블룸의 잃어버린 명예』 등을 영화화함으로써 독일 사회의 치부에 대해 침묵하는 기성세대를 향해 거침없는 저항과 비판의 목소리를 높였다. 그는 마르셀 프루스트 Marcel Proust의 『잃어버린 시간을 찾아서』, 아서 밀러 Arthur Miller의 『세일즈맨의 죽음』 등의 문학작품을 자신만의 스타일과 언어로 영화화하는 작업을 꾸준히 진행하였다.

영화 <양철북>은 슐렌도르프 감독과 그라스가 공동 각색한 것으로 오스카의 출생배경에 관한 이야기에서부터 시작해 전후 오스카의 아버지 알프레트 마체라트가 죽은 뒤 가족들이 뒤셀도르프로 떠나는 소설의 2부까지만 다루고 있다. 소설은 정신병원에 수용된 오스카가 회고록을 쓰면서 과거를 회상하는 것으로 시작함으로써 전체적으로 '액자 소설'의 형식을 취한 반면, 영화는 할머니 이야기로부터 시작해 오스카의 내레이션으로 가족사가 이야기된다.

소설은 화자인 오스카가 자신이 정신병원에 수용된 환자라고 고백하면서 시작되고, 그의 이야기 또한 사실성과 허구성 사이를 오가면서 진행된다. 이를 통해 소설은 독자로 하여금 이 '믿을 수 없는 화자'의 이야기에 거리를 두고 객관적이고 비판적인 자세를 취하도록 한다. 반면 영화는 현재의 오스카가 처한 상황을 생략하고 곧바로 오스카의 출생

영화 〈양철북〉

배경에서부터 시작하기 때문에 화자의 신빙성에 대한 의문이나 이로 인한 거리두기는 나타나지 않는다. 그 대신 오스카의 독특한 시점을 부각시킨다. 어른들의 세계를 바라보는 오스카의 독특한 시각은 그의 신체적 특징에서 비롯된 아래로부터의 시각, 이른바 '개구리 시점'에 기인한다. 영화에서 오스카의 독특한 시각은 세 살 생일파티 장면에서 '식탁 아래의 진실'을 직시함으로써 성적 충동에 사로잡혀 있는 어른들의 이중성과 이기주의적 속물근성을 폭로한다. 또한 연단 아래쪽에서 바라본 나치 군중집회 장면은 나치 선전의 허구성을 잘 드러내 준다.

영화는 원작에 대한 정확한 이해와 뛰어난 영상미학 등으로 인해 문학의 영상화에 성공한 작품으로 평가된다. 그럼에도 불구하고 영화는 시간상의 제약으로 인해 수많은 에피소드들이 생략되거나 축소되었고, 그라스 특유의 반어적 표현들을 제대로 살려내지 못한 점 등은

아쉬움으로 지적되기도 한다. 그러나 영화에서 가장 논란이 된 지점은 결말 부분이다. 소설은 오스카가 다시 성장하기로 마음먹은 후에도 정상적인 성인이 아니라 곱추가 됨으로써 전후 서독 사회에 대한 회의적인 시각을 드러내고 있다. 반면 영화는 원작의 2부까지만 다루다 보니, 주인공 오스카가 성장하기로 마음먹은 후 서독행 기차를 타는 것으로 마무리됨으로써 희망적인 메시지를 전달하고 있는 것처럼 보인다. 이러한 영화의 열린 결말은 소설의 의도를 왜곡할 여지가 충분하다는 점에서 문제점으로 지적된다. 이러한 비판을 의식해 영화 <양철북> 2부가 기획되기도 했으나 실현되지는 못했다.

## 6. 생각해 볼 문제들

### 1) 작품 이해

(1) 『양철북』을 '알레고리적 역사소설'이라고 하는 이유는 무엇인가?

(2) 오스카의 신체변화가 갖는 알레고리적 의미는 무엇인가?

(3) 오스카가 북에 집착하고, 유리를 파괴하는 행위는 어떤 의미를 갖는가?

(4) 아버지 알프레드가 나치시대의 소시민적 특성을 잘 대변하고 있다고 하는 이유는 무엇인가?

(5) 작품의 무대가 되는 단치히는 어떤 의미를 갖는가?

### 2) 더 생각해 볼 문제

(1) 『양철북』의 화자가 '믿을 수 없는 화자'로 설정된 이유는 무엇인가?

(2) 문학작품 속에 성이 주요 소재로 등장하는 이유가 무엇인가?

(3) 불행한 역사에 대한 책임은 누구에게 있는가? 개인인가, 시대적 상황인가?

(4) 왜 대중들은 시대적 조류에 쉽게 편승하는가?

(5) 참여문학과 순수문학의 구분은 가능한가?

# 『카타리나 블룸의 잃어버린 명예』

– 하인리히 뵐 –

## 1. 작가 소개

하인리히 뵐

하인리히 뵐 Heinrich Böll(1917-85)은 쾰른에서 목공예를 하는 빅토르 뵐의 아들로 태어났다. 1937년 고등학교 졸업 후 서점에서 견습생활을 하다 이듬해 쾰른 대학에 등록해 독문학과 고전문헌학을 공부하였다. 1939년 제2차 세계대전이 발발하자 나치군에 징집되어 6년간 프랑스, 러시아, 동유럽 등 여러 전선에서 복무하였고, 1945년에 미군 포로가 되었다. 종전과 함께 포로수용소에서 풀려나 대학에 복학했고, 쾰른에 정착한 후 본격적인 창작 활동을 시작하였다.

1949년 병사들의 절망적인 삶을 묘사한 『열차는 정확했다 Der Zug war pünktlich』를 시작으로, 자신의 참전 경험과 전후 독일의 참상을 그린 작품들을 주로 발표했다. 1951년에는 사회적으로 무능하고 쓸모없는 사람들의 진면목을 풍자적으로 그린 『검은 양들 Die schwarzen Schafe』을 발표해 '47그룹 문학상'을 받으면서 전후 독일문학을 대표하는 작가로 부상하였다. 1953년에는 전후 독일사회와 가톨릭교회의 문제점을 비판한 『그리고 아무 말도 하지 않았다 Und sagte kein einziges Wort』를 발표해 작가로서의 지위를 확고히 하였다. 1959년에는 과거를 망각한 채 재무장을 논하고 오로지 이윤 추구와 소비 조장만으로 치닫는 독일사회를 비판적으로 그린 『아홉시 반의 당구 Billard um halb zehn』를 발표하였다. 1963년에는 『어느 어릿광대의 견해 Ansichten eines Clowns』(1963)를 통해 부조리로 가득 찬 독일사회를 직접 비판함으로써 큰 반향을 일으켰고, 1967년 독일 최고 권위의 문학상인 '게오르크 뷔히너 상'을 수상하였다. 1971년에는 자본주의 사회에 역행하는 주인공의 삶을 통해 성취지향적 사회에 대한 저항을 담은 『여인과 군상 Gruppenbild mit Dame』을 발표해 대대적인 성공을 거두었고, 1972년 노벨문학상을 수상하였다. 독일국적을 가진 작가로는 전후 첫 수상이자, 1929년 토마스 만의 수상 이후 43년 만이었다.

뵐의 문학은 '인간적인 것의 미학'에 바탕을 두고 있다. 그는 "인간의 인간되기"를 문학적 사명으로 삼고, "살만한 나라에서의 살만한 언어를 찾는 것"을 문학의 목표로 설정했다. 이에 따라 성과지향주의의 폭력적인 사회에서 밀려난 가난하고 힘없는 사람들의 일상생활을 문학적 소재로 다룸으로써 '소시민의 인간성'을 보호하고자 하였다. 그는 가족, 이웃, 고향, 사랑, 종교, 식사 같은 본질적으로 인간적인 개념들을 언어로 지켜내고자 했고, 이 때문에 그의 대부분의 작품들은 전후의 암울한 시대를 그리면서도 결말에는 작은 희망과 한 가닥의 빛을 담고 있다.

뵐은 '민족의 양심'이라고 불릴 정도로 현실문제에 적극적으로 참여하였다. 1956년에는 헝가리 민중봉기를 무력으로 진압한 소련을 규탄했고, 수에즈운하 문제로 이집트를 공격한 프랑스와 영국을 비판하는 '세계 지식인 105인 선언'에 참여했다. 1968년 학생운동이 일어났을 때에는 독일 정부의 비상계엄 선포에 반대해 대중연설에 나섰고, 1969년과 1972년에는 귄터 그라스와 함께 사회민주당의 집권을 위해 선거유세에 직접 참여하며 빌리 브란트를 적극 지원하였다. 이후에도 그는 더욱 적극적으로 사회활동에 참여함으로써 독일사회를 향한 비판적 발언을 서슴지 않았다. 1971년에는 독일인으로서는 최초로 '국제 펜클럽' 회장으로 선출되어 세계 곳곳에서 탄압받고 있는 작가와 지식인들의 석방을 위해 노력하였다.

뵐은 제2차 세계대전 후 독일사회가 과거에 대한 반성과 성찰 없이 여전히 권위주의적이고 경쟁과 이윤만을 추구하는 물질만능주의로 치닫는 것에 반발했고, 교리로부터 유리되고 관료화된 가톨릭교회를 비판하였다. 이러한 비판의식으로 인해 독일사회와 갈등을 빚었고, 때로는 상처를 입기도 했지만, 이것이 작가로서의 양심을 지키는 일이라고 생각했다. 그에게 있어 양심이란 사회적 존재로서의 인간의 양심을 말하는 것이었고, 사회적 인간으로서의 양심을 구현하는 것이 사회참여였다. 뵐은 만년에도 평화운동과 환경보호에 앞장서는 등 사회를 향한 실천을 멈추지 않았다.

주요 작품으로 『열차는 정확했다 Der Zug war pünktlich』(1949), 『그리고 아무 말도 하지 않았다 Und sagte kein einziges Wort』(1953), 『아홉 시 반의 당구 Billard um halb zehn』(1959), 『어느 어릿광대의 견해 Ansichten eines Clowns』(1963), 『여인과 군상 Gruppenbild mit Dame』(1971), 『카타리나 블룸의 잃어버린 명예 Die verlorene Ehre der Katharina Blum』(1974), 『강 풍경을 마주한 여인들 Frauen vor Flusslandschaft』(1985) 등이 있다.

## 2. 작품 소개

### 1) 생성 배경

『카타리나 블룸의 잃어버린 명예: 혹은 폭력은 어떻게 발생하고 어떤 결과를 가져올 수 있는가 Die verlorene Ehre der Katharina Blum oder: Wie Gewalt entstehen und wohin sie führen kann』는 매우 시사적인 배경에서 구상되었다. 1960년대 말 '68 운동'으로 촉발된 독일의 사회개혁운동은 그 열기가 가라앉으면서 일부 소그룹을 중심으로 점차 과격화되었다. 특히 '바더-마인호프 그룹 Baader-Meinhof-Bande'은 과격한 테러행위로 인해 사회적 불안을 고조시켰고, 이들을 검거하는 과정에서 벌어진 과도한 공권력 행사 또한 물의를 빚고 있었다. 이러한 상황에서 슈프링어 출판사 계열의 신문들은 선정적인 보도 방식을 통해 테러리스트들을 비난하는데 앞장섰다. 그러던 중 슈프링어 계열의 보수 일간지 <빌트 Bild>는 1971년 12월 23일자 제1면에 "바더-마인호프 그룹 살인행각 계속"이라는 커다란 표제 밑에 한 도시에서 일어난 은행강도 사건을 사진과 함께 더 크게 실어, 이것이 마치 바더-마인호프 그룹의 소행인 것처럼 기사화하였다. 그리고 경찰이 수사 발표도 하

1971년 12월 23일자 〈빌트〉 1면 기사

기 전에 바더-마인호프 그룹이 마치 법정에 선 것처럼 보도하였다. 이러한 <빌트>의 보도에 대해 뵐은 1972년 1월 10일자 <슈피겔 Der Spiegel>에 기고한 글에서 <빌트>의 보도방식을 심각한 인권침해라고 비판하였다. 뵐은 바더-마인호프 그룹에 대해 미리 유죄판결을 내리고 대중들을 선동해서 유죄를 밀어붙이는 여론몰이식 보도에 반대하고, <빌트>만을 읽는 수백만 독자들이 이 신문의 그릇된 보도방식 때문에 결국 잘못된 정보만을 제공받게 된다고 주장하였다.

이러한 뵐의 견해에 대해 보수신문들은 그를 극단주의자들의 폭력을 옹호하는 선동자로 낙인찍었고, 심지어 "뵐과 같은 부류는 바더-마인호프보다 더 위험하다"고 하면서 독자들을 부추겼다. 그 결과 뵐을 비난하는 익명의 편지나 협박이 쇄도하였고 뵐의 가족들은 한동안 집 밖 출입이 어려울 정도였다. 뵐이 1972년 11월 노벨문학상을 수상한 뒤에도 슈프링어 계열의 언론들은 그에 대한 공격을 멈추지 않았고 당국의 탄압도 계속되었다. 뵐은 네 번이나 가택수색을 당했고, 1974년 뵐의 아들 집이 수색 당했을 때에는 실제로 수색이 있기 전에 이 사실이 <빌트>에 보도되기도 하였다. 뵐은 언론과 국가권력의 폭력 앞에 무력할 수밖에 없는 현실을 직접 체험하면서 아무런 힘도 없는 약자들을 보호해야 한다는 입장을 더욱 확고히 하게 되었다. 『카타리나 블룸의 잃어버린 명예』는 이러한 뵐의 입장이 잘 드러난 작품이다.

『카타리나 블룸의 잃어버린 명예』 초판 표지

뵐은 자신의 체험을 직접 작품화

하기보다 <빌트>를 위시한 통속 신문들에서 언론 폭력에 의해 희생된 많은 예를 수집하였다. 그 중 대표적인 것이 페터 브뤼크너 P. Brückner 교수 사건이었다. 하노버 공대 심리학부장인 브뤼크너 교수는 바더마인호프 그룹에게 은닉처를 제공했다는 이유로 언론의 심한 공격대상이 되었고, 1972년 1월에는 해직까지 당했다. 그 후 무혐의가 입증되어 복직되긴 했지만 그의 명예는 이미 실추된 뒤였고, 주변 사람들은 그를 외면했다. 이에 대해 그는 "왜곡된 보도에 의해 나는 인간 이하의 인간이 되었다"고 술회할 정도였다.

이러한 브뤼크너 교수 사건 외에도 뵐은 언론들이 무책임하게 사건을 대서특필함으로써 화제 거리를 만들고, 그 결과 한 인생을 파멸시키는 여러 예를 수집하였다. 뵐은 "어느 누군가가 그와 같은 대중신문에 게재되어 하루 이틀간 갑자기 화제 거리가 된다. 그 후 그 사람의 인생에 무슨 일이 일어났는가를 아는 사람은 없다"는 사실에 주목하였다. 그리고 "완전히 무명의 별로 중요하지 않은 우리 시대의 한 여인", 가정관리인이라는 평범한 직업을 가진 이혼녀를 주인공으로 설정해 "폭력은 어떻게 발생하고 어떤 결과를 가져올 수 있는가"라는 도발적인 질문을 통해 언론폭력의 실체를 작품화하였다.

『카타리나 블룸의 잃어버린 명예』는 출간되기 전 4회에 걸쳐 <슈피겔>에 연재되어 주목을 받았다. 1974년 7월 정식으로 출간되었을 때에는 곧바로 베스트셀러가 되었고, 학생들을 위한 권장도서로 선정되기도 하였다. 그러나 당시 슈프링어 계열의 <일요 빌트 Bild am Sonntag>는 이 작품이 베스트셀러에 오르자 늘 해오던 주간베스트셀러 발표를 중단하였다. 그리고 대다수 언론과 비평가들은 이 작품이 테러리스트들의 폭력행위를 옹호했다고 매도했다. 이에 대해 뵐은 이 작품을 바더-마인호프 그룹과 연결시키는 것은 잘못이라고 강력히 부인하였다.

또한 일부에서는 이 작품이 언론, 특히 <빌트>에 대한 "문학적 복수"라고 평가했다. 이에 대해서도 뵐은 단호히 부정하면서, 대중과 언론에 의한 인권침해와 개인의 명예훼손에 대한 것은 자신이 오랫동안 몰두해온 주제라고 주장하였다. 뵐의 주장대로 이 작품은 부당한 언론 폭력으로부터 사회적 약자를 대변하고자 하는 그의 평소 소신이 반영된 것이라 할 수 있다. 그러나 뵐 자신이 언론과 공권력의 폭력으로부터 고통을 받은 당사자라는 점에서 이 작품이 그의 체험과 밀접하게 연관되어 있다는 것은 부정할 수 없는 사실이다.

### 2) 줄거리

작품은 살인사건에 대한 보고형식으로 자료의 출처, 보고방식, 내용개요 순으로 시작된다. 1974년 2월 20일 수요일의 사교모임에서부터 일요일의 살인사건까지 나흘간에 일어난 사건이 이야기의 중심을 이루고 있다.

스물일곱 살의 이혼녀 카타리나 블룸은 가정관리인 겸 가정부로 성실하게 일하는 평범한 여성이다. 그녀는 카니발 시즌에 한 댄스파티에서 괴텐이라는 남자를 만나 사랑에 빠지고, 그와 하루 밤을 보낸다. 괴텐은 은행강도 혐의로 경찰의 수배를 받는 인물이다. 블룸은 그가 도피할 수 있도록 도와준다. 이로 인해 블룸은 경찰 조사를 받게 되는데, <차이퉁>은 이 사실을 보도하면서 그녀를 '강도의 정부'로 묘사해 부도덕한 인간으로 매도한다. 신문은 괴텐보다 오히려 블룸이 더 중대한 범인이나 되는 것처럼 온갖 수단을 동원해 그녀의 부정적인 면을 부각시킨다. 신문은 자신의 보도내용을 뒷받침하고 독자에게 폭넓은 정보를 제공한다는 명분으로 블룸의 주변 사람들을 이용한다. 이를테면 블룸의 부모를 끌어들여 공산주의자나 부도덕한 사람으로 묘사하고 그들의 딸도 그런 사람일 것으로 추정한다. 그 과정에서 중환자실에 입원중인 어머니가 충격으로 숨을 거두기도 한다. 그 외에도 신문은 블룸과 관련된 여러 인물들을 취재해 사실을 왜곡하거나 가공함으로써 그녀를 부도덕하고 정치적으로 극단적인 인물로 몰아간다. 블룸은 연일 계속되는 선정적인 보도로 인해 창녀, 공산주의자, 반교회주의자 등으로 인식되어 개인적인 명예가 처참하게 짓밟힌다.

신문의 선정적인 왜곡보도 이후 블룸은 익명의 독자들로부터 모욕적인 전화와 우편물에 시달린다. 이러한 2차 피해 앞에 그녀는 더욱 모멸감과 분노를 느끼고 절망적인 상태에 빠진다. 언론의 횡포와 폭력 앞에 속수무책으로 당할 수밖에 없었던 그녀는 결국 자신의 사건을 왜곡 보도한 <차이퉁>의 기자 퇴트게스를 살해한다. 한편 은신처에서 체포된 괴텐은 탈영병으로 군 내부에서의 범법사실이 드러나지만 은행강도 사건과는 무관함이 밝혀진다. 블룸과 괴텐 두 사람의 형기가 각각 8-10년으로 예상되면서 작품은 마무리된다.

## 3. 작품 해설

### 1) 허구를 통한 진실 찾기

뵐은 『카타리나 블룸의 잃어버린 명예』의 첫머리에 있는 이른바 '모토'에서 이 작품에 대한 자신의 입장을 밝히고 있다. 뵐은 이 작품이

다루는 이야기의 성격을 다음과 같이 규정한다: "이 이야기의 인물과 사건은 자유롭게 창작된 것이다. 어떤 저널리즘의 실행을 묘사하는 데 있어서 '빌트'의 것과 유사한 점들이 있다면, 그것은 고의적인 것도 우연한 것도 아니며 불가피한 것이다."

뵐은 우선 이 작품이 <빌트>와는 무관하게 "자유롭게 창작된 것", 즉 문학적 허구임을 분명히 하고 있다. 그러나 이어지는 문장에서 이 작품에 묘사된 언론의 행태가 "'빌트'의 것과 유사한 점들이 있다"는 것을 인정함으로써 이 작품이 현실에 근거한 것임을 간접적으로 밝히고 있다. 이와 같이 허구와 현실 사이를 오가는 뵐의 모호한 표현은 이중적 의미를 담고 있다. 그는 우선 이 작품이 현실에 바탕을 두고 있음에도 불구하고 <빌트>를 염두에 두고 쓴 것이 아니라고 함으로써 혹시 있을지 모를 <빌트>의 항의에 대한 예방적 조처를 취하고 있다. 그러나 한 걸음 더 나아가 굳이 <빌트>를 언급함으로써 이 작품이 사실은 이 신문을 겨냥하고 있음을 반어적으로 강조하고 있다. 작품 속 등장인물도 가상의 인물이고, 신문의 이름도 두루뭉술하게 '차이퉁 Zeitung', 즉 '신문'이라고 지칭하고 있지만, 정황으로 보아 그 신문이 어떤 신문인지 충분히 알 수 있다. 더구나 뵐은 <차이퉁>의 보도방식에서 <빌트>, 즉 <빌트-차이퉁 Bild-Zeitung>의 선정적 보도방식을 그대로 따르고 이를 부각시킴으로써 독자로 하여금 자연스럽게 <빌트>가 연상되도록 하였다.

그런 점에서 모토에 나타난 뵐의 모호한 표현은 허구와 현실 사이의 피할 수 없는 연관관계를 지적한 것이라 할 수 있다. 자신의 작품이 문학적으로 허구의 현실을 그리고 있지만 그 현실은 바로 실제의 현실을 반영하고 있으며, 실제 현실과 밀접한 관계가 있다는 사실을 강조한 것이다. 뵐이 작품의 초판 표지에 이 작품의 성격을 굳이 '이야기

Erzählung'라고 명시하고, 10년 후에 쓴 후기 「10년 후」에서는 "경향소설"이라고 규정한 것도 그 내용이 담보하는 현실성을 강조하기 위한 것이라 할 수 있다. 뵐은 이 작품을 순수 '소설 Roman'이라기보다 "이야기의 옷을 입은 팸플릿"이자 "논쟁의 글"로 계획했고, "진실을 '진실에 맞게' 재연해도 진실을 더럽히는" <차이퉁>을 통해 현실에 대항하고자 했던 것이다.

뵐은 「10년 후」에서 제목과 부제와 더불어 모토의 중요성을 강조한다. 그는 "제목, 부제, 모토라는, 얼핏 보기에는 사소한 것 같은 이 세 가지가 이 이야기의 중요한 구성 요소"라고 말한다. 이것들이 이야기를 위한 전제조건이라는 것이다. 이것들이 없다면 "이 이야기의 팸플릿 같은 경향"이 이해되지 않기 때문에 "이 이야기를 읽거나 분석하려는 사람은 일단 제시된 이 세 가지 요소를 생각해야 할 것이다. 이것들이 이미 해석이나 다를 바 없다."고 조언한다.

뵐이 모토에서 규정한 대로 『카타리나 블룸의 잃어버린 명예』는 현실과 허구의 경계를 넘나드는 독특한 구성을 보여준다. 뵐은 이 작품이 허구이지만 사실상 허구가 아니라는 것을 강조하기 위해 작품의 시작과 함께 전지자적 시점의 화자를 도입해 자신의 입장을 설명하도록 한다. 화자는 우선 "몇 개의 부수적인 원천과 세 개의 주요 원천"을 구체적으로 거론하면서 철저히 조사된 사실을 토대로 사건에 대한 객관적인 보고를 하겠다고 다짐한다. 그는 이 원천들에 기초한 자료들을 "집결"해 "물 흐르는 것처럼" "가능하다면 규칙대로 혹은 순리대로" 보고할 뿐 "구성"하지는 않겠다고 말한다. 그러나 화자가 가지고 있는 자료들은 크게 두 가지 현실을 보여주는 것들이다. 하나는 블룸과 그의 변호사 블로르나를 통해 알아낸 실제 현실이고, 다른 하나는 언론과 검찰과 경찰 등에서 만들어낸 왜곡된 현실이다. 이 두 개의 현실은 완전히 대립되거나 전혀 다른 관점을 취하고 있다. 화자는 이 두 현실 사이에서 "명명백백한 정리 과정"을 거쳐야 하는 어려움을 토로한다. "함께 흐를 수 없는" 원천들로 인해 자신의 이야기가 자연스럽게 전개되지 못하고 흐름이 중단되거나 정체될 수 있다는 것이다. 화자는 독자들이 이러한 사실을 인지하고 "관대히 이해해 주길" 바라면서 사건을 보고하기 시작한다. 이러한 화자의 입장 표명은 앞으로 이야기될 사건에 대한 보고의 객관성을 담보하기 위한 것이자 독자를 이야기 속으로 끌어들이기 위한 장치라고 할 수 있다.

화자는 자신의 계획과 의도를 미리 밝힌 후 사건에 대한 보고를 이어간다. 그는 살인 사건이 발생한 상황을 신문기사 형식을 빌려 냉정하게 묘사하고, 독자들이 작품 속 이야기를 실제 사건처럼 믿도록 하기 위해 구체적인 날짜와 시간을 꼼꼼하게 언급한다. 그러나 사건이 어떻게 해서 발생되었는지에 대한 정보는 뒤로 미룬 채 사건의 시작과 결말을 미리 보고함으로써 독자로 하여금 한 젊은 여자가 어떻게 나흘 만에 살인을 저질렀는지 호기심을 갖도록 유도한다. 이로써 화자는 독자가 사건의 결과보다는 살인이 일어날 수밖에 없는 정황에 집중하도록 하고, 사건의 전말을 밝히는데 동참하도록 만든다. 그리고 마치 사건 보고서를 작성하듯 사건의 발생과정을 객관적으로 추적해 간다. 이 과정에서 화자는 <차이퉁>과 <존탁스차이퉁>의 보도내용을 두드러지게 부각시키고, 독자들에게 "진실을 '진실에 맞게' 재연해도 진실을 더럽히는" 이 신문들의 선정적 보도 방식을 분석할 수 있도록 필요한 지식과 기준을 제공해 준다.

중립적인 보고자를 자처했던 화자는 보고가 진행될수록 점차 객관적 태도를 버리게 된다. 객관적인 사건 보고만으로는 독자가 사건의 개요나 결과만을 알 수 있을 뿐, 당사자들이 어떤 생각을 하는지 피해

자가 어떤 고통을 받는지를 알 수 없기 때문에 "불가피한 것"이기도 하다. 특히 주인공의 내면을 서술하거나 주인공을 지지하는 인물들을 묘사할 때 화자는 객관적인 보고보다는 그들에게 호의적인 태도를 취함으로써 그들의 입장을 가해자인 <차이퉁>과 대치시킨다. 이를 통해 독자는 자신도 모르는 사이에 주인공의 편에 서게 되고, "왜 그토록 영리하고 거의 냉정하기조차 한 블룸과 같은 여자가 살인을 계획했을 뿐만 아니라 실천에 옮겼는지"를 이해하게 된다. 이로써 독자는 작품의 부제가 제시하는 "폭력은 어떻게 발생하고 어떤 결과를 가져올 수 있는가"에 대한 해답을 얻게 된다.

### 2) '폭력은 어떻게 발생하는가'

#### (1) 사건의 발단

카타리나 블룸은 가정관리인으로 일하는 27세의 평범한 여성이다. 그녀는 가난한 가정에서 태어나 대모인 볼터스하임 부인의 도움으로 가사학교를 졸업하고, 오빠를 통해 알게 된 브레틀로와 결혼했지만 곧 이혼한다. 그 후 회계사 페너른 박사 집에서 관리인 겸 가정부로 일하다 그의 소개로 블로르나 박사 집에서 일하게 된다. 그녀는 산업체 변호사인 블로르나와 건축설계사인 부인의 각별한 신임을 받아 그 집의 가계와 가사를 전담하고 있다. 그 외에도 그녀는 프리랜서 관리인 등으로 여러 부업을 하면서 착실하게 저축을 하고, 블로르나 부부의 도움으로 주택도 장만한다.

블룸은 카니발 시즌에 볼터스하임 집에서 열린 댄스파티에 참석하는데, 그곳에서 우연히 파티에 온 괴텐을 만나 첫눈에 반해 자신의 아파트로 데려온다. 괴텐은 연방군 탈주병으로 은행강도와 살인혐의로 경찰의 추적을 받고 있다. 괴텐은 자신이 탈영범임을 고백하지만, 블룸은 "강도와 경관들이 등장하는 일종의 낭만적인 이야기 같은 것"으로 여기고 괴텐이 경찰을 따돌릴 수 있도록 도와준다. 그녀는 다음날 아침 경찰이 들이닥치고 나서야 상황이 예사롭지 않다는 것을 알게 된다.

전날 밤 볼터스하임 집에서부터 블룸을 감시하고 있던 경찰은 아침이 되어도 괴텐이 블룸의 아파트에서 나오지 않자 중무장한 경찰과 함께 아파트를 덮친다. 괴텐을 발견하지 못한 경찰은 블룸을 다그치지만, 그녀는 괴텐이 언제 떠났는지 모른다고 주장하고, 모든 출입구를 감시하고 있는 상태에서 그가 어떻게 경찰을 따돌렸는지에 대해 함구한다. 그녀는 무장경찰의 엄호를 받으며 연행되는데, 그 과정에서 수차례의 카메라 세례를 받자 "부끄럽고 당혹스러워 자꾸 얼굴을 가리려했고" 그 와중에 머리가 헝클어지고 표정이 일그러지는 모습이 그대로 사진에 찍히게 된다.

경찰에 연행된 블룸은 수사과장 바이츠메네 등으로부터 심문을 받는다. 조서작성 과정에서 그녀는 "놀랄 정도로 꼼꼼하게 모든 표현을 일일이 검토"했기 때문에 심문 시간이 길어진다. 경찰이 아파트 주민들을 상대로 조사한 자료를 바탕으로 그녀 집에 드나든 '한 신사'에 대해 물었지만 그가 누구인지에 대해서도 밝히기를 거부하는 등 심문은 순조롭게 진행되지 못한다. 사실 경찰이 블룸의 아파트를 덮쳤을 때 바이츠메네는 다 잡은 괴텐을 놓쳤다고 생각해 블룸에게 "그자가 너랑 붙어먹었지?"라고 하면서 그녀를 모독했기 때문에 애초부터 그녀와의 사이에 어떤 종류의 신뢰감도 생길 수 없는 상황이었다. 블룸은 "아버지처럼 굴면서" 설득하는 바이츠메네의 심문방식에 반발하며 계속 진술하기를 거부한다.

블룸이 경찰에 연행된 것은 그녀가 은행강도 용의자인 괴텐의 도피를 도와준 것으로 의심되기 때문이다. 그녀는 아직 은행강도 사건의 피의자가 아니다. 설사 그녀가 경찰의 추적을 받고 있는 괴텐에게 몸을 숨길 수 있도록 도와주었다는 사실을 함구한다 하더라도 그녀와 은행강도 사건과의 관계가 아직 밝혀지지 않은 상태이기 때문에 그녀를 피의자로 보는 것은 무리가 있다. 그러나 그녀는 경찰에 의해 괴텐의 도피를 도운 피의자로 의심되는 순간 언론 폭력의 표적이 되고, 괴텐보다 더 중대한 범죄를 저지른 것처럼 다루어진다. 바이츠메네의 조수 뫼딩은 그동안의 경험으로 보아 블룸이 조사를 마치고 경찰서를 나서는 순간 심각한 언론 폭력을 당할 게 자명하기 때문에 "블룸을 구류시켜 보호해야 한다"고 바이츠메네를 설득한다. 그러나 심문이 끝나면 돌려보내겠다는 바이츠메네의 약속대로 블룸이 석방되자 뫼딩은 그녀에게 다가가 "전화에는 아예 손대지 마십시오. 내일 신문도 펼치지 마시고요."라고 충고해준다. 이러한 뫼딩의 충고는 앞으로 그녀에게 벌어질 언론의 폭력을 예고한 것이라 할 수 있다.

### (2) 언론의 폭력

블룸이 경찰 심문을 받은 다음날 그녀 관련 기사는 커다란 사진과 함께 <차이퉁>의 1면을 장식하게 된다. <차이퉁>의 보도 방식은 세 단계로 이루어져 있다. 먼저 기사의 표제를 통해 사건을 요약한 후, 이어 세부기사를 싣고, 마지막으로 이와 관련된 부가적인 사실을 추가하는 식이다. 이러한 보도에서 핵심은 "아주 굵은 활자들"로 표기된 표제이다. 표제는 전체 기사를 읽지 않더라도 기사 내용을 짐작할 수 있도록 할 뿐만 아니라, 독자로 하여금 해당 기사에 대한 흥미나 관심을 불러일으키는 이른바 '미끼' 역할을 하기 때문이다. 그러나 문제는 표제가 전체 기사의 내용과는 다르게 선정적인 문구를 이용해 독자를 유혹하기도 하고, 과장되거나 왜곡된 문구를 사용해 기사를 읽지 않은 독자들을 호도할 가능성이 상존한다는 것이다.

블름에 대한 <차이퉁>의 첫 보도는 "강도의 정부 카타리나 블룸이 신사들의 방문에 대한 진술을 거부하고 있다."라는 표제를 달고 있다. 여기서 '강도의 정부'라든지 '신사들의 방문'이라는 표현은 블룸을 불법, 불륜, 부도덕성 등과 연관시키면서 그녀가 부도덕하고 범죄와 연루된 인물이라는 것을 부각시키기 위한 것이다. 이 보도의 일차적인 문제는 기사가 사실에 근거하지 않은 추측기사라는 것이다. 기사는 도피중인 용의자의 범죄가 밝혀지지 않은 상태에서 강도라고 단정하고 있고, 블룸을 강도의 정부라고 보도함으로써 그녀의 인격권을 침해하고 있다. 그러나 더 큰 문제는 이 기사가 범죄의 용의자인 괴텐에게 초점을 맞추는 것이 아니라, 범죄사건과는 무관한 블룸에게 초점을 맞춰 마치 그녀가 중대한 범인인 것처럼 호도한다는 것이다. 이어 계속되는 기사에서도 블룸은 강도이자 살인자인 애인을 도피시킨 범인으로 단정되고, 그녀는 오래전부터 사건에 개입한 공모자로 추정되면서 독자들의 관심을 증폭시킨다. 그리고 이어지는 기사에서는 2년 전부터 블룸에게 규칙적으로 남자가 드나들었다고 하면서 "그녀의 집은 범죄 모의장소, 갱들의 만남장소, 무기 은닉 장소였는가?"라는 질문을 던져 독자들의 분노를 자극한다. 이렇게 추측을 사실인양 보도하고, 사실과 의견을 구분하지 않는 <차이퉁>의 기사는 과실보도를 넘어 명백한 허위보도이다. 더구나 범죄사건과 직접 관계가 없는 여성을 상대로 부도덕성을 부각시키는 것은 다분히 의도적인 것으로 독자들의 호기심을 자극하기 위한 선정적인 보도라 할 수 있다.

더욱 가관인 것은 <차이퉁>이 이러한 추측과 왜곡으로 점철된 기사 내용에 사실성을 강화한다는 명목으로 블룸의 주변 사람들을 동원한다는 것이다. 이를테면 <차이퉁>의 기자는 블룸의 고향마을을 찾아가 성당 신부의 진술을 바탕으로 그녀의 어머니가 미사용 포도주를 훔쳐 먹은 부도덕한 여자였다는 것을 들춰내고, 그녀가 어린 나이에 아파트를 소유한 사실을 두고 "은행에서 강탈한 돈의 분배에 관여"한 것은 아닌지 의문을 제기한다. 그리고 그녀의 아버지가 술집에서 "사회주의가 절대 최악은 아니다."라고 한 말을 근거로 공산주의자였다고 추정하고, 블룸 역시 공산주의자이거나 동조자라고 주장한다. 그리고 그녀가 괴텐 사건에 가담한 것도 이와 연관이 있다는 것을 은연중에 부각시킨다. 또 블룸의 고용주 블로르나 변호사가 긍정적인 입장에서 "카타리나는 매우 영리하고 이성적인 사람입니다."라고 말한 것을 왜곡해 그녀가 "얼음처럼 차고 계산적이다.", "전적으로 범죄를 일으킬 수 있다."라고 말을 만들어 보도한다. 이와 같이 <차이퉁>의 기사는 이미 제시된 블룸의 모습에 합치하도록 짜맞춰지고 그녀의 부정적 이미지를 강화하는 방식으로 보강된다.

퇴트게스 기자는 심지어 절대안정이 필요한 중환자로 면회가 금지된 블룸의 어머니를 인터뷰하기 위해 접근한다. 그는 나중에 동료들에게 "아무리 아프다고 해도 어머니의 말만큼 대단한 효과를 발휘하는 것은 없기 때문에" 그랬다고 자랑삼아 떠벌렸듯이, 그녀가 중환자라는 것도 무시한 채 작업 중인 페인트공으로 변장해 잠입한다. 딸의 엄청난 소식을 듣고 어머니는 안타까운 마음에 "왜 그런 결말이 날 수밖에 없었을까요? 왜 그런 일이 일어났을까요? Warum mußte das so enden, warum mußte das so kommen?"하면서 탄식한다. 그런데 기사는 이 말에서 주요단어를 그대로 둔 채 교묘히 편집해 "그런 일이 일어날 수밖에 없었듯이, 그렇게 끝날 수밖에 없었겠지요. So mußte es ja kommen, so mußte es ja enden"라고 변조한다. 마치 어머니가 딸의 평소 행실로 보아 그런 일이 일어난 건 당연한 일이라고 생각했고, 부도덕한 딸을 비난하면서 체념한 것처럼 보도한 것이다. 이러한 진술의 변조는 최소한의 취재윤리를 유린한 것으로, 블룸이 비도덕적인 사람이라는 것을 보여주기 위한 의도가 명백히 드러난 것이었다. 이에 대해서도 퇴트게스는 "'단순한 사람들의 표현을 도우려는' 생각에서" "블룸 부인의 진술을 다소 바꾼 것"이라고 변명하며 "자신은 그런 데 익숙하다"고 이를 당연시한다. 수술 후 회복 중이던 블룸의 어머니는 인터뷰로 인한 충격 때문에 갑자기 사망한다. 언론의 무차별적 폭로와 무리한 추측, 무분별한 취재가 사건과는 무관한 한 사람을 죽음으로 몰아간 셈이다.

<차이퉁>은 또한 블룸의 전남편 브레틀로의 입을 통해 그녀가 부도덕하고, 소박한 행복에 만족할 줄 모르며, 허영심이 많은 인물이라고 설명한다. 이어서 그녀의 "과격성과 교회에 대한 반감"을 강조함으로써 그녀의 부정적 이미지를 추가한다. 그리고 그녀가 돈을 쫓아 남편을 버렸다고 하면서, 뜬금없이 독자들에게 "사회주의에 대한 그릇된 생각은 이렇게 끝날 수밖에 없다"고 하는 브레틀로의 충고를 전한다. 자칭 "노동조합을 믿지 않는, 올곧은 한 노동자" 브레틀로의 인터뷰는 이미 짜진 각본에 따라 진행된 듯 사건을 언론의 구미에 맞게 호도하는 데 큰 역할을 한다. 언뜻 보기에 이 기사는 떠나버린 아내에 대한 아쉬움과 분수를 아는 노동자의 '소박한 행복'에 대해 이야기하고 있는 것처럼 보이지만, 전후 맥락도 없이 노동조합과 사회주의를 끌어들임으로써 블룸의 '범죄'를 "사회주의에 대한 그릇된 생각"과 연결시키려는 보수 언론의 속내를 드러내고 있다.

이러한 보수 언론의 의도는 블룸의 고용주 블로르나 부부에 대한 기사에서 분명히 드러난다. <차이퉁>은 블로르나 변호사가 이따금 좌파로 통했고, 그의 부인은 한때 '빨갱이 투르데'(사실은 머리색깔이 붉은 색이라 그렇게 불림)로 알려졌던 점을 보도하면서 그들이 "어떤 역할을 하고 있는가" 반문한다. 기사는 그들 부부의 비판적 진보성을 좌파의 음모로 왜곡하고, 그들의 사회주의가 부당한 부의 축적과 연관된다는 점을 은근히 부각시킨다. 또한 블로르나의 '고급 차' 사진을 싣고, "빨갱이 변호사가 서민의 차로 바꿔 타지 않으면 안 될 날이 언제쯤일까?"라는 설명을 덧붙임으로써 블로르나 부부가 겉과 속이 다른 사회주의자라고 비아냥댄다.

블로르나 부부에 대한 기사는 언론이 선정적 보도를 위해 사건과 전혀 관련이 없는 사람들을 얼마나 매도할 수 있는지를 잘 보여준다. 그러나 여기서 주목되는 것은 이 기사가 블룸과 그 주변 사람들을 좌파나 빨갱이로 몰고 간다는 것이다. 당시 동서독 간 체제 경쟁 속에서 반공을 중요한 사회통제 수단으로 삼고 있던 서독 사회에서 좌파나 빨갱이라는 낙인은 보수진영이 진보 진영을 공격하는 가장 강력한 무기이자 자신들의 공격을 정당화하는 가장 효율적인 방법이었다. <차이퉁>은 블룸의 가장 든든한 후원자라고 할 수 있는 블로르나 부부를 사회주의자들로 매도함으로써 블룸의 '범죄'를 좌파 그룹과 연결시키고자 하는 의도를 분명히 하고 있다.

다음 날 일요신문 <존탁스차이퉁>은 블룸의 기사를 1면이 아닌 안쪽 면에 실었지만 그녀의 범죄 스토리를 자세하게 보도한다. 이 기사의 표제는 "카타리나 블룸의 다정한 애인 기업가의 별장에서 체포"라는 제목을 달고 있다. 체포된 '다정한 애인'의 이름보다 블룸이 부각되고 있는 데에서 알 수 있듯이, 기사의 초점은 마침내 체포된 범인 괴텐이 아니라 여전히 블룸에 맞춰져 있다. <차이퉁>과 마찬가지로 <존탁스차이퉁> 역시 사건의 당사자인 괴텐보다도 블룸이 사회적으로나 법적으로 책임이 더 큰 것처럼 보도함으로써 독자들을 호도한다.

기사는 그녀가 어머니가 죽어가는 순간에도 범인과 춤을 추었고, 어머니의 죽음 앞에서도 눈물을 흘리지 않는 패륜아로 몰아가면서 "여전히 자유의 몸이고 정체를 알 수 없는 카타리나 블룸"의 단죄를 부추긴다. 이어서 다시 한 번 그녀에 대한 부정적인 이력들을 되풀이 한 뒤, 괴텐이 숨어있던 별장과 관련해 그녀가 "한 학자이자 사업가의 우정 어린 신뢰와 자발적으로 도와주려는 마음을 악용했다"고 하면서 "거의 확고히 입증된 정보들이 제보되고 있다"고 주장한다. 그리고 그녀가 "좌파 그룹의 지령에 따라 S.의 경력을 파괴해야 했을 것이다."라고 단정한다. 여기서 말하는 S.는 사업가 슈트로입레더로서 그는 블룸의 집에 드나들던 '신사방문객'으로, 그녀에게 치근덕거리면서 반지를 선물하고 별장 열쇠까지 주면서 그녀를 유혹했던 인물이다. 블룸이 바로 그 열쇠를 괴텐에게 주고 별장으로 피신시킨 것이었다. 기사는 슈트로입레더를 보호하기 위해 그의 이름도 밝히지 않고 이니셜로 표기했을 뿐만 아니라, 그의 부도덕성을 은폐하고 오히려 블룸에게 누명을 덮어씌운다. 그리고 블룸의 행위가 좌파 그룹의 지령일 것이라고 하면서 사실을 완전히 왜곡한다. 나아가 블룸을 비인간적인 사람으로 규정하고, "우리의 심문 방법이 너무 부드러운 것은 아닌가? 비인간적인 인간을 인간적으로 대해야 하는가?"라고 반문하면서 드러내 놓고 여론재판을 획책하기까지 한다.

### 3) '폭력은 어떤 결과를 가져올 수 있는가'

<차이퉁>의 보도는 언론의 추측과 왜곡, 무차별한 폭로가 독자들의 사고를 어떻게 마비시키는지, 그리고 이것이 어떤 결과를 가져오는지를 분명히 보여준다. <차이퉁>은 기사에 대한 확신을 주기 위해 주로 블룸의 주변 사람들이나 그녀를 가까이서 경험한 사람들의 진술을 이용한다. 따라서 기사가 설사 왜곡되고 조작되었다 하더라도 독자들은 보도 내용을 아무런 의심 없이 받아들인다. 첫날인 목요일에 이어 금요일 <차이퉁>의 보도가 나간 후 독자들의 관심은 증폭되고, 익명의 독자들은 기사에 난 블룸을 공격한다. 이러한 공격이 일상에서 얻은 독자 자신들의 스트레스 발산과 관련된 것은 사실이지만, 언론보도가 독자들의 사고와 감정을 얼마나 단순화 시키는가를 보여주는 단적인 예라고 할 수 있다. 보도가 나간 후 블룸은 익명의 전화와 우편물에 시달린다. 그들은 블룸을 창녀로 취급하거나 더러운 공산주의자, 반교회주의자로 매도하고 다양한 성적 욕설과 인식공격을 서슴지 않는다. 언론의 1차 폭력에 이은 이러한 2차 폭력은 그녀를 절망적인 상태에 빠뜨리고, 그녀의 심리상태를 완전히 파괴해 버린다. 그녀가 "흥분하는 기색도 없이" 정신 나간 사람처럼 홈 바와 부엌에서 물건들을 하나씩 꺼내 벽에 내던지는 행위는 그녀가 이러지도 저러지도 못하는 절망적 상황에서 심리적으로 완전히 무너져 내리고 있다는 것을 말해준다. 게다가 어머니가 이 사건으로 충격을 받아 사망하자 그녀는 심리적 공황상태에 빠져든다.

정도의 차이는 있지만 왜곡보도로 인한 피해는 비단 블룸에게만 해당되는 것은 아니다. 블룸을 옹호했던 블로르나 부부 역시 <차이퉁>의 부정적인 보도 이후 택시기사가 "변호사이자 매춘부를 고용한 분"

이라고 금방 알아볼 정도로 '유명인사'가 된다. 그들은 <차이퉁>의 의도대로 좌파나 빨갱이 등으로 낙인찍혀 많은 사람들로부터 인간적인 모욕을 당한다. 블로르나는 <존탁스차이퉁>이 블룸의 어머니가 딸 때문에 사망했고, 블룸이 슈트로입레더의 별장 열쇠를 도둑질했다고 비난하는 기사를 보고는 분노해 소리를 지르고, 빈병을 부수며, 차고로 달려 나가려 하는 등 감정을 주체하지 못한다. 블로르나 같은 "비교적 합리적인 사람조차", "교양을 갖추고 성공한 사람들조차" 이토록 감정을 억누를 수 없을 정도로 언론의 왜곡보도는 심리적 압박과 폭력 충동을 야기한다. 블로르나 부부는 블룸의 사건을 계기로 이혼 소문까지 퍼지고 직업적으로나 재정적으로 고통을 받는다.

블룸은 절망적 상태에서 자신이 왜 이런 상황에 빠졌는지를 되돌아본다. 그리고 <차이퉁>의 기자 퇴트게스를 생각해내고 "내 삶을 파괴한 바로 그 인간"에게 인터뷰를 자청한다. 얼마 후 인터뷰를 위해 블룸의 집으로 찾아온 그는 집에 들어서자마자 "어이 블룸 양, 이제 우리 둘이 뭐하지?" "나의 귀여운 블룸 양, 우리 일단 섹스나 한탕 하는 게 어떨까?"라고 너스레를 떨면서 그녀에게 다가온다. 그 순간 블룸은 준비했던 권총으로 그를 살해한다. 그녀는 범행을 저지른 후에도 전혀 후회나 죄책감을 느끼지 않는다. 자신은 퇴트게스 기자의 언어적 폭력에 대항해 물리적 폭력으로 대응했고, 그의 '명예 살해'에 대항해 '신체 살해'로 대응한 것이었다. 이에 대해 화자는 "어느 젊은 여자가 즐거운 기분으로 쾌활하게 전혀 위험하지 않은 댄스파티에 갔었는데, 나흘 후에 그녀는 [...] 살인자가 된다. 사실 잘 들여다보면 그것은 신문 보도 때문이었다."라고 사건을 요약한다. 화자는 주인공의 살인행위가 거대 언론권력의 횡포에 대한 약자의 어쩔 수 없는 선택이자 당연한 귀결이었다는 사실을 드러냄으로써 '폭력은 어떻게 발생하고 어떤 결과를 가져올 수 있는가'에 대한 분명한 결론을 내리고 있다.

### 4) 언론폭력의 메카니즘에 대한 폭로

주지하듯이 신문의 당면 목표는 '판매부수를 최대한 올리는 것'이다. 판매부수는 광고수입과 직결되기 때문이다. 따라서 신문은 판매부수를 올리기 위해 주요 취재원인 국가권력과도 원만한 관계를 유지해야 하고, 가능한 한 독자의 시선을 사로잡기 위해 선정적인 보도도 마다하지 않는다. <차이퉁>은 이러한 통속 신문의 행태를 적나라하게 보여준다. <차이퉁>은 블룸 관련 보도에서 크게 두 가지 방법을 사용한다. 첫째는 검찰청 조사실에서 흘러나온 이야기를 악의적으로 왜곡해 선정적으로 보도하는 것이다. 국가기관과 언론이 한 통속이 되어 정보를 주고받는다는 것도 문제지만, <차이퉁>은 이렇게 얻어낸 블룸의 사적인 정보를 과장하거나 왜곡해 보도했다. 이런 선정적인 보도가 독자들의 흥미를 자극한다고 생각하기 때문이다. 둘째는 블룸과 관련 있는 주변 사람들의 말을 교묘하게 왜곡하는 것이다. <차이퉁>은 블룸에 대한 부정적인 인상을 강화하기 위해 그녀를 아는 사람들을 낱낱이 찾아내 인터뷰하고, 그들의 말을 왜곡해서 인용한다. 그들의 인터뷰가 주변사람들의 직접적인 평가라는 점에서 보도의 신뢰성을 높여준다고 보기 때문이다.

블룸은 이러한 <차이퉁>의 보도를 통해 무고한 사람이 하루 이틀 사이에 나락으로 떨어지는 것을 직접 체험하면서 이를 바로잡을 방법이 없다는 사실에 절망한다. 그녀는 블로르나 변호사의 설명을 통해 결국 이 사회가 경제권력 아래 국가기관과 언론이 긴밀하게 연계되어 있으며, 교회마저 이에 협조하고 있다는 사실을 알게 되고, 구조적인 폭력의 실상을 깨닫게 된다. 그 어디에서도 도움을 받을 수 없는 절망적 상황에서 블룸은 또 다른 폭력으로 대응한다. 그녀는 언론의 거대한 구조적 폭력 앞에 자신이 마지막으로 선택할 수 있는 유일한 해결책은 <차이퉁>의 기자 퇴트게스를 직접 단죄하는 것이라 생각한다. 언론 폭력이 조작해낸 여론의 공격 속에 최소한의 인간적 명예마저 박탈당하고, 심리적으로 고립되고, 사회적으로 매장된 상황에서 그녀가 취할 수 있는 마지막 저항은 살인이라는 폭력적 대응밖에 없었던 것이다.

이와 같은 폭력적 대응은 합법적 대응방법이 결여된 사회에서 필연적으로 나타날 수밖에 없는 구조적 문제라고 할 수 있다. 우리 사회에서도 블룸과 같은 사회적 약자가 어떠한 대응도 할 수 없는 절망적 상황에서 폭력적 수단을 사용하는 경우를 종종 보게 된다. 폭력적 대응이 올바른 방법은 아니지만, 폭력적으로 대응할 수밖에 없는 사회적 구조 또한 문제인 것이다. 뵐 역시 이 작품에서 폭력에 대한 폭력적 대응을 옹호하는 것은 아니다. '폭력은 어떻게 발생하고 어떤 결과를 가져올 수 있는가'라는 작품의 부제가 명시하고 있듯이 뵐은 언론으로 대변되는 공권력의 구조적인 폭력이 어떻게 자행되고 어떤 결과를 가져오는지를 구체적으로 보여준다. 이를 통해 뵐은 당시 서독 사회에서 벌어지고 있는 사회적 폭력의 메카니즘을 폭로하고, 이러한 폭력이 한 인간을 어떻게 파멸시키는지를 적나라하게 드러내고자 한 것이다.

〈주요 참고문헌〉

김희열(1999): 언론의 폭력성과 개인의 명예. 하인리히 뵐의『카타리나 블룸의 잃어버린 명예』를 중심으로, 인문학연구, 제주대학교 인문학연구소, 157-205.

사지원(2012): 폭력에 맞선 폭력대응은 타당한가? 하인리히 뵐의『카타리나 블룸의 잃어버린 명예』, 외국어로서의 독일어 제30집, 31-55.

서용좌(2005): 창작과 사실. 하인리히 뵐의『카타리나 블룸의 잃어버린 명예』에 나타난 언론보도의 문제, 하인리히 뵐 제5집, 167-194.

## 4. 작품 발췌

뵐, 하인리히(2015): 카타리나 블룸의 잃어버린 명예, 김연수 옮김, 민음사.

### * '모토': 작품에 대한 작가의 입장

이 이야기에 나오는 인물과 사건은 자유로이 꾸며 낸 것이다. 저널리즘의 실제 묘사 중에 <빌트>지와 유사한 점이 있다고 해도 그것은 의도한 바도, 우연의 산물도 아닌, 그저 불가피한 일일 뿐이다.

### * 작품의 시작: 제1장

아래의 보고를 위한 자료가 나온 몇 가지 부차적인 원천과 세 가지 주요 원천이 있다. 이들 자료의 원천은 여기 처음에서 한 번 언급하고, 이후에는 더 거론하지 않겠다. 주요 원천은 경찰 심문 조서, 후베르트 블로르나 변호사, 그리고 그의 고등학교 친구이자 대학 동창인 페터 하흐 검사이다. 하흐 검사는 심문 조서, 수사 당국의 조치들과 수사 결과들을, 아직 정식으로 문서화되지 않았을 경우에 한해 보충해주기도 했다. 물론 비밀리에. [...] 부차적인 원천들의 경우, 그중 몇 가지는 큰 의미를 지니지만, 다른 것들은 아주 미미한 수준이어서 여기서 굳이 언급할 필요가 없다. 이것들의 연루, 뒤엉킴, 관련성, 편파성, 놀라움 및 진술이 이 보고에서 저절로 밝혀지기 때문이다. (9-10)

### * 사건의 시작: 제3장

여기서 한 번쯤 언급해야 할 사건은 끔찍한 것들이다. 1974년 2월 20일 수요일, 여성 카니발 전날 밤, 어느 도시에서 스물일곱 살의 젊은 여자가 저녁 6시 45분경 누군가가 주최하는 댄스파티에 참석하기 위해 집을 나선다.

나흘 후, 드라마틱하게 사실 그렇게 표현해야만 한다. [...] - 사건이 전개된 이후, 일요일 저녁 거의 비슷한 시간에 좀 더 정확히 말하자면 저녁 7시 4분경에 그녀는 발터 뫼딩 경사의 집 초인종을 누른다. 그는 마침 사적인 이유가 아닌 직무상의 이유로 아랍 족장으로 분장을 하고 있던 참이었다. 그녀는 놀란 뫼딩에게 조서를 작성하라고 진술한다. 자신이 낮 12시 15분경 자기 아파트에서 베르너 퇴트게스 기자를 총으로 살해했으며, 뫼딩이 아파트 문을 부수고 들어가서 그를 "데려갈" 수 있을 거라고 했고, 그녀 자신은 12시 15분부터 저녁 7시까지 후회의 감정을 느껴보기 위해 시내를 이리저리 배회했지만, 조금도 후회하는 바를 찾지 못했노라고. 그리고 그녀는 자신을 체포해 주길 부탁하며, "사랑하는 루트비히"가 있는 그곳에 자신도 기꺼이 가고 싶노라고 말한다. (11-12)

### * 1974년 2월 22일 금요일 〈차이퉁〉의 1면 기사

강도의 정부 카타리나 블룸이 신사들의 방문에 대한 진술을 거부하고 있다.

1년 반 전부터 수배 중이던 강도이자 살인자인 루트비히 괴텐은 가정부 일을 하는 정부 카타리나 블룸이 그의 흔적을 없애고 도주를 눈감아 주지 않았더라면, 어제 잡힐 수도 있었다. 경찰은 블룸이 오래전부터 이 음모에 연루되어 있었다고 추측한다. (자세한 보도는 다음 면 신사의 방문이라는 제하의 기사 참조.)

[...]

게멜스브로이히의 신부는 다음과 같이 진술했다. "나는 그녀가 무슨 짓이든 할 수 있다고 믿습니다. 그녀의 아버지는 위장한 공산주의자였고 어머니는 내가 측은한 마음에서 한동안 청소부로 일하게 해 주었더니 미사용 포도주를 훔쳐 제의실에서 정부와 술판을 벌인 적이 있지요."

블룸은 2년 전부터 정기적으로 신사들의 방문을 받아왔다. 그녀의 아파트가 모의의 본부였나, 아니면 도당들의 아지트, 혹은 무기를 거래하는 장소였나? 이제 겨우 스물일곱 살인 가정부가 어림잡아도 110,000마르크나 나가는 아파트를 어떻게 소유하게 되었나? 그녀가 은행에서 강탈한 돈의 분배에 관여했나? 경찰은 계속 수사 중이다. 검찰은 대대적인 수사력을 동원하고 있다. 내일은 보다 더 집중적인 보도. <차이퉁>은 언제나 그랬듯이 이 사건을 계속 추적, 보도한다! 배후 관계에 대한 전반적인 소식은 내일 주말 판에서. (38-39)

### * 1974년 2월 23일 토요일 〈차이퉁〉의 1면 기사

살인범 약혼녀 여전히 완강! 괴텐의 소재에 대한 언급 회피! 경찰 초비상!

여러분에게 종합적인 정보를 드리고자 항상 노력하는 <차이퉁>은 블룸의 성격과 불투명한 과거를 밝혀 줄 진술들을 추가로 수집하는 데 성공했다. <차이퉁>지 기자들은 중병을 앓고 있는 블룸의 어머니를 찾아내는 데 성공했다. 그녀는 우선 딸이 오래 전에 발길을 끊었다고 불평했다. 그러고 나서 이론의 여지 없는 명백한 사실들을 대면하자, 그녀는 말했다. "그렇게 될 수밖에 없었겠죠." 고의로 떠난 블룸 탓에 이혼한 전남편, 우직한 방직공인 빌헬름 브레틀로는 더욱 흔쾌히 정보를 주었다. 그는 애써 눈물을 삼키며 말했다. "이제야 알겠습니다. 그녀가 왜 내게서 몰래 떠났는지. 그녀가 왜 나를 혼자 내버려 두었는지. 그러니까 바로 이런 이유 때문에 그녀는 나를 떠났던 것입니다. 이제 모든 게 분명해집니다. 우리의 소박한 행복에 그녀는 만족을 못했던 거죠. 그녀는 출세하고 싶었던 겁니다. 어떻게 올곧고 소박한 노동자가 포르셰를 탈 수 있겠습니까? 아마 (그는 현명하게 이 말을 덧붙여 말했다.) 당신은 <차이퉁>의 독자들에게 내 충고를 전해 줄 수 있겠지요. 사회주의에 대한 그릇된 생각들은 이렇게 끝날 수밖에 없다는 걸요. 당신과 당신의 독자에게 묻겠소. 어떻게 일개 가정부가 이만한 부를 얻을 수 있겠습니까? 정직하게 돈을 벌었다면 그녀는 이런 걸 소유할 수 없지요. 왜 내가 그녀의 과격성과 교회에 대한 반감을 항상 두려워했는지 이제 알겠소. 우리에게 아이를 주지 않은 주님의 결정에 감사의 성호를 긋습니다. 그녀를 좋아하는 나의 복잡하지 않은 애정보다는 살인범이자 강도인 한 남자의 다정한 애무를 그녀가 더 좋아했다는 것을 듣는 마당에, 그런 이야기도 소용없습니다만. 그래도 난 그녀에게 호소하고 싶군요. 나의 귀여운 카타리나, 당신이 내 곁에 있었다면 얼마나 좋았겠소. 우리도 몇 년 후에는 우리 집을 장만했을 거고 작은 차도 한 대 샀을 거요.내가 당신에게 포르셰를 사 줄 수는 없었겠지만 말이요. 노동조합을 믿지 않는, 올곧은 한 노동자가 해 줄 수 있는 만큼의 소박한 행복을 안겨주었을 거요. 아, 카타리나." (41-44)

## * 독자들의 비난과 블룸의 반응

이제 여기서 알리지 않으면 안 되는 사실은, 블룸의 앞에는 끔찍스러운 일만 기다리고 있다는 것이다. 우선 지금까지 그녀의 삶에서는 그다지 큰 역할을 하지 않았던 편지함이 문제였다. [...] 대략 스무 통쯤 되는 우편물을 하나하나 살펴보았다. [...] 그녀는 하나도 빠짐없이 읽었다!

모든 우편물이 익명은 아니었다. 익명이 아닌 제일 두툼한 편지 한 통은 인팀 페어잔트하우스(Intim-Versandhaus)라는 통신 판매 회사에서 온 것으로, 갖가지 섹스 용품 목록을 그녀에게 제시했다. 그것은 카타리나의 심정에 이미 지독한 충격을 가했는데, 더 몹쓸 것은 누군가가 손으로 덧붙여 쓴 글귀였다. "이것이야말로 진정한 다정함이다."

[...] 나머지 열여덟 통의 우편물 중 익명의 엽서 일곱 통은 손으로 쓴 음탕한 섹스 광고였고 어떤 식으로든 "공산주의자들의 암퇘지"라는 말을 사용했다.

익명의 엽서 네 통에는 섹스 광고 없이 정치적인 욕설이 적혀있었다. "빨간 두더지"에서 "크렘린 아줌마"에 이르기까지 다양한 욕설을 퍼붓고 있었다.

[...]

두 통의 편지는 종교적인 경고를 담고 있었는데, 두 경우 모두 동봉한 종교적인 책자에 이렇게 적어 놓았다. "넌 기도하는 법을 다시 배워야 한다, 가련한 탕아야." 그리고 "무릎을 꿇고 회개하라. 신은 아직 너를 완전히 포기하지 않았다."

이 순간에야 비로소 엘제 볼터스하임은 누군가가 문 밑으로 넣은 쪽지를 발견했다. 다행히 카타리나가 보기 전에 그 쪽지를 숨길 수 있었다. "[...] 내가 너에게 경고하마." 쪽지는 인쇄체로 쓰여져 있었는데, 그 필체에서 엘제 볼터스하임은 그가 의학 교육까지는 아니더라도 대학 교육은 받았을 거라고 생각했다.

## 35

카타리나가 거실에 있는 작은 홈 바로 가서 셰리, 위스키, 레드와인과 얼마 전에 개봉한 체리 시럽 병을 하나씩 집어들고는 특별히 흥분하는 기색도 없이 흠집 하나 없는 벽을 향해 내던졌고 [...] 그녀는 작은 부엌에서도 똑같은 행동을 했다. [...] 그때 그녀는 이미 자신이 계획을 세웠던 대로 행동하는 것처럼 보였고, 전혀 흥분하지 않았으며, 너무나 확신에 차 있고 충분히 설

득력이 있어 보여서, 엘제 볼스터하임과 콘라트 바이터스로서는 도저히 말릴 수 없었었다. (78-81)

* 1974년 2월 24일 일요일 〈존탁스차이퉁〉의 1면 기사

사업가의 별장에 숨어든 카타리나 블룸의 다정한 연인

여전히 자유의 몸이고 정체를 알 수 없는 카타리나 블룸의 입증 가능한 첫 번째 희생자는 바로 그녀의 어머니라고 할 수 있다. 그녀의 어머니는 딸의 행실에 대한 충격으로 살아남지 못했다. 어머니가 죽어가고 있는데 그 딸은 강도이자 살인자인 한 남자와 다정하게 춤추었다는 것 자체가 이미 너무 기이한 일이고, 그녀가 어머니의 죽음 앞에서 전혀 눈물을 흘리지 않았다는 것은 거의 극도의 변태에 가깝다. 이 여자는 정말 '얼음처럼 차갑고 타산적'일까? [...] 이제 최종적으로 확실해진 사건은, 카타리나 블룸이 피로 물든 괴텐의 도주를 도왔다는 점이다. 그녀는 어느 명망 높은 학자이자 사업가의 우정 어린 신뢰와 자발적으로 도와주려는 마음을 악용했다. 그 사이 본지에 거의 확고히 입증된 정보들이 제보되고 있다. 그녀가 신사 방문을 받은 것이 아니라, 그녀 자신이 별장을 찾아내기 위해 청하지 않은 숙녀 방문을 했다는 것이다. [...] 그녀는 존경받는 한 사람의 명예, 그의 가족의 행복, 그의 정치적 경력을  이점은 본지가 이미 여러 차례 보도한 바 있다. - 양심 없이 위험에 빠뜨렸고, 착실한 아내의 감정과 네 명의 아이에 대해서는 전혀 신경 쓰지 않았다. 블룸은 좌파 그룹의 지령에 따라 틀림없이 S.의 경력을 파괴해야 했을 것이다.

경찰이나 검찰청은 블룸의 혐의를 완전히 없애려고 하는 파렴치한 괴텐을 정말 믿을 생각인가? 본지는 수차례 반복하며 문제를 제기한다. 우리의 심문 방법이 너무 부드러운 것은 아닌가? 비인간적인 인간을 인간적으로 대해야 하는가? (117-118)

### * 작품의 마지막: 제58장

마지막으로 어느 정도 기쁜 소식이라 할 만한 것을 보고하는 일이 남아있다. 카타리나는 블로르나에게 범행 일체를 이야기했고, 살인을 저지르고 나서 뫼딩의 집으로 가기 전까지 일곱 시간, 아니 여섯 시간 삼십 분을 어떻게 보냈는지 말했다. 이 묘사를 그녀의 말 그대로 인용할 수 있어서 기쁘다. 카타리나가 모든 것을 글로 써서 재판 때 사용하도록 블로르나에게 맡겼기 때문이다.

"내가 기자들의 술집에 갔었던 것은 그저 그를 한 번 보기 위해서였습니다. 그 인간이 어떻게 생겼고, 행동거지는 어떠하며, 말하고 마시고 춤추는 모습은 어떤지 알고 싶었습니다. 내 삶을 파괴한 바로 그 인간 말입니다. 그래요. 난 그 전에 콘라트의 집에서 권총을 가져왔어요. 내가 직접 장전까지 했어요. [...] 그렇지만 그는 술집에 오지 않았어요. [...] 12시가 되어서 난 집으로 왔습니다. [...] 그러고 나서 초인종이 울렸고, 내가 문을 열었을 때 그는 이미 문 앞에 서 있었습니다. [...] 그가 이렇게 말하더군요. '어이 블룸 양, 이제 우리 둘이 뭐하지?'라고요. 난 한 마디도 하지 않고 거실로 물러나며 피했어요. 그는 나를 따라 들어와서는 말했어요. '왜 날 그렇게 넋 놓고 보는 거지? 나의 귀여운 블룸 양, 우리 일단 섹스나 한탕 하는 게 어떨까?' 그 사이에 내 손은 핸드백에 가 있었고 그는 내 옷에 스칠 정도로 다가왔어요. 그래서 난 생각했어요. '어디 한탕 해 보시지. 이판사판이니까.'라고요. 그러고는 권총을 빼 들고 그 자리에서 그를 향해 쏘았습니다. [...] 난 권총을 그 옆에 내던지고 밖으로 나와 엘리베이터를 타고 다시 술집으로 갔어요. [...] 내내 나는 생각했습니다. [...] 우선 근처에 있는 교회에 갔습니다. [...] 어머니를 생각했고, [...] 아버지도 생각했어요. [...] 물론 오빠도 [...] 물론 신부님도 [...] 당연히 루트비히도 생각했어요. [...] 물론 내 아파트에 죽어있는 자도 생각했습니다. [...] 그리고 나서는 갑자기 진한 커피를 마시고 싶어서 베케링 카페로 갔습니다. 홀로 들어가지 않고 주방으로 갔어요. 그 카페 여주인 케테 베케링

과는 가사학교에 다니던 시절부터 알고 지낸 사이거든요. 케테는 할 일이 상당히 많았는데도 나에게 아주 친절하게 대해 주었습니다. 그녀는 할머니 방식대로 잘 간 커피를 물에 부어 내려 만드는, 그녀 특유의 커피를 한 잔 내게 따라 주었습니다. 그리고 <차이퉁>의 가십에 대해 말을 꺼냈습니다. 친절하긴 했지만 그래도 그녀는 최소한 조금은 그 기사를 믿는 눈치였습니다. 그 모든 것이 거짓말이라는 걸 사람들이 어떻게 알 수 있겠어요. 난 그녀에게 설명해주려고 했지만, 그녀는 이해하지 못하고 그저 눈을 찡긋하면서 말했어요. '그러니까 넌 이자를 정말 사랑한다는 거네.'라고요. 그래서 난 '그렇다'고 말했지요. 나는 커피를 잘 마셨다고 인사를 하고 밖으로 나와 택시를 잡아타고 뫼딩의 집으로 갔어요. 그때 그는 나에게 아주 친절했습니다." (139-143)

## 5. 더 깊이 읽기

### 1) 47그룹

'47그룹 Gruppe 47'은 1947년 가을 비판적이고 저항적인 독일의 젊은 작가들이 주축이 되어 문학의 새로운 방향을 모색하고자 결성된 모임이다. 당시 미국과 영국 군정 당국은 점령군의 정책을 강력하게 비판하는 사회주의 성향의 잡지를 잇달아 폐간시켰다. <루프 Der Ruf>라는 잡지의 편집장인 알프레트 안더쉬 A. Andersch, 한스 베르너 리히터 H. W. Richter 등이 이 잡지의 발행허가가 나오지 않자 작가들을 소집해 모임을 만들었는데, 이 모임이 47그룹이다. 이 그룹은 전후 폐

허 위에 선 독일문학을 재건해 새로운 국민문학의 형성을 모색하면서 문학의 탈정치화를 내세웠고 반나치주의와 인도주의를 주창하였다. 이 그룹은 1967년 마지막 정기모임을 할 때까지 회칙이나 회원명부도 없었지만 전후 독일 문학계에 지대한 영향을 미쳤다. 우베 욘손 U. Johnson, 마르틴 발저 M. Walser, 한스 엔첸스베르거 H. M. Enzensberger, 귄터 그라스 G. Grass 등 전후 독일문학을 주도했던 많은 작가들이 47그룹 출신이었다. 뵐은 1951년 '47그룹 문학상'의 두 번째 수상자가 되면서 작가로서의 명성을 얻게 되었다.

### 2) 68 운동과 바더-마인호프 그룹

독일에서는 1966년부터 '독일사회주의학생연맹(SDS)'을 중심으로 베트남전 반대시위가 벌어지고 있었다. 학생들은 1950년대 후반부터 지속된 제3세계의 처절한 혁명투쟁의 영향으로 제1세계와 제3세계 사이의 불평등한 억압과 종속 관계에 눈을 떴고 자신들의 도덕적 책무를 자각하게 되었다. 그들은 제3세계를 억압하는 대표적인 예인 베트남전을 강력히 반대했고, 맹목적으로 미국을 추종하는 서독 정부를 신랄하게 비판하였다. 그러던 중 1967년 미국의 꼭두각시이자 독재자로 지탄받고 있던 이란의 팔레비 왕이 독일을 방문하자 이에 반대하는 시위가 대대적으로 벌어졌고, 이 과정에서 베를린 자유대학의 벤노 오네조르크 B. Ohnesorg라는 학생이 경찰의 총을 맞고 쓰러졌다. 이 일을 계기로 베를린 학생들의 항의 시위가 연일 계속되었고, 경찰의 거짓 해명은 시위를 더욱 확산시켰다. <빌트> 등 보수신문들은 당국의 주장을 되풀이하며 모든 책임을 학생시위에 돌렸다. 이에 학생들과 지식인들의 분노가 폭발했고, 시위는 베를린을 넘어 전 독일로 확대되었다.

68 운동은 독일 사회 전반에 대한 저항으로 발전하였고, 학생들은 서독 사회의 각종 모순과 부조리를 파헤치고 사회 곳곳에 만연된 권위주의를 비판하면서 전반적인 개혁을 강력히 요구하였다. 이 과정에서 1968년 4월 11일 SDS의 유명한 연설가인 루디 두치케 R. Dutschke가 피격당함으로써 학생운동은 더욱 격렬해졌다. 두치케의 피격이 보수신문의 선동에서 비롯되었다고 판단한 학생들은 언론재벌인 슈프링어 사를 공격하는 등 점차 과격한 시위를 벌였다. 그러자 5월 30일에는 국민의 기본권을 제한하는 '긴급조치법'이 의회를 통과했고, 민주주의가 위협받고 있다는 위기의식을 느낀 학생들과 진보세력이 격렬하게 항의하였다.

독일의 학생운동은 프랑스 학생봉기의 영향으로 일시적으로 열기가 고조되기도 했지만, 1968년 이후에는 서서히 내리막길을 걷게 된다. 경찰과 학생들의 폭력적인 대치가 이어지면서 폭력을 자제하는 사회 분위기가 형성되었기 때문이다. 그 후 학생운동은 수많은 좌파 소그룹으로 분할되었고, 일부 세력은 '바더-마인호프 그룹' 같은 테러조직을 결성해 폭력화되었다. 당시 유명한 저널리스트이자 작가인 울리케 마인호프 U. Meinhof는 제국주의 횡포에 무관심하고 소비성향에 도취된 국민들의 각성을 촉구하기 위해 프랑크푸르트 백화점에 방화를 주도한 안드레아스 바더 A. Baader 등을 만나 몇 차례 인터뷰했다. 그 과정에서 마인호프는 바더의 탈옥계획에 가담하게 되고, 이후 이른바 '바더-마인호프 그룹'이 중심이 되어 '적군파 Rote Armee Fraktion(RAF)'가 결성된다. 그들은 요르단에서 군사훈련을 받고 돌아와 1971년부터 본격적인 폭탄테러를 자행해 독일 사회를 혼란에 빠뜨렸다.

1972년에 대부분의 핵심세력이 체포되었고, 1975년에는 마인호프도 체포되었다. 마인호프는 1976년 감옥에서 숨진 채 발견되어 타살 의혹이 제기되기도 하였다. 적군파를 검거하고 처벌하는 과정에서 테러리스트에 대한 정부의 태도가 너무 가혹하다는 여론이 형성되었고, 하인리히 뵐이나 루이제 린저 L. Rinser 같은 지식인들이 이러한 여론을 지지하였다. 이를 계기로 근 20년 동안 적군파 문제가 독일 사회의 뜨거운 감자로 남게 되었다.

### 3) <빌트>와 슈프링어 그룹

<빌트 Bild>(예전에는 공식명칭으로 '빌트 차이퉁 Bild-Zeitung'이라 표기하기도 하였다)는 독일과 유럽에서 최대 부수를 자랑하는 일간지 중 하나이다. 이 신문은 독일 최대의 신문-출판 그룹인 '악셀 슈프링어' 그룹에 속해 있다. <빌트> 계열사에는 <일요 빌트 Bild am Sonntag>, <주간 빌트 Bildwoche>, <여성 빌트 Bild der Frau>, <스포츠 빌트 Sport Bild>, <아우토 빌트 Auto Bild>, <컴퓨터 빌트 Computer Bild> 등 10여개의 매체들이 있다.

<빌트>를 간판으로 한 악셀 슈프링어 그룹은 1946년 창업주인 악셀 체자르 슈프링어 Axel C. Springer의 이름을 딴 '악셀 슈프링어 출판사'로 출발했다. 현재는 세계적으로 20여 개국에 1만 명이 넘는 직원을 거느린 국제적인 미디어 기업으로 발전하였다. 1952년에 창간한 <빌트> 외에도 <디 벨트 Die Welt>, <베를리너 모르겐포스트 Berliner Morgenpost>같은 독일의 유수 일간지와 다양한 잡지, 그 외 여러 나라

의 신문과 잡지가 이 출판 그룹에 속해 있다.

슈프링어 그룹은 68 운동 당시 최전성기를 누리며 독일 신문시장의 약 40%를 장악해 '슈프링어 제국'이라 불렸다. 슈프링어 계열의 신문들은 학생들을 폭도나 미치광이로 부르며 사회질서를 허무는 암적 존재로 모는 등 무차별적 공격을 서슴지 않아 68 세력과 대립했고, 슈프링어 신문에 대한 거부 운동이 일어나기도 하였다.

68 운동의 열기가 가라앉고 나서도 슈프링어 그룹과 그 계열 신문들에 대한 분노는 계속되었다. 1980년대에 들어서는 하버마스 J. Habermas와 귄터 그라스 등 독일의 진보적 지식인들이 슈프링어 신문들을 반대하는 캠페인을 조직했고, 2004년에는 게르하르트 슈뢰더 총리가 편파보도를 이유로 <빌트>와의 인터뷰를 거부하기도 하였다.

### 4) 『그리고 아무 말도 하지 않았다』

『그리고 아무 말도 하지 않았다 Und sagte kein einziges Wort』(1953)는 전후 독일 사회의 발전상을 비판하고 가톨릭교회의 사회적인 문제점을 지적한 작품으로 뵐의 초기 대표작이자 성공작이다. 좁은 단칸방에서 자식들과 가난한 삶을 영위해 가는 부부의 이야기를 통해 제2차 세계대전 이후 독일의 파시즘적 과거와 자본주의적 현재를 보여준다.

전화교환수로 일하는 프레드 보그너는 박봉에 부업까지 하면서 근근이 살고 있다. 좁은 단칸방에서 아내 캐테와 세 아이, 이렇게 다섯 식구가 어렵게 살다보니 스트레스가 쌓일 수밖에 없다. 프레드는 이를 견디지 못하고 집을 나와 두 달째 가족들과 떨어져 지낸다. 아이들과 남은 아내 캐테의 일상은 더욱 어렵기만 하다. 캐테는 위선적인 가톨릭 신자인 프랑케 부인 집에서 벗어나고 싶지만 아이들 때문에 수모를 견디며 억지로 살아간다. 부부는 가끔씩 바깥에서 만나는데, 오랜만에 만난 주말에 캐테는 헤어지는 게 낫지 않겠느냐는 말을 꺼낸다.

프레드가 어려운 생활 속에서도 미소를 잃지 않고 이웃에게 친절을 베푸는 간이식당의 소녀에게서 감동을 받았다고 하자, 캐테는 자신도 그런 감동을 준 적이 있는지 묻는다. 이를 계기로 프레드는 캐테가 오래전 자신의 마음을 사로잡아 결혼까지 했던 당시를 생각해낸다. 그때의 감정을 상기하면서 가난에 무뎌진 프레드의 열정은 다시 회복된다. 이튿날 길거리에서 어떤 여자의 모습을 보고 심장이 멎는 듯한 감동과 흥분을 느끼며 뒤쫓아 가는데, 놀랍게도 그 여자는 아내 캐테였다. 소설은 프레드가 다시 집으로 돌아가겠다고 말하는 장면으로 마무리된다.

### 5) 『여인과 군상』

『여인과 군상 Gruppenbild mit Dame』(1971)은 뵐에게 노벨문학상의 영예를 안겨준 작품이다. 이 작품은 자본주의 사회를 역행하는 주인공 레니 파이퍼의 삶을 여러 일화와 주변 사람들의 회상을 통해 구성한 보고서 형식을 띠고 있다. 레니는 비인간적인 자본주의 사회의 가치를 거부하고 순수한 사랑을 실천하며 살아가는 중년여성이다. 그녀는 초등학교 때부터 인간의 개성을 억압하는 경직된 제도에 반대해 자의로 두 번이나 유급을 선택할 정도로 감수성이 뛰어난 사람이다. 전후 그녀는 나치에 협력했던 아버지의 몰락으로 하루아침에 부르주아에서 프롤레타리아로 전락하는 바람에 자본주의 사회의 비인간성에 눈을 뜨게 된다. 그녀는 사회에서 소외받는 남자들을 사랑하고 어려운 이들을 도우면서 자본주의적 삶을 거슬러 살아간다. 이런 그녀를 주변 사람들은 '몽상가'라 부르며 비정상적인 사람으로 치부하지만, 그녀는 주변의 비난과 희생을 감수하면서 자신의 신념대로 살아가고 있다. 그녀는 아들 레프와 함께 외국인 노동자들을 돌보며 그들이 인간에 대한 신뢰와 유대감을 가질 수 있도록 돕는다. 그러다 레니의 집이 철거 위기에 놓이자 그녀의 따뜻한 배려와 인간애에 감동한 사람들이 그녀를 돕기 위해 '레니구조위원회'를 만들고, 여기에 외국인 노동자들도 자발적으로 참여한다.

이 작품에서 뵐은 오로지 이윤만을 추구하고 성공을 위해서는 남을 짓밟고 밀쳐내야 하는 자본주의 사회의 비인간성을 비판할 뿐만 아니라, '레니구조위원회'라는 자발적 공동체를 통해 현실적인 대안을 제시하고 있다. 이 작품에서 뵐은 그동안 꾸준히 추구해온 '인간적인 것의 미학'을 다시 한 번 실천한다. 그의 초기 작품들이 부당한 사회에 대한 소극적인 저항에 그쳤다면, 후기 작품들은 보다 강하고 직접적인 저항을 보여준다. 『여인과 군상』의 주인공 레니 파이퍼는 적극적인 행동에 나서는 첫 인물이라고 할 수 있다.

### 6) 영화 <카타리나 블룸의 잃어버린 명예>

영화 <카타리나 블룸의 잃어버린 명예>는 귄터 그라스의 『양철북』을 영화화한 폴커 슐렌도르프 감독이 1975년 마가레테 폰 트로타 Margarethe von Trotta 감독과 공동으로 만든 영화이다. 트로타 감독은 '뉴저먼 시네마'를 대표하는 여성 감독으로, 슐렌도르프의 영화 등에 배

영화 〈카타리나 블룸의 잃어버린 명예〉

우로 출연하면서 영화계에 입문했다.

영화 <카타리나 블룸의 잃어버린 명예>는 원작과 많은 부분에서 차이를 보인다. 무엇보다도 원작이 비교적 복잡한 구조와 스타일로 구성되어 있는 반면, 영화는 줄거리를 시간순서에 따라 직선적 구조로 재구성하고 있다. 원작에서는 사건이 어떻게 전개되는가가 중요한 반면, 영화는 무슨 사건이 있어났는지가 중요하고, 특히 주인공과 관련된 멜로드라마적 요소가 강화되었다. 원작은 사건에서 발생하는 긴장감을 의도적으로 배제한 반면, 영화는 원작에 비해 탐정물의 성격이 강한데, 이는 영화 관객을 의식한 결과라고 할 수 있다. 또한 영화는 대중의 취향을 고려해 작품을 의도적으로 단순화하면서 영화가 말하고자 하는 바를 선명하게 부각시킨다. 영화는 원작에 비해 등장인물을 가해자와 피해자, 선한 사람과 악한 사람으로 확실하게 구분해 극단적으로 이원화한다.

영화의 결말은 인상적이다. 원작의 마지막에서는 서두에서 언급한 살인사건을 다시 한 번 블룸의 시각에서 묘사함으로써 그녀가 언론폭력의 희생자임을 분명히 한다. 반면 영화는 마지막에 '에필로그'를 추가해 퇴트게스의 장엄한 장례식과 함께 그를 언론의 자유를 위해 헌신하다 희생된 기자로 추도하는 장면이 펼쳐지면서 독자로 하여금 다시 한 번 현실을 직시하도록 한다. 영화의 결말은 원작에 비해 훨씬 극적이라고 할 수 있는데, 뵐 또한 한 인터뷰에서 소설보다 영화의 결말이 더 마음에 든다고 고백하였다.

## 6. 생각해 볼 문제들

1) 작품 이해

(1) <차이퉁>이 블룸의 명예를 짓밟는 보도 방법에는 어떤 것들이 있는가?

(2) <차이퉁>이 블룸을 범죄자로 몰아가는 이유는 무엇인가?

(3) 언론은 왜 블룸과 그녀의 입장에 선 사람들을 좌파나 공산주의자로 몰아가는가?

(4) 블룸이 <차이퉁>의 퇴트게스 기자를 살해한 것은 정당한가?

(5) 『카타리나 블룸의 잃어버린 명예』가 줄거리 위주가 아닌 팸플릿 형식을 취하는 이유는 무엇인가?

2) 더 생각해 볼 문제

(1) 독자들은 왜 언론의 보도를 의심 없이 믿게 되는가?

(2) 우리 주변의 언론폭력 사례로 어떤 것들이 있는가?

(3) 대중의 알 권리와 개인의 사생활 보호가 충돌할 때 판단 기준은 무엇인가?

(4) 이른바 '가짜뉴스'에 휘둘리지 않기 위해서는 어떻게 해야 하는가?

(5) 언론의 자유란 무엇인가?

# 향수

– 파트리크 쥐스킨트 –

## 1. 작가 소개

파트리크 쥐스킨트

파트리크 쥐스킨트 Patrick Süskind(1949 - )는 뮌헨 근교의 암바흐에서 언론인이자 소설가인 빌헬름 쥐스킨트의 둘째 아들로 태어났다. 뮌헨 대학에서 중세와 현대사를 전공했고, 프랑스어를 더 익히기 위해 두 학기 동안 액상 프로방스 대학에서 공부하며 그곳에서 영어, 스페인어, 라틴어, 그리스어 등 다양한 언어를 배우기도 하였다.

쥐스킨트는 액상 프로방스에 머물 때 처음으로 작품을 쓰기 시작했다. 그 후 신문사와 잡지사에서 일하며 여러 편의 단편소설과 시나리오를 집필했으나 별다른 주목을 받지는 못했다. 그러던 중 34세 때인 1984년 한 작은 극단의 제의를 받고 쓰게 된 『콘트라베이스 Der Kontrabaß』(1981)가 성공을 거두면서 세상에 알려지게 되었다. 이 작품은 콘트라베이스 연주자인 한 예술가의 삶과 사랑을 그린 모노드라마이다. 오케스트라의 가장자리에서 주목받지 못하는 콘트라베이스의 역할과 그 연주자의 삶을 통해 이룰 수 없는 사랑의 안타까움, 제도와 인습의 굴레에서 벗어나지 못하는 평범한 소시민의 고뇌를 그리고 있다. 이 작품은 '희곡이자 문학작품으로서 우리 시대 최고의 작품'이라는 극찬을 받았다.

쥐스킨트는 1985년 '어느 살인자의 이야기'라는 부제가 붙은 장편소설 『향수 Das Parfum. Die Geschichte eines Mörders』를 발표해 순식간에 세계적인 작가로 부상했다. 이 작품은 출간 이래 45개국에서 1500만 부 이상의 판매기록을 달성했고, 2006년 톰 티크베어 Tom Tykwer 감독에 의해 영화화되었다. 이후 쥐스킨트는 조나단 로엘이라는 한 경비원의 내면세계를 심도 있게 묘사한 『비둘기 Die Taube』(1987), 평생을 사랑과 죽음 앞에서 도망치는 별난 인물을 그린 『좀머씨 이야기 Die Geschichte von Herrn Sommer』(1991), 단편집 『깊이에의 강요 Drei Geschichten und eine Betrachtung』(1995) 등을 발표하며 계속해서 전 세계 독자들을 매료시켰다.

쥐스킨트의 작품은 2006년 『향수』가 영화화되기 전부터 몇 작품이 영화로 만들어져 주목을 받았다. 1996년 헬무트 디틀 Helmut Dietl 감독과 함께 쓴 시나리오를 바탕으로 『로시니 혹은 누가 누구와 잤는가 하는 잔인한 문제 Rossini oder die mörderische Frage, wer mit wem schlief』가 영화화되었다. 이 작품은 레스토랑 '로시니'에서 하룻밤 사이에 일어나는 여러 가지 해프닝을 비극적이고도 코믹하게 다루고 있다. 2005년에는 오르페우스 신화를 차용한 『사랑의 추구와 발견 Vom Suchen und Finden der Liebe』이 영화화되었다.

쥐스킨트는 세계적인 명성에도 불구하고 천성적으로 우울하고 소심한 성격 탓에 매스컴의 추적을 따돌리며 좀처럼 자신의 모습을 드러내지 않는 것으로도 유명하다. 그는 '구텐베르크 문학상', '투칸 문학상', 'FAZ 문학상' 등 모든 문학상 수상을 거부하였고, 매스컴과의 인터뷰는 물론 사진 촬영도 기피하고 있기 때문에 그에 관한 사진이나 정보가 지극히 제한적이다. 이러한 그를 대신해 저널리스트인 형 마르틴 E. 쥐스킨트가 그의 작품 출간을 관리하고 있다.

주요 작품으로는 『콘트라베이스 Der Kontrabaß』(1981), 『향수 Das Parfum. Die Geschichte eines Mörders』(1985), 「비둘기 Die Taube」(1987), 『좀머씨 이야기 Die Geschichte von Herrn Sommer』(1991), 『사랑의 추구와 발견 Vom Suchen und Finden der Liebe』(2004) 등이 있다. 그 외에 『좀머씨 이야기』의 삽화를 그린 프랑스 화가 장자크 상페 Jean-Jacques Sempe의 여러 작품을 독일어로 번역하였다.

## 2. 작품 소개

### 1) 생성 배경

『향수』는 18세기 프랑스를 배경으로 한 작품이다. 쥐스킨트가 이 시대에 주목한 것은 프랑스의 역사가인 알랭 코르뱅 Alain Corbin의 『페스트 숨결과 꽃의 향기 Pesthauch und Blütenduft』(1982)가 큰 역할을 하였다. 이 책은 18-19세기 프랑스의 향기의 역사에 대해 연구한 것으로, 18세기 중반 프랑스의 잘 알려지지 않은 향기의 세계와 사람들의 냄새에 대한 그릇된 인식에 관해 기술하고 있다. 이 책은 역사학도인 쥐스킨트의 주목을 받게 되었고, 『향수』를 집필할 때 문화사에 대한 전반적인 배경을 제공했다. 쥐스킨트는 『향수』를 쓰기 전 향수에 관한 수

많은 문헌들을 연구하였고, 작품에 등장하는 현장들을 직접 답사했다. '향수의 고향'이라 불리는 프랑스 남부의 그라스에서는 유명한 향수제조 회사 '프라고나르'에서 향수기술의 비법을 습득하기도 하였다.

『향수』는 냄새에 관한 천재적인 능력을 타고난 주인공 그르누이의 삶을 그리고 있다. 이 작품은 독일문학 사상 최초로 향기라는 후각적인 소재를 중심 테마로 다루었다는 점에서 주목을 받았다. 문학사적으로 볼 때 후각을 대상으로 한 작품은 많지 않은데, 이는 무엇보다도 향기가 기억에는 오래 남지만 너무나 피상적이어서 향기로부터 받은 인상을 글로 재현하기가 쉽지 않기 때문이었다. 게다가 서양에서는 전통적으로 후각을 부정적으로 생각하는 경향이 강했다. 중세 기독교 사회에서는 후각이 인간의 영혼을 들뜨게 한다고 믿었기 때문에 억압을 받았고, 계몽주의 시대에도 지적 능력이나 이성과는 거리가 먼 것으로 인식되었다. 후각에 대한 이러한 편견은 19세기 낭만주의 시대에 이르러 비로소 '다섯 번째 감각'으로 재발견되면서 조금씩 사라지게 되었고 점차 문학의 소재로 다루어지게 되었다.

『향수』 표지

『향수』의 무대는 18세기 프랑스이다. 18세기는 문화사적으로 로코코에 해당하는 시대이다. 로코코는 프랑스에서 생겨난 양식으로 이 시기에 귀족들의 향락과 사치가 절정에 달했다. 살롱을 중심으로 상류계급들의 사교문화가 발달한 것도 이 시대였다. 향락과 사교가 넘치는 사회에서 향수는 필수품이 되었다. 18세기 중엽 프랑스에서 향수제조업이 발달한 것은 이러한 사회적, 문화적 배경과 관련된다. 더구나 18세기 파리는 유럽에서 가장 인구도 많고 화려한 도시인 반면, 난개발로 인해 그만큼 위생시설이 부족하고 따라서 악취가 심했던 도시였다. 많은 기록에 의하면 파리는 '시궁창의 도시'였다. 구정물은 물론 침실용 변기의 배설물까지 거리에 그대로 버리는 바람에 악취가 진동했다고 한다. 더구나 당시에는 건강에 해롭다는 이유로 목욕도 자주 하지 않았다. 심지어 물이 건강에 해롭다는 생각이 널리 퍼져 있었고, 땀이 몸의 청결을 저절로 유지하기 위한 생리적 수단이라고 생각했다. 이렇게 청결이나 위생보다는 외모 치장에 더 많은 신경을 썼던 시대에 향수는 필수적인 물건이었다. 작품 『향수』가 18세기 프랑스를 배경으로 설정한 것은 우선 이 시기가 바로 향수의 시대였기 때문이다.

또한 18세기는 로코코의 시대이자 계몽주의 시대이기도 했다. 계몽주의 역시 프랑스에서 생겨난 사조이다. 로코코는 퇴폐와 향락의 시대로 쇠퇴해가는 구시대(앙시앙레즘 ancien régime)의 끝에 해당되는 반면, 계몽주의는 이성과 합리성을 중시하는 근대의 시작을 의미한다. 계몽주의는 종교와 미신으로부터 벗어나 인간이 이성을 통해 스스로 판단하고자 했던 시대이고, 자연과학이 발달하면서 합리적이고 과학적인 사고가 보편화되기 시작하던 시대였다. 18세기는 로코코와 계몽주의가 공존했던 시대로서 구시대적 사고방식과 근대적 사고방식이 서로 병존하고 있었기 때문에 사회적으로 여러 가지 모순과 역설이 난무했던 시대였다. 『향수』가 18세기를 배경으로 설정한 것도 이 시대가 근대를 지향하면서도 근대성의 이념을 이해하지 못하고, 과거지향적이고 퇴행적인 경향을 보였던 모순과 역설의 시대라는 것을 보여줌으로써 계몽주의의 한계를 비판하고자 한 것이었다.

나아가 18세기는 천재의 시대였다. 18세기에 예술가들은 천부적 재능을 가진 존재로 간주되었다. 당시에는 예술가 자신들뿐만 아니라 다른 사람들도 예술가를 프로메테우스적 천재로 인정함으로써 예술가는 천재이자 독립적 인격의 전형으로 찬미되었다. 종교가 그 본연의 힘을 상실하게 되면서 예술가는 성스러운 정신의 사제로서 신과 인간의 중재자로 받아들여졌고, 예술작품은 성서를 대신하는 진리의 말씀으로 간주되었다. 이러한 사고는 19세기 자연과학의 발달과 함께 비합리적인 것에 대한 믿음이 사라지면서 와해된다. 이때부터 예술가는 삶에 무능한 존재로 치부되거나 심지어 삶에 적대적인 존재로 의심되기에 이른다. 마침내 니체는 바그너 비판을 통해 예술가를 허풍선이고 속물이며 대중 사기꾼이라고 비난하고 나선다. 그르누이는 니체가 제시하는 현대예술가의 한 유형을 보여준다고 할 수 있다. 그는 최고의 향수를 위해 연쇄살인을 자행하고 이렇게 만든 향수를 가지고 사람들을 현혹시킨다는 점에서 니체가 폭로했던 범죄자로서의 예술가, 그럴듯한 포장을 통해 대중들을 속이는 사기꾼으로서의 예술가에 다름 아니다. 『향수』가 18세기를 배경으로 설정한 것도 이 시대 천재 예술가에 대한 허상을 폭로하기 위한 것이라 할 수 있다.

### 2) 줄거리

장 바티스트 그르누이는 1738년 무더운 여름날, 파리에서도 가장 악취가 진동하는 몽마르트르의 시장에서 미혼모인 생선장수 여인의 사생아로 태어난다. 그는 생선 내장 더미 사이에 버려지지만 울음을 통해 자신의 존재를 알렸고, 그 대가로 생모를 교수대로 보낸다. 그는 여러 유모들의 손을 전전하고, 주변의 온갖 구박과 여러 가지 질병 속에서도 꿋꿋이 살아남는다. 그는 여섯 살에 벌써 냄새로 주변 세계를 완전히 파악했고, 일상의 모든 냄새를 구분하고 분류하여 머릿속에 저장해 둘 정도로 후각에 대한 천부적인 재능을 타고났다.

성장한 그르누이는 무두장이의 조수로 일하게 된다. 어느 날 물건을 배달하러 나갔다가 자두를 파는 빨간 머리 소녀의 향기를 통해 비로소 '사람' 냄새를 알게 되고, 그 향기를 소유하기 위해 그녀를 살해한다. 이를 계기로 그는 자신의 운명을 깨닫고 향수 제조인이 되기로 결심한다. 향수장인 발디니의 도제로 들어간 그는 자신의 천재적인 후각을 이용해 향수 만드는 기술을 익혀나간다. 그리고 또 다른 기술을 익히기 위해 발디니에게 수백 가지 향수 제조법을 써준 대가로 도제 증명서를 받은 후 향수의 본고장 그라스로 간다.

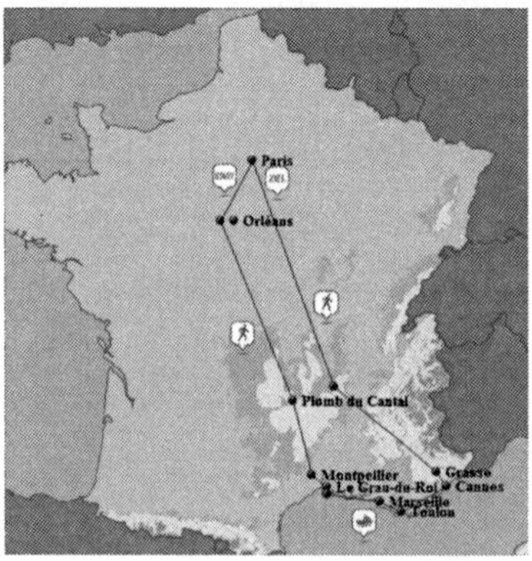

그르누이의 여정

그르누이는 남쪽으로 내려가던 도중에 플롱 뒤 캉탈의 외진 산속 동굴에서 7년을 보낸다. 그는 그곳에 은둔하면서 오직 향기로만 이루어진 자신만의 내적 왕국을 건설하고, 과거를 회상하는 가운데 자신의 삶을 정리한다. 그러던 어느 날 자신에게 체취가 없다는 사실을 발견하고 충격을 받은 후 다시 세상으로 나온다.

그르누이는 몽펠리에에서 라 타이아드 에스피나스 후작을 만나 그의 '치명적 유동체' 이론의 산 증거로서 많은 사람들을 만난다. 이 과정에서 그르누이는 향수를 통해 사람들의 마음을 움직일 수 있다는 것을 깨닫고, 사람들이 자신을 좋아하게 만드는 '천사의 냄새'를 만들어 사람들의 마음을 지배하기로 한다. 그는 그라스로 가서 아르뉠피 미망인의 집에 도제로 들어가 새로운 향수 제조술을 익히는 한편, 최고의 향수를 만들기 위해 여러 명의 여인들을 살해한다. 그리고 최종적으로 그곳 부집정관인 리쉬의 딸 로르를 살해해 마침내 최고의 향수를 만들지만 곧 체포된다.

처형식 날 그르누이는 자신이 만든 향수를 뿌리고 처형장에 들어선다. 방금 전까지 그를 처벌하라고 아우성치던 군중들은 도취상태에 빠져들고 그를 사랑하게 된다. 처형장은 그의 향수로 인해 향락의 장으로 바뀐다. 그러나 그르누이는 사람들이 사랑한 것이 그르누이 자신이 아니라 '향기의 가면'이라는 것을 깨닫고 인간에 대한 참을 수 없는 역겨움과 증오를 느낀다. 리쉬마저 자신에게 무릎을 꿇고 용서해 달라고 애원하는 모습을 보면서 그르누이는 자기혐오와 자기증오로 인해 죽기로 결심한다. 그는 자신이 태어났던 파리로 돌아가 부랑자들에게 뜯어 먹히는 죽음을 선택한다.

## 3. 작품 해설

### 1) 예술가소설로서의『향수』

「향수」 번역본 표지

『향수』를 처음 대하는 독자는 이 소설의 겉표지에 쓰인 제목과 부제, 표지화 등을 보면서 복합적인 생각을 하게 된다. 우선 '향수'라는 제목과 '어느 살인자의 이야기'라는 부제를 보는 순간 독자는 이 소설이 일종의 범죄소설이며, 이 때 향수가 범죄와 관련된 결정적인 의미를 갖게 되는 것이 아닐까 추측하게 된다. 표지화에 그려진 죽은 듯 누워있는 젊은 여인을 보면서 여성이 범죄의 대상 내지는 희생자일 것이라는 생각을 하게 되고, 이 작품이 에로틱한 요소가 가미된 범죄소설일 것이라는 기대를 갖게 된다.

그러나 이러한 기대가 그대로 충족되지는 않는다. 우선 표지화에서 기대했던 아름다운 여인(들)은 소설 속에서 단지 부차적인 역할 밖에 하지 않는다. 주인공 그르누이는 26명이나 되는 여인들을 살해하지만 그들의 육체에 관심을 두기는커녕 오로지 그들의 체취에만 관심을 갖는다. 그는 성적 욕구를 채우고자하는 성범죄자가 아니라 최고의 향수를 만들 목적으로 피해자들의 체취를 수집하기 위해 살인을 하는, 어떤 면에서는 냉철한 사고의 소유자이다. 비록 26명이나 되는 피해

자 수가 이 소설의 부제를 정당화시키고 있지만, 사실 이 작품에서 살인 사건들에 대한 자세한 설명은 매우 제한적이다. 희생자들은 고통과 죽음을 통해 독자들의 공감각을 자극하는 개인으로서 특징지어지지 않는다. 로르라는 마지막 희생자만 이름이 거명될 뿐 나머지는 익명으로 처리된다. 그리고 첫 번째와 마지막 사건만 어느 정도 상세히 기술될 뿐 24건이나 되는 나머지 사건에 대해서는 화자에 의해 간략히 보고된다. 이때에도 화자는 사건의 경과를 기술하기 보다는 공포에 휩싸인 시민들의 반응을 전할 뿐이다.

그럼에도 불구하고 『향수』는 표면상 통속적인 범죄소설의 형태를 취하고 있다. 범죄자 중심의 단선적인 줄거리 전개, 명백한 사실적인 서술방식, 연대기적 묘사 등이 작품의 범죄소설적 특성을 보여준다. 그라스의 부집정관 리쉬가 예리한 직관으로 그르누이의 계획을 정확하게 간파하는 대목에서는 심지어 탐정소설적 특성을 보여주기도 한다. 그러나 이러한 범죄소설적 요소에도 불구하고 전체적으로 이 소설은 결국 범죄소설에 대한 기대를 무산시킨다. 우선 범인이 체포되고 정의가 승리한다는 범죄소설의 일반적인 틀을 뒤집고, 범인이 처형되기는커녕 심지어 신으로까지 찬미된다. 수사관이 아니라 범인이 중심을 이루고, 범인이 일찍 드러남으로써 범죄 해명 과정이 아닌 범죄 발생이 중심을 이룬다. 또한 범인의 사회적 환경이 적나라하게 그려지고 있지만 범죄와 사회적 환경과의 인과관계도 부족하다. 더구나 그르누이의 비범한 후각능력은 논리를 초월하고, 그가 체포된 후 일어나는 모든 것들은 현실적으로 불가능한 사건의 연속이다. 특히 소설의 말미에 그루누이가 부랑자들에 의해 뜯어 먹히는 카니발적 죽음을 맞이하는 내용에 이르러서는 현실이 아닌 판타지의 영역으로 넘어가 버린다. 이런 점에서 이 소설은 얼핏 범죄소설처럼 보이지만 사실은 범죄소설이 아니라는 것을 드러낸다.

또한 이 작품은 시대적 배경은 물론 주인공 그르누이의 출생에서 죽음에 이르기까지 정확한 날짜에 근거해 사건을 기술한다. 나아가 주인공 그르누이를 사드나 생 쥐스트, 푸셰나 보나파르트 등과 같은 실제 인물들과 함께 나란히 언급함으로써 그가 역사 속의 실제 인물임을 부각시키고 있다. 그러나 이러한 사실주의적 묘사방식은 "충분한 숙고" 끝에 "사랑을 거부하고 차라리 삶을 선택한" 그의 출생과정의 허구적 묘사를 통해 그 불확실성이 금방 드러난다. 이를 통해 마치 사실적으로 묘사된 것처럼 보이는 소설의 묘사방식은 사실주의가 아니라 '사실주의의 가면'이라는 것이 암시된다. 이와 같이 소설은 사실과 허구 사이를 넘나드는 유희를 통해 독자로 하여금 주인공 그르누이를 범죄소설에 등장하는 사실적이고 구체적인 인물이 아니라 하나의 상징으로 받아들이도록 하는데, 이 지점에서 범죄소설처럼 보이는 작품은 예술가소설의 범주로 넘어간다.

『향수』는 예술가와 사회와의 관계가 근본적인 테마로 다루어진다는 점에서 예술가소설이라 할 수 있다. 다만 작가나 음악가 등 기존 예술가소설에서 흔히 등장하는 전통적인 의미의 예술가가 아니라 근래까지도 예술가로 취급받지 못하던 향수 제조인(조향사)을 주인공으로 설정함으로써 기존 예술가소설과는 다소 차이가 있는 것처럼 보인다. 그러나 향수 제조인이 보편적인 예술가를 대변하고, 향수 제조술은 예술 일반을 위한 포괄적인 비유라고 본다면 이야기는 달라진다. 주인공 그르누이가 동물적인 삶을 벗어나 향수 제조인으로 성장해가는 과정은 예술가로서의 자기 존재를 구현해가는 과정이라 할 수 있고, 최고의 향수를 향한 그의 열정은 예술가의 자기실현 욕구에 다름 아니다. 이렇게 볼 때 『향수』는 '어느 살인자의 이야기'라기보다는 절대 향수를 만들고자 하는 '어느 천재의 이야기'이고, 천재로 대변되는 '어느 예술가의 이야기'라고 할 수 있다. 결국 이 작품은 한 예술가의 도전과 좌절을 통해 '예술가 - 예술작품 - 사회'라는 구조 하에 예술가가 지닌 본질적인 문제를 다루고 있다는 점에서 예술가소설의 전통을 계승하고 있다. 그러나 주인공을 독창적인 천재 예술가, 분열된 존재로서의 예술가, 유미주의 예술가, 사기꾼으로서의 예술가 등 문학사에 등장하는 다양한 예술가의 모습으로 패러디하고 있다는 점에서 새로운 유형의 예술가소설이라고 할 수 있다.

### 2) 직업적 소명의식의 자각

『향수』는 주인공 그르누이가 외부세계와의 관계 속에서 성장 발전해 가는 과정을 그리고 있다는 점에서 일종의 발전소설의 형태를 띠고 있다. 그르누이는 삶의 고비마다 한 단계 도약하는 과정을 거친다. 그의 발전과정은 사회화 내지는 문명화 과정, 기술 습득 과정, 자아 찾기 및 자기 구현 과정 등이 서로 교직하면서 진행된다. 그 첫 번째 계기가 마레 거리에서 자두를 파는 빨간 머리 소녀를 살해한 사건이다. 그동안 그르누이에게 사람들의 냄새는 전혀 흥미를 끌지 못했을 뿐만 아니라 거부감까지 불러일으켰었다. 그러나 자두 파는 소녀에게서 나는 마법 같은 향기를 통해 그녀가 비로소 '사람'이라는 것을 인식하게 된다. 그리고 "이 향기를 소유하지 못하면 자신의 삶은 더 이상 의미가 없다"는 확신 하에 그녀를 살해한다. 그동안 아무런 의미도 없는 본능적인 삶을 살아왔지만 이제 그는 자신이 '천재'라는 것을 자각하고, 향기의 세계에 혁명을 일으키는 역사상 가장 위대한 향수 제조인이 되겠다는 삶의 의미와 목표를 확고히 설정한다. 그는 그녀의 향기를 모범으로 삼아 냄새들을 체계적인 질서에 따라 분류하는 '향기의 원칙'을 세우게 된다. 이제 그녀의 향기가 모든 냄새를 분류하는 기준이 된 것이다.

그르누이는 도덕적 개념 자체를 이해하지 못하기 때문에 그에게 있어 살인은 범죄로 의식되지 못한다. 오히려 더 높은 목표에 다가가는 수단으로만 여겨질 뿐이다. 최초의 살인 행위는 그루누이에게 '진드기'와 같은 동물적인 실존에서 벗어나 자신의 능력과 가능성을 파악하고, 삶의 의미와 목표를 깨닫게 되었다는 점에서 '향기의 창조자'로서의 원대한 꿈을 실현하기 위한 도약의 계기를 마련했다고 할 수 있다.

그 후 그르누이는 향수 장인 발디니의 가게에 들어가 사회화 과정에 필요한 요건을 갖추게 된다. 그는 위대한 향수를 만들기 위해서는 두 가지 전제조건이 충족되어야 한다는 것을 알고 있다. 첫째, '시민적 존재라는 외투'로서 최소한 도제수업을 받아야 한다는 것과 둘째, 냄새의 원료를 만들고 다룰 줄 아는 '수공업적 방법에 대한 지식'이 필요하다는 것이다. 도제가 된다는 것은 시민사회 안에 편입된다는 것을 의미한다. 도제라는 보호막이 있어야 아무런 방해도 받지 않고 하고 싶은 일을 할 수 있기 때문이다. 또한 향수와 관련된 수공업적 지식이 필요하다는 것은 그가 냄새를 분석하거나 생각해내는 데에는 최고 수준이지만, 냄새를 원상태 그대로 얻어내는 방법은 아직 모르기 때문에 향수제조에 관한 지식을 습득해야 했기 때문이다.

그르누이는 발디니 가게에서의 도제 생활을 통해 동물적인 존재로부터 벗어나 사회적, 시민적 존재로서의 도제 자격을 획득하고, 향수제조의 기술과 방법을 습득함으로써 사회적 능력의 소유자로 거듭나게 된다. 그는 타고난 천재적 감각에만 의존하던 '자연의 아이'에서 벗어나 시민적 존재로서의 정체성을 획득하게 된 것이다. 그러나 발디니 가게에서의 도제생활은 그르누이의 발전 과정에 결정적인 진전을 가져오지는 못한다. 그는 발디니에게서 배운 기술만으로는 충분하지 못하다는 사실을 안 후 다시 한 번 내적 위기에 빠지고, 결국 새로운 기술을 찾아 그라스로 떠난다.

### 3) 존재의 위기와 예술적 효과에 대한 인식

그르누이는 그라스로 가는 도중 점점 더 사람들로부터 멀어지고 마침내 인적이 전혀 없는 플롱 뒤 캉탈의 깊은 산속으로 들어간다. 그곳에서 그는 외부세계와 단절한 채 주로 동굴에서 생활하면서 오직 향기로만 이루어진 자신만의 '내적 왕국'을 건설한다. 그는 그동안 자신을 괴롭혔던 모든 냄새를 폭풍우처럼 쏟아버림으로써 해방감과 만족감을 느끼게 되고 자신의 삶을 정서적으로 정리한다. 그러나 그르누이가 만들어 내는 예술세계는 상상 속에만 존재할 뿐 실체가 없다는 점에서 그는 철두철미하게 자기 자신을 위한 예술, 도취의 예술, 나르시시즘의 예술을 추구하는 유미주의 예술가에 비유될 수 있다.

그러던 어느 날 그르누이는 자신이 아무 냄새도 없는 사람이라는 사실을 발견한다. 그에게 냄새는 존재 자체를 의미하는 것이기 때문에 자신에게 냄새가 없다는 것은 자신이 현실에 없는 존재, 즉 '인간'이 아니라는 것을 의미한다. 그는 자신의 무취성 앞에 극도의 혼란에 빠지고 심각한 정체성의 위기에 직면한다. 그는 자신에 대해 아는 것이 하나도 없다는 사실에 두려움을 느끼고, 이러한 두려움으로부터 벗어나기 위해 다시 바깥세상으로 돌아가기로 한다.

그르누이의 동굴생활은 그의 자연적 현존의 정점을 형성함과 동시에 새로운 세계로 나아가는 전환점이 된다. 그의 동굴생활은 그르누이 자기 자신으로의 귀환을 의미하는 것으로 이곳에서 그는 자신의 내적 정화를 체험함으로써 '인간적 존재'로 거듭나는 결정적인 계기가 된다. 7년에 걸친 그의 은둔생활은 자신의 병든 과거를 치유하고, 미성숙한 인간에서 문명화된 새로운 인간으로 변화하기 위해 힘을 키우는 과정으로 작용했다고 할 수 있다.

그르누이는 산을 내려와 몽펠리에에 잠시 머무는 동안 라 타이아드 에스피나스 후작의 실험에 참여하면서 그의 인생 역정에서 매우 중요한 사실을 깨닫는다. 사람들은 산속에서 막 내려온 그를 마치 괴물 대하듯 하다가 이발을 하고 옷을 갈아입고 약간의 화장만 했을 뿐인데 "꽤 괜찮은 사람"으로 받아들인다. 후작은 모든 것이 자신의 치료효과 때문이라 설명하고 다니지만, 그르누이는 이것을 보면서 "정상적인 인간"이 되는 것이 얼마나 쉬운지를 알게 된다. 그는 간단한 외적인 조작만으로도 사람들이 쉽게 속아 넘어가는 것을 목격한 후 사람들과 더불어 살아가기 위해서는 외적인 것, 즉 '가면'이 주는 효과가 얼마나 중요한가를 실감하게 된 것이다.

이러한 깨달음으로 인해 그르누이는 자신의 내적 결함을 감추고 보완하기 위해 몽펠리에의 한 작업실에서 '인간의 냄새'가 나는 향수를 만들어 낸다. 그리고 이 향수를 뿌리고 '인간'이 되어 몇 번의 실험을 진행하는 동안 향수의 효과를 정확하게 확인하고 기쁨과 승리감을 만끽한다. 향수의 위력과 효과를 알게 된 그르누이는 더 좋은 냄새를 만들 수 있다는 자신감이 생기고, 인간적일 뿐만 아니라 초인간적이기도 한 냄새, 사람들이 냄새의 주인을 사랑할 수밖에 없는 '천사의 냄새'를 만들기로 한다. 그는 플롱 뒤 캉탈에서 꿈꾸었던 냄새의 왕국을 현실에서 실현시킴으로써 '전지전능한 냄새의 신'이 되기로 한다. 그는 "냄새를 지배하는 자가 인간의 마음도 지배한다"는 모토 하에 냄새로 인간의 마음을 지배하고자 하는 원대한 꿈을 꾸게 된다.

라 타이아드 에스피나스 후작과의 생활은 그르누이의 인격적 변화와 사회화 과정에 큰 진전을 가져온다. 무엇보다도 인간의 냄새가 나는 향기를 만들어 동물적인 원초적 상태를 극복하고, 자신의 재능이 무엇인지 다시 한 번 확실하게 깨달음으로써 그의 자아 찾기는 결정적인 도약을 이룬다. 그는 자신이 '사기꾼'임에 틀림없다는 것을 알면서도 천재성을 바탕으로 사람들의 마음을 지배하는 향수를 만든다는 명확한 목표를 설정한다.

### 4) 최고의 예술을 향한 도전과 좌절

그르누이는 향기를 추출하는 기술을 더 배우기 위해 향수 제조인들에게 꿈의 도시라 불리는 그라스로 향한다. 그라스에 도착하던 날 우연히 로르라는 소녀의 향기와 마주치게 된다. 자두 팔던 소녀의 향기와 흡사하지만 최고의 향기가 되리라는 것을 직감한 그르누이는 그녀의 향기를 자신의 것으로 만들기로 작정한다. 그러나 그녀의 향기가 아직 성숙하지 않았다고 판단한 그는 최고의 향수를 만들기 위해 몇 년 더 기다리기로 하고, 우선 아르뉠피 여인의 집에 도제로 들어가 기술을 연마한다.

그르누이는 여러 가지 향수를 만들어 이를 보호막 삼아 아무 방해도 받지 않고 오로지 자신의 목적을 달성하기 위해 "조심스러운 향기 사냥"에 몰두한다. 강아지를 대상으로 생명체로부터 냄새를 얻어 내는데 성공하고, 떠돌이 벙어리 여자를 상대로 살아있는 사람의 냄새를 얻어내는 데에도 성공한다. 그러나 그의 관심은 사람 냄새 자체가 아니라, 특별한 사람, 즉 사람들에게 사랑을 불러일으키는 그런 사람들의 냄새였다. 그르누이는 점점 더 진해지는 로르의 향기로 인해 생전 처음으로 사랑을 느끼고 행복감에 젖는다.

그러나 문제는 최고의 향기를 소유한다고 해도 그 향기가 오래 지속되지 못한다는 것이다. 그르누이는 로르의 향기를 오래 지속시키고 이를 더욱 돋보이게 하는 특별한 향기를 수집할 목적으로 다른 여인들을 살해한다. 이 과정에서 그는 전혀 죄의식을 느끼지 못한다. 그에게 있어 살인은 여러 작업수단 중의 하나이고 창조과정일 뿐이다. 그는 타고난 천재성과 초인적인 인내를 통해 인간을 매혹시키고 지배하고자 했던 자신의 꿈을 실현해간다. 그리고 마지막으로 로르의 향기를 소유하게 됨으로써 마침내 "이 세상에 존재하는 유일무이한 작품"을 창조하는데 성공한다.

그르누이가 만든 '사랑의 향수'는 사형집행장에서 두 가지 효과를 발휘한다. 우선 처형장에 모인 군중들은 그르누이에게 전적으로 애정어린 공감을 표하면서 그가 절대 살인마일 리가 없다는 확고한 믿음에 사로잡힌다. 이어서 향수 효과는 모든 사람을 대담한 욕정에 사로잡히게 함으로써 사형집행장을 대규모의 성적 환락이 난무하는 '바쿠스축제'로 바꿔놓는다. 이로써 그르누이는 자신이 그토록 갈망해왔던 일, 즉 "다른 사람들로 하여금 그를 사랑하도록 하는 일"에 성공한다. 그리고 자신이 프로메테우스보다 위대한 인물이고, 기독교의 하느님보다 더 위대한 신이라고 단언하기에 이른다.

그러나 그르누이는 이러한 승리의 절정에도 불구하고 기쁨은커녕 최소한의 만족감도 느낄 수가 없다. 그 순간 그의 내면으로부터 인간에 대한 모든 역겨움이 되살아나 승리를 철저히 무너뜨려 버린다. 그에게는 애초부터 사랑할 능력이 없을 뿐만 아니라 그 자신은 자기가 만든 사랑의 향기를 느낄 수 없기 때문이다. 그는 사랑이 아니라 언제나 증오 속에서만 만족을 얻을 수 있다는 사실을 깨닫는다. 그러나 그의 증오는 아무런 반향도 얻지 못하고, 오히려 그가 증오하면 할수록 사람들이 더욱더 그를 숭배하는 것을 보면서 한없는 절망감에 빠진다. 사람들이 진실로 받아들인 것은 사실 연출된 아우라였고, 그것은 "향기의 가면, 도둑질한 향기"에 불과했기 때문이다. 사람들은 그를 사랑하는 것이 아니라 향기의 가면을 사랑했고, 그를 숭배하는 것이 아니라 그의 대용품을 숭배했다. 그는 자신의 향수가 사람들의 눈을 가리고 그들을 농락했다는 생각 때문에 자신이 만든 향기마저 증오하게 된다. 결국 그는 질식할 것 같은 두려움과 공포 속에서 결정적인 자아상실에 빠지고 의식마저 잃고 만다. 그의 긴 자아 찾기 과정은 그가 만든 최고의 걸작이 마침내 최고의 효과를 발휘하는 그 절정의 순간에 파국을 맞는다. 이로써 그르누이의 절대향수는 알맹이 없는 껍데기로 전락하고, 그는 창조적인 천재가 아니라 단순한 장인에 불과한 사기꾼으로 폭로된다.

### 5) 귀환과 죽음

이제 존재의 정당성을 상실한 그르누이는 자기혐오와 자기증오로 인해 죽기로 결심하고 자신이 태어난 파리로 돌아간다. 파리를 떠나 그라스에 이르는 그르누이의 긴 여정은 동시에 자아의 정체성을 추구하고 자아를 구현하고자했던 내적 여정이기도 했다. 그런 점에서 그가 다시 자신이 태어난 곳으로 돌아온 것은 자신의 내적 출발점으로의 귀환을 의미한다. 그는 자신의 정체성을 자각하고 예술가의 길에 들어섰고, 예술가로서의 자아를 구현하기 위해 길을 나섰지만 결국 깊은 좌절 속에 다시 자신의 내적 고뇌의 출발점으로 돌아온 것이다.

그르누이는 사람들로부터 사랑을 받지 못할 바엔 차라리 자신과 같은 부류의 부랑자들 속에서 죽기로 하고 자신이 태어난 이노생 묘지로 향한다. 그가 부랑자들 사이에 나타나 온몸에 향수를 뿌리자 그들은 그에 대한 외경심과 놀라움에 잠시 주춤거리지만 이내 '천사인간'을 향한 갈망과 감격으로 그에게 달려들고, 마치 향수가 그런 것처럼 그르누이는 반나절도 안 되어 흔적도 없이 사라져버린다. 부랑자들의 이런 행위는 갈망의 대상을 먹어치우는 카니발리즘 Kannibalismus을 의미하지만, 그들의 행위가 사랑에서 비롯된 것이라는 점에서 그는 증오의 희생자가 아닌 사랑의 희생자가 된다. 부랑자들이 향수의 힘에 이끌려 그에게 달려들지만, 죽는 순간 '향기의 가면'이 아닌 그르누이 자신이 사랑의 대상이 되었다는 점에서 중요한 의미를 갖는다. 이제야 비로소 그는 다른 사람들에게 진정으로 받아들여졌고 하나의 개인으로서의 존재가 되었기 때문이다. 그가 자신의 자아구현에 실패하고 삶의 원점으로 돌아와 죽음을 선택했다는 점에서 그의 죽음은 비극적 결말이라고 할 수 있지만, 다른 한편 그가 그토록 갈망했던 사랑 속에서 죽었다는 점에서 그에게는 지난한 삶의 질곡으로부터의 해방이자 구원이라고도 할 수 있다.

### 6) 『향수』의 계몽주의 비판

『향수』의 시대적 배경은 18세기 계몽주의 시대이다. 이 작품은 근대를 지향하면서도 근대성의 이념을 이해하지 못하고, 과거 지향적이고 퇴행적인 경향을 보였던 18세기 계몽주의의 한계에 대한 비판을 담고 있다. 이 작품의 계몽주의에 대한 비판은 무엇보다도 인물들의 행태에서 잘 드러난다.

발디니는 새로운 시대 변화를 읽지 못하는 구시대적 인물을 대변한다. 그는 새로운 유행을 따라가지 못하고, 옛날 잘 나가던 수공업 시대를 그리워한다. 그는 계몽주의가 사회를 혼란에 빠뜨리고, 정치적 종교적으로 타락시킬 뿐이라고 비난한다. 그러나 그르누이의 향수를 이용해 돈을 벌면서 자신이 비난했던 근대성의 가치를 적극적으로 추구하게 된다. 그는 그르누이로부터 수많은 향수 제조법을 알아내지만 집이 붕괴되는 바람에 허망하게 죽고 만다. 발디니 이야기는 계몽주의의 진보와 근대성의 이념이 결국 인간의 자멸로 이어질 수 있다는 것을 희화적으로 보여준다.

라 타이아드 에스피나스 후작은 계몽주의의 특징인 과학과 실험, 진보에 대한 믿음을 대표하는 사람이다. 그는 과학과 실험을 통해 '치명적 유동체' 이론을 개발했는데, 이 이론에 따르면 땅에서는 독가스가 발생하기 때문에 모든 생명체는 땅에서 일정한 거리를 유지해야만 발전할 수 있다는 것이다. 그는 동굴에서 돌아온 그르누이가 자신의 이론을 위한 살아있는 증거라고 확신하게 되고, 자신의 이론을 직접 증명하기 위해 추운 겨울 날 산으로 들어가 실종된다. 그러나 그동안 후작의 이론 증명이 성공한 것처럼 보였던 것은 그르누이가 향수를 통해 조작한 것으로 이른바 과학적 이론이라는 것이 얼마나 어처구니없는 것인가를 드러냄과 동시에 잘못된 자기 확신이 결국 파멸을 자초한다는 사실을 보여준다.

그라스 시의 지도자들도 합리와 이성에 바탕을 둔 계몽주의 교육을 받은 사람들이다. 그들은 종교나 미신에 대해 부정적이지만, 범죄가 극에 달하자 이성을 잃게 되고 결국 종교에 의지하고자 한다. 그러나 주교 또한 속수무책이고, 나중에는 신부나 수녀들도 향수 앞에 굴복하고 만다는 점에서 종교 역시 허상임이 드러난다. 그 중에서도 부집정관 리쉬는 교역과 장사를 통해 부를 축적한 신흥귀족으로 건강한 오성을 가진 계몽주의자의 전형이다. 그는 살인사건의 원인을 냉정하게 분석하고 정확하게 추리하는 등 누구보다도 계몽주의적 태도를 보인다. 그는 딸에게 닥친 위험을 예감하고 딸을 피신시키는데, 그것이 오히려 딸의 죽음을 자초하는 결과가 되었다는 점에서 그의 행동은 계몽주의자의 자기모순을 보여준다. 그는 결국 처형장에서 향수가 만들어낸 허상으로 인해 이성을 잃고 만다. 그는 딸의 살인자에게 양자가 되어달라고 간청하는데, 이는 자기모순에 빠진 계몽주의자에 대한 조롱을 의미한다.

그르누이 역시 계몽주의 시대의 특징을 구현하는 인물이라고 할 수 있다. 그는 최초의 살인 이후 “수백만 가지의 냄새조각을 검사해서 체계적인 질서에 따라 배열”하는 등 향수 제조를 위한 과학적 방식을 도입한다. 이후 그의 분류는 시간이 지나면서 더욱 정교해지며 세분화되고, 그는 과학적 실험을 반복함으로써 최고의 기술을 습득한다. 그러나 그는 오랜 수련과정을 거쳐 습득한 지식과 기술을 오로지 자신의 목적 달성을 위해 사용할 뿐 어떠한 도덕적 고려도 하지 않는다. 그는 오직 최고의 향수를 얻기 위해 살인을 한다. 그에게 있어 살인은 장인이 자신의 작업을 완수하기 위해 행하는 냉정한 작업과정일 뿐이다. 이러한 그르누이의 모습은 목적 달성을 위해 '도구적 합리성'을 저버린 계몽주의자들에 대한 비판을 담고 있다. '목적의 합리성'에는 '선택의 합리성'과 더불어 어떤 목적을 달성하기 위해 목적에 맞게 합리적인 수단을 사용하는 '도구적 합리성'이 포함되어 있다. 그러나 그르누이의 행위는 오로지 목적 달성만을 위해 효율적인 수단에만 몰두한 결과라고 할 수 있다. 그의 행위는 계몽주의적 합리성과 인간의 도구적 이성이 인간을 해방시키기 보다는 인간마저 효율과 합리성을 위한 수단으로 이용될 수 있다는 것을 보여준다.

〈주요 참고문헌〉


김선형(2003): 파트리크 쥐스킨트의 『향수 Das Parfum』 연구. 계몽주의 비판과 포스트 모더니즘적 요소를 중심으로, 교육이론과 실천 제13집, 291-305.

김숙희(1998): 어느 베스트셀러에 대한 고찰. 파트리크 쥐스킨트의 『향수』 분석, 독일문학 제67집, 291-314.

김홍섭(2014): 예술가소설로서의 『향수』, 독일언어문학 제66집, 51-73.

## 4. 작품 발췌

쥐스킨트, 파트리크(2010): 향수, 강명순 옮김, 열린책들.

### * 작품의 시작: 18세기 프랑스

18세기 프랑스에 한 남자가 살고 있었다. 이 시대에는 혐오스러운 천재들이 적지 않았는데, 그는 그 중에서도 가장 천재적이면서 가장 혐오스러운 인물 가운데 하나였다. 이 책은 바로 그 사람에 대한 이야기이다. 사드나 생 쥐스트, 푸셰나 보나파르트 등의 다른 기이한 천재들의 이름과는 달리 장 바티스트 그르누이라는 그의 이름은 오늘날 잊혀져버렸다. 물론 그것은 오만, 인간에 대한 혐오, 비도덕성 등 한마디로 사악함의 정도에 있어 그르누이가 그 악명 높은 인물들에 뒤떨어지기 때문은 아니다. 단지 그의 천재성과 명예욕이 발휘된 분야가 역사에 아무런 흔적도 남기지 않는 냄새라는 덧없는 영역이었기 때문이다. (9)

### * 냄새를 통한 지각

그르누이는 동사나 형용사, 혹은 조사 같은 것은 잘 몰랐다. 한참 뒤에서야 그는 <예>, <아니오>라는 말을 익혔는데, 그때까지 그가 할 수 있는 말은 명사들뿐이었다. 사실상 그가 하는 말은 단지 구체적인 물건, 식물, 동물, 그리고 사람들의 이름들로서, 그것도 뜻밖에 냄새로 그것을 인식하게 된 경우에 그랬다. [...] 그에게 가장 어려웠던 일은 냄새가 없는 대상을 지시하는 추상적 개념어들, 특히 윤리적이거나 도덕적인 뜻을 지닌 단어들을 익히는 일이었다. 그런 단어들은 지속적으로 기억할 수가 없었으며 서로 혼동되었다. 그는 다 자란 후에도 그런 단어는 꼭 필요한 경우에만 사용했으며, 사용할 때도 종종 틀렸다. 권리, 양심, 신, 기쁨, 책임, 겸손, 감사 등의 말이 뭘 의미하는지 그는 혼란스럽기만 했다.

그러나 그가 후각을 이용해 자신의 기억 속에 모아 둔 것들은 이제 일상적인 용어들로는 더 이상 충분히 표현할 수 없게 되었다. 곧 그는 냄새로 나무를 인식할 뿐만 아니라 나무의 종류까지 구분하게 되었던 것이다. [...] 냄새로 인지할 수 있는 세계의 풍부함과 언어의 빈곤함으로 인한 그 모든 이상한 불균형들로 인해서 그르누이 소년은 말의 의미를 포기하게 되었다. 그래서 그는 다른 사람들과의 교류에 꼭 필요한 경우에 한해서만 마지못해 말을 사용하였다

여섯 살이 되었을 때 그는 후신경(嗅神經)을 통해 주변의 모든 사물들을 완전히 파악했다. [...] 심지어 그는 상상 속에서 냄새들을 서로 섞을 수도 있었기 때문에 현실 세계에서는 존재하지 않는 냄새들을 만들어 낼 수도 있었다. (41-44)

### * 자두를 파는 소녀의 '사람 냄새'

극히 짧은 순간 은근한 암시처럼 아주 미세한 향기 한 조각이 나타났다가는...... 곧 사라져 버렸다. 그르누이는 고통스러웠다. 그것을 갖고 싶다는 욕망으로 인한 괴로움 때문에 정말로 심장까지 아픈 것은 이번이 처음이었다. 이 향기는 다른 모든 향기를 정리할 수 있는 열쇠일 것만 같았다. 이 향기를 알아내지 못하면 향기에 대해서는 영영 아무것도 알지 못하게 될 것 같은 불길한 예감마저 들었다. [...] 열서너 살쯤 되어 보였다. [...] 바로 이 소녀가 향기의 원천이었다.

한순간 그는 너무 당황했기 때문에 자신이 지금 이 세상에서 한 번도 본 적이 없는 아름다운 여자를 보고 있다고 생각했다. [...] 지금까지 그렇게 아름다운 소녀의 냄새는 맡아 본 적이 없다는 생각이 들었다. 물론 남자, 여자,

아이 등 수천 명의 냄새를 알고 있는 그로서는 이처럼 근사한 향기가 어떻게 사람에게서 날 수 있는지 이해할 수가 없었다. 사람들의 냄새는 보통 별게 아니었고 초라했다. [...] 그래서 사람들의 냄새는 전혀 그의 흥미를 끌지 못했을 뿐만 아니라 거부감까지 불러일으키지 않았던가...... [...] 이제 그는 그녀에게서 <사람 냄새>를 맡을 수 있었다. [...] 그녀의 향기는 다른 향기들이 모범으로 삼아 따르는 좀 더 고차원적인 법칙이라고 할 수 있었다. 그것은 순수한 아름다움이었다.

그르누이는 이 향기를 소유하지 못하면 자신의 인생은 아무짝에도 쓸모가 없어진다고 확신하게 되었다. [...]

이날 밤 그르누이에게는 골방이 궁전이었고,. 널빤지로 만든 침대는 천국의 침대였다. 그는 지금까지 행복을 경험한 적이 없었다. [...] 다시 태어난 기분이었다. 아니, 다시 태어난 정도가 아니라 이제 처음으로 태어난 기분이었다. 왜냐하면 지금까지는 지극히 몽롱한 상태에서 동물처럼 살아왔다면 오늘에야 비로소 지신이 어떤 사람인지를 알게 되었기 때문이었다. 그는 자신이 천재라는 것, 자신의 인생은 의미와 목적과 목표, 그리고 보다 높은 사명을 갖고 있다는 사실을 깨닫게 되었던 것이다. 그것은 바 로 향기의 세계에 혁명을 일으키는 일이었다. [...] 그는 자신의 미래를 이끌어 줄 나침반을 발견한 것이다. [...] 그르누이는 이제야 비로소 발견한 자신의 운명을 회피할 생각이 없었다. 자신이 이를 악물고 그토록 끈질기게 생에 집착해 온 이유가 분명해졌다. 그는 향기의 창조자가 되어야 했다. 그것도 그저 그런 정도가 아니라 역사상 가장 위대한 향수 제조인이. (62-71)

### * 자신의 무취를 알게 된 그르누이

차차 충격이 사라져 갔다. 두려움이 약해지자 그르누이는 조금씩 마음이 편해졌다. 정오가 되자 그는 다시 냉정함을 되찾았다. 왼손이 둘째, 셋째 손가락을 코밑에 갖다 댄 후 손가락 사이로 공기를 들이마셔 보았다. 아네모네 꽃향기가 섞인 촉촉한 봄바람 냄새를 맡을 수 있었다. 그런데 자신의 손가락에서는 아무 냄새도 나지 않았다. 이번에는 손을 뒤집어 손바닥에다 코를 대고 냄새를 맡아 보았다. 손의 체온은 느낄 수 있었지만 냄새라곤 도통 없었다. 그러자 그는 너덜너덜 다 떨어진 셔츠 소매를 걷어 올리고 팔꿈치 안쪽에 코를 파묻었다. 그곳이야말로 사람들이 자신의 냄새를 맡을 수 있는 장소라는 사실을 알고 있었기 때문이다. 그렇지만 역시 마찬가지였다. 겨드랑이와 발, 심지어 성기에까지 몸을 숙여 가며 냄새를 맡아 보았지만 아무런 냄새도 없었다. 기이한 일이었다. 수 마일씩 떨어진 곳에 있는 사람 냄새도 맡을 수 있는 그르누이가 한 뼘도 채 안 되는 거리에 있는 자신의 성기의 냄새를 맡을 수 없다니! 그러나 그는 당황하지 않았다. 그는 냉정함을 잃지 않고 곰곰이 생각을 모았다. 그러면서 스스로에게 다음과 같이 타일렀다.

「내게 체취가 없을 리가 없어. 냄새가 없는 사람은 없으니까. 그것보다는 태어나면서부터 지금까지 날마다 냄새를 맡아 왔기 때문에 코가 내 자신의 체취에 둔감해진 탓일 거야. 그래서 내 몸의 냄새를 맡지 못하게 된 게 틀림없어. 나 자신으로부터 냄새를 분리시키거나, 아니면 적어도 일부분이라도 잠시 떼어 냈다가 시간이 좀 흐른 후 다시 맡아 보면 틀림없이 냄새를 맡을 수 있을 거야.」

그는 걸치고 있던 담요를 내려놓고 너덜너덜하게 누더기가 다 된 옷을 벗어 버렸다. 옷을 벗는 것은 7년만의 일이었다. 옷에는 그의 냄새가 완전히 배어 있을 것이다. 그는 동굴 입구에 옷을 뭉쳐 놓고 그 자리를 떠났다. 7년 만에 처음으로 그는 다시 산꼭대기로 올라갔다. 처음 도착했을 때 섰던 바로 그 자리에 섰다. 그리고는 코를 서쪽으로 향하고 벌거벗은 맨몸뚱이 그대로 바람을 맞았다. 신선한 바람으로 몸에 배어 있는 냄새를 다 털어버린 후 서풍을 한껏 들이마셔 그 향기가 - 그것은 바다와 초원의 냄새였다 - 자신의 체취를 압도하게 만들 작정이었다. 그렇게 되면 자신과 옷 사이에 어떤 냄새의 흐름이 형성되어 자기의 체취를 맡을 수 있을 것 같았다. 일단 자기 냄새를 안 맡기 위해 그는 윗몸을 앞으로 숙인 상태에서 목을 길게 내밀었다. 그리고는 바람을 마주하고 팔을 뒤로 쭉 뻗었다. 마치 물에 뛰어들기 직전의 수영 선수 같은 자세였다.

그는 이런 이상한 자세로 몇 시간을 서 있었다. 오랫동안 빛을 보지 않아 구더기처럼 허옇게 변한 피부가 햇살이 별로 강하지 않았음에도 불구하고 벌겋게 달아올랐다. 저녁 무렵에야 그는 다시 동굴로 내려갔다. 벗어 놓은 옷가지가 멀리서도 벌써 시야에 들어왔다. 옷을 몇 미터 남겨 놓은 거리에서 그는 손을 막았다. 그리고는 옷 가까이 다가간 후 다시 코를 떼었다. 그는 발디니의 집에서 배운 방식대로 냄새 실험을 시작했다. 공기를 들이마셨다가 단계적으로 다시 내쉬는 방법 말이다. 냄새를 포착하기 위해서 그는 손을 종 모양으로 말아서 옷 위에 대고 추를 매달듯이 그 속으로 코를 들이밀었다. 옷에서 자신의 냄새를 맡기 위해 모든 방법을 다 동원해 보았다. 그러나 옷에 그의 냄새는 없었다. 그의 체취가 옷에 배어 있지 않은 것이 확실했다. 돌, 모래, 이끼, 송진, 까마귀의 피 냄새, 심지어 수년 전 그가 쉴리 근방에서 샀던 소시지 냄새까지 뚜렷하게 남아 있었다. 옷은 지난 7, 8년간의 모든 냄새가 기록된 일기장 같았다. 그런데 단 한 가지 그 세월 동안 언제나 그걸 걸치고 있던 사람, 그 자신의 냄새만 거기에 없었다. (206-209)

### * 몽펠리에에서의 깨달음

갑자기 말할 수 없는 만족감이 그를 감쌌다. 그렇지만 그것은 전에 산에서 고독의 향연을 벌일 때처럼 무아지경에서 오는 도취감은 아니었다. 오히려 자신의 능력을 정확하게 인식하는 데서 오는 냉정하고 명료한 만족감이었다. 이제 그는 자신의 재능이 무엇인지 깨닫게 되었다. 극히 한정된 재료만 갖고도 타고난 천재성을 이용해 인간의 냄새를 만들어 낼 수 있는 능력 말이다. 너무나 교묘한 그 냄새에 어린아이까지 속아 넘어가지 않았던가. 그는 이제 자신이 더 많은 일을 할 수 있다는 사실을 깨달았다. 즉 지금보다 더 좋은 냄새를 만들 수 있다는 자신이 생긴 것이다. 인간의 냄새일 뿐만 아니라 초인간적이기도 한 냄새. 말로는 이루 설명할 수도 없을 정도로 훌륭하고 활력이 넘치는 냄새. 그 냄새를 맡은 사람은 누구나 다 그 냄새의 주인을 마음속 깊이 좋아할 수밖에 없는 천사의 냄새를 만들자.

그렇다. 일단 그 향기의 냄새를 맡기만 하면 그를 좋아하지 않고는 견딜 수가 없게 될 것이다. 그래서 향기의 주인을 자신들과 똑같은 사람으로 받아들일 뿐 아니라 미칠 정도로, 넋이 나갈 정도로 그를 사랑하게 될 것이 틀림없다. 또 환희에 몸을 떨고 기쁨의 환호성을 내지르고 쾌락의 눈물을 흘릴 것이며. 이유도 모르는 채 그르누이 앞에 무릎을 꿇게 될 것이다! 신의 차가운 향 앞에서 하듯이 그르누이의 향수 냄새를 맡기만 하면 무릎을 꿇을 것이다! 상상 속에서처럼 그르누이는 전지전능한 냄새의 신이 되고 싶었다. 물론 현실 세계에서 진짜 사람들을 다스리는 신 말이다. 그는 자신이 그럴 능력이 있다는 사실을 알고 있었다. (235-236)

**＊ 처형장 장면**

그로 인해 예정되어 있던 가장 혐오스러운 살인마에 대한 사형 집행은 BC 2세기 이래로 이 세상에서 벌어진 가장 대규모의 환락의 향연으로 변했다. 블라우스를 찢어 버린 정숙한 여인네들이 히스테리컬한 비명을 질러 대며 젖가슴을 드러낸 채 땅바닥에 드러누워 치마를 훌렁 걷어 올렸다. 남자들은 몽롱한 눈길로 발정 난 고깃덩어리들의 들판을 비틀거리며 돌아다니다가는 마치 보이지 않는 냉기로 뻣뻣해진 듯한 성기를 떨리는 손가락으로 바지 밖으로 끄집어냈다. 그리고는 숨을 헐떡이며 아무 곳에나 쓰러져 그 자리에서 사랑을 나눴다. 도저히 그럴 수 없는 장소에서, 서로 어울리지 않는 사람들이 하나가 되었다. 노인과 처녀가, 노동자와 변호사 부인이, 견습공과 수녀가, 그리고 예수회 교인과 프리메이슨 결사대 여자 단원이 하나가 되어 뒹굴었다. 쾌락의 달콤한 땀내로 공기가 무거워졌고, 만여 명의 짐승이 내지르는 괴성과 신음소리가 천지에 가득했다. 지옥이 따로 없었다.

서 있는 그르누이의 얼굴에 미소가 떠올랐다. 그를 바라보는 사람들의 눈에는 세상에서 가장 순수하고, 가장 사랑스럽고, 가장 매력적이며, 또한 가장 유혹적인 미소처럼 보였다. 그러나 사실 그것은 미소가 아니었다. 그의 입가에 떠오른 것은 불쾌하고 냉소적인 비웃음일 뿐이었다. 자신이 완벽하게 승리했음을 과시하는, 그리고 사람들을 철저하게 경멸하고 있음을 보여주는 비웃음 말이다. 장 바티스트 그르누이, 세상에서 가장 악취가 심한 곳에서 냄새도 없이 태어난 그가, 쓰레기와 배설물, 그리고 부패 속에서 성장한 그가, 따뜻한 인간적 영혼도 없이 오로지 반항심과 역겨움의 힘으로 살아가고 있는 그가, 작은 키에 구부정한 모습, 절름발이에 추한 얼굴로 보기만 해도 도망치고 싶어지는 그가, 외모와 마찬가지로 내면세계 역시 괴물인 그가 세상 사람들에게 사랑을 받는 데 성공한 것이다. 사람들의 관심이 도대체 웬 말인가? 사랑받고, 존경받고, 신으로 찬양까지 받게 되다니! 이것은 프로메테우스와 같은 위대한 일이 아닐 수 없었다! 그는 자신의 요람에는 들어 있지 않던 것, 오로지 그 혼자만 갖지 못했던 그 성스러운 빛을 끝없는 교활함으로 스스로 획득했다. 아니, 그 이상이었다! 그는 그 빛을 스스로의 내면에서 직접 만들어 낸 것이다. 그러니 프로메테우스보다 더 위대한 인물이었다. 그 이전의 어느 누구의 향기보다 더 빛나고, 더 영향력 있는 향취를 스스로 만들어 가졌으니 말이다. 그 일에 대해서는 어느 누구에게도 고마워할 필요가 없었다. 그는 아버지나 어머니는 물론 은총이 가득하신 하나님에게도 감사드릴 마음이 눈곱만큼도 없었다. 오직 <자기 자신>에 대해 고마워할 뿐이었다. 그 스스로가 정말로 신이었다. 살아 있는 주교가 그의 앞에 무릎 꿇고 기쁨에 떨며 흐느끼고 있었다. 부자와 권력자들, 오만한 신사와 숙녀들이 모두 감격에 겨워 정신을 잃고 있었고, 빙 둘러서 있는 군중들은 무아지경에 빠져 그를 찬양하고 그의 이름을 외쳐 대고 있었다. 그중에는 그가 죽인 희생자들의 아버지, 어머니, 형제와 자매들도 있었다. 그가 살짝 신호만 보내도 그들 모두 자신들의 신을 버리겠다는 맹세와 함께 위대한 그르누이, 자신을 찬양할 것이 틀림없었다.

그렇다. 그는 <위대한 그르누이>였다. [...] 그런데 바로 이 순간에 그의 내면에서 인간에 대한 모든 역겨움이 되살아나 승리를 철저하게 무너뜨려 버렸다. 기쁨은커녕 최소한의 만족감도 느낄 수가 없었다. 항상 갈망해 왔던 일, 사람들로 하여금 자신을 사랑하게 만드는 일에 성공한 이 순간에 그 일이 참을 수가 없게 된 것이다. 왜냐하면 그 자신은 그 향기를 사랑하기는커녕 증오하고 있었기 때문이다. 그리고는 갑자기, 자신은 사랑이 아니라 언제나 증오 속에서만 만족을 얻을 수 있다는 사실을 깨달았다. 증오하고 증오받는 것에서.

그러나 정작 사람들에 대한 그의 증오는 아무런 반향도 얻지 못했다. 이 순간 그가 사람들을 증오하면 할수록 그들은 더욱더 그를 숭배했다. 왜냐하면 사람들은 그에게서 단지 그가 연출한 분위기만 진실로 받아들였기 때문이다. 그러나 그것은 향기의 가면, 도둑질한 향기에 불과했다. 물론 이 향기는 숭배받아야 마땅할 정도로 훌륭했다.

이제 그는 할 수만 있다면 악취를 풍기는 이 멍청한 욕망 덩어리들을 이 땅에서 싹 쓸어버리고 싶었다. 언젠가 칠흑 같은 어두운 영혼의 세계에서 낯선 냄새들을 섬멸했던 것처럼. 또한 그들로 하여금 자신이 그들을 얼마나 증오하고 있는지 깨닫게 해주고 싶었다. 그에게 있어 유일하게 진실한 감정인 이런 증오심에 대해 그들 역시 증오로 답해 오기를. 그래서 원래의 계획대로 자신을 처형시켜 주기를 그는 간절히 원했다. 그는 인생에서 <단 한 번만이라도> 자신을 표현하고 싶었다. 단 한 번만이라도 다른 사람들과 똑같은 사람이 되어 자신의 내면을 드러내고 싶었다. 그들이 자신들의 사랑과 바보 같은 존경심을 보여 주듯이 그 역시 자신의 증오를 보여 주고 싶었다. 단 한 번만, 꼭 한 번만이라도 그의 진짜 모습을 그대로 인정받고 싶었다. 그래서 자신이 가진 유일한 감정인 증오에 대한 타인의 반응을 알고 싶었다.

그러나 아무 일도 일어나지 않았다. 일어날 수가 없었다. (357-360)

### * 작품의 마지막: 그르누이의 죽음

그르누이가 납골당에서 일어나 그들 사이에 끼어들었을 때 처음에는 그걸 알아차리는 사람이 아무도 없었다. 마치 원래부터 그들과 같은 패거리였던 것처럼 그는 눈에 띄지 않고 불 가까이 다가갈 수가 있었다. 이 점이 나중에 그들로 하여금 그가 유령이나 천사, 혹은 초자연적인 어떤 존재라고 생각하게 만든 이유였다. 왜냐하면 그들은 보통 낯선 자의 접근에 지극히 예민한 감각을 가진 사람들이었기 때문이다.

그런데 마치 땅속에서 솟아나기라도 한 것처럼 갑자기 푸른 옷을 입은 작은 남자가 작은 병을 손에 들고 거기에 서 있었던 것이다. 그가 병마개를 열었다. 누군가 거기에 서서 병마개를 여는 것, 그것이 모든 사람들이 기억할 수 있는 첫 순간이었다. 그 남자는 작은 병의 내용물을 이리저리 흩뿌리기 시작했고, 그러자 갑자기 환한 불길에 휩싸인 것처럼 아름다움이 퍼져 나갔다.

한 순간 그들은 외경심과 놀라움으로 주춤거렸다. 그러나 그 순간 벌써 그들은 뒷걸음질이 아니라 그를 향해 달려들기 시작했다. 외경심이 갈망으로, 놀라움이 감격으로 바뀌는 순간이었다. 그들은 이 인간 천사에게 이끌리는 것을 느꼈다. 그로부터 아주 강력한 흡인력이 퍼지고 있었다. 그 누구도

막을 수 없고, 또 막고 싶지도 않은 힘찬 물결이었다. 이미 그 의지는 물결에 의해 허물어졌고 오히려 그를 향해 가까이, 더 가까이 가고자 할 뿐이었다.

그의 주위로 이삼십 명의 원이 만들어졌다. 그 원이 점점 좁아지고 있었다. 곧 원이 더 이상 좁혀질 자리가 없었다. 사람들은 서로를 밀치고 떠밀면서 가운데로 파고들기 시작했다. 모두들 그 한가운데로 가까이 다가가고자 애를 썼다.

그러자 순식간에 저지선이 무너지면서 원이 허물어져 버렸다. 천사에게로 몰려간 사람들이 그를 덮쳐 바닥에 쓰러뜨렸다. 다들 그를 만지고 싶어, 그의 일부분이라도 갖고 싶어 안달이었다. 작은 깃털하나, 날개 한 조각, 그 놀라운 불꽃을 두고 치열한 다툼이 벌어졌다. 옷이 찢어졌고 머리카락과 피부가 떨어져 나갔으며 몸뚱어리가 물어 뜯겼다. 사람들은 손톱과 발톱을 세우고 그의 육체에 달려들었다. 마치 하이에나들 같았다. [...]

만족스런 식사 시간이 끝나고 식인종들이 다시 불 옆으로 모여들었을 때 입을 여는 사람은 하나도 없었다. [...] 뱃속이 약간 더부룩하긴 했지만 마음은 날아갈 듯이 가벼웠다. 자신들의 음울했던 영혼이 갑자기 환하게 밝아졌다. 그들의 얼굴에 수줍은 아가씨 같은 달콤한 행복의 빛이 떠올랐다. 아마도 그랬기 때문에 그들은 감히 눈을 들어 서로의 눈을 들여다볼 수 없었을 것이다.

그러다가 처음에는 은밀히, 잠시 후에는 공공연하게 다른 사람의 얼굴을 쳐다보며 미소를 지었다. 이상할 정도로 당당한 기분이었다. 그들이 사랑에서 비롯된 행동을 하기는 이번이 처음이었던 것이다. (377-379)

## 5. 더 깊이 읽기

### 1) 『향수』와 포스트모더니즘

『향수』는 포스트모더니즘을 대표하는 작품으로 평가된다. 포스트모더니즘은 모더니즘에 대한 대안으로 이미 1960년대부터 등장했고, 1980년대에 이르러 전 유럽을 휩쓸었다. 『향수』는 이 시기에 나온 작품으로 포스트모더니즘적 성격을 잘 보여준다. 문학에서 포스트모더니즘은 대중문학과 고급문학의 경계를 넘고 간극을 메우기 위해 대두되었다. 지적욕구와 함께 오락적 기능도 만족시킴으로써 고급독자와 대중들 사이의 간격을 메우고 엘리트문학과 대중문학의 경계를 허물자는 것이다. 이리하여 포스트모더니즘에서는 다중코드화가 기본 공식이 되었다.

문학에서의 다중코드화는 겉으로 드러난 것 이면에 또 다른 여러 가지를 내포하고 있거나 혼합되어 있는 경우를 의미한다. 장르혼합도 다중코드화 전략 중 하나라고 할 수 있다. 『향수』는 어느 한 장르로 단정해서 규정하기 어려울 정도로 기존의 여러 장르가 혼합된 양상을 보인다. 이를테면 주인공이 연쇄 살인범이라는 점에서 '범죄소설'이라 할 수 있고, 주인공이 사회와의 관계 속에서 발전해 가는 과정을 그리고 있다는 점에서 '발전소설'이라 할 수 있다. 또한 작품의 형식이나 줄거리 등에서 교양소설의 전형적 특징을 그대로 보여준다는 점에서 '교양소설'과도 연관 지을 수 있다. 이 밖에도 역사소설이나 풍속소설, 여행소설, 심지어는 판타지소설의 특징도 내포하고 있다. 그러나 『향수』는 단순한 장르 혼합을 넘어 장르 뒤집기를 시도한다.

포스트모더니즘의 특징 중 하나가 '상호텍스트성'이다. 기존의 많은 작품들로부터 텍스트나 소재 등을 가져오거나 암시하는 방식으로 이용하는 것으로 '혼성모방'이라고도 한다. 『향수』를 읽다보면 어디선가 읽었던 듯한 장면들이 끊임없이 등장한다. 특히 독일 독자들의 경우 학교에서 배웠던 독일 고전이나 유명 작품들에 등장하는 소재나 모티브들이 자주 등장하기 때문에 알게 모르게 그런 느낌을 많이 받는다. 쥐스킨트는 이 작품에서 상호텍스트성을 문학적 전략의 하나로 사용하고 있다 기존의 유명 작품들을 인용하거나 모방하고, 이를 자신의 작품에 끼워 넣어 해체함으로써 원전을 패러디하거나 새로운 의미를 만들어 낸다. 그르누이가 다른 사람의 냄새를 조합해 향수를 만들듯이, 쥐스킨트는 지난 시대의 문학적 모티브를 조합해 소설『향수』를 만들어 낸다. 일찍이 독일의 문학평론가 슈타델마이어 G. Stadelmaier가 "그르누이는 죽은 피부를 약탈하고, 쥐스킨트는 죽은 작가들을 약탈한다."고 했을 때, 이는 소설의 주인공 그르누이의 작업방식과 쥐스킨트의 작업방식의 유사성을 간파한 것으로, 포스트모더니즘 소설의 특징 중 하나인 상호텍스트성을 지적한 말이라 할 수 있다.

전통적으로 상호텍스트성, 즉 혼성모방은 작가의 독특한 개성이 부족하다는 점에서 문학적으로 열등한 기법으로 간주되어왔다. 그러나 포스트모니즘의 등장으로 혼성모방은 기존에 잘 알려지고, 명작으로 간주되는 작품들을 의문시하고 이를 반어적으로 모방함으로써 새로운 의미를 찾고자하는 작가의 고의적인 전략으로 이해되고 있다.

## 2) '반교양소설'로서의 『향수』

'교양소설 Bildungsroman'은 주인공이 외부세계와의 대결 속에서 정신적인 발전을 이루고 내면적으로 성장하는 가운데 조화로운 자아를 형성해 가는 과정을 다룬 소설이다. 여기서 '교양 Bildung'이란 단순히 지식이나 기술을 익히거나 기성사회의 질서나 규범을 습득하는 것이 아니라, 스스로 인간으로서 갖추어야 할 시민적 덕성을 형성함으로써 '완성된 인간'으로 발전해가는 것을 말한다. 교양소설은 주인공이 외부세계와의 관계 속에서 정신적으로 발전 성장해 간다는 점에서 '발전소설'이나 '성장소설'과 비슷한 개념으로 다뤄지기도 한다. 그러나 교양소설에서는 조화로운 자아형성이라는 방향제시가 분명한 반면, 발전소설이나 성장소설에는 교양이념이나 이상적 목적을 향한 방향제시가 문제시되지 않는다는 점에서 구분되기도 한다.

교양소설에서는 젊은 주인공이 개인의 소질을 발전시키고 사회에서의 활동 영역을 찾아가면서 필연적인 갈등을 겪게 되고, 궁극적으로는 조화와 성숙을 통해 사회로 통합되는 과정이 그려진다. 교양소설은 대개 '수업시대 - 편력시대 - 장인시대'라는 세 단계의 발전과정을 거친다. 『향수』의 제1부(1-22장)는 수업시대, 제2부(23-34장)는 편력시대, 제3부(35-50장)는 장인시대, 제4부(51장)는 에필로그에 해당된다.

그르누이가 성장해서 발디니에게 향수제조 기술을 배우는 제1부가 수업시대에 해당한다. 그르누이가 발디니에게서 배우는 것은 향수제조 기술일 뿐 교양소설에서 볼 수 있는 스승과 제자의 정신적 관계를 통한 인간성의 성장과는 무관하다. 그르누이가 산속에서 보내는 7년을 그린 제2부가 편력시대에 해당한다. 이 시기 동안 유럽에는 7년 전쟁이 일어나지만 세상과 완전히 단절되어 있고, 육체적으로나 정신적으로 성장 발전하지 못한다. 그르누이가 살인을 통해 최고의 향수를 만들어내는 제3부가 장인시대에 해당한다. 여기서부터 작품은 교양소설의 틀을 벗어나 범죄소설의 형태를 띤다. 그르누이가 추구하는 것은 사회에 도움이 되는 교양이나 발전이 아니라 사람들을 도취시키는 힘으로서 철저히 자기 자신을 위한 것이고, 나아가 반사회적이다. 특히 그 과정에서 이루어지는 살인은 전통적인 교양소설이 추구하는 인도주의적 교양이념을 완전히 벗어난다. 『향수』는 외적 구조면에서 교양소설의 도식을 따르고 있지만, 내용상으로는 교양소설의 이상을 패러디한 '반교양소설 Anti-Bildungsroman'이라 할 수 있다.

### 3) 「비둘기」

「비둘기 Die Taube」(1987)는 고독과 익명성 속에 살아가는 한 은행 경비원을 통해 현대인의 고독과 불안을 그린 작품이다. 파리에서 은행 경비원으로 일하는 요나탄 노엘은 어느 날 아침 화장실에 가려고 방을 나서다 비둘기와 마주친다. 예기치 않은 비둘기와의 만남으로 인해 지난 30년 동안 사람들을 멀리한 채 '내적인 균형'과 '외적인 일상의 질서'를 추구해왔던 그의 삶은 극도의 혼란에 빠진다. 그는 비둘기에게서 시작된 불안으로 인해 직장 일에 집중하지 못하고 자신과 세상에 대한 분노에 휩싸인다. 그는 집에 들어가지도 못하고 호텔에서 저녁을 먹은 후 다음 날 자살할 생각을 하며 잠자리에 든다. 새벽 천둥소리에 놀라 잠이 깬 그는 비몽사몽간에 어릴 적 폭격을 피해 지하실에 숨어 있던 자신을 보게 되고 사람은 혼자 살 수 없다는 것을 깨닫는다. 그는 호텔을 나와 집으로 돌아가는데, 이제 비둘기에 대한 공포도 사라지고 방문 앞 비둘기도 보이지 않는다.

요나탄은 홀로코스트로 인해 부모를 잃고, 그 후 여동생과 아내마저 자신을 버리고 떠나버린 경험이 트라우마가 되어 세상과 담을 쌓고 익명의 삶을 살아가는 사람이다. 그는 비둘기와의 만남을 통해 '버려진 존재', '죽어가는 존재'로서의 자의식과 마주하게 된다. 이로 인해 그동안 억눌렸던 그의 감정은 혐오와 공포, 심지어 자신과 세상에 대한 증오로까지 발전한다. 그러나 이 사건을 계기로 타인과 함께 어울려 살고 싶은 열망이 되살아남으로써 지금까지의 고독한 삶을 포기하게 된다.

이 작품은 비둘기 때문에 떠오르는 온갖 과대망상과 심리적 충동을 집요하게 묘사함으로써 인간 내면에 얽혀 있는 의식의 갈래들을 섬세하게 그려내고 있다. 이 점에서 이 작품은 쥐스킨트의 예술적 재능이 잘 드러난 작품으로 평가된다.

### 4) 『좀머 씨 이야기』

『좀머 씨 이야기 Die Geschichte von Herrn Sommer』(1991)는 제2차 세계대전이 종료된 후 어느 마을을 무대로, 이제는 어른이 된 소년의 회상에 의해 이야기가 진행된다. 호수 근처로 이사를 온 좀머 씨는 어느 누구와도 대화를 하거나 관계를 맺지 않는 이상한 사람이다. 그는 어두운색 외투에 커다란 배낭을 메고 호두나무 지팡이를 쥔 채 하루 종일 뭔가에 쫓기듯 이 마을 저 마을을 걸어 다닌다. 어느 여름날 장대비처럼 쏟아지는 거리에서 소년의 아버지는 좀머 씨를 만난다. 소년의 아버지는 그에게 차에 타라고 몇 차례 권하지만 그는 묵묵부답으로 걷기만 하다 마침내 "나를 좀 제발 그냥 놔두시오!"라고 외친다. 이것이 그에게 들은 유일한 말이었다.

그 후 비와 우박이 쏟아지는 여름날에도, 좋아하는 여자 아이가 약속을 지킬 수 없게 되어 낭패감과 비참한 심정으로 집으로 돌아가는 길목에서도, 피아노 건반위에 떨어진 풍겔선생의 코딱지 때문에 엉뚱한 건반을 눌러 호된 꾸지람을 듣고 자살을 시도하려는 순간에도 소년은 좀머 씨의 기이한 모습과 만나게 된다. 또한 소년은 마지막으로 호수가로 걸어 들어가는 좀머 씨를 목격하면서 그의 죽음을 막지 않는다. 소년은 그가 예전에 내뱉은 한마디, "나를 좀 제발 그냥 놔두시오!"라는 말을 떠올리며 물속으로 들어가는 그를 붙잡지 못한 것이다.

이 작품은 일인칭 화자가 들려주는 '좀머 씨 이야기'이다. 화자인 '나'는 타인과 소통 없이 고독하게 살아가는 좀머 씨의 모습을 통해 자신을 발견한다. 좀머 씨는 화자인 나의 또 다른 모습이자 우리 모두의 자화상이라 할 수 있다. 작품은 좀머 씨의 비극적인 삶을 통해 현대인이 겪고 있는 실존의 문제와 그를 관조하는 현대인의 냉혹한 시선을 비판적으로 그리고 있다.

### 5) 영화 <향수>

영화 <향수>는 2006년 톰 티크베어 Tom Tykwer 감독의 작품이다. 많은 감독들이 소설 『향수』를 영화화하는데 관심을 보였지만, 소설이 인간의 후각을 문자매체로 다루고 있고, 이를 시각화하는 것이 거의 불가능하다고 생각해 주저하고 있었다. 쥐스킨트 또한 영화화하는 것을 원치 않아서 영화 제작자 베른트 아이힝어 B. Eichinger가 수년

영화 〈향수〉

간 설득했고, 영화는 <롤라런>(1988)으로 '뉴 저먼 시네마' 이후 독일영화계에 새로운 변화를 몰고 온 티크베어 감독에게 맡겨졌다.

영화 <향수>는 원작에 충실한 문학영화로 평가된다. 영화는 보이스오버 기법을 통해 3인칭 전지자적 화자의 시점으로 구성된 원작의 형식을 그대로 재현한다. 시간적 한계로 인해 사건이 생략되고 축소되었음에도 불구하고 내레이션을 통해 사건의 진행과 배경을 쉽게 이해하도록 하였다.

그러나 영화는 여러 군데에서 소설과 차이를 보이기도 한다. 소설은 주인공 그루누이의 탄생에서 죽음까지 연대기적으로 서술하지만, 영화는 그루누이의 처형장면에서 시작해 그의 탄생으로 되돌아가 처형에 이르기까지 그의 삶의 여정을 추적함으로써 전형적인 범죄영화나 미스터리영화의 이야기 구조를 띤다. 소설의 많은 에피소드들이 누락되거나 단축되었는데, 특히 소설의 2부와 3부에 해당하는 부분에서는 많은 변형이 이루어졌다. 그르누이는 산에서 내려온 후 라 타이아드 에스피나스 후작을 만나 옷이나 화장과 같은 외적인 조작만으로도 사람들이 쉽게 속아 넘어간다는 사실을 깨닫게 되고 '인간'의 냄새가 나는 향수를 만들어 사람들을 속이게 된다. 이 사건은 그르누이가 향수의 영향력을 분명히 인식하고 향수를 통해 인간의 마음을 지배하겠다는 목표를 세우게 되는 부분으로 그의 행보에서 중요한 위치를 차지하는데 완전히 누락되었다.

영화는 연쇄살인이 일어나는 소설의 3부에 초점을 맞추어 등장인물의 역할을 확대하거나 이야기를 새로 추가한다. 특히 로르의 발코니 장면이나 광장에서의 생일파티, 아버지 리쉬와의 갈등 등을 통해 극적 흥미와 긴장감을 조성한다. 또한 소설과 달리 그르누이가 최고의 향수를 만들기까지 여러 번 발각될 위기에 처하는 장면 등을 통해 극적 긴장감을 고조시킨다.

소설과 가장 큰 차이는 영화가 주인공 그르누이를 사람들로부터 이해 받지 못하는 고독한 존재로서 사랑받고 싶은 욕망 때문에 잘못된 방식으로 사랑을 갈구하는 비극적 인간으로 묘사한다는 것이다. 영화는 소설과 달리 첫 희생자인 자두를 파는 빨간 머리 소녀를 그르누이가 의도치 않게 살해한 것처럼 설정하고, 향수가 최고의 효과를 발휘하는 처형장 장면에서 그녀를 회상하게 함으로써 지금까지 그가 해온 모든 일 속에는 그녀의 사랑을 받고 싶어 하는 무의식적 욕망이 숨어 있었다는 것을 암시한다. 이 점에서 이 영화는 원작에 충실한 문학영화라고는 하지만, 결정적인 부분에서 해석을 달리하고 있기 때문에 소설의 본질적인 정신을 훼손했다는 비판을 받기도 하였다.

## 6. 생각해 볼 문제들

### 1) 작품 이해

(1) 『향수』의 배경이 18세기 프랑스로 설정된 이유는 무엇인가?

(2) 『향수』를 예술가소설이라고 볼 수 있는 근거는 무엇인가?

(3) 그르누이가 처음 살해한 소녀는 그에게 어떤 의미를 갖는가?

(4) 그루누이가 성공의 절정에서 고독의 절정을 느끼는 이유는 무엇인가?

(5) 그르누이는 왜 다시 파리로 돌아와서 죽음을 택하는가?

### 2) 더 생각해 볼 문제

(1) 소설 『향수』가 세계적인 베스트셀러가 된 이유는 무엇이라고 생각하는가?

(2) 어떤 작품의 원작과 영화 중 어떤 것을 먼저 보는 게 좋을까?

(3) 우리사회가 '외적 가면'을 중요하게 생각하는 이유는 무엇인가?

(4) 다른 사람을 판단할 때 무엇을 보고 판단하는가?

(5) 나만의 정체성이 있다고 말할 수 있는가?

# 책 읽어주는 남자

- 베른하르트 슐링크 -

## 1. 작가 소개

베른하르트 슐링크

베른하르트 슐링크 Bernhard Schlink(1944 - )는 빌레펠트에서 에드문트 슐링크의 네 아들 중 막내로 태어났다. 신학 교수였던 아버지는 나치 시절 해직당한 뒤 목사로 활동했다. 하이델베르크와 만하임에서 성장한 슐링크는 하이델베르크 대학과 베를린 자유대학에서 법학을 전공했다. 1982년 본 대학 교수가 되었고, 1991년 프랑크푸르트 대학 교수를 거쳐 1992년 서독출신으로는 최초로 베를린 훔볼트 대학 교수가 되었다. 1988년부터 2006년까지 노르트라인 베스트팔렌 주의 헌법재판소 재판관을 겸임하였고, 2005년에는 게르하르트 슈뢰더 총리의 연방의회 해산 명령과 관련된 법정 다툼에서 연방정부 법정 대리인을 맡기도 하였다. 2009년 교수 정년퇴임 이후에도 한편으로는 법학자로서의 활동을 꾸준히 이어가고 있고, 다른 한편으로는 뉴욕과 베를린을 오가면서 작품 활동을 하고 있다.

슐링크는 본 대학 교수로 재직 중이던 1987년 발터 포프 Walter Popp(1948 - )와 공동 발표한 추리소설『젤프의 법 Selbs Justitz』으로 작품 활동을 시작했다. 그는 당시 액상 프로방스 대학의 초대로 3개월간 친구 포프 집에 머물렀는데, 즉흥적으로 소설을 써보자고 한 것이 계기가 되어 첫 소설을 발표한 것이었다. 이 작품이 주목을 받자 1988년에는 슐링크 단독으로『고르디우스의 매듭 Die gordische Schleife』을 발표해 '프리드리히 글라우저 상'을 받았고, 1992년에는『젤프의 기만 Selbs Betrug』으로 '독일 추리문학상'을 수상하였다. 이어『젤프의 살인 Selbs Mord』(2001)을 발표해 젊은 시절 나치 검사로 활동한 노년의 사립탐정 젤프를 주인공으로 한 '젤프 3부작'을 완성하였다.

슐링크는 1995년『책 읽어주는 남자 Der Vorleser』를 발표하면서 일약 독일현대문학을 대표하는 작가로서의 명성을 획득했다. 이 작품은 귄터 그라스의『양철북』이후 현대 독일작가의 작품 중 가장 성공한 소설로 평가받는다. 40여개 언어로 번역 출간되었으며, 독일어권 문학작품 최초로 <뉴욕타임즈> 베스트셀러 1위를 기록하였고, 2008년에는 스티븐 달드리 Stephen David Daldry 감독에 의해 영화화되기도 하였다. 독일의 '한스 팔라다 상'과 '디 벨트 문학상'에 이어 이탈리아의 '그리차네 카부르 상', 프랑스의 '로르 바타이옹 상', 일본의 '마이니치 신문 특별문화상', 남아프리카공화국의 '부케 상' 등 각국의 문학상을 수상함으로써 그 문학적 성취를 세계적으로 인정받았다. 그 결과 이 작품은 여러 대학의 독일 문학과 홀로코스트 문학의 커리큘럼에 포함되는 등 폭넓게 수용되고 있다. 2001년에는 그 문화적 공로를 인정받아 프랑스로부터 '레지옹 도뇌르 훈장'을 받았고, 2014년에는 한국에서 제4회 '박경리 문학상'을 수상하였다.

슐링크는 주로 나치즘과 70년대 극좌파 폭력 투쟁, 통일과 같은 독일 현대사의 경험을 소재로 역사, 윤리, 정의, 죄와 속죄 같은 진지한 주제를 다루어 왔다. 그의 작품 속 등장인물은 대부분 법과 관련된 일을 하고 죄와 책임의 문제에 대해 고민하는 경우가 많은데, 이는 슐링크의 법학자로서의 직업적 경험과 관련된다고 할 수 있다. 그의 작품은 "법률적 사고에 근간을 두다 보니 그의 문체는 자연스럽게 정확하고 간결한 쪽을 지향한다." "짧은 문장의 사용과 적은 수의 등장인물, 그리고 물 흐르는 듯한 이야기 진행이 특징이다."라는 평가를 받는다. 법학자이자 작가로서 활동해온 그는 "나는 어디에서도 완전히 고향을 잡지 못했습니다. 내가 작가이니 법학에서 그렇지 못하고 또 내가 법학자이니 글 쓰는 일에서도 그렇지 못합니다."라고 하면서 자신의 삶이 갖는 이중적 특성을 토로하기도 하였다.

주요 작품으로는 『고르디우스의 매듭 Die gordische Schleife』(1988), 『젤프의 기만 Selbs Betrug』(1992), 『책 읽어주는 남자 Der Vorleser』(1995), 『젤프의 살인 Selbs Mord』(2001), 『귀향 Die Heimkehr』(2006), 『주말 Das Wochenende』(2008), 『계단 위의 여자 Die Frau auf der Treppe』(2014) 등이 있고, 단편집 『사랑의 도피 Liebesfluchten』(2001), 『여름 거짓말 Sommerlügen 』(2010) 등이 있다.

## 2. 작품 소개

### 1) 생성 배경

『책 읽어주는 남자』 표지

『책 읽어주는 남자』는 나치과거 문제를 정면으로 다룬 작품이다. 그동안 나치과거 문제는 독일의 정치 사회 문화적 담론을 통해서나 독일인들의 일상적 삶을 통해 끊임없이 현재화되어 왔지만, 이 문제를 정면으로 다룬 문학 작품은 찾아보기 힘들었다. "아우슈비츠 이후에 시를 쓴다는 것은 야만스러운 일이다."라고 한 아도르노 Th. W. Adorno의 말이 함축적으로 대변하듯이, 독일 문학계는 홀로코스트를 비롯한 나치과거에 대해 의도적으로 침묵해 왔다. 이런 상황에서 슐링크는 1944년에 태어난 전후 세대로서 부모 세대가 저지른 죄에 대한 부채의식을 현실로 받아들이고 전후 세대가 짊어져야 하는 연대책임 문제를 직접 제기한다. 그는『책 읽어주는 남자』에서 기존의 나치관련 작품들과는 달리 나치에 핍박받던 희생자의 관점이 아닌 나치 수용소 감시원으로서 비인간적인 행위를 저지른 가해자와 운명적으로 얽혀있는 전후 세대의 관점에서 사건을 기술한다. 이를 통해 전후 세대가 부모 세대의 범죄를 어떻게 받아들이고 이를 어떻게 극복할 것인지, 그리고 그들에게 나치과거는 어떤 의미가 있는지 등을 테마화한다.

이러한 작품이 등장하게 된 것은 나치과거를 새롭게 바라보고자 하는 독일사회의 시대적 요청과도 무관하지 않다. 그동안 전후 반세기가 흐르고 역사적 거리가 형성되면서 새로운 세대들은 비록 부정적인 사건일망정 나치 과거를 자신들의 역사 속에 받아들임으로써 독일인의 정체성을 새롭게 규정하고자 하는 흐름이 대두되었다. 독일의 역사학자 외른 뤼젠 Jörn Rüsen의 제안에 의하면 독일인들이 홀로코스트의 기억을 통해 자신들의 정체성을 구성해 가는 과정을 다음과 같이 세 단계로 구분할 수 있다. 제1단계는 전쟁 세대들이 홀로코스트의 기억을 은폐하거나 배제함으로써 집단적 정체성의 위기를 극복하고자 한 단계이다. 제2단계는 전후 세대들이 서구의 보편주의적 가치에 근거해 홀로코스트를 해석하고 자신들을 피해자와 동일시하고, 가해자와 동조자들을 '타자'로 규정해 도덕적으로 비난하는 단계이다. 제3단계는 새로운 세대 변화에 따라 자신들과 부모 및 조부모 세대를 구분하던 정신적 간격을 극복하고 홀로코스트를 저지른 가해자가 타자이지만 그 타자는 자아의 한 부분이라는 것을 인식하게 된 단계이다. 물론 이 세 단계들은 시간적 연쇄과정 속에서 상호 대체적 관계에 있는 것이 아니라 사실상 서로 공존하면서 겹쳐 있다. 그러나 뤼젠의 지적처럼 이 단계들은 논리적으로나 시간적으로 어느 정도 순차적인 과정을 보여 온 것도 사실이다.

『책 읽어주는 남자』의 출간은 독일사회가 뤼젠이 얘기하는 제3단계에 접어들었다는 것을 말해준다. 이 작품은 독일 전후 세대가 자신들을 가해자 세대와 구분하고 피해자의 입장에서 가해자들을 비난했던 시대를 지나, 이제 가해자들 또한 독일인이라는 것을 인식하고 가해자들에 대해 '우리'라고 말하기 시작한 바로 그 시대로 접어들었음을 알리는 신호탄 같은 작품이라 할 수 있다.

## 2) 줄거리

간염에 걸려 몸이 허약했던 미하엘은 학교에서 돌아오는 길에 구토를 하게 되고, 한나에게서 도움을 받는다. 이를 계기로 15세 소년 미하엘과 21세 연상인 한나와의 특별한 관계가 시작된다. 한나가 주도하는 일방적인 관계 속에서 미하엘은 매일 그녀를 만나 책을 읽어주며 사랑을 나눈다. 그들은 '책 읽어주기, 샤워, 사랑을 나누기, 그리고 나란히 누워 있기'라는 '만남의 의식'을 통해 관계를 유지한다. 약 반년 동안 지속된 그들의 관계는 어느 날 갑자기 한나가 사라지면서 깨어진다. 미하엘은 그녀가 떠난 것이 자신의 책임이라 생각하고 죄책감을 느낀다.

그 후 대학에 진학해 법학을 전공하던 미하엘은 전공 세미나 과정에서 나치 전범 재판을 참관한다. 미하엘은 법정에서 한나를 다시 보게 된다. 그녀는 아우슈비츠 근처 포로수용소의 감시원으로 일하던 중 포로들을 가두어둔 교회가 폭격을 맞아 불이 났지만 문을 열어주지 않은 혐의로 재판을 받고 있었다. 유대인들의 참혹한 죽음에 대한 책임을 묻는 재판관의 질문에 한나는 자신은 의무를 수행했을 뿐이라고 항변한다. 이런 한나를 지켜보는 미하엘의 마음은 참담하기만 하다.

재판과정 중 미하엘은 한나가 문맹임을 알게 되고 그녀가 왜 갑자기 떠났는지를 깨닫게 된다. 한나는 전쟁 전 지멘스에서 승진 기회가 주어졌지만 마다하고 수용소 감시원으로 자리를 옮겼고, 전후에는 전차 차장으로 일하다 기관사로 채용하겠다는 회사의 제안도 거절한 채 갑자기 사라졌는데, 이는 모두 자신이 문맹이란 사실이 드러날까 봐 두려웠기 때문이었다. 재판 중 함께 기소된 다른 감시원들이 한나에게 모든 책임을 뒤집어씌울 때에도 한나는 자신이 문맹이란 사실을 감추기 위해 필적 감정을 거부하고 모든 책임을 자신이 떠맡는다. 결국 그녀는 종신형을 선고받고 교도소에 수감된다.

그 사이 미하엘은 공부를 마치고 가정을 꾸리지만 남편으로서나 아버지로서의 역할에도 실패한다. 그에게 한나라는 존재는 모든 인간관계의 척도로 작용하고, 그는 사람들과의 관계 맺기에도 어려움을 겪는다. 한나가 수감된 지 8년 후 미하엘은 책을 읽어 녹음한 것을 한나에게 보낸다. 한나는 그의 녹음테이프를 들으며 마침내 글을 깨친다. 그녀는 서툰 글씨로 미하엘에게 짧은 편지를 써 보내지만, 미하엘은 답장 대신 녹음테이프만 보낸다.

그러다 한나가 가석방되기 며칠 전 미하엘은 교도소의 연락을 받고 그녀를 만난다. 너무도 오랜만에 만난 자리에서 미하엘은 그녀에게 과거에 대해 생각해 본 적이 없느냐고 질문하고, 그녀는 아무도 자신을 이해하지 못하는 상황에서 해명을 요구할 수는 없다고 대답함으로써 냉랭한 분위기가 되고 만다. 그 후 한나는 심경의 변화를 일으키고, 석방 당일 교도소에서 자살한다.

미하엘은 미국으로 가 수용소에서 살아남은 유태인 딸을 방문한다. 그는 그녀에게 한나의 유언을 전하고, 그녀와 상의 후에 한나가 남긴 돈을 유대인 문맹퇴치 단체에 기부한다. 그리고 처음이자 마지막으로 한나의 무덤을 찾는다. 그로부터 10년 후 미하엘은 고통스러운 과거의 기억들과 화해하기 위해 자신의 이야기를 글로 남기기로 한다.

## 3. 작품 해설

### 1) 나치 범죄에 대한 인간적 접근

『책 읽어주는 남자』는 전체 3부로 되어있다. 1부는 한나와 미하엘의 사랑이야기, 2부는 한나의 재판 과정, 3부는 재판 이후의 삶을 다루고 있다. 작품을 관통하는 것은 두 남녀의 사랑이야기이지만 단순한 연애소설의 범주를 넘어 주인공의 개인적인 사랑이야기와 나치과거에 대한 성찰이 팽팽하게 긴장을 이루면서 서로 얽혀 있다. 이 때문에 1부에서 다소 도발적으로 진행되던 사랑이야기는 의식하지 못하는 사이에 자연스럽게 나치과거 문제로 이어진다. 두 주인공의 설정 자체가 전후 세대와 전쟁 세대를 대변한다는 점에서도 이 작품이 단순한 사랑이야기가 아니라는 것을 알 수 있다. 미하엘은 1943년생으로 전후 세대이고, 21세 연상인 한나는 나치 강제수용소에서 근무했던 전범으로서 전쟁 세대를 대표한다. 따라서 작품 속에 전개되는 이야기는 남녀 간의 사랑이야기이기도 하지만 전후 세대와 전쟁 세대 간의 이야기이고, 나치 과거 문제와 관련된 시대사적 문제를 다룬 이야기이다.

이 작품은 나치과거를 다룬 기존 작품들과는 달리 나치 범죄를 희생자의 관점에서 직접 서술하는 것이 아니라 가해자의 관점과 그 후손인 전후 세대의 관점에서 서술한다는 점에서 중요한 의미를 지닌다. 나아가 가해자 세대의 상징을 아버지가 아닌 전후 세대가 사랑하는 연인으로 설정하고 있다. 이는 전후 세대의 나치 범죄 연루 문제가 가족 간의 문제만은 아니라는 점에서 문제를 일반화하기 위해 그렇게 설정한 면도 없지 않다. 그러나 부자관계가 아닌 연인관계로 설정한 것은 무엇보다도 같은 전후 세대인 독자로 하여금 더욱 친숙한 느낌을 갖도록 하는 효과를 낳는다. 부모 자식 간의 수직적 위계관계가 독자로 하여금 일정정도 거리감을 느끼게 하는 반면, 내밀한 연인관계는 가해자 세대와 더욱 친숙하게 느끼도록 해준다는 점에서 이 작품이 부모 세대를 직접 내세우는 대신 부모와 비슷한 세대인 연상의 연인을 내세우고 있다는 사실은 특별한 의미를 갖는다.

작품은 또한 두 사람의 사랑이야기가 먼저 나오고, 한나의 범죄 사실은 나중에 드러나도록 구성되어 있다. 여기에도 중요한 의도가 숨어 있다. 1부에서 미하엘과 한나의 사랑이야기를 밀도 있게 그림으로써 한나의 잔혹한 범죄행위가 밝혀지기 전까지 의도적으로 독자들에게 사랑하는 연인으로서의 한나의 모습만을 보여주고 그녀의 인간적인 면을 부각시킨다. 이 때문에 독자는 나중에 한나가 비인간적인 나치범죄에 연루되었다는 사실이 드러난 후에도 그녀에 대한 인간적 연민을 떨쳐버리지 못한다. 만약 처음부터 한나가 나치 친위대원이고 수용소 감시원이었다는 사실이 전제되었다면 독자는 나치에 대한 선입견 때문에 한나의 행동을 인간적인 시선으로 바라보는데 방해를 받았을 것이다. 그러나 아무런 정보가 없는 상태에서 먼저 연인으로 등장하였기 때문에 그녀의 비인간적인 범죄가 드러났을 때에도 독자는 양가성을 가지고 그녀의 행동 메커니즘을 이해하려고 하게 된다. 이런 점에서 1부에서 한나에 대한 인간적 접근이나 다소 도발적으로 진행되는 사랑이야기는 나치과거에 대한 성찰을 유도하기 위한 하나의 전략이라고 할 수 있다.

### 2) 미하엘의 개인적 트라우마

미하엘은 길거리에서 자신을 도와준 한나에게 감사의 뜻을 전하기 위해 그녀의 집을 방문했다가 그녀의 육체에 매혹된다. 그 후 미하엘은 매일 밤 성적인 꿈을 꾸게 되고 이 때문에 양심의 가책을 느끼지만, 결국 "육체 안에서 세상을 잊으라는 위험한 초대"에 응하게 된다. 미하엘은 아직 정체성이 확립되지 않은 사춘기 소년으로서, 거의 어머니 또래에 해당하는 연상의 여인과의 사랑은 그의 삶에 결정적인 영향을 미친다. 그는 한나를 만나면서 그녀가 주는 안정감으로 인해 자의식이 강화되고 모든 일에서 자신감을 회복한다. 그는 마침내 급우들이나 선생님들의 주목을 받게 되고, 특히 아버지로부터 인정을 받아 정신적으로 독립하게 된다. 이런 점에서 한나는 미하엘이 부모로부터 독립해 한 단계 성장하게 하는 촉매 역할을 했다고 할 수 있다.

그러나 미하엘과 한나의 관계는 처음부터 일방적이고 종속적인 관계로 시작된다. 첫 만남에서부터 한나는 도움을 베푸는 자로서 우월적인 위치에 있고, 스무 살이 넘는 나이차로 인해 미하엘을 압도하게 된다. 둘의 관계는 미하엘의 의사와는 관계없이 결정되고, 이 과정에서 '책 읽어주기'가 중요한 조건으로 제시된다. 그러나 그들의 관계는 "책 읽어주기, 샤워하기, 사랑하기, 그리고 잠시 누워있기"라는 '만남의 의식' 외에 사회적 맥락이 결여되어 있고 모든 사회적 관계로부터 벗어나 있을 뿐만 아니라 함께 공유할 만한 세계가 존재하지 않는다. 이런 상태에서 한나가 주도하는 일방적인 관계는 미하엘을 성적으로 예속시키고 심지어는 사도-마조히즘적 관계로까지 발전한다. 미하엘은 심리적으로 부당하게 무시를 당하고 물리적인 폭력까지 당하지만 그녀를 잃을지도 모른다는 두려움 때문에 자존심을 내팽개친 채 모든 책임을 자신이 뒤집어쓴다. 이러는 과정에서 그의 가슴 속에는 분노가 쌓여가고 내적으로 황폐해 간다.

그러던 어느 날 한나가 갑자기 사라져 버리자 미하엘은 죄책감에 시달리게 되고 지울 수 없는 트라우마를 가지게 된다. 한나와의 일방적 관계로 인해 그토록 분노가 쌓여가던 상황에서 그리움과 죄책감을 느끼는 이유는 무엇일까? 프로이트적 의미에서 어떤 대상에 대해 갖는 관심과 사랑은 모두 '리비도 Libido'의 집중 결과라고 할 수 있는데, 어떤 이유로 리비도의 집중 대상이 갑자기 사라졌을 때 우리는 심한 충격과 함께 깊은 마음의 상처를 입게 되고 우울증에 빠진다. 심할 경우 자신을 비하하고 자책하는가 하면 급기야는 누가 자신을 처벌해주기를 바라는 망상적 기대를 하기도 한다. 한나를 그리워하고 그녀가 떠나버린 것이 자신의 책임이라고 생각하는 미하엘의 죄책감은 한나라는 리비도의 집중 대상이 갑자기 사라져 버린데 대한 충격에서 비롯된 것이라 할 수 있다.

더욱이 한나가 떠나던 해 여름 미하엘은 학교에서 친구들과 어울리는 시간이 많아지고 소피라는 여학생과도 가까워지는데, 이는 곧 오직 한나에게 향했던 그의 리비도가 이제 막 외부세계로 관심을 돌리게 되었다는 것을 의미한다. 미하엘은 친구들에게 한나에 관해서는 일절 이야기를 하지 않았는데, 이는 그녀에 대해 내키지 않는 마음이 있었기 때문이고, 이는 곧 한나를 배반하는 일이라고 생각해 왔다. 그는 그녀를 안다고 인정하지 않은 것 자체가 그녀에 대한 배반이라고 생각하고 죄책감을 느끼는 것이다. 그러나 프로이트에 의하면 우울증 환자들의 자기 비난은 사실 자신에 대한 비난이 아니라 사랑의 대상에 대한 비난이다. 비난의 대상이 사랑하는 사람이 아니라 자신의 자아에게로 돌려진 것이라는 점에서 미하엘의 자책 역시 한 마디 말도 없이 갑자기 떠나버린 한나에 대한 배신감과 분노에서 비롯된 것이라 할 수 있다.

한나가 갑작스럽게 떠난 후 미하엘은 자신의 상처를 감추기 위해 마음의 문을 닫음으로써 내적 고통을 기피하고자 한다. 그는 한나 이후 어떠한 마음의 상처도 입고 싶지 않기 때문에 그 무엇도 자신의 삶에 끼어드는 것을 용납하려 하지 않는다. 그는 가족이나 친구들과도 벽을 쌓고, 억압된 기억을 자극할 만한 새로운 인간관계를 형성하지 않으려 한다. 이러한 방어기제는 한나가 갑자기 떠나버린 까닭에 그에 대한 '애도'의 과정을 제대로 밟지 못한 데에서 비롯된 결과라고 할 수 있다. 프로이트에 의하면 사랑하는 사람과 갑자기 이별할 경우 이별을 슬퍼하고 상실감을 정리할 수 있는 애도의 단계를 거치지 못해 심한 우울증에 빠진다고 한다. 사랑했던 존재의 상실을 인정하는 대신 죄책감에 빠져 있는 미하엘의 상태는 프로이트가 말하는 우울증이라고 할 수 있다.

그러나 미하엘이 그토록 한나에 집착하고 죄책감마저 느끼는 것은 보다 근본적으로 어머니에 대한 감정과 연결되어 있다고 할 수 있다. 미하엘에게 있어 한나는 어머니와 같은 존재이고, 어머니를 대신하는 존재이다. 이 때문에 그녀에 대한 미하엘의 막연한 죄책감은 금지된 욕망, 즉 무의식적인 근친상간적 선택에 대한 죄의식과 연결되어 있다고 할 수 있다. 아직 정체성이 제대로 형성되지 않은 사춘기 소년에게 어머니를 대신하는 사람과 맺은 성적 관계는 일종의 금기를 위반한 것이기 때문에 더 강렬한 만큼 더 큰 죄의식으로 남을 수밖에 없다. 사춘기가 인생의 어떤 단계보다 정체성 형성에 있어 가장 중요한 시기라는 점에서 이 시기에 형성된 왜곡된 정체성은 미하엘의 전 생애에 걸쳐 절대적인 영향을 미치게 된다.

### 3) 전후 세대의 역사적 트라우마

미하엘이 성장과정 중에 겪은 사랑과 이별이라는 개인적 이야기는 2부에서 역사적 층위가 더해지면서 나치과거의 문제로 전환된다, 법대생이 된 미하엘은 나치 강제수용소에 관한 세미나의 일환으로 강제수용소 감시원들의 재판을 방청하면서 나치과거와 대면한다. 미하엘을 비롯해 세미나에 참석한 학생들은 강제수용소 감시원들에 대한 재판이 부모 세대에 대한 재판이라는 상징적 의미를 갖는다고 생각한다. 그리고 나치의 반인륜적 범죄를 방조했고 전후에도 나치과거를 청산하지 못하고 범죄자들을 묵인했던 부모 세대에게 '수치'라는 유죄판결을 내린다. 그러나 미하엘은 한나의 재판 과정을 지켜보면서 자신이 부모 세대의 죄에서 자유롭다고 여기며 그들에게 유죄판결을 내렸던 오만함을 깨닫는다. 그는 자신이 사랑했던 여인이 다름 아닌 강제수용소 감시원이었고, 수용소에서 어린 소녀들에게 책을 읽혔다는 사실을 알게 되면서 "그렇다면 나는 그녀에게 무엇이었나?"하는 자괴감과 함께 자신이 아무것도 모른 채 한나의 삶 속에 연결되어 있었다는 것을 인식하게 된다. 그는 이제 더 이상 '방청객'이 아니라 "관여자"이며 "동참자이자 배심원"이 된다.

미하엘은 한나의 재판 과정을 통해 자신이 그녀를 배반했기 때문에 그녀가 떠난 것이 아니라는 사실을 알게 된다. 그러나 그는 자신이 그녀를 배반한 것은 사실이기 때문에 여전히 유죄이며, 설령 범죄자를 배반하는 것은 죄가 되지 않으므로 자신이 유죄가 아니라 하더라도 범죄자를 사랑했기 때문에 유죄라고 말한다. 그는 자신이 한나를 사랑했을 뿐만 아니라 그녀를 선택했기 때문에 그녀에게 한 손가락질은 곧 자신에게로 되돌아온다고 생각한다. 그는 자신이 그녀의 과거를 몰랐다 하더라도 도덕적 책임을 면할 수 없다고 믿는다. 나아가 미하엘은 한나에 대한 사랑 때문에 겪은 자신의 고통이 어느 면에서는 "나의 세대의 운명이고 독일의 운명"이라는 사실을 깨닫는다.

한나로 인한 죄의식은 부모 세대에 대한 수치심과 오버랩 된다. 미하엘은 부모 세대가 저지른 범죄를 비난하고 그들을 향해 손가락질을 한다고 해서 수치심에서 벗어날 수 있는 것은 아니라는 사실을 인식한다. 그는 자식이 부모에 대해 느끼는 사랑으로 인해 부모가 저지른 죄 속으로 연루될 수밖에 없고, 이런 "연대책임"으로 인해 부모 세대를 향한 손가락질은 바로 자신에게 돌아올 수밖에 없다고 생각한다. 이로써 미하엘은 한나와의 사랑이 남긴 개인적 트라우마 뿐만 아니라 나치 전범을 사랑했다는 점에서 역사적 트라우마까지 짊어지게 된다.

### 4) 한나의 문맹이 갖는 의미

한나는 재판 과정에서 문맹이라는 사실이 드러난다. 한나가 문맹이라는 사실은 중의적 의미를 갖는다. 한편으로 한나의 문맹은 그녀가 글을 읽지도 쓰지도 못한다는 사실을 가리키지만, 다른 한편으로는 칸트 I. Kant적 의미에서 '미성년 Unmündigkeit'과 연결된다.

한나가 기소된 주요 죄목은 수용소 내에서 아우슈비츠로 보낼 사람을 선별하는 작업에 참여했다는 것과 폭격으로 불이 났을 때 교회 안에 갇혀 있던 사람들에게 문을 열어 주지 않아 모두 불에 타 죽게 만들었다는 것이었다. 그녀가 저지른 범죄는 투철한 직업의식이나 어떤 강압에 의한 것이라고 변명하기에는 너무도 반인륜적인 사건이다. 그러나 재판정에서의 한나는 자신의 잘못이 무엇인지를 판단하거나 성찰할 수 있는 능력이 부족한 것처럼 보인다. 그녀는 자신에게 주어진 질서유지의 책임을 강조할 뿐 주체적인 사고나 판단이 결여되어 있다. 화자인 미하엘은 이런 결여의 상태를 문맹과 결부시키고, "문맹은 미성년 상태를 의미한다."고 규정한다. 칸트적 의미에서 미성년이란 다른 사람의 지도 없이는 자기 스스로가 생각하고 판단할 수 없는 무능력을 말한다. 미하엘은 문맹이 단순히 글을 읽지 못한다는 사실만을 의미하는 것이 아니라, 자신이 놓인 상황을 비판적으로 응시하며 적극적으로 사유할 수 있는 능력이 결여된 상태를 의미한다고 해석한다. 이러한 사유능력의 결여는 한나의 에고이즘적 행위에서 잘 드러난다. 한나는 오로지 자신을 보호하기 위해 행동하고 자신의 약점을 은폐하기 위해 애쓴다. 그녀는 자신이 저지른 반인륜적 범죄에 대해 '질서'와 '책임'을 강조하고 "우리는 달리 어쩔 도리가 없었다"고 항변한다. 이러한 도덕적 무감각은 그녀가 자신의 행동에 대해 의문을 제기하고 비판적으로 성찰할 수 있는 능력이 없다는 것을 말해준다.

한나가 보여준 비판적 사유능력의 결여는 한나 아렌트 H. Arendt가 지적한 '악의 평범성'을 상기시킨다. 아렌트는 『예루살렘의 아이히만 Eichmann in Jerusalem』(1964)에서 홀로코스트 정책의 책임자였던 아돌프 아이히만 Adolf Eichmann의 재판과정을 통해 그가 왜 이런 범죄를 저질렀는지 그 원인을 규명하고 있다. 여기서 아렌트는 아이히만이 자신의 개인적인 발전을 도모하는 데 각별히 근면했던 것을 제외하고는 어떠한 동기도 갖고 있지 않았다고 밝히고, 그의 범행은 자기가 무슨 일을 하고 있는지 전혀 깨닫지 못한 '순전한 무사유'에서 비롯된 것이라고 단정한다. 아렌트는 아이히만이 특별한 악인이 아니고 그저 평범한 사람이듯이 비인간적인 범죄를 저지른 나치 전범들도 영혼이 없는 괴물이나 악마적인 존재가 아니라는 점에서 '악의 평범성' 문제를 제기하고 있다.

수많은 유태인을 불에 타죽도록 방치한 한나 역시 평범한 사람이다. 그녀의 직업상의 경력이나 주거환경 등 거의 모든 것이 당시 독일인들에게 있어 전형적이고 평균적이다. 그녀는 결코 특별한 사람이나 무슨 괴물 같은 사람이 아니다. 오히려 그녀는 거리에서 괴로워하고 있는 소년을 지나치지 않고 도와주고 집에까지 데려다준 따뜻한 사람이고, 문학작품을 좋아하는 감성적인 여인이다. 그런 한나가 자신의 임무에만 충실함으로써 수많은 희생자를 낳게 만들었고, 자신의 약점을 감추는 데에만 급급함으로써 끝내는 종신형이라는 자기파괴를 자초한 것이다. 미하엘은 이 모든 것이 그녀의 문맹에서 비롯되었다고 해석한다.

아이히만이 주어진 책무를 효과적으로 수행하기 위해 유대인 절멸이라는 목적의 합리성을 따지지 않고 어떻게 하면 그 목적을 효과적으로 달성할 수 있을까 하는 수단의 합리성에만 매달렸듯이, 한나도 자신에게 주어진 책임만을 생각했을 뿐 자신의 행위가 가져올 끔직한 결과에 대해서는 전혀 생각하지 않았다는 것이 재판과정에서 명백히 드러난다. 그녀는 타인의 입장에서 생각할 수 있는 사유능력이 없기 때문에 도덕적 행위를 수행할 능력이 결여되어 있고, 이 때문에 결국 최소한의 양심이나 인간적 동정심마저 상실한 반인륜적 행위까지 저지르게 된 것이다. 슐링크는 이러한 한나의 행위를 통해 나치의 관료체제에 흡수된 평범한 독일인들이 어떻게 아무런 양심의 가책이나 거리낌 없이 유대인 학살에 동참했는지 그 행동 메커니즘을 드러내고 있다.

다른 한편 한나가 문맹이라는 설정은 또 다른 의미를 갖는다. 한나가 글을 읽지도 쓰지도 못하는 문맹자였다는 사실이 미하엘로 하여금 한나의 죄에 대해 새롭게 인식하는 계기가 된 것처럼 독자들에게도 이

전까지의 그녀의 행동을 새로운 시각에서 볼 수 있는 가능성을 열어주고, 나아가 나치과거를 바라보는 새로운 시선을 제공해 준다. 바로 이 점에서 문맹이라는 설정은 나치 범죄를 상대화할 가능성을 내포하고 있다. 한나의 행동을 문맹 탓으로 돌림으로써 그녀는 역사의 가해자로 뿐만 아니라 희생자로도 조명된다. 재판과정에서 한나는 자신이 불리할 수도 있는 일을 스스로 인정하면서까지 진실을 주장하는 순진함을 보이고, 다른 피의자들은 이런 그녀를 이용해 모든 책임을 그녀에게 전가함으로써 그녀는 끔찍한 범죄자가 아니라 상황 판단력이 부족한 희생자로 비쳐지게 된다. 이런 한나의 희생자 이미지는 자신이 보고서를 쓰지 않았음에도 불구하고 문맹을 감추기 위해 모든 책임을 뒤집어쓰는 장면에서 절정에 달한다.

또한 한나가 재판관에게 "당신이라면 도대체 어떻게 했겠습니까?"라고 던지는 질문은 그녀가 자신의 행동에 대해 의문을 제기하고 비판적으로 성찰할 수 있는 능력이 없다는 것을 말해주는 것이기도 하지만, 다른 한편에서는 문제의 핵심이 한나의 범죄임에도 불구하고 시선을 재판장에게 돌려버리는 효과를 낳는다. 나아가 한나의 질문은 전쟁 세대가 전후 세대, 나아가 독자를 향해 그 누구도 이러한 범죄에서 자유로울 수 없다는 것을 상기시킴으로써 한나가 어쩔 수 없는 희생자라는 사실을 은연중 강조한다.

한나가 가해자일 뿐만 아니라 희생자일 수도 있다는 설정은 독자로 하여금 인간적 약점을 지닌 한나에 대한 동정심을 불러일으키고 그녀의 책임을 일정정도 희석시키는 효과를 낳는다. 슐링크가 문맹의 의미를 통해 무사유가 갖는 도덕적 위해성을 나타내고자 했을 뿐 한나의 범죄를 상대화하고자 하는 의도는 없었다 하더라도 문맹이라는 인간적 약점을 지닌 한나의 행위를 최소한 인간적으로 더 이해할 수 있는 여지를 제공하고 있는 것은 분명해 보인다.

### 5) 과거극복을 위한 시도

미하엘은 대학을 졸업한 후 결혼해서 가정을 꾸리지만, 남편으로서나 아버지로서의 역할에도 실패한다. 그에게 한나라는 존재는 모든 인간관계의 척도로 작용하고, 여자들과의 관계에서도 한나와 비슷한 여성을 찾아 만남과 헤어짐을 반복한다. 미하엘은 결국 이제껏 한나와의 관계를 의식에서 배제하고자 노력했음에 불구하고 이것이 무의식속에 남아 자신의 삶에 지속적으로 영향을 미친다는 사실을 깨닫는다. 그는 자신이 사랑했던 한나에 대한 무의식적 그리움과 한나와 거리를 취하고 싶은 마음 사이에서 그녀를 직접 대면하는 대신 책을 읽어 녹음한 테이프를 보낸다.

녹음테이프를 통한 재회는 미하엘에게나 한나에게 일종의 치유기능으로 작용한다. 비록 일방적이긴 하지만, 책 읽어주기는 그녀와 이야기하는 그 나름의 방식이었고 극복되지 않는 죄책감을 덜어내는 방법이었다. 미하엘은 책 읽기를 통해 안정을 얻고 자기 자신을 확인한다. 나아가 책을 읽어주고, 자신의 글을 쓰고, 그것을 녹음하면서 감정이 일치했는지 여부를 확인하는 과정에서 점차 문학적인 소양을 쌓아가게 된다. 한나 역시 미하엘이 녹음해 보내준 테이프를 통해 문맹을 깨치게 됨으로써 마침내 "미성년에서 성년으로" 나아가는 "계몽적인 발걸음"을 내딛게 된다.

그러나 편지를 통해서나마 가능했던 두 사람간의 대화는 미하엘이 한나의 편지에 답장을 하지 않음으로써 끝내 이루어지지 않는다. 더구나 한나가 가석방 당일 자살해 버림으로써 그녀로 인한 과거의 트라우마는 해결되지 않은 채 미하엘의 삶을 계속 지배하게 된다. 얼마 전까지도 가석방을 위해 노력했던 한나가 석방 당일 자살한 이유에 대해서는 모든 것이 화자인 미하엘의 관점에서만 서술되기 때문에 그 속내를 정확히 알 수 없다. 따라서 다양한 해석의 여지가 열려 있다. 그러나 그녀가 미하엘을 다시 만난 후 심경의 변화를 일으켜 자신의 위치를 새롭게 정의했다는 점에서 미하엘과의 면회는 그녀의 죽음을 이해하는데 중요한 단서를 제공한다. 한나를 다시 만난 미하엘은 과거에 자신들이 만날 당시에는 나치범죄에 대해 생각해본 적이 없느냐고 묻는다. 이에 대해 한나는 아무도 자신을 이해하지 못하는 상황에서 자신에게 해명을 요구할 수 없다고 말한다. 이러한 한나의 태도는 그녀가 희생자의 관점에서뿐만 아니라 가해자의 관점에서도 자신의 죄를 의식하게 되었다는 것을 말해준다. 그녀는 미하엘의 원망어린 질문을 통해 결국 그 누구도 자신을 이해하지 못한다는 사실을 확인하고, 18년간의 수감생활을 통해서도 자신의 죄가 용서받지 못했다는 사실을 깨닫는다. 그녀는 이제 출소를 하더라도 더 이상 자신이 설 자리는 없을 것이라는 절망적 판단을 하게 되고 이 때문에 자살을 선택한 것이라 할 수 있다.

그 후 미하엘은 수용소에서 살아남은 유대인 생존자(딸)를 만나 한나의 유언을 집행하고 이를 통해 한나의 속죄행위를 마무리한다. 이때 유대인 생존자는 한나가 남긴 돈은 직접 받지 않았지만 유대인 문맹퇴치 단체에 한나의 이름으로 기부해도 좋다고 허락하고, 그 돈을 담았던 차 깡통을 갖겠다고 한다. 이러한 그녀의 행위는 한나의 죄를 용서할 수 없지만, 한나가 자신의 죄를 깨닫고 용서받으려고 노력한 것에 대해서는 인정한다는 의미로 해석된다는 점에서 작품은 결국 해피

엔딩으로 처리되었다고 할 수 있다. 이러한 이상적 결말은 전쟁 세대의 죄가 완전히 사면되지는 못하더라도 어떤 식으로든 그 죄를 용서받음으로써 죄의 굴레로부터 자유로워지고 싶은 전후 세대의 희망을 반영한 것이라 할 수 있다.

한편 한나가 갑자기 자살함으로써 해결되지 않은 채 그의 삶을 계속해서 지배하고 있던 미하엘의 트라우마는 뉴욕에서 만난 유대인 생존자와의 대화를 통해 정화되기에 이른다. 그녀와의 대화에서 미하엘은 지금까지 비밀스럽게 간직해왔던 한나와의 관계를 처음으로 털어놓는데, 이야기를 들은 그녀는 미하엘 역시 한나의 희생자라고 규정한다. 미하엘은 그녀와의 대화를 통해 한나와의 비밀스런 관계로 얽혀있던 굴레를 벗고 자신도 희생자라는 사실을 시인함으로써 그동안 쌓여있던 죄책감과 분노가 정화되고 마침내 과거로부터 해방되는 계기를 마련한다.

미하엘의 트라우마는 마침내 자신의 과거 이야기와 화해하고 이 이야기를 글로 기술함으로써 새로운 치유 가능성을 획득한다. 그는 과거의 기억들이 참기 어려울 정도로 고통스럽기 때문에 이를 해결하기 위해 글쓰기를 시도한다. 그는 한편으로는 수치심과 상처, 죄의식을 떨쳐버리고 싶고 다른 한편으로는 과거와 화해하고 싶지만, 막상 글로 쓰려고 하면 기억들이 제대로 떠오르지 않는다. 한나에 의해 이용당하고 버림받았다는 사실을 인정하고 싶지 않기 때문에 무의식적으로 과거의 기억들을 되살리고 싶지 않은 방어기제가 작동하고 있는 것이다. 그러다 10년이라는 세월이 흐르고 한나와의 일들을 자신의 인생으로 받아들이게 되었을 때 미하엘은 비로소 기억들을 되살리게 된다.

그러나 과거의 이야기와 화해했다고 해서 과거가 극복되지는 않는다. 무언가로 인해 마음에 상처를 입을 때면 과거에 겪었던 마음의 상처들이 떠오르고, 어떤 일로 죄책감을 느낄 때면 과거의 죄책감이 다시 되돌아오기 때문이다. 미하엘은 과거의 고통스런 억압으로부터 벗어나기 위해 글을 쓰기로 한다. 프로이트적 의미에서 글쓰기는 무의식 속에 억압되어 있는 트라우마를 지면 위로 불러내어 그동안 맺혔던 것을 풀어내는 작업으로 그 자체가 치유적 특성을 갖는다. 미하엘은 글쓰기를 통해 이야기하고 설명하고 해석하고 죄의식을 덜어내는 과정에서 자신의 과거와 화해하고 자신의 정체성을 확인한다. 이를 통해 그는 한나와의 과거를 정리하는 한편 과거의 이야기를 자기 인생의 일부로 인정하고 받아들임으로써 새로운 삶을 살아갈 수 있는 힘을 획득하게 된다.

〈주요 참고문헌〉

김홍섭(2012): 슐링크의 『책 읽어주는 남자』에 나타난 과거극복의 문제, 독일언어문학 제55집, 19-38.
이홍경(2004): 베른하르트 슐링크의 『책 읽어주는 남자』에 나타난 과거극복의 문제, 독일어문학 제27집, 137-156.
정명순(2010): 『책 읽어주는 남자』에 나타난 나치 시대사의 형상화 문제점, 독일문학 제115집, 151-171.

## 4. 작품 발췌

슐링크, 베른하르트(2009): 책 읽어주는 남자, 김재혁 옮김, 도서출판 미래.

### * 작품의 시작: 열다섯 미하엘

내 나이 열다섯이던 해에 나는 간염에 걸렸다. 나의 병은 그 해 가을에 시작되어 다음 해 봄에 끝났다. 묵은해의 날이 점점 더 추워지고 어두워질수록 나의 몸은 자꾸만 약해져갔다. 새 해가 되면서 비로소 조금씩 나아지기 시작했다. 그해 1월은 따뜻했고, 어머니는 나를 위해 침대를 발코니에 내다주었다. 하늘과 태양과 구름을 바라보고 있으면 뜰에서 노는 아이들 소리가 들려왔다. 2월의 어느 초저녁에는 지빠귀 노랫소리도 들렸다. (6)

### * 한나를 찾아간 미하엘

나는 그녀에게서 눈을 뗄 수가 없었다. 그녀의 목덜미와 어깨에서, 슬립이 감추기보다는 살짝 드러내 보이고 있는 그녀의 젖가슴에서, 발을 무릎 위에서 의자로 옮겨갈 때 슬립을 팽팽하게 만들던 그녀의 엉덩이에서, 그리고 처음에는 창백한 맨살이었다가 스타킹 속에서 비단처럼 은은하게 빛나던 그녀의 다리에서 눈을 뗄 수 없었다. [...]

몇 년 뒤 나는 내가 단순히 그녀의 몸매 때문이 아니라 그녀의 몸놀림 때문에 그녀에게서 눈을 떼지 못했다는 걸 깨달았다. [...] 그녀는 나를 향해 교태를 부리지도 않았고 포즈를 취하지도 않았었다. 또 내가 기억하기로 그녀는 그 비슷한 행동을 한 적도 결코 없었다. 오히려 그녀의 몸과 태도, 몸놀림은 가끔씩 굼떠 보였다. 그렇다고 그녀가 몸이 무거웠다는 뜻은 아니다. 그녀는 그녀의 몸 안쪽에 들어앉아 자신의 몸을 몸 자체에, 머리가 내리는 어떤 명령에도 방해받지 않는 그 나름의 조용한 리듬에 내맡긴 채 외부 세계를 잊어버린 듯이 보였다. 바로 이와 같은 외부 세계에 대한 망각이 스타킹을 신을 때의 모든 태도와 몸놀림에도 깃들어 있었다. 하지만 스타킹을 신을 때의 그녀는 굼뜨지 않고 오히려 유려하게 우아하고 고혹적이었다. 그것은 젖가슴과 엉덩이, 다리에 대한 유혹이 아니라 몸의 내면으로 깊이 들어가 바깥 세상을 잊어버리라는 요구였다. (18-19)

* 한나와의 관계

우리가 싸우게 된 원인은 애당초 의미가 없었던 것 같다.

하지만 그 결과는 의미가 있었다. 나는 싸움에서 진 것만이 아니었다. 싸움을 시작한 지 얼마 안 되어 그녀가 내게 돌아가라고 하면서 보기 싫다고 화를 내자 나는 금방 항복해버린 것이다. 그 후 몇 주 동안 나는 그녀하고 싸우지 않았다. 그녀가 위협을 해오면 나는 지체 없이 무조건 항복했다. 나는 모든 책임을 스스로 떠맡았다. 내가 저지르지 않은 실수들을 시인했고, 내가 결코 품지도 않은 의도들을 고백했다. 그녀가 냉정하고 뻣뻣하게 나오면, 나는 어서 다시 나를 따뜻하게 대해주고 용서해주고 사랑해달라고 애원했다. 때때로 나는 그녀 자신의 차갑고 딱딱한 태도 때문에 그녀 스스로도 고통을 받고 있다고 느꼈다. 그래서 그녀는 나의 변명과 맹세, 애원의 따스함을 그리워하는 것 같았다. 가끔 나는 그녀가 내게서 너무 쉽게 승리를 거두는 건 아닌지 생각해보았다. 그렇지만 어쨌든 다른 선택의 여지가 없었다. (56-57)

### * 한나로 인한 트라우마

조금만 더 오래 생각해보면, 부끄럽고 고통스런 상황들이 줄줄이 마음속에 떠오른다. 그리고 나는 내가 한나에 대한 기억들과 작별을 하기는 했지만 완전히 극복한 것은 아님을 알고 있다. 한나 이후로 나는 그 누구에게도 굴욕을 당하거나 굴종을 인내하지도 않겠다. 모든 죄책감을 내게로 돌리거나 죄책감을 느끼지도 않겠다. 상실의 아픔을 가져올 만큼의 사랑은 이제 더 이상 하지 않겠다 - 당시 이런 것들을 뚜렷이 생각하지는 못했지만 마음속으로는 - 단호하게 느끼고 있었다.

나는 오만하고 우쭐해하는 태도에 점차 익숙해졌다. 나는 그 무엇으로도 흠집 하나 나지 않는 요지부동의 인간처럼 행동했다. 나는 그 무엇도 내게 끼어드는 것을 용납하지 않았다. [...] 나는 또 나를 향한 것이든 남을 향한 것이든 간에 애정이 담긴 조그만 제스처에도 목이 메어오던 것을 기억한다. 때로는 영화의 한 장면만 봐도 그랬다. 매정함과 극단적인 감상성의 이 같은 병존은 나 스스로 생각해도 이상했다. (95-96)

### * 한나의 재판 장면

"당신은 당신이 수감자들을 죽음 속으로 보내고 있다는 사실을 몰랐습니까?"

"아뇨. 알고 있었습니다. 하지만 새로운 사람들이 왔고, 이전 사람들은 새로운 사람들을 위해 자리를 양보해야 했습니다."

"그러니까 당신은 자리를 만들어야 했기 때문에 '당신 그리 고 당신 그리고 당신은 후송돼서 죽어야 해'라고 말했나요?"

한나는 재판장의 질문의 의도를 이해하지 못했다.

"그러니까 저는..... 제 말은...... 하지만 재판장님 같았으면 어떻게 했겠습니까?"

한나는 진심에서 그렇게 물은 것이었다. 그녀는 어떻게 달리 행동해야 했는지, 어떻게 달리 행동할 수 있었는지 정말 몰랐다. 그래서 그녀는 모든 것을 다 아는 것처럼 보이는 재판장에게 그 같으면 어떻게 행동했을까 듣고 싶었던 것이다. (119)

"당신은 두려웠나요? 수감자들이 당신들을 덮칠까 봐 두려웠나요?"

"그들이 우리를...... 아뇨, 그런 일은 없습니다. 그렇지만 만약 문을 열어 주었다면 어떻게 다시 질서를 잡을 수 있었겠습니까? 그러면 엄청난 혼란이 있었을 것이고. 우리는 어떻게 해야 할지 몰라 쩔쩔맸을 것입니다 그리고 또 만약에 그들이 도망치기라도 한다면....."

재판장은 다시 기다렸다. 그러나 한나는 말을 끝까지 마치지 않았다.

"당신은 수감자들이 도망칠 경우 체포되어 실형을 언도받고 총살될까 봐 두려웠나요?"

"우리는 그들을 그렇게 간단하게 도망치도록 내버려둘 수는 없는 입장이었습니다! 우리는 그들에 대해 책임을 져야 했습니다...... 우리는 그들을 수용소 안에서건 행군할 때건 줄곧 감시해왔습니다. 그게 바로 우리가 그들을 감시해야 하고 또 그들을 도망치도록 두어서는 안 되는 이유였습니다. 그래서 우리는 어떻게 해야 할지 몰랐던 것입니다. 또 우리는 그 여자들 중 앞으로 몇 명이나 살아남을 수 있을는지도 몰랐습니다. 벌써 많은 여자들이 죽었고, 살아 있는 사람들도 이미 몹시 허약한 상태였습니다..... (136-137)

### * 전후 세대의 연대책임 문제

나는 그 누구에게도 손가락질을 할 수 없었다. 나의 부모는 더더욱 아니었다. 왜냐하면 나의 부모는 비난받을 것이 아무것도 없었기 때문이다. 내가 강제수용소 세미나에 참석할 당시 나의 아버지에게도 수치심이라는 유죄를 선고하면서 모든 것을 들추어내려던 열정은 이미 내게서 사라지고 없었다. 오히려 그것을 생각하면 당혹스러웠다. 하지만 나의 주변 사람들이 저질렀고 또 그로 인해 비난을 받은 행동들은 한나가 저지른 행동에 비하면 훨씬 덜 나쁜 것이었다. 그러므로 나는 사실 한나에게 손가락질을 해야 했다. 하지만 한나에게 한 손가락질은 다시 내게로 돌아왔다. 나는 그녀를 사랑했던 것이다. 나는 그녀를 사랑했을 뿐만 아니라 그녀를 선택했다. 나는 스스로에게 그녀를 선택할 당시에는 그녀가 과거에 무슨 일을 했는지 전혀 몰랐다고 말하려고 해보았다. 나는 그렇게 해서 아이들이 그들의 부모를 사랑할 때의 그 순진무구한 상태 속으로 나를 위치시켜보려고 했다. 부모에 대한 사랑은 우리가 책임을 지지 않아도 되는 유일한 사랑이다.

그러나 어쩌면 우리는 우리의 부모에 대해서 느끼는 우리의 사랑에 대해서도 책임을 져야 할지 모른다. 당시에 나는 자신들의 부모뿐만 아니라 범행을 저지르고, 또 범행을 수수방관하고, 외면하고, 묵인하고, 수용한 모든 세대로부터 자신들을 분리시켜 수치심 자체는 아니라도 적어도 수치심으로 인한 고통을 극복한 다른 학생들을 부러워했었다. 하지만 내가 이들 학생들에게서 자주 발견하곤 했던 그 의기양양한 독선은 어디에서 온 것인가? 어떻게 사람이 죄의식과 수치심을 느끼면서 동시에 그렇게 독선을 과시할 수 있는가? 부모로부터의 그러한 분리는, 부모에 대한 사랑으로 인해 부모가 저지른 죄 속으로 어쩔 수 없이 연루될 수밖에 없다는 사실을 감추기 위한 단순한 수사요, 잡음이요, 소음에 지나지 않았던가?

이러한 생각들은 나중에 떠오른 것들이다. 그러나 이런 생각들은 나중에도 아무런 위안을 주지 못했다. 한나에 대한 사랑 때문에 겪은 나의 고통이 어느 면에서는 나의 세대의 운명이고 독일의 운명이라는 사실, 그리고 그 때문에 나는 다른 사람들보다 그 운명에서 더욱 빠져나오기 힘들고 또한 다른 사람들보다 슬쩍 넘어가기도 힘든 것이라는 사실이 어떻게 위안이 될 수 있는가? 그럼에도 불구하고 만약에 내가 당시에 나의 세대에 대해 공속감을

느낄 수 있었다면, 내게 훨씬 좋았을지도 모른다. (181-183)

### * 글을 깨우친 한나

우리 두 사람 사이의 말이 많으면서도 말이 없는 접촉이 시작된 지 4년째 되던 해에 한나에게서 한마디 인사가 날아왔다

"꼬마야, 지난번 이야기는 정말 멋졌어. 고마워. 한나가."

줄이 쳐진 편지지는 노트에서 찢어내 가장자리를 반듯하게 자른 것이었다. [...] 얼핏 보면 그것은 어린아이가 쓴 글씨라고 생각할 수도 있었다. 그런데 어린아이의 글씨체에서 서툴고 어색하게 보이는 부분이 여기서는 듬뿍 힘이 들어가 있었다. 선들을 모아 글자를 만들고, 글자들을 모아 낱말을 만들기 위해 한나가 극복해야 했을 어려움이 눈에 들어왔다. [...]

나는 그녀의 인사말을 읽고서 기쁨과 환희로 가득 찼다.

"그녀가 글씨를 쓸 줄 안다. 그녀가 글씨를 쓸 줄 안다고!"

나는 그동안 문맹자와 관련된 글을 구할 수 있는 한 다 구해서 읽었다. 나는 그들이 일상생활을 하면서 겪는, 즉 길이나 주소를 찾을 때 또는 레스토랑에서 음식을 고를 때 겪는 당혹스러움에 대해서, 미리 주어진 생활의 틀과 낯익은 행로를 더듬더듬 따라가면서 여기서 벗어나면 어쩌나 하며 느끼는 불안감에 대해서, 글씨를 읽고 쓸 줄 모른다는 사실을 감추기 위해서 소모하는 정력에 대해서 그리고 그로 인해 실제 삶에 있어서의 에너지 상실에 대해서 알고 있었다. 문맹은 미성년 상태를 의미한다. 한나는 읽고 쓰기를 배우겠다는 용기를 발휘함으로써 미성년에서 성년으로 가는 첫걸음을, 깨우침을 향한 첫걸음을 내디딘 것이었다. (198-199)

## * 한나를 다시 만난 미하엘

하얗게 센 머리카락, 이마와 뺨과 입 주위에 깊은 주름이 세로 주름이 간 얼굴 그리고 무거운 몸. [...]

나는 그녀의 얼굴에서 기대감을 보았으며, 나를 알아보는 순간 그녀의 얼굴이 기쁨으로 환하게 빛나는 것을 보았고, 내가 다가서자 나의 얼굴을 어루만지는 그녀의 두 눈을 보았고, 뭔가를 찾고 묻는 그녀의 두 눈에 불안과 아픔의 빛이 서리는 것을 보았으며, 그녀의 얼굴빛이 꺼지는 것을 보았다. [...]

"꼬마야, 너 무척 컸구나."

나는 그녀 옆에 앉았고, 그녀는 내 손을 잡았다.

나는 예전에 그녀의 냄새를 특히 좋아했었다. 그녀는 늘 신선한 냄새를 풍겼다. 몸을 갓 씻고 났을 때의 냄새 또는 갓 세탁한 빨래 냄새 또는 신선한 땀 냄새 또는 막 사랑 행위를 하고 난 냄새 등등. [...]

나는 한나 옆에 앉아서 노파에게서 나는 냄새를 맡았다. 할머니들과 늙은 아주머니들에게서 나는, 양로원의 방과 복도마다 마치 저주처럼 드리워져 있는 이 냄새가 무슨 냄새인지 나는 알지 못한다. 한나는 그 냄새를 풍기기에는 아직 젊었다.[...]

"당신은 재판 과정에서 언급된 사실들에 대해서 재판 전에는 한 번도 생각해본 적이 없었어요? 내 말뜻은 우리가 함께 있던 당시에는, 내가 책을 읽어주던 당시에는 그 일에 대해서 한 번도 생각해본 적이 없었느냐는 거예요."

"그게 그렇게도 마음에 걸리니?" 하지만 그녀는 나의 대답을 기다리지 않았다. "나는 그 누구도 나를 이해하지 못하고, 그 누구도 내가 누구인지 그리고 그 무엇이 나로 하여금 이런저런 일을 하게 만들었는지 알지 못한다는 느낌을 받았어. 그리고 넌 알거야. 너를 이해하지 못하면, 그 누구도 너에게 해명을 요구할 수 없다는 사실을 말야. 그렇기 때문에 법정 역시 나한테 해명을 요구할 수 없었어. 하지만 죽은 사람들은 내게 그것을 요구할 수 있어. 그들은 나를 이해하거든. [...] 이곳 교도소에서 그들은 나하고 자주 같이 있었어. 그들은 내가 원하든 원치 않든 매일 밤 나를 찾아왔어. 재판을 받기 전에는 나는 그들이 나한테 오려고 하면 쫓아버릴 수 있었어."

그녀는 내가 무슨 말을 해주기를 기다렸다. 하지만 아무 생각도 떠오르지 않았다. (208-211)

### * 작품의 마지막: 미하엘이 글을 쓰는 이유

애당초 내가 우리의 이야기를 글로 쓰려고 한 까닭은 이 이야기에서 벗어나고 싶었기 때문이었다. 하지만 막상 글로 쓰려고 하니까 기억들이 제대로 떠오르지 않았다. 그러던 중 나는 우리의 이야기가 내게서 빠져나가고 있음을 깨달았다. 그래서 나는 그것들을 어떻게든 글을 통해서 붙잡아두고 싶었다. [...]

어쨌든 나는 우리의 이야기를 생각할 때면 이 사실만을 생각한다. 그렇지만 내가 무언가로 인해 마음에 상처를 입을 때면 당시에 겪었던 마음의 상처들이 떠오르고. 내가 죄책감을 느낄 때면 당시의 죄책감이 다시 돌아온다. 그리고 내가 오늘날 무언가를 그리워하거나 향수를 느낄 때면 당시의 그리움과 향수가 되살아나곤 한다. 우리의 인생의 층위들은 서로 밀집되어 차곡차곡 쌓여 있기 때문에 우리는 나중의 것에서 늘 이전 것을 만나게 된다. 이전의 것은 이미 떨어져 나가거나 제쳐둔 것이 아니며 늘 현재적인 것으로서 생동감 있게 다가온다. 나는 이 사실을 이해한다. 그럼에도 불구하고 나는 가끔 그것이 정말로 참기 어렵다고 느낀다. 어쩌면 나는 우리의 이야기를 비록 그것으로부터 완전히 벗어날 수는 없지만 그래도 벗어나고 싶었기 때문에 썼는지도 모른다.

나는 뉴욕에서 돌아오자마자 곧장 한나의 돈을 그녀의 이름으로 '문맹퇴치를 위한 유대인 연맹' 앞으로 송금했다. 나는 얼마 뒤 한나 슈미츠 여사 앞으로 유대인 연맹이 보낸 기부에 감사하는 내용을 담은 컴퓨터로 쓴 짤막한 서한을 받았다. 나는 그 편지를 주머니에 넣고서 한나의 무덤이 있는 공동묘지를 향해 차를 몰았다. 내가 그녀의 무덤 앞에 선 것은 그것이 처음이자 마지막이었다. (232-233)

## 5. 더 깊이 읽기

### 1) 전후 세대의 과거사 극복

제2차 세계대전 후 나치과거를 청산할 겨를도 없이 들이닥친 냉전체제는 독일사회를 이념적으로 경직화시켰고, 동서 체제경쟁의 현실에서 반공은 사회비판세력에 대한 이데올로기적 통제수단으로 악용되었다. 또한 전후 경제성장이 최우선시 되던 상황에서 단시간 내에 세계 3대 경제대국으로 재도약함으로써 민족적 자의식을 회복시켜주었다는 점에서 가부장적인 국가권력을 전폭적으로 지지하게 되었고, 이로 인해 권위주의가 시대정신으로 국민들의 의식세계를 지배하게 되었다. 이러한 분위기 속에서 정치적 관심이 줄어들고 반파시즘적 분위기가 시들해지자 전문 인력 부족을 이유로 나치 부역자들이 다시 중용되기도 하였다.

이런 상황에서 1950년대 말부터 과거극복 문제가 주요 사회문제로 떠올랐다. 1958년 유대인 묘지 훼손 사건이 일어났고, 1961년에는 유대인 학살정책의 책임자였던 아이히만 재판, 1963-65년에는 아우슈비츠 재판 등이 이어지면서 나치과거가 몇몇 최고책임자에 의한 범죄가 아니라 광범위하고 조직적인 중하부 나치주의자들과 결합되어 있었음이 드러났다. 또한 정치 사법 경제 교육 등 사회 각 분야에서 활동하는 나치관련자들의 과거 전력이 연이어 밝혀졌다. 이에 따라 독일사회의 민주주의는 사실상 나치과거와의 연속성을 덮기 위한 허울에 불과하다는 여론이 광범위하게 형성되었고, '과거극복'이 하나의 유행어가 되었다. 1964-65년에는 몇몇 대학에서 나치과거 관련 강좌가 개설되기 시작했고, 1965년 이후에는 '독일사회주의학생연맹 SDS'을 중심으로 학생운동조직이 나치극복의 비판적 담론을 주도하기 시작했다.

당시 젊은 세대들은 나치질서를 가능하게 했던 기본적인 사회기반이 권위주의적 정서라고 보고 사회에 뿌리 깊게 자리 잡은 일상적인 권위주의를 해체하지 않고는 결코 독일사회의 변화를 기대할 수 없다고 생각했다. 그들은 나치과거에 직접적인 책임이 있는 부모 세대가 자신들의 잘못에 대해 침묵하고 과거 청산에 소극적으로 대처하는 것을 지켜보면서 부모 세대와의 정면 대결을 통해 잘못된 과거 역사를 극복하고 스스로의 정체성을 새롭게 정립해야 할 필요성을 절감하게 되었다. 이러한 생각은 1968년에 일어난 '68 운동'으로 구체화되었다. 68 운동은 대학개혁과 베트남전 반대 등 여러 이슈에도 불구하고 그 본질적인 추진력은 전후 독일사회의 주도이념이었던 권위주의에 대한 비판이었다. 68 세대의 과거사 극복노력도 아버지 세대의 권위주의에 대한 전면적인 거부에서 비롯된 것이라 할 수 있다.

## 2) 칸트: 「계몽이란 무엇인가?」

칸트는 「계몽이란 무엇인가? Was ist Aufklärung?」(1784)라는 글에서 계몽이란 미성년으로부터 벗어나는 것이고, 미성년이란 다른 사람의 능력 없이는 자신의 오성, 즉 인식능력이나 사고능력을 사용할 수 없는 무능력이라고 규정하였다.

"계몽이란 인간이 스스로 초래한 미성년 상태로부터 벗어나는 것이다. 미성년 상태란 다른 사람의 지도 없이는 자신의 오성을 사용할 수 없는 것이다. 이 미성년 상태는 그 원인이 오성의 결여에 있는 것이 아니라 다른 사람의 지도 없이는 오성을 사용하려는 결단과 용기의 결여에 있다면 스스로 책임져야 하는 것이다. 그러므로 감히 알려고 하라! 네 자신의 오성을 사용할 용기를 가져라! 이것이 계몽의 표어이다."

칸트에 의하면 미성년은 다른 이의 능력 없이는 자신의 오성을 사용할 수 없는 미성숙 상태로, 이러한 미성년은 자신이 자초한 것이다. 미성년의 원인은 오성이 없어서가 아니라 그것을 사용할 수 있는 결단력과 용기가 없기 때문이다. 그런 의미에서 칸트는 '자신의 오성을 사용할 줄 아는 용기'를 강조한다. 계몽에 대한 칸트의 이러한 정의는 기존의 전통과 권위, 전승된 선입관으로부터의 개인의 해방이라는 계몽 일반의 호소를 넘어 인간의 자율성에 대한 강력한 요구라고 할 수 있다. 계몽 자체가 비판의 의미를 내포한다고 할 때 '감히 알려고 하는 것'은 바로 비판의 용기를 의미한다. '자신의 오성을 사용할 줄 아는 용기'를 통해 사회적 계몽은 진전되고, 인간은 미성년 상태를 벗어나게 된다. 미성년에서 성년으로의 발전이 전적으로 개인의 결단과 용기에 달려 있다고 보는 점에서 칸트는 역사의 발전이 혁명적 도약이 아닌 사고방식의 개혁을 통해 점진적으로 도달할 수 있다는 입장을 취하고 있다.

### 3) 한나 아렌트: 『예루살렘의 아이히만』

한나 아렌트 Hannah Arendt(1906-75)는 독일 출신의 유대인으로 나치를 피해 미국으로 망명한 정치 이론가이자 철학자이다. 그녀는 나치의 유대인 집단학살 정책의 책임자였던 아돌프 아이히만 Adolf Eichmann(1906-62)이 아르헨티나에서 체포된 후 예루살렘으로 이송되어 재판을 받자 1961년 <뉴요커>지의 특파원으로 재판을 참관하고 『예루살렘의 아이히만. 악의 평범성에 대한 보고서 Eichmann in Jerusalem: A Report on the Banality of Evil』(1964)를 작성하였다. 이 책에서 체계화 된 '악의 평범성'에 대한 고찰은 '악의 문제에 대한 20세기의 가장 중요한 철학적 기여'로 평가되고 있다.

재판을 통해 드러난 아이히만은 자신의 일에 충실한, 평범한 직장인이었다. 그는 나치 친위대 장교이면서도 유대인 혐오와는 거리가 먼 인물이었고, 나치의 정강조차 제대로 알지 못했다. 정신과 전문의들이 보기에도 그는 전혀 도착적이거나 가학적이지 않았고, 무섭고도 두려울 정도로 정상적인 평범한 사람이었다. 그는 재판과정에서 "나는 명령에 따랐을 뿐이며 명령은 따라야 하는 것"이라고 되풀이함으로써 자신은 그저 상관의 명령에 복종했을 뿐이라고 주장하였다.

그러나 아렌트가 지켜본 아이히만은 "자기가 무슨 일을 하고 있었는지 전혀 깨닫지 못한 사람"이었다. 그는 단지 '자신에게 주어진 일을 어떻게 효과적으로 집행할 것인가'에 대해서만 생각했지, 자기가 하는 일의 의미에 대해서는 생각해 보지 않았던 것이다. 아렌트는 이러한 아이히만의 행동을 '생각의 무능성'에서 찾고, 이러한 생각의 무능이 '말하기의 무능성'을, '타인의 입장에서 생각하기의 무능성'을 낳았다고 보았다. 그녀가 보기에 아이히만은 아무 생각 없이 주어진 일에만 충실한 사람이었고, 상황에 어울리지 않는 상투어를 사용해 자신을 과시하고자 하는 사람이었으며, 특히 타인의 입장에서 생각할 줄 모르는 무능한 사람이었다. 아렌트는 아이히만의 행위로부터 "악한 일은 대부분 (사악함 때문이 아니라) 스스로 하는 일의 의미를 깊이 생각하지 못한 데에서 나온다. 평범하게 살아가는 사람들이 스스로 인식하지 못한 상태에서 커다란 악을 저지를 수 있다."고 진단하면서 '악의 평범성'을 경계하였다.

### 4) 『귀향』

『귀향 Die Heimkehr』(2006)은 호메로스의 『오디세이아』를 비롯한 여러 가지 귀향 이야기를 액자소설처럼 다층적으로 변주하면서 역사와 정의의 문제, 독일의 과거사 문제, 악의 본성 등에 관한 통찰을 보여주는 작품이다.

대학에서 법학을 전공하고 법률 전문 편집자로 일하는 페터 데바우어는 어린 시절 홀어머니와 함께 독일에 거주하면서 스위스에 있는 할아버지 댁에서 매년 여름방학을 보냈다. 그곳에서 그는 할아버지가 연습장용으로 건네준 소설 원고의 교정본에서 제2차 세계대전 당시 러시아군에게 붙잡혔다 포로수용소에서 탈출한 독일 병사 카를의 귀향 이야기를 접한다. 그러나 그 결말은 나와 있지 않아 할아버지 방에 들어가 완성된 작품이 있는지 뒤져보기도 했지만 끝내 찾지 못한다.

성인이 된 페터는 소설의 저자가 자신의 아버지라는 것을 직감하고 아버지의 과거사를 추적한다. 그가 밝혀낸 아버지의 실체는 탁월한 처세술과 생존술을 가진 나치부역자였다. 마침내 페터는 자신을 버리고 미국으로 도피한 아버지를 찾아간다. 페터는 신분을 속이고 법학 교수로 활동 중인 존 드 바우어의 세미나에 참여해 아버지의 진짜 모습을 알게 되고, 분노와 실망감을 안은 채 독일로 돌아온다. 잃어버린 소설의 결말에 대한 페터의 집착은 결국 자신의 자아를 찾기 위한 페터 자신의 '귀향' 여정이라고 할 수 있다.

이 작품은 전후 세대인 주인공이 자신의 과거이자 뿌리인 아버지를 통해 자아의 역사적 정체성을 확인해 가는 과정을 그리고 있다. 그는 전쟁세대가 저지른 과거의 죄과가 현재의 나에게 무슨 의미를 갖는지 성찰하도록 하고, 이를 통해 선과 악, 역사적 책임과 개인의 운명이라는 보다 근본적인 문제를 제기하고 있다.

### 5) 『계단 위의 여자』

『계단 위의 여자 Die Frau auf der Treppe』(2014)는 사랑과 죽음의 문제를 통해 삶의 진정한 의미를 묻고 있는 작품이다. 화자인 '나'는 노년의 성공한 변호사로서 40년 전 이레네라는 여인을 알게 된다. 그녀는 부유한 기업가 군트라흐의 아내였지만, 자신의 그림을 그린 화가 슈빈트와 사랑에 빠진다. 두 남자들 사이에 이레네와 그녀를 그린 그림을 놓고 소송이 벌어지고, 젊은 변호사인 화자가 그 사건을 맡게 된다. 그 과정에서 화자는 이레네를 사랑하게 되고, 그녀가 두 남자로부터 벗어날 수 있도록 도와준다. 여기서 이레네는 기업가인 남편에게는 자랑스런 소유물이자 승리의 '트로피'이고, 화가에게는 예술적 영감을 불러일으키는 '뮤즈'이며, 화자에게는 첫사랑이자 위험에 빠진 '공주'이다. 남자들은 모두 이레네가 자신에게 오리라 기대했지만, 그녀는 그림과 함께 사라진 후 스스로의 삶을 개척하면서 살아간다.

40년이 흐른 뒤 화자는 시드니의 한 갤러리에서 과거의 그 그림과 마주친다. 화자는 호주의 작은 섬에서 이제는 늙고 병든 이레네를 찾아낸다. 그림 소식을 듣고 군트라흐와 슈빈츠도 찾아오지만, 이레네는 이제 그림 속의 매혹적인 모습과는 달리 삶에 지친 말기암 환자일 뿐이다. 두 사람은 이레네가 그림을 갤러리에 기부한 것을 알고 떠나버리지만, 화자는 그녀 곁에 머물며 자신들이 지난날 함께 했더라면 어찌 됐을지 상상하면서 서로의 사랑을 확인한다. 그리고 그녀와의 사랑을 통해 자신의 과거를 되돌아보게 된다.

이 작품은 인물들의 단순한 개인사를 넘어 남성중심사회에서 남성들이 갖는 여성상에 대한 문제의식을 제기하고 있다. 또한 한 때 좌파테러운동에 가담했던 이레네와 자본주의 사회에서 성공한 세 남성을 통해 68 운동 이후 이념이 와해되고 글로벌 자본주의 시장에 편입된 오늘날의 체제에 대한 성찰을 담고 있다.

### 6) 영화 <더 리더 - 책 읽어주는 남자>

영화 <더 리더 - 책 읽어주는 남자>는 스티븐 달드리 Stephen David Daldry 감독의 2008년 작품이다. 영화는 애당초 <잉그리쉬 페이션트>로 유명한 안소니 밍겔라 A. Minghella 감독이 맡기로 했으나, <빌리

엘리어트>로 유명해진 달드리 감독이 작품에 매료되어 제작자를 설득해 감독을 맡았다. 영화는 2009년 아카데미 5개 부분에 후보로 올라, 여주인공 한나 역을 맡은 케이트 윈슬렛이 아카데미 여우주연상을 받았다. 이 영화는 그 외에도 영국아카데미 여우주연상, 골드글러브 여우조연상 등을 수상하면서 예술성을 인정받았다.

영화 〈더 리더 – 책 읽어주는 남자〉

영화 <더 리더 - 책 읽어주는 남자>는 비교적 원작소설을 충실히 따르고 있다. 슐링크는 시나리오를 쓴 데이빗 헤어 D. Hare와 함께 독일을 여행하면서 나치과거 문제, 성과 사랑 등 작품주제에 대해 토론했고, 영화에서 남녀 주인공이 여행 중 식사하는 신에서 엑스트라로 출연하기도 하는 등 영화제작에 적극 협조하였다. 그러나 영화는 많은 부분에서 소설과 차이를 보이기도 한다.

소설에서는 미하엘과 한나 두 사람 간의 사랑이야기와 나치 만행에 대한 성찰이 팽팽한 긴장을 이루고 있다면, 영화에서는 사랑이야기에 더 초점이 맞춰져 있다. 소설에서는 주인공인 1인칭 화자가 자신의 과거 이야기를 들려주고 이에 대해 성찰하고 있는 반면, 영화에서는 매체 특성상 과거의 일을 직접 보여주어야 하기 때문에 마이클과 한나 두 주인공의 관계가 훨씬 부각된다. 영화 속의 마이클은 소설 속의 미하엘처럼 해석하고 설명하고 논평하는 서술주체가 아니라 영화 서사

속의 주요인물일 뿐이기 때문에 미하엘이 고민하는 시대사적 성찰은 대폭 약화된다. 대신 영화는 중간 중간 딸과의 만남을 통해 마이클의 현재 상황을 보여주고, 교수와의 대화 장면 등을 통해 나치 과거에 대한 성찰을 유도한다.

소설과 영화의 마지막은 비슷하면서도 다르다. 소설에서는 미하엘이 한나의 유언을 집행한 후 이를 보고하기 위해 처음이자 마지막으로 한나의 무덤을 찾는 것으로 끝난다. 반면 영화에서는 마이클이 딸과 함께 한나의 무덤을 찾아가 자신의 이야기를 들려주는 것으로 끝나는데, 이는 마이클이 가족에게 마음을 열기로 한 것을 보여주는 동시에 그의 이야기가 세대를 이어가면서 성찰해야 할 문제라는 것을 시사하고 있다.

이 영화는 개봉과 동시에 10대 소년과 30대 여성 사이의 육체적인 사랑을 다루고 있다는 점에서 외설시비에 시달렸고, 얼마 안가 홀로코스트 논쟁에 휘말리기도 했다. <할리우드 리포터>는 "홀로코스트에 대한 영화 중 가장 성숙하고 잘 짜인 이야기"라고 호평한 반면, <뉴욕타임스>는 이 영화가 가해자의 시각으로 나치 범죄를 미화했다는 점에서 "홀로코스트의 공포를 방부제 처리하는 영화"라고 비판하였다.

## 6. 생각해 볼 문제들

### 1) 작품 이해

(1) 미하엘이 한나에게 느끼는 죄책감의 의미는 무엇인가?

(2) 한나의 '문맹'이 가지는 의미는 무엇인가?

(3) 미하엘이 말하는 '부모세대에 대한 연대책임' 논리는 무엇인가?

(4) 미하엘이 책을 읽어 녹음한 테이프를 한나에게 보내는 이유는 무엇인가?

(5) 한나가 자살을 택한 이유는 무엇인가?

### 2) 더 생각해 볼 문제

(1) 전후 독일에서 과거사 청산이 본격화된 계기는 무엇인가?

(2) 나치와 직접 관련이 없는 2-3세대에게도 홀로코스트에 대한 책임이 있는가?

(3) 일본과 달리 독일은 왜 과거사 청산에 적극적인가?

(4) '청산되지 않은 역사는 반드시 되돌아온다.'라는 말은 무슨 의미인가?

(5) 한나가 "당신이라면 도대체 어떻게 했겠습니까?"라고 묻는다면 어떻게 대답할 것인가?

아는 것만으로는 충분하지 못하다.
우리는 또한 적용해야 한다.
하고 싶다는 것만으로는 충분하지 못하다.
우리는 또한 실행해야 한다.

Es ist nicht genug, zu wissen,
man muss auch anwenden;
es ist nicht genug, zu wollen,
man muss auch tun.

- Johann Wolfgang von Goethe -